Parceiros Improváveis

Parceiros Improváveis

REFORMISTAS CHINESES, ECONOMISTAS OCIDENTAIS E A FORMAÇÃO DA CHINA GLOBAL

Julian Gewirtz

ALTA BOOKS
EDITORA
Rio de Janeiro, 2018

Parceiros Improváveis
Copyright © 2018 da Starlin Alta Editora e Consultoria Eireli. ISBN: 978-85-508-0300-5

Translated from original Unlikely Partners. Copyright © 2017 by the President and Fellows of Harvard College. All rights reserved. ISBN 9780674971134. This translation is published and sold by permission of Harvard University Press, the owner of all rights to publish and sell the same. PORTUGUESE language edition published by Starlin Alta Editora e Consultoria Eireli, Copyright © 2018 by Starlin Alta Editora e Consultoria Eireli.

Todos os direitos estão reservados e protegidos por Lei. Nenhuma parte deste livro, sem autorização prévia por escrito da editora, poderá ser reproduzida ou transmitida. A violação dos Direitos Autorais é crime estabelecido na Lei nº 9.610/98 e com punição de acordo com o artigo 184 do Código Penal.

A editora não se responsabiliza pelo conteúdo da obra, formulada exclusivamente pelo(s) autor(es).

Marcas Registradas: Todos os termos mencionados e reconhecidos como Marca Registrada e/ou Comercial são de responsabilidade de seus proprietários. A editora informa não estar associada a nenhum produto e/ou fornecedor apresentado no livro.

Impresso no Brasil — 1ª Edição, 2018 — Edição revisada conforme o Acordo Ortográfico da Língua Portuguesa de 2009.

Publique seu livro com a Alta Books. Para mais informações envie um e-mail para autoria@altabooks.com.br

Obra disponível para venda corporativa e/ou personalizada. Para mais informações, fale com projetos@altabooks.com.br

Produção Editorial Editora Alta Books **Gerência Editorial** Anderson Vieira	**Produtor Editorial** Thiê Alves **Assistente Editorial** Illysabelle Trajano	**Produtor Editorial (Design)** Aurélio Corrêa	**Marketing Editorial** Silas Amaro marketing@altabooks.com.br **Editor de Aquisição** José Rugeri j.rugeri@altabooks.com.br	**Vendas Atacado e Varejo** Daniele Fonseca Viviane Paiva comercial@altabooks.com.br **Ouvidoria** ouvidoria@altabooks.com.br
Equipe Editorial	Adriano Barros Aline Vieira Bianca Teodoro Gabriel Teixeira	Ian Verçosa Juliana de Oliveira Kelry Oliveira Paulo Gomes	Rachel Guarino Thales Silva Viviane Rodrigues	**Capa** PVDI Design
Tradução Carolina Gaio	**Copidesque** Thamiris Leiroza	**Revisão Gramatical** Alberto Gassul Kathleen Miozzo	**Revisão Técnica** Leandro Rothmuller Economista-chefe do banco BOCOM BBM	**Diagramação** Luisa Maria Gomes

Erratas e arquivos de apoio: No site da editora relatamos, com a devida correção, qualquer erro encontrado em nossos livros, bem como disponibilizamos arquivos de apoio se aplicáveis à obra em questão.
Acesse o site www.altabooks.com.br e procure pelo título do livro desejado para ter acesso às erratas, aos arquivos de apoio e/ou a outros conteúdos aplicáveis à obra.

Suporte Técnico: A obra é comercializada na forma em que está, sem direito a suporte técnico ou orientação pessoal/exclusiva ao leitor.

A editora não se responsabiliza pela manutenção, atualização e idioma dos sites referidos pelos autores nesta obra.

Dados Internacionais de Catalogação na Publicação (CIP) de acordo com ISBD

G396p	Gewirtz, Julian Parceiros improváveis: reformistas chineses, economistas ocidentais e a formação da china global / Julian Gewirtz ; traduzido por Carolina Gaio. - Rio de Janeiro : Alta Books, 2018. 416 p. ; il. ; 17cm x 24cm. Tradução de: Unlikely Partners Inclui índice. ISBN: 978-85-508-0300-5 1. Economia. 2. Política econômica. 3. Relações internacionais. I. Gaio, Carolina. II. Título.
2018-1450	CDD 330.9 CDU 338.22

Elaborado por Odilio Hilario Moreira Junior - CRB-8/9410

Rua Viúva Cláudio, 291 — Bairro Industrial do Jacaré
CEP: 20.970-031 — Rio de Janeiro (RJ)
Tels.: (21) 3278-8069 / 3278-8419
www.altabooks.com.br — altabooks@altabooks.com.br
www.facebook.com/altabooks — www.instagram.com/altabooks

Prefácio
Anna Jaguaribe

A EMERGÊNCIA DA CHINA como potência global foi, sem dúvida, o evento político e econômico mais significativo da segunda metade do século XX. A China chega a sua atual posição global com importantes particularidades. Segue sendo um país em desenvolvimento, com uma ampla fronteira a ser urbanizada, consolida um modelo político econômico único de economia socialista de mercado e se afirma com avanços notáveis na fronteira científico-tecnológica da economia digital. A China é, neste sentido, uma potência global única e seu processo de ascensão historicamente singular.

O livro de Julian Gewirtz mostra com inteligência, sensibilidade e exaustivo uso de fontes pouco conhecidas como o processo de abertura e reformas que conduziu à ascensão da China não foi tão "sínico" assim. Beneficiou-se de uma notável parceria de esforços e ideias entre a China e o Ocidente, mais particularmente, entre jovens e emergentes economistas Chineses e afirmados economistas da Europa e dos Estados Unidos. Parceria que se deu também entre agências de desenvolvimento, como o Banco Mundial e a Fundação Ford, e novas instituições de pesquisa da China, como o Instituto de Macroeconomia da Academia de Ciências Sociais Chinesas e, mais tarde, o Centro de Pesquisas do Conselho de Estado da China.

O diálogo entre os dois mundos se distingue, antes de tudo, pelo aprendizado e empenho mútuo em entender formas tão distintas de pensar, uso de categorias analíticas e maneiras de equacionar problemas. É singular também pela importância intelectual e política dos personagens envolvidos e pelas intermediações felizes das instituições de desenvolvimento em um contexto político turbulento. O período de 1978 a 1992, primeira fase do processo de reformas, onde o livro se concentra com mais detalhes, foi de grandes transformações na China. Foi também um período de transição política e de mudanças paradigmáticas na esfera produtiva do mundo Euro-Atlântico.

Na China de 1978 a 1990 faz-se a passagem para uma nova liderança de políticos-gestores, finalizando-se o processo revolucionário da época de Mao. Neste complexo processo de transição, sai-se de uma economia comandada para uma economia de *commodities* planejada chegando, finalmente, ao atual sistema de economia socialista de mercado. No mundo Euro-Atlântico, finalizado o boom econômico do pós-guerra, inicia-se um período de transição econômica e industrial marcado: pelo combate aos males da estagnação e inflação, a emergência de novos atores econômicos na Ásia e a deterioração das economias socialistas. Surgem novos paradigmas tecnológicos que vão contribuir para o grande processo de globalização dos anos noventa, do qual, sem dúvida, a China foi um dos grandes beneficiários.

Na década de 1980, o mundo acadêmico das grandes universidades americanas e de Oxford, onde se situam James Tobin, Janos Kornai, Alexander Cairncross, intelectuais que vem a ter influência nos processos de reforma da China é um mundo em fluxo. As tradições de economia política e keynesianas que se consolidarão nos anos 50 começam a perder espaço para novas teorias funcionalistas e monetaristas empenhadas em explicar um universo socioeconômico em mutação.

Para acadêmicos americanos tão diferentes, como James Tobin e Lawrence Klein, assim como para o oxfordiano Cairncross, o diálogo com a China exige um esforço didático de sistematização de suas teorias, mas é igualmente uma ocasião para confrontar-se com as próprias ideias. Para os economistas da Europa Oriental, como Wlodzimierz Brus e Janos Karnoi, o encontro com a China é uma extraordinária oportunidade de internacionalizar e mesmo corrigir. ideias e projetos políticos concebidos como criticas ao planejamento socialista e voltados para a transição para a economia de mercado da Polônia e da Hungria.

O livro *A Economia da Escassez* de Karnoi será traduzido em mandarim e terá uma influência decisiva na formação de políticos e intelectuais chineses como Zhao Ziyang e Wu Jinglian, possivelmente alcançando um nível de público muito superior à audiência na sua nativa Hungria.

A conferência de Bashan, que leva à China Tobin, Karnoi e Cairncross, que se reúnem com economistas como Xue Munqiao, Presidente da Academia Chinesa de Ciências Sociais, Ma Hong, Vice-Ministro da Comissão de Reformas, e o jovem Wu Jinglian, do Centro de Pesquisas do Conselho de Estado, é simbólica deste processo. Transcorre em um barco luxuoso, único possivelmente em uma China ainda precária de conforto, que navega as curvas do Rio Yangtze símbolo da cultura chinesa. O encontro foi possibilitado e intermediado por Edwin Lim do Banco Mundial que será uma influência central na atuação do Banco na China. De 1981 a 1986, período de elaboração do sexto plano quinquenal, o Banco Mundial auxiliou a China em mais de trinta projetos e fez empréstimos de mais de US$ 3 bilhões. Os estudos financiados e intermediados pelo Banco irão produzir informações econômicas e estatísticas que serão utilizadas como marcos para os gestores e pesquisadores chineses, uma tradição que perdura até hoje. O relatório do Banco Mundial: China 2030 é por muitos tido como base de projeções econômicas e políticas do governo Xi Jinping.

É relevante o contraste entre o papel do Banco Mundial na China e na América Latina nas mesmas épocas. Na América Latina, o Consenso de Washington propagado pelo banco vai contribuir para acirrar as contradições da década perdida. Na China, o trabalho do banco irá contribuir, mesmo que indiretamente, para a sedimentação de novas instituições como os vários institutos da Academia Chinesa de Ciências Sociais e, diretamente, para a sistematização do conhecimento econômico sobre a China através de seus relatórios, missões de viagens e conferências.

Claramente, a figura sofisticada de Edwin Lim, que representava o banco e seu entendimento do mundo asiático foi fundamental para intermediar de forma inteligente a ação do banco. O mesmo pode ser dito dos acadêmicos ocidentais. O reconhecimento por estes intelectuais, da relevância da China, sua civilização e cultura no contexto global, e da importância do momento político chinês foi determinante para criar o clima de cooperação e disponibilidade para dialogar e entender o diverso que caracterizou o intercâmbio entre os dois mundos.

O diálogo com a China foi uma extensão de fronteiras para os economistas americanos e europeus em questão, quase todos portadores de uma visão abrangente e de longo prazo dos ciclos econômicos, mais característica do pós-guerra do que dos anos oitenta. No caso de Kornai e Brus, a transição política e econômica da Hungria e Polônia vai diluir as preocupações sobre economias socialistas que norteavam seus pensamentos. O intercâmbio intelectual com a China expande limites históricos e geográficos para os ocidentais e dará aos chineses mais acuidade e perspectiva sobre suas próprias ideias.

As missões ao estrangeiro financiadas pelo Banco Mundial assim como as visitas de prêmios Nobel a China e, sobretudo, a Conferência de Bashan vão incentivar a criação de instituições de pesquisas dentro da Academia Chinesa de Ciências Sociais e no Conselho de Estado. Dão também origem a séries estatísticas e novas práticas de gestão econômica. O intercâmbio vai fornecer aos chineses os instrumentos para o que Naughton* chamou de crescimento para fora do plano. A economia planejada de duas vias com os preços gradativamente sendo controlados pelo mercado, a desverticalização do controle das empresas estatais e a regulação indireta da economia através de estímulos fiscais foram legados importantes do intercâmbio entre os dois mundos acadêmicos.

Heilmann** e Naughton explicam como o processo de reformas na China foi construído a partir de consensos estruturados que perpassam a academia, a administração pública e o partido. A construção dos planos quinquenais chineses é laboriosa e inclui várias etapas de consultas à monte e à jusante das cadeias de comando. Consultas que vão criando consensos sobre os objetivos e instrumentos do processo de reforma, permitindo que um Estado, que é grande e fragmentado, execute sem grandes conflitos burocráticos as decisões e direções do planejamento. O trabalho de Gewirtz mostra como as ideias de mercado, independência empresarial e gestão macroeconômica indireta, discutidas na Conferência de Bashan foram adaptadas à realidade da China por gerações de acadêmicos e gestores que iniciam este processo de consensos estruturados sobre o rumo das reformas.

Os economistas ocidentais não aportam modelos fechados. Tobin, Kornai, mas também Friedman trazem seus pensamentos contrastantes para a China. Em nenhum momento os economistas ocidentais apresentam receitas de políticas prontas ou certezas absolutas. A dura e longa discussão dentro do governo sobre o gradualismo das reformas, o processo e a natureza do ajuste de preços, a autonomia de gestão das empresas estatais, e os perigos derivados do aquecimento da economia e da inflação são exemplos das difíceis decisões que confrontam os chineses de 1978 até a estabilização da economia nos anos 90.

Importa sublinhar que a discussão sobre modernização na China, durante o século XX, tem antecedentes importantes: a reflexão sobre o Japão e o movimento 4 de Maio no início do século, o grande fervor literário e acadêmico

---

* Naughton, Barry: Growing out of the Plan: Chinese Economic Reform 1978-1993, Cambridge University Press, 1995.

** Heilmann, Sebastian: China's Political System, Rowman and Littefield, 2017.

de Xangai dos anos 30, e a colaboração com a União Soviética nos anos 50. Esta longa pratica de diálogos foi, em grande parte, suspensa durante os anos da revolução sendo retomada após a morte de Mao.

Sem embargo, o período revolucionário, que foi longo e árduo, teve experiências muito ricas de administração local que vão servir de exemplos para o processo de reformas. A política agrícola de responsabilidade familiar foi um exemplo, tendo sido experimentada por Zhao durante a administração comunista do Sechuan antes da consolidação da nova China. Várias das decisões tomadas, em particular, a opção pela criação de áreas de processamento de exportação vizinhas a zonas aonde a diáspora chinesa era economicamente relevante e, mais tarde, a utilização do investimento estrangeiro no processo de reforma, foram medidas pragmáticas e criativas chinesas que têm origem na sua experiência histórica apartadas da influência ocidental.

A grande contribuição do ótimo e minucioso trabalho de Gewirtz está em mostrar que, embora o processo de reforma tenha sido singular e com "características chinesas", beneficiou-se de amplos e diversificados intercâmbios intelectuais e administrativos com o ocidente. Um intercâmbio que quase sempre buscou entender as particularidades da sociedade chinesa e foi movido pelo interesse em colaborar com o sucesso das reformas, afastando das conversas influências ideológicas e políticas que poderiam ter pesado enormemente no diálogo.

Anna Jaguaribe é socióloga e diretora do
Instituto de Estudos Brasil-China.

Sumário

SIGLAS xiii

Introdução: A Travessia do Rio 1

1 O Grande Timoneiro Parte 15

2 Longe da Costa 39

3 Um Barco Mais Veloz 63

4 Nadando Contra a Corrente 81

5 Correntezas Traiçoeiras 103

6 No Curso do Rio 135

7 No Transcurso 155

8 Tempos Intempestivos 185

9 As Margens do Rio 205

10 No Delta 241

CONCLUSÃO: CHEGADAS E PARTIDAS 277

SIGLAS NAS NOTAS 293

NOTAS 295

PERSONALIDADES CHINESAS CRUCIAIS 383

AGRADECIMENTOS 387

ÍNDICE 389

SOBRE O AUTOR 399

Siglas

CASS	Chinese Academy of Social Sciences (Academia Chinesa de Ciências Sociais)
CCTV	China Central Television (Rede Central Chinesa de Televisão)
CPD	Centro de Pesquisa Desenvolvimentista
ELN	Exército de Libertação Nacional
GATT	General Agreement on Tariffs and Trade (Acordo Geral de Tarifas e Comércio)
IED	investimento estrangeiro direto
NAS	National Academy of Sciences (Academia Nacional de Ciências)
NPC	National People's Congress (Assembleia Popular Nacional)
OMC	Organização Mundial do Comércio
ONG	organização não governamental
PBOC	People's Bank of China (Banco Popular da China)
PCCh	Partido Comunista Chinês
PIB	produto interno bruto
PNB	produto nacional bruto
RMB	renminbi
RPC	República Popular da China
SPCo	State Planning Commission (Comissão de Planejamento do Estado)
ZEE	zona econômica especial

Parceiros
Improváveis

Introdução: A Travessia do Rio

NA ERA de Deng Xiaoping, que liderou a China durante sua transformação de um país pobre em uma potência econômica global, os reformistas chineses costumavam usar um lema para descrever seu método: "Atravesse o rio sentindo as pedras." A frase normalmente quer dizer que a China avançaria por tentativa e erro sem que tivesse um destino específico em vista e com um caminho desconhecido a seguir. Mas o rio em si é uma boa analogia. A civilização chinesa se desenvolveu entre dois rios, o Rio Amarelo, rico em loesse, e o correntio Rio Yangtzé, porém não eram esses rios que os reformistas tinham em mente. O "rio", delimitado por pedras invisíveis, era uma metáfora para movimento, fluxo e transformação constante. A "travessia" se daria através de afluentes e águas correntes. O rio é um símbolo de mudança, e atravessá-lo seria a jornada incerta para um futuro transformado.

O arcabouço da transformação chinesa nos últimos 40 anos é desconcertante. A China é atualmente a maior economia mundial em paridade de poder de compra, e espera-se que supere os Estados Unidos como a maior economia em produto interno bruto (PIB) até 2025. Essa imensa transformação da economia e da vida da população chinesa desde a morte de Mao, em 1976, foi definida por uma vasta e importante mudança na maneira como os líderes chineses pensam a respeito de organização da economia. A ideologia econômica comunista de Mao foi substituída. Desde o começo dos anos 1990, o Partido Comunista Chinês (PCCh) definiu seu sistema econômico como uma "Economia Socialista de Mercado". Essa autocompreensão está consagrada em todos os principais documentos ideológicos de seu Partido bem como na constituição chinesa. O "rio" que a China atravessou para atingir a Economia socialista de mercado — e as "pedras" que encontrou ao longo do caminho para chegar a sua transformação — é a história deste livro.

Uma "economia socialista de mercado": É "socialismo"? É "mercado"? Como as pessoas vieram a promover e aceitar esse suposto paradoxo? Como essa união de opostos se tornou a designação oficial da economia chinesa?

A economia de mercado socialista é o resultado da promessa de Deng Xiaoping para tornar a China moderna, rica e poderosa. Quando Mao morreu, a China socialista estava mergulhada na pobreza e isolada do mundo exterior. Em dois anos, o mal-humorado Deng, que media um metro e meio e fazia uso frequente de sua escarradeira, substituiu Hua Guofeng, sucessor designado por Mao. Após os desastrosos anos do Grande Salto Adiante (1958–1961) e da Revolução Cultural, a China virou uma nação economicamente devastada de um bilhão de pessoas, com um PIB *per capita* de apenas US\$175 em 1978.[1] Deng e seus partidários atribuíram essa situação a problemas na economia de comando socialista, que guiou a República Popular da China (RPC) desde sua fundação, em 1949. Com a ideia de "reformar e expandir", Deng declarou uma ruptura significativa com a ineficiente economia tradicional e afirmou sua intenção de encontrar uma forma de socialismo que não "se resumisse à pobreza compartilhada".[2] Seus principais funcionários articulavam o mantra "atravesse o rio sentindo as pedras" como o guia pragmático e experimental para a reforma.[3]

Nessa busca por modernização e crescimento da economia, Deng atribuiu uma importância sem precedentes ao trabalho dos economistas chineses e permitiu que o principal funcionário da área — o primeiro-ministro Zhao Ziyang, com seus enormes óculos de armação preta e cabelos grisalhos penteados para trás — encorajasse os formuladores de políticas econômicas a pensarem de maneira ousada. Mas como Zhao reconheceu, em suas memórias póstumas: "Meu primeiro entendimento sobre como proceder com a reforma foi superficial e vago... Eu não tinha nenhum modelo preconcebido ou ideia sistemática em mente."[4]

Conforme os líderes chineses perceberam que entendiam o caminho à frente apenas de maneira "superficial e vaga", embarcaram em um processo de aprendizado sobre o exterior em uma dimensão com poucos paralelos na história da humanidade. À medida que esse país de um bilhão de pessoas crescia economicamente e aprofundava seus laços com o mundo exterior por meio de comércio e investimentos, seus líderes também buscavam uma extraordinária

INTRODUÇÃO: A TRAVESSIA DO RIO

gama de ideias econômicas de fora para ajudar o país a se tornar uma potência econômica global. Muitos participantes chamaram essa época de "era de ouro" da reforma e expansão intelectual.[5] Essa "era de ouro" viu o fim de décadas de planejamento central improdutivo e ineficaz, e colocou a China no caminho para se tornar uma potência global.

Sob o domínio de Mao, as trocas intelectuais praticamente cessaram. Especialmente durante a Revolução Cultural (1966–1976), pensadores e escritores — fossem de economia ou ficção — eram frequentemente vistos como ameaças ao Estado e que precisavam ser "reeducados". No entanto, assim que Mao morreu, em 1976, tudo mudou. O conhecimento econômico se tornou crucial para os objetivos dos líderes chineses — e os formuladores de políticas econômicas começaram o que Deng chamava de "dar uma olhada", uma frase casual que menospreza a intensidade de seus esforços.[6]

As experiências dos países que experimentaram a transição de uma economia socialista foram claramente relevantes, mas Zhao, Deng e outros líderes exigiram esforços ainda maiores. Em 1978, Deng disse a um vice-primeiro-ministro antes de uma viagem à Europa ocidental: "Devemos estudar as experiências bem-sucedidas dos países capitalistas e trazê-las à China."[7] O secretário-geral Hu Yaobang declarou: "Devemos aprender a fazer a economia funcionar com aqueles que a sabem fazer, não importa quem sejam."[8] Essa postura oficial produziu uma tremenda — embora nunca unânime — receptividade à incorporação de elementos do mercado ao sistema socialista chinês, aproveitando o que Deng chamou de "métodos capitalistas úteis".[9]

Essas visões foram altamente controversas na China. Menos de uma década antes, a liderança de extrema-esquerda da esposa de Mao tinha declarado que as intercâmbios econômicas com o Ocidente eram uma "traição à nação", e ela havia furiosamente denunciado "adoradores fanáticos de coisas estrangeiras e puxa-sacos de estrangeiros".[10] Mao frequentemente afirmava que tornar a China "autossuficiente" — independente do que ele entendia como subjugações de comércio, capital, intercâmbios intelectuais e influências políticas estrangeiras — era um de seus principais objetivos, embora ele estudasse diligentemente os clássicos marxistas estrangeiros e, durante o período inicial de seu governo, cumprisse lealmente as ordens de seu "irmão mais velho" soviético.[11] Críticas de "traição" e "puxa-sacos" faziam parte de um programa maior da era Mao de policiamento de pensamento e manutenção da filiação do Partido, que às vezes podia ser uma questão de vida ou morte: dezenas de milhares de intelectuais e funcionários foram expiados como "direitistas" e morreram durante o governo de Mao. O discurso crítico àqueles que adotaram ideias estrangeiras permaneceu sendo uma poderosa linha de ataque mesmo durante a era Deng — e conteve, mas não parou, os reformistas chineses.

Com pormenores, significado e escala inigualáveis, os economistas chineses vasculharam o mundo em busca de ideias econômicas que ajudassem a China a "atravessar o rio sentindo as pedras". Convites e delegações foram para Hungria, Estados Unidos, Japão, Reino Unido, Iugoslávia, Alemanha Ocidental e Argentina. As viagens da e para a China se tornaram parte integrante da "travessia do rio" — e elas também eram "travessias do rio", viagens a terras que às vezes eram estranhas e às vezes, inesperadamente familiares.

O grande engajamento de economistas chineses, em quantidade e variedade, com ideias vindas do exterior é um dos aspectos mais notáveis da transformação econômica da China. O resultado — que a China seria um estado socialista impulsionado pelas forças de mercado para a riqueza e o poder no cenário mundial — foi materializado na constituição chinesa de 1993, quando a China foi renomeada como "economia socialista de mercado".[12] Essa concepção perdura até hoje como o motor ideológico e político do poder econômico global da China.

Este livro traz à luz a história de como, entre 1976 e 1993, tomadores de decisão e intelectuais chineses buscaram refazer a relação do mercado com a intervenção estatal em seu país com a ajuda de economistas estrangeiros. Essas histórias nos permitem ver como a China emergiu do isolamento e da pobreza do socialismo tradicional para se tornar um gigante econômico mundial. A expansão da China desencadeou uma enorme transmissão de conhecimento e experiência para formuladores de políticas e economistas chineses — novas ideias que permearam todo o ambiente intelectual e desempenharam um papel importante na evolução da ideologia e política do Partido Comunista Chinês (PCCh).[13]

Quando examinamos as ideias dos formuladores de políticas e dos economistas chineses que guiaram essa transformação, descobrimos que os economistas ocidentais foram parceiros improváveis cruciais no processo reformista. Mais do que são amplamente sabidas ou reconhecidas, as interconexões econômicas da China com o Ocidente não estão apenas no campo das transações econômicas de comércio e investimentos, mas também no das ideias.[14]

Essa afirmação constitui uma tentativa de rever o período de reforma, através de suas características básicas, que muitas vezes foram ignoradas. De fato,

INTRODUÇÃO: A TRAVESSIA DO RIO

apesar de toda atenção acadêmica e popular que a surpreendente transformação econômica da China recebeu, as interações com economistas estrangeiros são quase desconhecidas fora da China. Quase todos os grandes livros sobre o período apenas mencionam brevemente que economistas internacionais visitaram a China, que economistas chineses leram obras de economistas europeus e norte-americanos ou que instituições internacionais, especialmente o Banco Mundial, forneceram orientações políticas valiosas.[15] Nos últimos anos, os principais economistas chineses reconheceram a importância desses intercâmbios para o desenvolvimento do próprio pensamento e da política e ideologia reformistas em seu país, e criaram novas fontes, majoritariamente em chinês, para os historiadores utilizarem.[16] Mas nenhum relato apresentou as histórias completas dessas visitas ou julgou essas interações como centrais para os dramáticos debates sobre ideologia e política após a morte de Mao.

Interações com ideias estrangeiras formam um tema duradouro na história da China, particularmente durante o "século de humilhação" nas mãos de potências imperiais estrangeiras, começando com a primeira Guerra do Ópio, em 1839. A relação conflituosa da China com a modernização se desenrolou majoritariamente por meio do diálogo com as ideias ocidentais. No final do século XIX, o funcionário Qing Zhang Zhidong defendeu a reforma da dinastia Qing (1644–1911) através de um sistema de "aprendizado chinês dos princípios fundamentais e aprendizado ocidental da aplicação prática" (*Zhongxue wei ti, xixue wei yong*). As palavras de advertência para uma era de abundância (*Words of Warning to an Affluent Age*, 1893), do falecido escritor Qing Zheng Guanying, foram um apelo para imitar a Grã-Bretanha e levar a industrialização e monarquia constitucional para a China. O eminente pesquisador Yan Fu traduziu Adam Smith, Herbert Spencer e John Stuart Mill para descobrir como o estado chinês poderia recuperar "riqueza e poder".[17] Talvez mais importante até mesmo do que a fundação do PCCh, em 1921, tenha sido o resultado de uma intervenção da Internacional Comunista (Comintern), sediada em Moscou, em 1919. A Comintern enviou emissários, incluindo Grigori Voitinsky e Henk Sneevliet, traduziu textos cruciais para o chinês, fundou uma academia militar e treinou indivíduos na União Soviética.[18] Mais tarde, as contribuições intelectuais de Mao procuraram refutar a incorporação direta de ideias soviéticas e enfatizar a identidade chinesa da revolução socialista na China e o "significado do marxismo".[19] Na mentalidade dos governantes comunistas, a capacidade da China de "se levantar" — como Mao descreveu a fundação da RPC, em 1949 — estava intimamente ligada à sua capacidade de encontrar uma ideologia dominante que não fosse uma importação estrangeira por atacado, mas que pudesse ser retratada como resultado de uma análise das características do país pelos líderes chineses.

Apesar dessa dinâmica, as narrativas predominantes sobre a influência ocidental na China antes da RPC têm sido frequentemente contadas como histórias unilaterais de conselheiros ocidentais — missionários, cientistas e especialistas militares — que surgiram para "mudar a China".[20] Este livro, no entanto, substitui a ideia abstrata de "mudar a China" que existia nas fantasias de consultores estrangeiros intrometidos por um pré-projeto sólido de parceria entre reformistas chineses e economistas ocidentais. Essas parcerias reformistas do século XX trabalharam colaborativamente para transformar a economia da China de acordo com suas necessidades e as demandas de liderança do PCCh. Em alguns casos, os consultores ocidentais foram atraídos, na era reformista, pelos reformistas chineses que estavam claramente abertos às influências estrangeiras nas décadas anteriores à morte de Mao. Essa estrutura teórica foi tipicamente a *forma superficial* dessas trocas, o que torna tentador as entender com base no pensamento mais antigo de consultores, cujo sucesso era julgado baseado em até que ponto os estrangeiros realmente "mudaram a China". Contudo, esse modelo é insuficiente quando tentamos entender os processos reais em ação nos anos após 1976, com consultores que foram ativamente procurados pelos líderes chineses e cujos conselhos levaram o grande público chinês a interpretar e escolher entre pontos de vista estrangeiros concorrentes ou contraditórios. Os processos eram variantes de parcerias nas quais a atividade dos reformistas chineses era fundamental.

Essa dinâmica é complexa e plural porque não há um público homogêneo na China para as ideias e propostas dos economistas estrangeiros. Zhao Ziyang costumava ser o juiz e tomador de decisões nos debates sobre política econômica. Às vezes ele se encontrava com economistas estrangeiros, um sinal da importância atribuída a suas visitas à China. Mas ele raramente se associava a esses especialistas que o visitavam. Em vez disso, consolidou uma rede flexível de formuladores de políticas e economistas chineses para adaptar os conselhos de fora. Alguns desses especialistas econômicos associaram-se diretamente ao Conselho do Estado, que Zhao liderou como primeiro-ministro, ou afiliaram-se a órgãos centrais de formulação de políticas, como a Comissão de Reforma do Sistema (Guojia jingji tizhi gaige weiyuanhui, abreviada em Tigaiwei) e o Escritório de Pesquisa da Comissão de Planejamento do Estado (SPCo). Alguns formaram

INTRODUÇÃO: A TRAVESSIA DO RIO

instituições de pesquisa governamentais, com destaque para a Academia Chinesa de Ciências Sociais (CASS), enquanto universidades, como as prestigiosas Peking e Tsinghua, empregaram outros. Alguns economistas dedicaram-se até mesmo a vários propósitos simultaneamente, e criaram ambientes institucionais que reduziam a distinção entre elaboração de políticas e pesquisa, em que os debates internos e externos eram fluidos e comumente difíceis de distinguir. Por exemplo, manobras arrojadas para influenciar líderes de alto escalão frequentemente apareciam nas páginas do jornal oficial, *People's Daily* [*Diário do Povo*], ou no jornal da CASS, *Economic Research* — e se uma ideia passava pelos censores das publicações, era comumente um teste-chave de sua viabilidade política. Muitos outros grandes líderes do PCCh procuravam posturas estrangeiras para endossar as próprias, e outros repudiavam a noção de que "doutores ocidentais" cruzassem os mares para prescrever "soluções ocidentais" para os problemas da China.

Para entender completamente esses intercâmbios, devemos nos colocar nas posições do anfitrião e do visitante, e nos esforçar para entender as duas perspectivas simultaneamente. Em vez de um sistema de causa e efeito ou um impulso teleológico direcionado à "conversão" ou ao "progresso", encontramos uma receptividade constantemente negociada. Essa abordagem pragmática e eclética conferiu coerência à ideia de que um líder chinês poderia, no espaço de um único ano, reunir-se e elogiar as ideias de um economista socialista, de um fundamentalista de livre mercado e de um neokeynesiano. Havia uma extraordinária variedade na orientação teórica dos economistas convidados pelos líderes chineses — e uma variedade ainda maior nessas interações do que a desejada.

Esses parceiros chineses e estrangeiros transformaram a China juntos, mas não houve uma lista de verificação das propostas aceitas ou rejeitadas. Há casos de influência direta, mas a descrição mais reveladora se concentra menos em categorizar quais ideias estrangeiras contribuíram ou não para "mudar a China" e mais em recriar e avaliar as dinâmicas produzidas por essas intervenções — processos, formas e ritmos de interação que nos impulsionam a ampliar nossas teorias e a influência nos intercâmbios transnacionais de estratégias de desenvolvimento econômico. Essas dinâmicas eram múltiplas e idiossincráticas, como um prisma de variações cromáticas espalhadas por um amplo espectro. Como veremos, houve casos de influência direta ou de curto prazo. As viagens dos legisladores chineses para o exterior levaram ideias de volta para a China que se tornaram inspiração política, como a permanência do vice-primeiro-ministro

Gu Mu na Europa Ocidental, o que iniciou a ideia de zonas especiais de processamento de exportação, que resultaram nas zonas econômicas especiais (ZEEs) em Shenzhen, Zhuhai e outros lugares. Outras vezes, viagens de economistas estrangeiros à China levaram ideias que imediatamente se tornaram centrais para os debates políticos chineses, como a visita de János Kornai em 1985 e sua análise de "frouxas restrições orçamentárias" e "sede por investimentos" das empresas socialistas. Houve também casos de influência indireta ou de longo prazo. Os líderes chineses viajaram para os países desenvolvidos onde a perspectiva de prosperidade era surpreendente e inspiradora, como as viagens de Deng Xiaoping para o Japão e os Estados Unidos. Outras vezes, economistas estrangeiros levaram ideias para a China que estabeleceram a base para reformas de longo prazo no sistema econômico, como as propostas de James Tobin para constituir instituições modernas de política monetária, em 1985. Algumas visitas levaram a uma reformulação fundamental no ensino da economia na China, como as aulas de economia organizadas por Lawrence Klein e Gregory Chow. Outros casos tenderam para outras partes do espectro. Algumas visitas eram simplesmente uma fachada para reforçar a credibilidade dos líderes com a aura de um ilustre laureado com um Nobel ou um professor da *Ivy League*. Outras ajudaram os reformistas chineses a fazer críticas mais eficazes à economia planificada, como as palestras do polonês exilado Włodzimierz Brus em 1980; mas, às vezes, as visitas também forneciam novos alvos para ataques conservadores, como ocorreu em 1981 com o reformador tcheco Ota Šik, cujos discursos foram denunciados em uma diretriz específica pelo secretariado como "antimarxistas" e "errados".[21] Como o caso de Šik ilustra, a atividade de influência é contraproducente ao estimular a contradição e dar motivos de crítica para os opositores da reforma.

Tais exemplos indicam a multiplicidade e idiossincrasias das interações. São eventos que englobam características cruciais e comumente esquecidas do processo reformista chinês: os formuladores de políticas econômicas da China convidaram e aprenderam com economistas de países que experimentaram a transição do socialismo, e de países com sistemas convencionais de mercado liberal. O sistema de "economia socialista de mercado" que a China gradualmente adotou reflete essas múltiplas influências.

Essas histórias de parcerias transnacionais multifacetadas nas reformas econômicas chinesas sugerem uma nova maneira de pensar em como as ideias econômicas se espalharam do Ocidente para o "mundo em desenvolvimento". O

INTRODUÇÃO: A TRAVESSIA DO RIO

modo anterior de entender esses processos tem sido chamado de "Consenso de Washington" e "teoria da modernização". Em linhas gerais, esses argumentos sustentam que a modernização, a globalização e o liberalismo econômico e político são as principais fontes de progresso econômico necessárias para melhorar a vida das pessoas nos países em desenvolvimento. Nesse modelo didático, surgido durante a Guerra Fria, as origens do progresso vinham dos consultores ocidentais e das organizações internacionais, como o Banco Mundial.[22] Este livro argumenta que, embora esses atores tenham desempenhado um papel crítico, não levavam apenas normas globais para a China; em vez disso, o "contexto local" da China impulsionou os "fluxos transnacionais" de ideias, conforme ela se tornou uma potência mundial.[23]

Em outras palavras, isso não é adequadamente entendido como uma história dos teóricos da modernização transplantando suas normas em um país em desenvolvimento, mas sim como uma narrativa do seu alcance e da interpretação dessas ideias e normas. A influência estrangeira foi um processo polêmico que conferiu interferência aos reformistas chineses em vez da inevitável trajetória em direção à modernização como ocidentalização em muitos modelos convencionais de influência no desenvolvimento e na formulação de políticas econômicas.[24] Tenho usado a palavra "parcerias" para capturar a complexidade dessas interações, com o propósito deliberado de sugerir a importância tanto das interações local–exterior quanto de sua *variedade* — de modo algum somente as parcerias colaborativas de longo prazo, mas incluindo também as breves interações e as complexidades de atração e resistência que podem constituir ambas.

Ao mesmo tempo, este livro também mostra distorções na forma como todas as narrativas chinesas oficiais caracterizam o processo reformista e nos dá novas ideias sobre o funcionamento real dos debates da política econômica chinesa. Primeiro, restitui Zhao Ziyang a seu lugar de direito, no centro do que é muitas vezes referido como "milagre econômico de Deng Xiaoping", uma narrativa heroica da transformação da China nos anos seguintes à morte de Mao, tendo Deng Xiaoping como seu único arquiteto. Por causa da expulsão de Zhao Ziyang durante a repressão de Tiananmen, em 1989, ele foi desconsiderado na história levando consigo registros completos sobre muitas das políticas que ele supervisionou, inclusive relatos sobre intercâmbios com economistas ocidentais.[25] O nome de Zhao quase nunca aparece na imprensa chinesa, tornando-se excepcionalmente difícil para os estudiosos da RPC escreverem abertamente sobre essas atividades.[26] (Alguns exemplos são particularmente notáveis: a publicação *Breaking Through: The Birth of China's Opening-up Policy* [Avanço: Aniversário da Política de Expansão Chinesa, em tradução livre], do ex-vice-primeiro-ministro, Li Lanqing, promovida por sua editora como "uma história particularmente detalhada" da "reforma econômica e abertura da China para o mundo exterior", não menciona o nome de Zhao Ziyang.) Mas ao se usar uma ampla gama de fontes que agora podem ser obtidas na China, combinada com materiais disponíveis fora dela, e incluir uma nova compilação de documentos vazados, publicados em 2016, é possível reconstruir um quadro mais completo da era da reforma que também — como qualquer descrição o faria — restitui Zhao Ziyang ao centro da ação.

Em segundo lugar, as histórias aqui deterioram o retrato do PCCh das reformas como um processo amplamente interno, prova de sua ingenuidade e sabedoria. O envolvimento estrangeiro normalmente não é mencionado quando os líderes chineses descrevem o desenvolvimento do pensamento econômico da China. Por exemplo, o ministro estrangeiro Wang Yi recentemente afirmou que o "socialismo com características chinesas cresceu nos solos da China", e o ex-vice-primeiro-ministro Zeng Peiyan escreveu que, desde 1978, o PCCh demonstrou "grande ousadia e proatividade" ao criar a economia socialista de mercado, cujo desenvolvimento credita plenamente aos "comunistas chineses".[27] Em parte verdadeiras, essas declarações omitem dimensões importantes da história completa a fim de aumentar a legitimidade do PCCh no presente. A China e as autoridades chinesas merecem, é claro, o crédito pelo crescimento econômico da China, mas há um reconhecimento insuficiente do papel dos economistas não chineses, que também impactou significativamente a criação da economia de mercado socialista da China.[28]

O livro avança cronologicamente a partir da morte de Mao, em 1976, a 1993, quando a "economia socialista de mercado" foi formalmente aceita pelo PCCh. Concentrando-se em um conjunto de atores-chave, segue o tumulto e o drama da transformação das ideias e políticas econômicas do PCCh, e o papel crucial das parcerias com os economistas estrangeiros.

Inicio com o mapeamento do retorno dos especialistas econômicos aos altos escalões do mecanismo de formulação de políticas do PCCh após a morte de Mao; a promoção de líderes reformistas, como o primeiro-ministro Zhao Ziyang; e sua recém-descoberta aceitação intelectual das possibilidades dos mercados. Inicialmente, no início dos anos 1980, os reformistas chineses, como

INTRODUÇÃO: A TRAVESSIA DO RIO

os economistas de alto escalão recém-restituídos Xue Muqiao e Ma Hong, envolveram-se com pensadores da Europa Oriental para explorar como conciliar socialismo e mercados — e encontrar justificativas para as alegações de Deng de que mercados não significam capitalismo. Os conservadores dos níveis mais altos de poder do Partido, liderados pelo líder do PCCh, Chen Yun, e o ideólogo Deng Liqun, contra-atacaram de forma substancial, impedindo temporariamente as reformas e os intercâmbios internacionais. Mas, em 1984, os reformistas redefiniram com sucesso a economia chinesa como uma "economia planificada de commodities" — sendo "commodity" um sinônimo para tolerar em certa medida as forças de mercado — e estabeleceram um sistema dual de preços que permitiu a compra e venda de mercadorias fora do planejamento público. Depois dessas conquistas, no entanto, o rápido crescimento criou novas preocupações de que a economia chinesa estava se superaquecendo, um medo que fortaleceu os conservadores e provocou divergências entre os reformadores sobre como se posicionarem, tendo as principais facções lideradas, respectivamente, pelos economistas Wu Jinglian e Li Yining. Durante esse período crucial de debate, sob o governo de Zhao Ziyang, os reformadores vivenciaram seu principal intercâmbio internacional: uma conferência, em 1985, a bordo de um cruzeiro, o S.S. *Bashan*, navegando o rio Yangtzé. Essa conferência oferece um estudo de caso sobre as variedades de intercâmbio transnacional de ideias econômicas, com especial atenção para os diferentes impactos de dois participantes estrangeiros, János Kornai e James Tobin. Na esteira dessa conferência, economistas e funcionários chineses aumentaram sua sofisticação econômica e ampliaram o escopo de suas metas políticas, mesmo quando discordavam abertamente sobre os passos seguintes. Em 1987, os reformadores fizeram uma série de grandes avanços ideológicos no Décimo Terceiro Congresso do Partido, que consagrou o papel central do mercado e traçou um caminho para frente sob o comando de Zhao Ziyang, então promovido a secretário-geral do PCCh. Zhao continuou lutando para encontrar as melhores ideias de todo o mundo e colocá-las em prática, apenas para falhar à medida que a inflação disparava e os protestos estudantis na primavera de 1989 permitiam que os conservadores destituíssem Zhao e brutalmente mantivessem os dissidentes na linha. Em 1992, no entanto, Deng Xiaoping usou sua autoridade suprema para reiniciar a reforma, conforme uma nova geração de líderes tomou as rédeas do poder e traçou uma agenda de reformas extraída substancialmente da agenda de Zhao do final dos anos 1980. Sob o manto da "economia de mercado socialista", incluído em uma emenda à constituição chinesa, em 1993, a China estava a caminho de se tornar uma superpotência econômica global.

O encontro de ideias entre a China e o Ocidente deve ser entendido como elemento central do período 1976–1993. Com uma dinâmica de parceria "à la carte", reformulando, ocultando e disfarçando a influência, uma razão crucial, mas pouco apreciada, para que a China fizesse um progresso tão significativo durante esse período foi sua notável abertura para encontrar as melhores ideias em todo o mundo e aplicá-las às próprias circunstâncias.

Este livro é uma obra de história, mas suas implicações são profundamente relevantes para o momento atual. Muitas das questões que escrevo concernentes à relação entre o Estado e a economia continuam a ser pontos centrais dos fervorosos debates atuais na China — tanto como ecos de ligações diretas a esse histórico. Muitos dos principais atores de hoje participaram dessa história como jovens oficiais, incluindo Zhou Xiaochuan, ex-presidente do Banco Popular da China (Banco Central da China) e Lou Jiwei, atualmente ministro de finanças. De fato, não é surpresa que esses funcionários tenham continuado a se associar a especialistas internacionais ou que instituições como o Banco Mundial e uma nova geração de economistas ocidentais continuem a se relacionar com os principais funcionários e reformistas da China. Esses funcionários reconhecem que a China pode "aprender com experiências benéficas" estrangeiras, mas mantêm uma postura firme de que ela "nunca deveria copiar indiscriminadamente" seus "conceitos e modelos".[29]

Assim, o argumento de que os economistas estrangeiros eram os parceiros ativos dos reformistas do PCCh durante a "era de ouro" da reforma tem implicações significativas no presente momento, porque, ao lado desses argumentos reforçados sobre aprender com o exterior em alguma medida, um argumento difundido pelos principais líderes chineses tem criticado, com uma recém-descoberta intensidade as "influências estrangeiras hostis" que estão "exportando ideologias" para as profissões e até mesmo para a burocracia na China.[30] Um comunicado interno do Partido, de abril de 2013, vazou alguns meses depois que Xi Jinping se tornou secretário-geral do PCCh e revelou que seus líderes centrais acreditavam que a "situação ideológica" estava em um estado de "luta complicada e intensa" — e essa luta se deu em grande parte entre as "forças ocidentais anti-China" e uma China autossuficiente sob o sistema de "socialismo com características chinesas". O comunicado declarava: "As forças anti-China e os 'dissidentes' internos ainda estão ativamente tentando se infiltrar na esfera

INTRODUÇÃO: A TRAVESSIA DO RIO

ideológica da China" e "realizar a ocidentalização".[31] O comunicado afirma que o próprio Xi usou a frase "forças estrangeiras hostis" reiteradamente em discursos internos desde que chegou ao poder.[32]

A retórica sobre uma "luta intensa" maniqueísta contra influências ocidentais persiste ainda hoje na China, mesmo que a versão da história dos líderes do PCCh por trás da economia de mercado socialista da China — que "cresceu nos solos da China" — permaneça sendo um ponto de orgulho. Em face desses ataques agressivos contra a influência ocidental das reivindicações egoístas sobre a história de uma era anterior, as histórias que este livro conta são narrativas vivas, às vezes perigosas, que nos oferecem uma maneira de ver os anos dourados de hoje a partir do ponto de vista de uma verdadeira era de ouro. O debate ardente e despreocupado que floresceu sob o governo de Zhao Ziyang — a respeito do que o socialismo realmente significava, se mercados e riqueza poderiam ser permitidos e em que tipo de sociedade a China deveria se tornar — pode ser o cerne da história. Mas o futuro da China dependerá da continuidade e do aprofundamento dos debates e benefícios que se acumulam a partir desses intercâmbios de ideias para fortalecê-la. Pode até depender do reconhecimento da parceria entre os reformistas chineses e os visitantes ocidentais — e avança para o século XXI.

1

O Grande Timoneiro Parte [1]

Os relógios em Pequim bateram meia-noite. O então presidente Mao Tsé-Tung morria.

Dez minutos depois, em 9 de setembro de 1976, o homem que fundara a "Nova China" — o grande timoneiro que presidira sua nação com uma visão utópica de fúria e fogo assassinos, alcançando o status divino de um potentado que era saudado em toda parte com votos de que vivesse por 10 mil anos — faleceu. Aos 82 anos, ele já estava com problemas de saúde há anos e, depois de sofrer um ataque cardíaco grave em 11 de maio, piorou rapidamente.

Cartazes panfletários foram preparados com exortações em negrito para "transformar a tristeza em força" abaixo de uma imagem de multidões de trabalhadores e soldados, punhos cerrados erguidos e olhos fixos no céu. Havia também uma deslumbrante e serena aparição do rosto de Mao flutuando cercada pelos raios vermelhos descritos em canções como o hino da Revolução Cultural, "O Leste É Vermelho".[2]

O funeral foi marcado para 18 de setembro de 1976. O sucessor designado por Mao, Hua Guofeng, faria a elegia principal, a despedida do Partido Comunista Chinês (PCCh) para o homem que o levou à vitória na Guerra Civil e cujas grandes ambições e desmembramentos haviam feito da história da Nova China uma história de desordem sangrenta e mudança revolucionária.[3]

Milhões de pessoas se aglomeraram nas ruas da cidade ao redor da praça de Tiananmen, onde a bandeira vermelha e amarela da República Popular da China (RPC) tremulava a meio mastro. Vestindo o branco do luto, a multidão se curvou e, durante três minutos de silêncio, lamentou. Prestando condolências onde Mao recebia as honras de estado, envolto no bandeira do PCCh, soldados do setor têxtil e do Exército de Libertação Nacional (ELN) choraram e se lamuriaram sobre o corpo do líder cuja fotografia estava pendurada em cada casa por todo o país que ele governara.[4]

Falando para a multidão, Hua expressou a "tristeza mais profunda" sobre a morte do "nosso estimado e amado grande líder e o grande mestre da comunidade internacional proletária e das nações e povos oprimidos". A morte de Mao, líder e professor, foi uma perda para o mundo, mas em nenhum lugar essa perda foi mais intensamente sentida do que na China. Em geral, Hua raramente parecia soturno, com suas bochechas redondas rosadas e seu sorriso cheio de dentes; mas, naquele dia, ele falou com grande seriedade. "Foi sob a liderança do presidente Mao que a nação chinesa, antes atormentada por desastres, ergueu-se", declarou Hua. Mas mesmo que Mao tenha partido, suas ideias manteriam a China segura: "Contra nossas Forças Armadas, com o pensamento de Mao Tsé-Tung, qualquer inimigo que ouse nos invadir certamente será afogado no vasto oceano da guerra civil." Hua citou uma longa lista de ideias-chave de Mao e "advertências": "Nunca se esqueça da luta de classes", da luta contra o capitalismo e o imperialismo, de seguir a autoridade do PCCh e construir a China em um "poderoso estado socialista". Hua bradou: "A afiliação ideológica e política correta ou incorreta decide tudo."[5]

"Tudo" dependia da correção da "afiliação ideológica e política", mas com a morte de Mao a China perdeu o antigo juiz supremo do que era "correto" na ideologia e política chinesas. Embora a elegia de Hua tenha feito o legado de Mao parecer garantido, foi de fato altamente contestado. Nos dois anos seguintes, bem antes da "reforma e expansão" sob o governo de Deng Xiaoping, a controvérsia ideológica foi forte. Essa competição abriria um novo foco no desenvolvimento econômico chinês e uma nova forma de pensar a economia, desencadeando um novo pensamento sobre buscar ideias econômicas fora da China.

Uma equipe de quatro ideólogos radicais, conhecidos como "Gangue dos Quatro", incluindo a esposa de Mao, Jiang Qing, exigia um papel dominante no processo de elaboração de políticas do PCCh. Junto com Jiang, o grupo consistia em Zhang Chunqiao, Wang Hongwen e Yao Wenyuan, que acumularam poder durante a caótica e destrutiva Revolução Cultural, e aplacaram o fervor da crítica de Deng e outros que ameaçavam seu domínio. Jiang continuou a falar em uma linguagem inflamada sobre a Revolução Cultural e a existência de uma luta de classes, dizendo aos estudantes da Universidade de Tsinghua que sua luta ainda não havia terminado.[6] No entanto, a autoridade de Jiang, ligada ao Gangue dos Quatro, assim como o próprio Mao, ainda era limitada. Observadores do Kremlin escreveram: "Depois da morte de Mao, não houve uma única personalidade de destaque na cena chinesa... Os esforços da nova liderança chinesa se concentraram em levar de volta a ordem interna para o país, bem como em lutar contra as dificuldades econômicas."[7] A presença de Jiang minou a possibilidade de Hua se tornar uma "personalidade excepcional", mas, aos olhos de observadores externos e de muitos líderes chineses, ela certamente não era uma substituta viável.

Assim, algumas semanas após o funeral de Mao, Hua e seus aliados entre os mais antigos no PCCh — especialmente Ye Jianying, muitas vezes chamado de Marechal Ye, um distinto ex-líder militar com excelentes credenciais do PCCh, incluindo a participação na Grande Marcha, de 1934–1935 — entenderam que as ações da Gangue dos Quatro ameaçavam sua liderança e tinham que ser interrompidas. Durante uma reunião noturna secreta do Politburo[8], Hua, Ye e seus aliados planejaram prender a gangue e seus associados próximos. A gangue seria acusada do crime de incitação a uma conspiração "contrarrevolucionária" para "derrubar a ditadura do proletariado" e assumir o controle do país.[9] Em 6 de outubro, Hua e Ye colocaram seu plano em ação: convocaram os membros da Gangue dos Quatro para uma reunião do Politburo e prenderam todos os quatro. Pouco depois, eles prenderam 30 dos aliados mais próximos da gangue em Pequim, reprimiram dissidentes pró-gangue em Xangai e colocaram sob vigilância outros que foram considerados suspeitos.[10]

Foi uma demonstração rápida e drástica de força. Anunciada em 18 de outubro, a notícia foi recebida com júbilo popular, com estudantes bêbados e professores esvaziando prateleiras de lojas de bebidas alcoólicas no distrito universitário de Pequim.[11] Quando fotografias da cerimônia de homenagem póstuma de Mao, ocorrida um mês antes, foram subsequentemente publicadas, a Gangue dos Quatro já tinha desaparecido, sido apagada da memória e substituída pelo futuro de Pequim.[12] Pouco tempo depois, Hua ajudou a consolidar a própria legitimidade, revelando uma mensagem curta que Mao teria supostamente rascunhado pouco antes de sua morte. "Com você no comando, estou à vontade", escrevera Mao.[13] E Hua agora estava, pela primeira vez, firmemente "no comando".

Com a Gangue dos Quatro derrubada e a própria legitimidade fortalecida, Hua poderia afirmar sua autoridade na importantíssima "afiliação ideológica e política". Ele assumiu o projeto de edição do volume 5 das *Obras Selecionadas* de Mao, uma oportunidade para interpretar o legado de Mao e destacar elementos que seriam importantes para o presente e o futuro da China — uma amostra da importância da "política documental" na afirmação da autoridade dentro do PCCh.[14] O ensaio-chave de Mao destacado por Hua foi seu discurso de 1956, "Sobre os Dez Principais Relacionamentos". Esse documento continha um dos mais fortes endossos de Mao sobre o desenvolvimento econômico equilibrado entre indústrias de base, indústrias leves e agricultura, e sobre conferir alguma autonomia às fábricas e empresas; Mao também criticou a União Soviética por sofrer de "uma escassez de bens no mercado e uma moeda instável", em contraste com uma economia chinesa mais abundante e estável. Mao apresentou um "crescimento mais rápido na construção econômica" como a "única" maneira pela qual a China poderia fortalecer sua defesa nacional, e afirmou firmemente que era errado "proibir os camaradas discordantes dentro do Partido de fazerem as pazes". Por fim, Mao pediu à China para "aprender com os pontos fortes de todas as nações e todos os países" e aprender "com um olhar analítico e crítico, não cegamente, sem copiar tudo indiscriminadamente e transplantar mecanicamente". A China precisava fazer isso porque era "pobre" e "vazia", como "uma folha de papel em branco, boa para se escrever".[15] Em contraste com os discursos de Mao durante a década da Revolução Cultural, os "Dez Principais Relacionamentos" enfatizam crescimento econômico, reconciliação com "camaradas discordantes" e aprendizado com o exterior — principais prioridades em consequência da prisão da Gangue dos Quatro.[16] Naquele mês de outubro, pôsteres de propaganda foram colados com imagens de revolucionários ferrenhos, punhos erguidos e dentes à mostra, segurando as *Obras Selecionadas* de Mao acima da mensagem: "Denunciem furiosamente o crime monstruoso de usurpar o poder do Partido pela facção antipartido da 'Gangue dos Quatro'!"[17]

Hua e sua equipe de líderes imediatamente começaram a esboçar uma agenda política, muitas vezes como um processo de crítica às ideias "ultraesquerdistas", que foram atribuídas ao bando expurgado da Gangue dos Quatro. Uma das prioridades imediatas de Hua era desenvolver a economia desordenada e atrasada da China. Estruturalmente, a China operava sob um sistema caótico e fraco de economia planificada, no qual a autoridade central emitiu comandos para empresas estatais que então obtinham insumos e vendiam produtos a preços rígidos estabelecidos pelo Estado. Contudo, os economistas demonstraram que os planejamentos centrais chineses frequentemente tinham "déficits de até

25% das commodities alocadas neles". Em 1975, por exemplo, a produção real de aço havia se reduzido a 36% em relação à meta do planejamento, e o grão, 9%.[18] Da mesma forma, as empresas não estavam essencialmente obstinadas em cumprir os objetivos do planejamento.[19]

A economia chinesa tinha sofrido anos de estagnação, e Hua queria mudar isso. A Gangue dos Quatro se opôs à "promover a produção" baseada no fato de que era uma atividade ideologicamente impura, e Hua abertamente repudiava essa visão. Em vez disso, em uma sessão do Conselho de Estado em 5 de novembro, ele salientou a necessidade de elevar os padrões de vida. Pouco depois, como Frederick C. Teiwes e Warren Sun mostraram, Hua apoiou a conferência nacional sobre questões econômicas, incluindo indústria, finanças, agricultura, tecnologia e construção de capital. Em um importante discurso de dezembro de 1976, Hua corajosamente sugeriu que a "revolução" — um termo-chave para a liderança do revolucionário PCCh — poderia ser definida como "liberação das forças produtivas".[20]Apenas alguns meses após a morte de Mao, a transformação estava em curso.

Embora a elegia de Hua para Mao tenha explicitamente pedido para "aprofundar a luta para criticar Deng Xiaoping e repelir a atração direitista de tentar reverter veredtos corretos", no final de 1976, ficou claro que muitos líderes do Partido queriam dar a Deng outra chance. Aquele ano tinha sido tumultuado para Deng, um astuto revolucionário que fora rotulado como "simpatizante do capitalismo número dois" no começo da Revolução Cultural, mas que ressurgiu em 1974 como vice-primeiro-ministro, sob o mandato de Zhou Enlai. Zhou, camarada revolucionário de Deng de seus dias como jovens recém-tornados comunistas, em Paris, fora seu mentor imprescindível. Os principais interesses de Zhou, as "Quatro Modernizações", procuraram atualizar a agricultura, indústria, defesa nacional, ciência e tecnologia, em oposição ao radicalismo utópico de Mao. Embora as Quatro Modernizações tenham sido lançadas sob o nome de Zhou, em 1976, estavam intimamente associadas a Deng.[21] De fato, durante as décadas anteriores, Deng se tornara um socialista prático e focado no desenvolvimento de seus interesses, às vezes discordando abertamente de Mao, a quem outrora idolatrara, de acordo com Alexander Pantsov e Steven Levine. Em 1962, Deng elogiou as políticas que criaram incentivos econômicos para as famílias camponesas realizarem mais colheitas, um anátema para Mao, e usou um aforismo com o qual ele se identificaria bastante. "Não importa se o gato é preto ou amarelo, contanto que pegue ratos, é um bom gato", disse Deng. (Com o tempo, essa metáfora do gato mudaria de "amarelo" para "branco".) Essas perspectivas, ao lado da associação duradoura de Deng com Zhou e seus laços profundos com os militares, ajudaram a reabilitá-lo, em 1976.[22] Depois que Zhou morreu, em 8 de janeiro daquele ano, após um longo período doente, Deng entregou a elegia, um sinal de que estava bem capacitado para suceder Zhou como primeiro-ministro.[23] Mas a Gangue dos Quatro, enfurecida com as Quatro Modernizações, reviveu as críticas da Revolução Cultural de Deng marcando os documentos que as articulavam como "ervas daninhas venenosas" e condenando Deng como um "direitista desviante". Com Zhou morto, Deng havia perdido um poderoso protetor — e, em 26 de janeiro, Hua Guofeng fora nomeado primeiro-ministro, aparentemente acabando com qualquer esperança de que Deng pudesse ser privilegiado. No início de abril de 1976, quando multidões se reuniram no Monumento aos Heróis do Povo para lamentar sobre Zhou como parte das atividades tradicionais de comemoração do Festival de Qingming, eles também criticaram Jiang Qing e a Gangue dos Quatro, e escreveram mensagens em louvor de Deng. Em 5 de abril, as multidões foram cercadas e afastadas por uma milícia enviada pelo Politburo, no que ficou conhecido como Incidente na Praça Tiananmen. Em 7 de abril, Hua foi nomeado primeiro-ministro e vice-presidente do PCCh, um sinal claro de que o veredito sobre Deng ainda não mudaria e que Hua seria o sucessor designado.[24] Porém, em janeiro de 1977, com a Gangue dos Quatro expurgada e um foco renovado na obtenção de apoio para o regime de Hua e para ajudar a China a se modernizar, Deng já não parecia tão nocivo aos líderes mais velhos da China. Eles, como Deng, eram da mesma geração de Mao ou um pouco mais jovens (Deng, nascido em 1904, era dez anos mais jovem que Mao). Em 6 de janeiro de 1977, o Politburo se reuniu e, de acordo com Ezra Vogel, determinou em particular que logo seria permitido a Deng voltar a trabalhar em alguma função. Embora nenhuma decisão que sugerisse que Deng teria responsabilidade pela política econômica tenha sido tomada, a percepção crescente de que sua reintegração "era simplesmente uma questão de tempo", nas palavras de Vogel, enviava uma mensagem clara e positiva aos políticos e economistas chineses[25] — legiões de pessoas que similarmente haviam sido rotuladas como "direitistas" e atacadas por cometer crimes ideológicos que vão desde o "liberalismo burguês" até o "economismo" durante a Revolução Cultural.[26] Um desses economistas, Xue Muqiao, com a idade de 72 anos, escreveu: "Estou pronto para contribuir com o resto das minhas forças para trabalhar com meus camaradas e fazer qualquer trabalho que esteja ao meu alcance."[27]

De muitas maneiras, Xue Muqiao foi a principal figura de sua geração de intelectuais e formuladores de políticas econômicas.[28] Com sua jaqueta de Mao justa e bem abotoada, corte baixo e grisalho e seus óculos de armação quadrada, Xue pode ter parecido um típico *apparatchik*[29], mas sua experiência exemplificou a variedade e os caprichos das trajetórias de carreira de sua geração. Ele ajudou a escrever o primeiro plano quinquenal e liderou vários órgãos econômicos, industriais e estatísticos do governo antes de ser atacado durante a Revolução Cultural, mas retornou a uma posição de grande influência após a morte de Mao. A intenção de Xue de "contribuir com as últimas forças" também foi compartilhada pelo experiente planejador econômico Ma Hong, homem da mesma geração, que também foi influente no mais alto nível de poder e caiu nas profundezas do ostracismo. Nascido em 1920, Ma se juntou ao PCCh aos 17 anos e, em 1952, tornou-se funcionário sênior da Comissão de Planejamento do Estado (SPCo), ajudando a redigir o primeiro plano quinquenal. Mas quando o líder da SPCo supostamente tentou desafiar a liderança de Zhou Enlai, Ma foi exonerado junto com grande parte do pessoal da SPCo. Depois do desastre do Grande Salto Adiante, Ma voltou a trabalhar na recuperação econômica da China, mas foi novamente exonerado durante a Revolução Cultural.[30] Outro proeminente membro dessa geração, Deng Liqun, um especialista na ideologia do Partido, sobreviveu de forma semelhante aos turbilhões da era Mao. Nascido em 1914, ele se tornara influente ao ajudar a expurgar o escritor Wang Shiwei, expulso do PCCh depois de criticar Mao, em 1942, e secretamente executado em 1947.[31] Deng Liqun também serviu como secretário de Liu Shaoqi, chefe de estado da China. Quando Mao se voltou contra Liu — rotulando-o como "simpatizante número um do capitalismo" da China, durante a Revolução Cultural, e o condenou à tortura e prisão, onde Liu morreu, em 1969 — Deng Liqun também foi expulso.[32] Como Ma Hong e Xue Muqiao, Deng Liqun foi autorizado a retornar ao trabalho apenas no final da vida de Mao.[33] Nos primeiros anos após a morte de Mao, essas figuras estavam unidas em seu objetivo básico de endireitar o navio oscilante da economia chinesa, embora suas visões fossem evoluir e futuramente divergir substancialmente nos anos 1980.

Juntamente com esses funcionários mais antigos que estavam ansiosos para extrair suas "últimas forças" para supervisionar a economia da China após a morte de Mao, pelo menos duas outras gerações mais jovens distintas retornavam ao trabalho da "década do caos" da Revolução Cultural. Uma geração terminou seus estudos acadêmicos antes dela, quando o treinamento em economia política originava indivíduos suspeitos de serem "direitistas". Em 1976, essa geração de meia-idade tinha acumulado alguns conhecimentos, mas estava ansiosa para descobrir novas ideias que evitassem os desastres que mantiveram a China pobre e a impediram de participar da formulação de políticas. Por exemplo, Liu Guoguang estudou política econômica na União Soviética e trabalhou na Academia Chinesa de Ciências na década de 1950 (antes da criação da Academia Chinesa de Ciências Sociais, em 1977) como pesquisador de economia. Ele havia traduzido textos estatísticos soviéticos para o chinês e tinha um forte interesse na economia da Europa Oriental, mas, durante a década anterior, ele e seus colaboradores ideologicamente suspeitos foram cortados do desenvolvimento da economia soviética e impedidos de interferir na política chinesa.[34]

Uma terceira geração, ainda mais jovem, teve sua educação prejudicada pela Revolução Cultural. Forçados a irem para o campo em busca de "uma vida no campo" e "reeducação através do trabalho", os membros dessa geração encontraram os fatos nus e crus da indigência chinesa: "A pobreza era real", lembrou um pesquisador. "Eu me lembro de ir a uma aldeia em que havia apenas um cobertor para toda a família e apenas uma tigela." Em meio à agitação e tumulto dos anos seguintes à morte de Mao, esses jovens começaram a voltar para as cidades e retomaram seus estudos com essa consciência dolorosa em mente — uma consciência que se encaixa bem com um ambiente em que a mudança estava em andamento e as ideias fundamentais pareciam ser debatidas como nunca.[35]

Retornando ao trabalho após a precária e traumática existência dos "direitistas" durante a Revolução Cultural, as gerações de especialistas em economia que ofereceram "fazer qualquer trabalho que esteja ao alcance" encontrou ventos inconstantes soprando através da paisagem da política da elite de Pequim. Em 7 de fevereiro de 1977, os jornais *People's Daily* e *Liberation Army Daily* assim como a revista *Red Flag* publicaram um editorial que abordou diretamente a questão do legado de Mao. O editorial, apoiado por Hua Guofeng, anunciou que o PCCh iria "defender resolutamente decisões políticas feitas pelo presidente Mao e seguir inabalavelmente quaisquer decisões tomadas por ele". Essa ideia rapidamente ficou conhecida como "qualquer que seja"[36] (*liangge fanshi*), após seu apoio generalizado às decisões de Mao — tão contraditórias e destrutivas quanto essas decisões podem ter sido.[37]

O GRANDE TIMONEIRO PARTE

Em contraste com seu endosso da doutrina do "qualquer que seja", Hua continuou a avançar com as políticas econômicas que tinham pouca semelhança com os interesses perseguidos por Mao durante grande parte de seu governo. Uma conferência de trabalho do Partido convocada em 10 de março de 1977 emitiu importantes decisões sobre a relevância das Quatro Modernizações, abrindo a economia da China para o mundo exterior e fortalecendo as normas do Partido. Na conferência de trabalho, rejeitando a linha de Hua, Chen Yun falou a favor da permissão para Deng Xiaoping retornar ao trabalho.[38] Chen era um membro antigo do Partido que desempenhara um papel importante na supervisão dos períodos de sucesso econômico durante a era Mao e foi considerado como uma poderosa voz autônoma na liderança sênior. Ye Jianying, cujo status estava acima de qualquer dúvida, também defendeu a reversão do veredito sobre o Incidente da Praça de Tiananmen e restituiu Deng à liderança.[39] A política do "qualquer que seja" levantou dúvidas sobre a viabilidade da reabilitação de Deng e os muitos outros líderes e especialistas que foram atacados durante o período de Mao, mas essa voz de apoio de Chen Yun e Ye Jianying para Deng sugeriu que esses poderosos membros antigos não tinham a intenção de defender qualquer decisão que Mao havia tomado.

Apesar dessa incerteza, os economistas da China avançaram com fortes esforços para organizar e influenciar debates políticos. Nos dias 13 e 14 de abril, o Gabinete de Estudos da SPCo convidou mais de cem "trabalhadores teóricos" em Pequim para participarem do primeiro fórum nacional de discussão sobre o princípio da distribuição de acordo com o trabalho, uma ideia que Karl Marx discutiu em sua *Crítica ao programa de Gotha* (escrito em 1875 e publicado por Engels em 1891). Tanto Marx quanto V. I. Lenin acreditavam que esse princípio era necessário durante os primeiros estágios do socialismo; como discutido em Pequim, em abril de 1977, foram permitidos incentivos "espirituais" e "materiais" para incentivar os trabalhadores a produzir (os "materiais" haviam anteriormente constituído um alvo principal de crítica por parte da Gangue dos Quatro).[40] Xue Muqiao participou do fórum e, vários dias mais tarde, enviou uma carta a Deng Xiaoping e Li Xiannian, outros dos "Oito Imortais" do PCCh, como se tornaria conhecido o grupo de oito líderes antigos do Partido que exercia poder substancial durante esse período devido à longa história como líderes revolucionários. Xue, observando que sua filiação ao Partido fora restaurada, em setembro de 1975, escreveu: "Por mais de duas décadas, aprendemos com a experiência que muito controle leva à rigidez, enquanto pouco, causa desordem. Esse continua a ser um dilema não resolvido na China, bem como em outros países socialistas." Para lidar com esse "dilema", Xue defendeu pesquisas audaciosas e decisões políticas agressivas que promovessem um "crescimento racional e equilibrado" sob o domínio dos líderes antigos do Partido. "Parece que a discussão do 'território proibido' não pode ser apresentada sem se expressar o apoio dos líderes do Comitê Central do PCCh", escreveu ele. "Temo que seja difícil penetrar em um território proibido sem a liderança central do Partido assumindo a responsabilidade."[41]

A que "território proibido" Xue se referia? Em uma sociedade em que a interpretação de Hua Guofeng da "revolução" como "a liberação das forças produtivas" era uma afirmação ousada; "território proibido", então, incluiria muito do que um economista experiente na posição de Xue poderia pensar e fazer. Mao, nas palavras de Roderick MacFarquhar, queria "uma China que fosse pura, embora pobre".[42] Qualquer tentativa que tentasse tornar a China rica, portanto, poderia ter sido uma iniciativa de fazer socialismo menos "puro", e, de fato, tal interesse poderia também sugerir a visão de Mao sobre a China, que a nova doutrina de "qualquer que seja" proibia. Libertando as "forças produtivas" e reavaliando o legado de Mao, ambas pareciam ser proibidas, limitando a capacidade de Xue e seus colaboradores de voltar a trabalhar sem um apoio mais completo da "liderança central do Partido".

Ao mesmo tempo, porém, o regime de Hua contribuiu rapidamente para aumentar o crescimento da economia subdesenvolvida chinesa. Entre 1975 e 1977, a escassez de energia e transporte levou à subutilização de até 30% da demanda da capacidade industrial, possibilitando um enorme espaço para melhorias.[43] Em 19 de abril, o *People's Daily* publicou uma matéria alardeando a necessidade de um "novo salto", um período de intenso crescimento e ambição econômica.[44] Em uma conferência que começou mais tarde naquele mês e seguiu até 13 de maio, Hua fez um discurso sobre a priorização do trabalho econômico e apresentou, mas não desenvolveu, uma importante ideia: ele citou a existência de "leis econômicas objetivas" às quais a China precisava obedecer.[45] Esse conceito mostrou até que ponto, na prática, a adesão de Hua ao "qualquer que seja" foi apenas parcial. Embora Mao algumas vezes tivesse feito declarações que sugerem uma esfera econômica independente (por exemplo, em seu discurso sobre "Os Dez Principais Relacionamentos", em 1956), outras declarações deixaram pouca dúvida sobre sua posição — em janeiro de 1967, Mao disse: "O trabalho político é a salvação de todos os trabalhos econômicos."[46] Na sociedade socialista, uma matéria da *Red Flag* declarou: "Não há 'aprendizagem pura' e todos os tipos de aprendizado são... subordinados à política."[47] A perspectiva maoísta não deixa espaço para "leis econômicas objetivas" que podem ser separadas e não "subordinadas" às leis políticas — e, no entanto, para Hua e seus assessores, na primavera de 1977, a meta do crescimento econômico evidentemente superou escrúpulos ideológicos.

Para demonstrar apoio à pesquisa econômica e prover um instrumento institucional básico para os economistas trabalharem, em maio de 1977 Hua Guofeng aprovou a criação da Academia Chinesa de Ciências Sociais (CASS) como uma instituição independente da Academia Chinesa de Ciências.[48] O objetivo da organização foi, nas palavras de um alto funcionário, agir "como assistente do Partido e do governo".[49] Três funcionários que estavam intimamente associados com Deng Xiaoping e o Escritório de Pesquisas Políticas do Conselho do Estado durante esse período — Hu Qiaomu, Deng Liqun e Yu Guangyuan — assumiram altos cargos na CASS e começaram a recrutar economistas para retornar a Pequim.[50] Sun Yefang, líder economista durante o início do período da RPC que tinha sido demonizado como "um vulto assumindo o comando da linha negra nos círculos econômicos" durante a Revolução Cultural, foi reabilitado e tornou-se um alto conselheiro da CASS.[51] Durante o mesmo período, numerosos órgãos governamentais estabeleceram ou restabeleceram os próprios "institutos de pesquisa econômica", incluindo o Gabinete Estatístico Estatal (desde então renomeado como Gabinete Estatístico Nacional), o Ministério das Finanças e o Banco Popular da China, o banco central do país. Xue Muqiao foi nomeado para liderar um importante instituto de pesquisa no âmbito da SPCo.[52] Esse conjunto central de economistas, que rapidamente desenvolveu redes densas e inúmeros institutos de afiliações nacionais, impulsionaria a análise econômica e a formulação de políticas orientadas à reforma do Partido.[53]

Com seus muitos selos oficiais de aprovação, esses economistas começaram fazendo críticas às políticas econômicas da Gangue dos Quatro. Como a Gangue dos Quatro tinha sido universalmente depreciada, as críticas ajudaram a definir o valor da disciplina da economia em termos ideologicamente aceitáveis em todo o espectro da opinião oficial. Yu Guangyuan, membro do Partido desde a década de 1930, que tinha sido um alto pesquisador do Conselho do Estado e o primeiro diretor do Instituto de Pesquisa Econômica da SPCo, liderou a acusação. Ele foi visto por seus colegas como "um estudioso extraordinariamente bem letrado", que, como os membros da "Escola Miscelânea" que existia na dinastia pré-Qin, no período das Cem Escolas de Pensamento, tinha uma mentalidade que procurava integrar diversas ideias, encontrando seus méritos e evitando suas armadilhas.[54] A credibilidade e a mentalidade "miscelânea" de Yu Guangyuan o tornaram ideal para criticar as teorias econômicas da Gangue dos Quatro e organizar uma série de seminários que ajudou a unificar economistas políticos de diferentes origens.[55] Os economistas da CASS também se prepararam para restabelecer o jornal *Economic Research*, que, publicado pela Academia Chinesa de Ciências antes da Revolução Cultural, se tornaria agora o jornal líder da China sobre pesquisa econômica teórica e aplicada.[56] Em declarações públicas durante os vários meses após o estabelecimento da CASS, a geração mais antiga de economistas da China adotou uma postura pragmática, enfatizando o valor da experiência. "Se você não partir da realidade e resumir as experiências, será muito difícil se engajar na economia socialista", argumentou Xue Muqiao em um discurso na Escola Central do Partido. Políticas ideologicamente orientadas produziram resultados contraditórios e, frequentemente, negativos, observou Xue: quando o grão foi tomado como o "elo-chave" pelos ideólogos, a agricultura chinesa cresceu e os preços dos grãos permaneceram baixos, mas quando o aço se tornou o "elo-chave", a produção caiu e a economia entrou em colapso.[57]

Implícita nas declarações de Xue, havia uma ideia importante: o conhecimento econômico e as provas de experiência, em vez de imperativos políticos, devem ser meios para diagnosticar os problemas econômicos da China e determinar políticas. É fácil supor esse passo fundamental para restaurar o status dos economistas profissionais — especialistas dentro do mecanismo de elaboração de políticas chinesas que estavam comprometidos com essa abordagem —, mas seria fundamental para o sucesso do desenvolvimento da política reformista.[58]

Essa energia emergiu mais amplamente em um momento crítico da política de elite chinesa. Um novamente empoderado Deng Xiaoping começou a criticar abertamente a política do "qualquer que seja" e, ao fazê-lo, prejudicou Hua Guofeng, de quem o "qualquer que seja" estava se tornando quase um sinônimo. Em 24 de maio de 1977, Deng disse bruscamente em uma conversa com vários aliados: "Para nós, aplicar o que o camarada Mao Tsé-Tung disse em uma questão particular em outra" ou "aplicar o que ele disse sob uma condição particular em outra — tudo isso certamente não vai funcionar!" Claro, Deng percebeu que seu status estava por um fio porque Mao tinha autorizado sua demissão, mas suas reivindicações eram muito maiores. Deng sugeriu que Mao acreditava que, se lhe fosse postumamente dada "uma avaliação de 70% para conquistas e 30% para erros, estaria bastante certa".[59] Distanciando-se da doutrina do "qualquer que seja", Deng cria uma alternativa nova, mas ainda ideologicamente viável, à ofensiva da Gangue dos Quatro. Em julho, o terceiro plenário do Décimo Comitê Central do PCCh votou formalmente para restaurar a posição de Deng e, em 21 de julho, ele fez um discurso sobre aprimorar o tratamento a intelectuais, definindo um tom alinhado com o novo florescimento da atividade em instituições como a CASS. Pouco depois, Deng apoiou a decisão do Partido de retomar o vestibular para as universidades chinesas, que fora eliminado durante a Revolução Cultural, fornecendo a uma nova geração de intelectuais e estudantes (começando com a "terceira geração") a oportunidade de iniciar ou retomar sua educação.[60] Ele alavancou o portfólio inicial em educação, ciência e tecnologia com bons resultados. Deng estava de volta, e fez da restauração das oportunidades e do status dos intelectuais da China uma de suas prioridades.

No entanto, Hua ainda era o líder supremo da China e continuou a usar seu manto legitimador de sucessor designado por Mao. De acordo com seu discurso em maio de 1977 e sua ênfase em libertar "as forças produtivas", Hua encorajou seus assessores e funcionários a elaborarem planos em função do crescimento da economia chinesa — e em função de um crescimento rápido.

Com esses objetivos em mente, a liderança da China adotou uma nova política significativa: ir além das fronteiras nacionais e dos limites ideológicos para buscar novas ideias. Em 26 de julho de 1977, a SPCo emitiu um relatório para o Politburo que recomendava aos altos funcionários organizar visitas de campo a países estrangeiros para realizar um "trabalho investigativo" sobre as economias e práticas de outros países.[61] Uma delegação sênior já havia visitado o Reino Unido e a França para estudar gestão empresarial, o que produziu poucos resultados concretos, mas despertou a curiosidade dos membros da delegação, muitos dos quais nunca haviam viajado para um país capitalista.[62] No início do ano seguinte, Hua destacaria esse elemento entre seus interesses para o Politburo e, durante o ano de 1978, pela melhor contagem acadêmica, 21 delegações com participantes entre vice-primeiros-ministros e vice-presidentes viajaram para 51 países.[63] A recomendação do relatório de julho de 1977 foi a primeira articulação clara de que altos oficiais chineses pretendiam aprender com sistemas muito diferentes dos seus. O relatório da SPCo evitou a questão de como esse aprendizado seria usado, para além do conhecimento técnico; dizer mais a esta altura poderia ter levantado difíceis questões ideológicas excedentes.[64]

Como Hua incentivava seus funcionários a olharem para o exterior, enfrentou um desafio em potencial ao voltar para casa. De 12 à 18 de agosto, ele convocou o Décimo Primeiro Congresso do PCCh, uma reunião nacional entre suas camadas superiores de liderança e mais de 1.500 delegados realizada no Grande Salão do Povo, em Pequim. O restabelecido Deng Xiaoping aproveitou a oportunidade para oferecer uma alternativa poderosa à doutrina do "qualquer que seja", que havia criticado em conversas na primavera anterior. O que Deng propôs foi uma frase inteligentemente reaproveitada dos escritos de Mao: "Buscar a verdade nos fatos." Em vez de se apegar às doutrinas engessadas repetindo "frases vazias", Deng propôs que todas as questões ideológicas correspondessem — e potencialmente se ajustassem em resposta — aos difíceis "fatos".[65] Menos de um ano após a morte de Mao, Deng usava as próprias palavras de Mao para oferecer um caminho para a "verdade" distinto das visões maoistas que Hua endossara. Em um mundo em que os economistas se preocupavam em pisar em "território proibido" e afirmavam "não existir um 'aprendizado puro'", perdurado na memória recente dos sobreviventes da Revolução Cultural, a perspectiva de outra fonte oficial da "verdade" foi, por implicação, um desafio direto à liderança de Hua.

Ao mesmo tempo, ficou claro que Hua não se mantinha inteiramente no rigoroso padrão exigido por "manter qualquer que seja a decisão política" feita por Mao, e em circunstância alguma isso estava mais claro do que nos casos estrangeiros. No período entre 30 de agosto e 8 de setembro, Hua hospedou o líder da Iugoslávia, Josip Broz Tito, de 80 anos, em Pequim, conforme uma série de exigências diplomáticas. Tito se tornara um símbolo internacional do socialismo "revisionista" após romper com o modelo econômico da União Soviética depois da Segunda Guerra Mundial ao desafiar Joseph Stalin e desenvolver um sistema baseado em empresas geridas por trabalhadores (em vez de estatais), o que permitiu que decisões administrativas e lucros fossem divididos entre os trabalhadores. Mao muitas vezes se referiu a Tito como um "revisionista", parte de uma "facção de renegados e leprosos", e disse que o sucesso do seu regime econômico não era socialista, mas oriundo de "copiar a burguesia".[66]

A visita de Tito à China deixou claro que Hua estava ao mesmo tempo preparado para se engajar com os países estrangeiros, os quais Mao considerara repugnantes, como pronto para reconhecer as múltiplas variedades de socialismo existentes no mundo — e essa visita poderia ainda ser chamada, como um estudioso chinês escreveu, de "ponto de partida" da "vontade de recorrer à reforma" do PCCh para o socialismo chinês.[67] Independentemente disso, é inquestionável que o encontro de Hua com Tito — e uma visita seguinte de Hua que os dois líderes planejaram para mais tarde, em 1977 — mostrou até que ponto as críticas ao "revisionismo" e à "cópia da burguesia" em uma China de mudanças não eram mais transgressões supremas. "O camarada Tito foi o primeiro a reconhecer que o socialismo não deveria ser limitado a apenas um modelo", enalteceu o importante teórico do Partido Hu Qiaomu.[68] A China, por implicação, também "reconheceu" esse fato.

Ainda ocorreram assimetrias profundas a respeito de como entender o sistema e definir os objetivos da China, como revelado por uma série de matérias e artigos publicados naquele outono. Em 12 de setembro, um ensaio escrito pela SPCo, publicado no *People's Daily*, mostrou uma compreensão tradicional maoista dos "grandes princípios orientadores para a construção do socialismo", que enfatizava a luta e a contradição de classe, apesar de não ter omitido inteiramente a "promoção da produção".[69] Entretanto, mais tarde naquele mês, no mesmo jornal, Chen Yun e outro teórico mais antigo publicaram ensaios levantando questões proibidas, que não se alinhavam com o "qualquer que seja", como se a distribuição conforme o trabalho fosse "um princípio socialista ou capitalista" e, no caso de Chen Yun, pedindo que a liderança chinesa "apoiasse firmemente o estilo revolucionário de buscar a verdade nos fatos", uma indicação nítida de apoio a Deng.[70] Ambos os documentos mostraram que figuras antigas importantes dentro do PCCh decidiram que a abordagem maoista da luta de classes não seria mais o "princípio orientador" crítico do futuro da China.

Ainda que Deng Xiaoping, Chen Yun e outros tenham decidido no outono de 1977 que os interesses do "qualquer que seja" não eram o melhor para a China, eles não haviam ainda oferecido uma resposta sistemática para a questão do que exatamente havia dado errado. Quando Yu Qiuli, sobrevivente da Grande Marcha, que fora presidente da SPCo, discursou ao comitê permanente do Politburo sobre essa questão, focou sua atenção nos defeitos na criação e implementação de planos estatais, e afirmou que "as raízes de problemas do planejamento" não resultaram do sistema de planejamento central em si, mas do fracasso de implementar corretamente seus requisitos e premissas.[71]

Essa era uma ideia poderosa com ramificações aceitáveis para aqueles que não desejavam ter que mudar a ideologia de governo chinês: os problemas econômicos do país, em outras palavras, não eram causados pelas "premissas" do sistema de planejamento socialista tradicional, mas por falhas específicas em sua implementação na China. A solução, nessa conjuntura, seria eliminar as falhas e elaborar planos melhores. Questões ideológicas maiores poderiam ser temporariamente adiadas.

Entretanto, outros economistas chineses pareciam menos imediatamente satisfeitos com essa solução simples e conservadora. A insatisfação cresceu, oriunda do interesse a respeito do que outros sistemas econômicos poderiam ensinar à China na busca pelas Quatro Modernizações. Em 23 de novembro, o recém-criado Instituto de Economia Mundial da CASS, o Escritório de Pesquisa Econômica da SPCo, o Escritório de Pesquisa do Ministério do Comércio e o Escritório de Assuntos Estrangeiros do Ministério das Finanças — entre outras agências governamentais de pesquisa — realizaram um seminário conjunto em Pequim para discutir o crescimento econômico e questões desenvolvimentistas nos Estados Unidos, Japão, União Soviética, Alemanha Ocidental, entre outros lugares, com o objetivo — como um participante observou — de "realizar as Quatro Modernizações e ficar em dia com o resto do mundo".[72] Em debate no início de dezembro sobre como a China pesquisaria economias capitalistas, Xue Muqiao citou Lenin: "Estamos convencidos de que a teoria marxista só lançou os fundamentos dessa ciência que os socialistas devem continuar a construir em todos os sentidos, a menos que desejem deixar a vida passar."[73] Como o convite que Hua fez a Tito, essas discussões indicaram uma crescente disposição entre os economistas e oficiais chineses para se envolverem com modelos alternativos, o socialismo "revisionista" iugoslavo ou as práticas capitalistas dos países ocidentais, como os Estados Unidos e a Alemanha Ocidental. Essas ideias se estenderam até os níveis mais antigos da liderança chinesa, com um comentário de Deng Xiaoping em uma discussão sobre o sexto plano quinquenal, então em elaboração, de que a Romênia havia alcançado recentemente uma taxa de crescimento de 14%. Esse, disse Deng, era o tipo de meta que a China também deveria objetivar, ainda que isso exigisse da China "aprender a utilizar... elementos estrangeiros".[74]

Enquanto os novos líderes da China debatiam que pessoas e lugares seriam considerados anátemas, alguns teóricos começavam a confrontar, explicitamente, a noção de que as ideias de Mao forneceriam uma orientação política e ideo-

O GRANDE TIMONEIRO PARTE

lógica compreensiva e consistente. Hu Yaobang, um pensador revolucionário e independente que fora um dos mais jovens participantes da Grande Marcha e se tornou o principal administrador da Escola do Partido Central em março de 1977, surgiu como uma das vozes mais escandalosas para encorajar seus colegas a não confiarem apenas no pensamento de Mao Tsé-Tung para determinar o correto. Em dezembro de 1977, em um discurso na Escola Central do Partido, Hu sugeriu que, além de estudar as ideias e os escritos de Mao, a "prática" deveria ser o segundo "critério para julgar a verdade". Referenciando Deng, quem seletivamente se ancorava em Mao, Hu citou o princípio de "ver a verdade dos fatos" e insistiu: "Se polemizar sobre a pertinência de uma afiliação, sem respeito à prática ou com os olhos fechados para os fatos de história... você só será excluído e enganado."[75] Hu, um importante protegido de Deng, deixou claro que a crescente disposição da liderança chinesa para considerar novas ideias e parceiros econômicos teve vastas implicações ideológicas — e forças poderosas que desejavam defender essas mudanças, especialmente dentro de um bastião como a Escola Central do Partido Central, estavam agitadas.

Tais debates ideológicos se tornaram questões críticas na política econômica no ano seguinte, quando Hua Guofeng apresentou sua visão para a economia da China na Assembleia Popular Nacional (NPC), em fevereiro de 1978. Impulsionado pela rapidez da recuperação econômica em relação ao ano anterior — quando a produção cresceu 10,7% na indústria e agricultura, com a do aço, por exemplo, crescendo 16% —, Hua buscava taxas de crescimento mais altas, até mesmo afirmava em certos aspectos que 10% era muito pouco.[76] Sua visão econômica procurou fomentar o crescimento rápido com importações de tecnologia e capital estrangeiros.[77] Nisso, Hua contou com Yu Qiuli e seu "Grupo de Petróleo", um apelido recebido porque eles construíram suas carreiras na indústria do petróleo (Yu anteriormente dirigira o Campo Petrolífero de Daqing).[78] O plano decenal de desenvolvimento de Hua, apresentado pelo NPC, procurou impulsionar o investimento em indústria pesada (as tarifas de produção do aço foram fixadas em 60 milhões de toneladas por ano até 1985 e 180 milhões de toneladas por ano até 1999) para mecanizar a agricultura e usar importações de tecnologia estrangeira a fim de criar novas manufaturas.[79] Em 1978, como resultado dessa política, a China assinou contratos para importar US$ 7,8 bilhões em equipamentos — para um único ano — e o volume total de importações e exportações foi 39% maior do que em 1977.[80]

Essa perspectiva rapidamente ganhou o infeliz apelido de "salto estrangeiro adiante" (*yang yuejin*, eventualmente traduzido como "salto ocidental adiante" ou "grande salto ao exterior"), uma referência às políticas de rápido crescimento do Grande Salto Adiante e à rápida incorporação de tecnologia e capital "ocidentais" ou "estrangeiros" (*yang*) para promover tal crescimento. O "salto estrangeiro adiante" foi um símbolo de duas dinâmicas que coexistiram desconfortavelmente: de um lado, a boa vontade chinesa sob o mandato de Hua para introduzir capital estrangeiro e tecnologia e aprender com o exterior; de outro, a pressa por resultados rápidos que lembravam os observadores chineses das políticas desastrosas de Mao durante o Grande Salto Adiante.[81]

Os interesses de Hua, sem surpresa, estavam de acordo com os comentários de Yu Qiuli sobre as "premissas" do socialismo chinês estarem corretas, mas tais problemas surgiram devido a erros em sua implementação. Além dessas contenciosas políticas econômicas que buscavam um crescimento econômico mais rápido, o regime de Hua continuou a supervisionar uma ênfase crescente na pesquisa em economia e ciências sociais, com um artigo de meados de março do *People's Daily* declarando: "É imperativo possibilitar que a pesquisa em ciências sociais prospere como nunca antes."[82] Mais tarde naquele mês, em uma discussão com Hu Qili e Deng Liqun sobre a divisão conforme o trabalho, Deng Xiaoping elogiou a pesquisa empreendida e incentivou sua continuação.[83]

Porém muitos economistas mais antigos sentiram uma grande frustração com a situação econômica, que, resultante das políticas de Hua, estava à beira do desastre. Apesar de seu tom otimista nas reuniões oficiais, Xue Muqiao retornou à casa, afundou-se na cadeira e começou a chorar. "A economia nacional chegou à beira do colapso", confessou, aos prantos, para sua filha. Ela lembra que podia ouvir a frustração em sua voz. "Ainda sinto que agora é melhor do que antes, com a Gangue dos Quatro — mas como é possível estarmos tão perto do colapso?"[84] A sensação de que a política econômica da China ainda não produzia resultados impulsionou uma nova onda de delegações enviadas ao exterior para estudar as economias estrangeiras. Yu Guangyuan era o economista principal de uma delegação oficial enviada à Iugoslávia e Romênia sob ordens diretas de Hua, entre 9 de março e 6 de abril de 1978.[85] Os líderes da China "não compreenderam" a Iugoslávia, escreveu Yu, elogiando as cidades "bonitas" e "em expansão" que visitaram, e admitiu: "Nossa impressão geral é que eles se desenvolveram mais rápido do que nós nesses anos."[86] A mensagem principal da viagem foi entendida com a mentalidade da "miscelânea" de Yu: a delegação

O GRANDE TIMONEIRO PARTE   33

"concluiu que múltiplas formas de socialismo eram legítimas", levando para casa uma questão representada pela visita de Tito a Pequim no ano passado.[87]

Uma segunda delegação de economistas antigos, incluindo Sun Yefang, passaria cinco semanas na Iugoslávia naquele inverno; voltou de lá elogiando a "autonomia empresarial" iugoslava e acreditando que, como Sun escreveu: "O exemplo iugoslavo oferece uma experiência valiosa para outros países escolherem o próprio caminho de consolidação conforme suas condições específicas" — um ponto levantado tendo-se claramente a China em mente.[88] A ode à economia iugoslava não foi unânime; muitos economistas chineses criticavam esse sistema, que eles julgavam encorajar as empresas a pedirem demais do governo central e, portanto, não deveria servir de modelo para a China. Mas até mesmo os críticos das políticas econômicas da Iugoslávia pararam de argumentar que seu socialismo era ilegítimo.[89] Com um novo sentido de permissão, Sun Yefang também escreveu a seus colegas húngaros sobre a organização de uma visita para estudar o socialismo húngaro durante o ano seguinte.[90]

Durante a movimentada primavera de 1978, os aliados de Deng Xiaoping também encabeçaram duas decisões que teriam vastas ramificações no futuro das reformas chinesas. Primeiro, Deng enviou a Guangdong um importante e antigo revolucionário, Xi Zhongxun, que foi encarregado de resolver o problema dos moradores fugitivos de províncias pobres para a rica colônia britânica de Hong Kong. Xi, como Deng, só recentemente tinha sido reabilitado, depois de sofrer vários expurgos e períodos de prisão durante uma carreira tumultuada. Mas Xi (o pai do atual presidente da China, Xi Jinping) permanecera ao lado de Zhou Enlai e expressou seu forte compromisso de levar as Quatro Modernizações para Guangdong.[91]

Em segundo lugar, o artigo de Deng de agosto de 1977 sobre "buscar a verdade a partir dos fatos" e os comentários de Hu de dezembro de 1977 sobre "prática" e "verdade" forneceram a base para um artigo intenso, publicado em maio de 1978, intitulado "A prática é o único critério para testar a verdade". Escrito por um grupo de pensadores e escritores associados a Hu Yaobang na Escola Central do Partido, esse ensaio argumentou que, como Michael Schoenhals resumiu: "Uma teoria em si nunca pode ser o critério de verdade, embora possa ser a verdade. Todas as teorias dependem e sempre terão que ser julgadas pela prática", além de serem "constantemente implementadas, enriquecidas e corrigidas". Depois da entrada e aprovação de Hu Yaobang, o artigo apareceu no *Guangming Daily* em 11 de maio, foi reimpresso no *People's Daily* e pela agência de notícias Xinhua no dia seguinte. De repente os argumentos apresentados no artigo foram alavancados até os altos rankings e chamaram a atenção da liderança do PCCh. Os conservadores ficaram indignados, alegando que o ensaio era "errôneo" da perspectiva teórica e "um problema ainda maior... muito, muito ruim" do ponto de vista político, até mesmo acusaram seus autores de terem "insurgido para derrubar a Bandeira Vermelha do pensamento de Mao Tsé-Tung", segundo um ex-editor do *People's Daily*, cuja raiva era compartilhada por muitos dos apoiadores de Hua Guofeng.[92]

Naturalmente, muito mais do que abstrações ideológicas estavam em jogo: a fala sobre o que o PCCh adotaria como "critério da verdade" representava uma escolha fundamental para o desenvolvimento da China. "Fatos" e "prática" seriam possibilitados por experimentos políticos, ou as restrições tradicionais da ideologia maoísta e do planejamento socialista prevaleceriam? Os escritores do artigo sobre "prática" logo reconheceram o óbvio: a alegação de que "a prática é o único critério da verdade" estava intimamente ligada aos interesses dengistas de "buscar a verdade a partir dos fatos".[93] No início daquele verão, Deng falou sobre estar a favor da doutrina da "prática", comentários que Li Xiannian corroborou pouco tempo depois.[94] Deng, com seu poder em ascensão, seguiu com a "busca pela verdade dos fatos" mesmo quando os ideologistas mais antigos questionaram os méritos dessa perspectiva.

Uma importante manifestação desses interesses emprestada do manual de Hua: o envio de uma delegação, liderada pelo vice-primeiro-ministro Gu Mu, para a Europa Ocidental a fim de realizar pesquisas sobre como realizar as Quatro Modernizações por meio da prática. Antes de o grupo sair, Deng disse a Gu: "Devemos estudar o sucesso de experiências dos países capitalistas e trazê-los para a China."[95]

De 2 a 6 de junho de 1978, Gu Mu e sua delegação de funcionários centrais e locais viajaram pela França, Alemanha, Suíça, Dinamarca e Bélgica. Seus objetivos, lembrou Gu, eram investigar o nível de modernização na indústria, agricultura, ciência e tecnologia; o desenvolvimento econômico nas décadas de 1950 e 1960; e a experiência de organizar e gerenciar a produção democratizada nos países capitalistas.[96] Essa foi a primeira vez que Gu esteve fora do país, e ele não sabia, escreveu, como o "capitalista mundial" era. Ele e sua delegação tiveram três "avanços". Em primeiro lugar, houve um desenvolvimento econômico dramático no pós-guerra na Europa Ocidental, de modo que as economias dos países que lá estavam já não se assemelhavam ao capitalismo que os chineses aprenderam na União Soviética. Segundo, os líderes dos países capitalistas estavam muito interessados no desenvolvimento econômico da China. Em terceiro lugar, houve muitas "práticas internacionalmente aceitas" que a China também poderia usar. De volta à China, Gu escreveu um longo relatório sobre o que ele e seus colegas haviam aprendido, o qual ele submeteu ao Comitê Central e ao Conselho de Estado e apresentou em um relatório ao Politburo em uma sessão presidida por Hua Guofeng em 30 de junho de 1978.[97]

A discussão prosseguiu por três horas e meia. Os principais líderes presentes — incluindo Hua Guofeng, Ye Jianying, Li Xiannian, Wang Zhen e outros membros do Politburo — elogiaram a pesquisa de Gu e se manifestaram em apoio às ideias que trouxera da Europa Ocidental. "Isso nos permite ver nossa própria situação mais claramente. Não será necessário fazer comparações", concordaram eles."[98] Nessa sessão do Politburo, bem como em conversas privadas que realizou com Deng Xiaoping, Gu defendeu uma ideia em particular: "Adotar a prática usada em alguns países ocidentais de estabelecer zonas de processamento industrial fechado para as áreas vizinhas, em que empresas estrangeiras poderiam investir e construir fábricas sob regime de isenção de impostos e exportar diretamente a produção." Essa ideia foi ainda mais enfatizada por um funcionário da SPCo, que sugeriu que Guangdong poderia ser um local para algumas dessas políticas. Essas propostas iniciais estavam alinhadas com os experimentos já em andamento que se acumulavam a nível local, bem como a zona industrial experimental em Shekou, Guangdong, do China Merchants Group, de Hong Kong, que seria formalmente ratificado em janeiro de 1979. A essa altura, em 1978, Gu e a liderança central não articularam completamente uma visão para o que se tornaria conhecido como as zonas econômicas especiais (ZEEs), mas essas discussões ajudaram a estabelecer importantes bases conceituais. Gu também se tornaria um defensor de políticas mais ousadas quanto às relações econômicas internacionais.[99]

Em um sinal do que os debates ideológicos partidários da China haviam se tornado, por volta do verão de 1978, o grupo dengista, que se reuniu em torno de "buscar a verdade de fatos" e da "prática como o único critério da verdade", recebeu um impulso substancial de um discurso proferido pelo antigo teórico e presidente da CASS, Hu Qiaomu, em 28 de julho de 1978, ao observar "leis econômicas objetivas". Talvez tenha sido ele o principal escritor de importantes documentos oficiais do Partido.[100] Ele coescreveu o discurso de abril de 1977 em que Hua usou esse termo, mas depois o aplicou para enfraquecer Hua, sabendo muito bem que "leis econômicas objetivas" seria algo visto como um endosso dos interesses de Deng.[101]

No discurso, Hu Qiaomu apresentou as "leis econômicas objetivas" como uma prioridade para o Partido. "Muitos segmentos que lideram nossa indústria, agricultura e outros trabalhos econômicos não reconhecem ou não querem reconhecer as leis econômicas e suas objetividades", lamentou Hu. "Eles consideram que essas leis podem mudar conforme as necessidades políticas." Esses eram erros sérios; como alternativa, a tarefa desses camaradas líderes deveria ser "aplicar habilmente leis econômicas objetivas, a fim de formular corretamente e implementar planos". Além disso, para aprender como fazer isso, a China deveria "fortalecer o estudo da economia" e "tornar o aprendizado de elementos estrangeiros avançados um pré-requisito". Hu elaborou: "Só assim podemos aumentar rapidamente nossa capacidade de fazer as coisas de acordo com leis econômicas objetivas e acelerar o ritmo das Quatro Modernizações."[102]

A poderosa conexão que o discurso de Hu traçou entre o objetivo de realizar as Quatro Modernizações e o trabalho dos economistas e formuladores de políticas econômicas chinesas foi um passo importante. O "estudo da economia" nunca tinha recebido um apoio claro, oficial ou substancial. Em fevereiro, Hu tinha falado com Xue Muqiao sobre sua observação de que os "trabalhadores da teoria econômica" não tinham habilidade em "combinar teoria e prática". Xue dissera: "Institutos de pesquisa de teoria econômica raramente interagem com departamentos de trabalho econômico, eles nem sequer olham para materiais estatísticos, e devem procurar as estatísticas chinesas em livros estrangeiros; essa situação não pode continuar."[103] Ao afirmar a necessidade de "observar leis econômicas objetivas", Hu conferiu uma tremenda importância ao trabalho de acadêmicos e funcionários, separando seus trabalhos políticos de seus crimes ideológicos anteriormente desastrosos, como o "desvio para a direita". E ficou claro que isso exigiria um aprendizado de países socialistas e capitalistas. No mesmo fórum de teoria econômica, o presidente conservador da SPCo, Yao Yilin, citou a previsão de Lenin sobre como lidar com os capitalistas: "Quando você mora entre lobos, deve uivar como um."[104]

Entretanto, Deng e outros a seu redor estavam cientes de que aprender a "uivar como um lobo" levaria tempo e um treinamento cuidadoso. Naquele mesmo mês de julho, Deng se reuniu com a delegação norte-americana de educação, liderada pelo geofísico Frank Press, o principal conselheiro científico do presidente Jimmy Carter. Durante as reuniões, Deng procurou e obteve aprovação para enviar milhares de estudantes de intercâmbio chineses para os Estados Unidos em um futuro imediato.[105] Afinal, se "prática" fosse "o único critério da verdade", os futuros líderes chineses precisariam ver como a economia avançada funcionaria na prática antes que começassem a implementá-la na China.

Assim, em meados de 1978, uma surpreendente abertura intelectual estava em andamento — com as ideias econômicas em seu centro. Conforme os líderes chineses investigavam formas alternativas de socialismo praticadas nos países do Leste Europeu que eram formalmente rotuladas como "revisionistas", também reabilitaram economistas que Mao e seus apoiadores haviam perseguido durante a Revolução Cultural e colocaram nova ênfase nas "leis econômicas objetivas". Aqueles economistas capacitados (bem como cientistas e outros) ajudaram a estabelecer as bases para um engajamento maior com as economias não socialistas, especialmente de países capitalistas da Europa Ocidental e América do Norte. Além da tecnologia estrangeira e cooperação que Hua tinha recebido na China, ideias econômicas estrangeiras também entraram nas conversas da elite.

No entanto, o contexto mais amplo da guerra teórica contra o "qualquer que seja" significou que muito mais estava em jogo para se aprender do exterior do que simples curiosidade acadêmica. Enquanto Deng e Hua tentavam se posicionar no topo do aparato do PCCh, a ideologia se tornou um campo de batalha para a força bruta — transformando as investigações internacionais em um jogo perigoso no esporte sangrento da política chinesa.

2

Longe da Costa

A VISÃO DE DENG XIAOPING para o futuro da China estava em ascensão durante o verão de 1978, mas Hua Guofeng continuou a se comportar como seu líder e a promover seus interesses. Em julho, ele e Hu Yaobang — o importante protegido de Deng que liderara o debate do "critério da verdade" — reuniram-se para discutir os objetivos ambiciosos de Hua para modernizar a China. Hu, um defensor do rápido crescimento econômico, lembraria mais tarde que a longa conversa o deixara tremendamente empolgado com a visão de Hua, apesar de suas discordâncias.[1] Uma reunião do Conselho de Estado no início daquele mês apoiou essa visão e determinou que a China intensificasse seu rápido crescimento industrial. Os participantes culparam a Gangue dos Quatro pelo atraso econômico chinês e afirmaram lealmente que a recuperação da China, desde que Hua chegara ao poder, era um bom presságio para o crescimento futuro.[2] Outros países socialistas, alinhados contra a China, rapidamente criticaram Hua — em uma conversa particular, o ministro soviético de Relações Exteriores, Andrei Gromyko, elogiou o governo polonês por sua "firme posição em condenar as políticas da liderança chinesa"[3] —, mas Hua tomou sua decisão: o crescimento econômico era agora a principal prioridade do Partido Comunista Chinês (PCCh).

Para atingir esse objetivo, Hua e outros líderes de alto escalão se propuseram a encontrar novas ideias, estabelecendo um padrão de análise de ideias e modelos estrangeiros. Hua viajou ao exterior em agosto, em um itinerário que incluía a Iugoslávia e a Romênia, onde Yu Guangyuan havia realizado pesquisas no início do ano. A delegação de Hua incluiu Zhao Ziyang, secretário do Partido na província de Sichuan. Muitos anos depois, Zhao — que passara quatro anos trabalhando em uma fábrica, na província de Hunan, durante a Revolução Cultural — se tornaria primeiro-ministro da China e principal chefe das reformas econômicas; mas, durante essa viagem, era apenas um promissor líder provinciano. Como nas delegações chinesas anteriores, Hua estava mais interessado na administração de empresas iugoslavas, pois enfatizavam autogestão e autonomia empresarial. Ao retornar à China, Hua solicitou que Zhao experimentasse tais políticas em Sichuan.[4] As reformas das empresas industriais de Zhao em Sichuan concentraram-se na reestruturação e na consolidação da gestão, evidenciando "empréstimos significativos da experiência iugoslava".[5]

À parte isso, em 6 de outubro, quando o *People's Daily* publicou o discurso de Hu Qiaomu sobre a observação das leis econômicas, Deng já havia tomado medidas agressivas para promover sua própria agenda.[6] Em 19 de outubro, Deng Xiaoping chegou ao Japão, onde lhe foi oferecido, em conjunto com outras lideranças de alto escalão, uma visão mais próxima de uma economia capitalista. Deng Liqun lembrou: "Na minha vida, a viagem de estudos para o Japão, em 1978, foi minha primeira imersão no capitalismo. Antes disso, eu nunca havia estado em um país capitalista" — sentimento muito semelhante ao que outros líderes chineses tinham expressado em suas viagens inaugurais para o Ocidente.[7] A viagem de Deng ao Japão, onde ele e sua delegação visitaram fábricas e mercados, mostrou como era a prosperidade de países com "leis econômicas objetivas".[8]

O Japão poderia ser uma importante fonte de financiamento e conhecimento técnico para a China nas décadas seguintes. À medida que a economia japonesa crescia — levando alguns analistas a preverem um futuro do "Japão como número um" —, investimentos japoneses foram despejados na China, chegando a US$532,5 milhões em 1991, o que equivale a 12,2% do total do investimento estrangeiro direto na China, atrás apenas de Hong Kong.[9] Na ciência e educação, o Japão também providenciou treinamento técnico para os chineses — o Japão inspirou Deng Xiaoping, Deng Liqun e outros com uma visão de modernização do outro lado do mar da China Oriental. Mas, no campo das ideias econômicas, o papel do Japão era muitas vezes menor do que seu valor para a China como fonte de investimento, comércio e treinamento.[10] Alguns economistas japoneses iam à China para oferecer conselhos, e líderes mais antigos, especialmente Hu Yaobang, continuaram a desenvolver laços com os colegas japoneses durante os anos 1980. Mas as interações intelectuais com os economistas japoneses eram muito menos sistemáticas do que o engajamento com os países da Europa Oriental que haviam experimentado reformas no socialismo, ou com os países capitalistas ocidentais que eram considerados criadores e promotores das ideias liberais de mercado.

Nas semanas que se sucederam após Deng retornar do Japão, a conferência de trabalho central do Partido foi convocada, proporcionando a ele e seus aliados uma grande oportunidade para solidificar seu poder. Na conferência de trabalho, aberta em 10 de novembro, foram feitas críticas ferrenhas à doutrina do "qualquer que seja", na companhia de discursos intensos que pediam a derrubada dos veredictos da era Mao. Hua, sentindo que os partidários de Deng haviam conquistado boa parte da liderança do Partido, aceitou muitas das exigências, incluindo uma reversão do veredicto sobre o Incidente de Tiananmen, em 1976. Isso minou parcialmente a legitimidade de Hua, que se baseava nas decisões tomadas na esteira do Incidente de Tiananmen e da atmosfera anti-Deng que pairava nos meses que antecederam a morte de Mao. Em 13 de dezembro, Deng fez um discurso — elaborado por Yu Guangyuan e Hu Yaobang — no qual articulou seus objetivos para a liderança chinesa em termos poderosos e inclusivos, e sugeriu que uma nova era estava surgindo na China.[11] O Partido Comunista Chinês teve que "emancipar a mente" das restrições da ideologia ultrapassada e das noções equivocadas. "A revolução acontece com base na necessidade de um benefício material", não é apenas "o espírito de sacrifício", declarou Deng. "Emancipar a mente" envolveria o aprendizado de ciência avançada, tecnologia, administração e economia. "Devemos aprender a administrar a economia por meios econômicos. Se nós mesmos não sabemos sobre os métodos avançados de gerenciamento, devemos aprender com aqueles que o fazem, seja em casa ou no exterior", acrescentou Deng.[12] Acima de tudo, o chamado para "emancipar a mente" mostrou o imenso poder do compromisso de Deng em "buscar a verdade nos fatos" e encerrou semanas de reuniões contenciosas com um tom ressonante repleto de otimismo. No momento em que a conferência de trabalho foi concluída, em 15 de dezembro, ficou claro para os participantes que Deng, e não Hua, seria o líder supremo da China nos anos seguintes.

Essas decisões internas foram reveladas no terceiro plenário do Décimo Primeiro Congresso do Partido, que se reuniu de 18 a 22 de dezembro. As decisões tomadas na conferência de trabalho foram anunciadas e ratificadas; embora Hua permanecesse como líder titular do governo e Deng não recebesse nenhum título novo, tanto os observadores nacionais quanto os estrangeiros perceberam que era Deng quem estava no comando. Chen Yun, agora um membro formal do Comitê Permanente do Politburo, falou sobre a nova capacidade da liderança de realizar as Quatro Modernizações. Ele e Deng se sentaram juntos — dois velhos revolucionários, ainda vestidos com suas escuras jaquetas de Mao, preparando-se para liderar seu país no que eles proclamavam ser uma nova era.[13] O encontro, um dos mais famosos eventos da história moderna da China, anunciou que o caos e o desperdício do período de Mao finalmente terminaram. Uma nova era de "reforma e abertura" começava, com a promessa de riqueza, poder e participação na comunidade global. E Deng Xiaoping era o homem que lideraria a China nesse avanço.

No entanto, é importante reconhecer que no famoso terceiro plenário um ponto-final para o processo não foi estabelecido com clareza. Os formuladores de políticas econômicas da China não acreditavam que o tempo da economia planejada havia terminado ou que a economia de mercado fosse seu objetivo claro.[14] Yu Guangyuan lembrou que "as ideias de reforma eram geralmente embrionárias" no terceiro plenário.[15] Zhao Ziyang, um dos favoritos de Deng e futuro primeiro-ministro, concordou, escrevendo em suas memórias: "Meu primeiro entendimento de como proceder com a reforma foi superficial e vago (...). Eu não tinha nenhum modelo preconcebido ou ideia sistemática em mente."[16] Em vez disso, os líderes da China priorizaram determinar os problemas do sistema antigo e tomar medidas incrementais e experimentais para melhorar o gerenciamento econômico — isto é, o que chamavam de "atravessar o rio sentindo as pedras."[17] Esse mantra pragmático transmitiu que eles estavam comprometidos com a tática de tentativa e erro, uma virada inequívoca dos enormes desastres das visões utópicas e planos ferrenhos da era Mao.

Imensas mudanças ocorreram em 1978 — do "salto adiante na política externa" para a "reforma e abertura", do isolamento da era Mao para dezenas de viagens de estudo ao exterior, e de Hua Guofeng para Deng Xiaoping. Em dezembro, em uma reunião da organização do bloco soviético, em Havana, encarregada de coordenar a política em relação à China, um relatório da Alemanha Oriental condenou "a política chinesa de permitir que mais influência ocidental modelasse suas políticas nacionais e estratégias econômicas", uma avaliação que a liderança soviética também pronunciaria repetidamente em relatórios internos.[18] Tanto dentro como fora do país, a China estava claramente em movimento. Mas até mesmo seus líderes não sabiam para onde estavam indo.

As críticas do bloco soviético à China receberam o que parecia ser uma surpreendente confirmação quando, em 15 de dezembro de 1978, os Estados Unidos e a China anunciaram a normalização das relações diplomáticas, efetivada em 1º de janeiro de 1979, após intensas negociações no ano anterior.[19] Esse avanço, crucial por si só, também deu um impulso significativo à campanha de Deng por "reforma e abertura" — e foi, de certa forma, uma rápida vitória para os interesses mais amplos de Deng. Apenas alguns dias depois, em 6 de janeiro, o núcleo do Partido concedeu aprovação para Xi Zhongxun buscar investimentos estrangeiros em Guangdong. Isso permitia que Guangdong construísse fábricas que produzissem produtos industriais para exportação e, futuramente, levaria à nomeação de Gu Mu para uma nova posição, como chefe do Gabinete de Zonas Econômicas Especiais, coordenando as atividades de Guangdong. No final de janeiro, a zona industrial de Shekou, no extremo de Shenzhen, em frente à Baía de Água Profunda, em Hong Kong, havia sido estabelecida, e um primeiro projeto — envolvendo exportações de sucata de metal para Hong Kong — recebeu aprovação formal.[20]

Chegando em rápida sucessão, esses desenvolvimentos demonstraram enfaticamente as transformações diplomáticas e econômicas que a política de "reforma e abertura" implicaria na prática. Deng partiu para uma visita aos Estados Unidos, de 28 de janeiro a 5 de fevereiro — foi a apresentação histórica, ao povo norte-americano, de um líder mundial cujo secretário de Estado dos EUA, Cyrus Vance, chamou de "impaciente, combativo, autoconfiante, direto, forte e inteligente". Deng, nomeado pela revista *Times* como o "Homem do Ano", em 1978, sob o título "Visões de uma Nova China", visitou fábricas norte-americanas (incluindo as da Boeing e da Ford Motor Company), sorrindo para as câmeras com um chapéu de caubói no Texas e se reuniu com importantes lideranças e figuras políticas em todo o país. Deng, que ficou emocionado e surpreso com o que viu, não conseguiu pregar o olho, passando vários dias sem dormir. Ezra Vogel argumentou que as imagens de Deng nos Estados Unidos "apresentaram o público chinês a um estilo de vida moderno (...). Todo um novo modo de vida lhes foi mostrado e eles o abraçaram".[21] Nesse sentido, a capa da *Times* tinha pelo menos dois significados: os ambiciosos planos da administração de Deng, assim como os novos estilos de vida e ideias que os chineses viam pela primeira vez.

No entanto, os debates que expandiriam e justificariam essas "visões de uma nova China" se intensificavam. Começando em meados de janeiro, enquanto a controvérsia sobre a "prática como único critério da verdade" continuou em pauta, Hu Yaobang convocou uma conferência em Pequim sobre princípios teóricos, sugerida por Ye Jianying após o plenário de dezembro. Os principais intelectuais chineses falaram sobre as mudanças na ideologia governante da China que eles achavam que seriam necessárias para legitimar e guiar as políticas de "reforma e abertura". Uma variedade de grupos se reuniu sob a égide da conferência, incluindo uma sessão liderada por Yu Guangyuan para discutir e elogiar as reformas econômicas da Iugoslávia.[22] Os participantes apresentaram ideias ousadas, incluindo uma proposta de dois teóricos que classificavam a China dentro do que chamavam de "estágio inicial do socialismo" ou "socialismo não desenvolvido", um argumento que alegavam poder legitimar uma ampla variedade de gerenciamento e organização empresarial, seja de propriedade estatal, privada ou estrangeira.[23] Mao havia usado o termo "estágio inicial do socialismo" casualmente em novembro de 1958, mas não explicara totalmente o que queria dizer com isso e nunca mais voltou a ele; seria retomado em 1986/1987 e futuramente se tornaria um componente de assinatura do relatório de trabalho de Zhao Ziyang no congresso do Partido de 1987.[24] Mas, em 1979, essas ideias eram claramente desmedidas demais para alguns: Deng Liqun, que continuava comprometido com a reforma conservadora, a quem Deng Xiaoping uma vez ridicularizou chamando de teimoso e "uma mula humana", participou de poucas sessões da conferência.[25] Contudo, e talvez mais importante, os estudiosos observaram que a necessidade de uma "conferência de teorias" nesse ponto crucial da história do PCCh — apesar da ênfase em "fatos" e "prática" — revelou a "crença de que a retificação de ideias era um pré-requisito para a retificação da política".[26] O chamado de Deng para "emancipar a mente" e as políticas destinadas a "libertarem as forças produtivas" eram, aparentemente, dois tipos de liberdades inextricavelmente conectadas.

Até onde essas liberdades se estenderiam? Começando no final de 1978, quando jovens educados enviados para o campo durante a Revolução Cultural retornaram às cidades, em Pequim vários "cartazes com letras enormes" foram montados em uma parede na rua Xidan, a qual ficou conhecida como "Muro da Democracia". Esses cartazes, escritos por intelectuais de várias gerações, pediam maiores direitos e liberdades para o povo chinês. Suas críticas foram bastante amplas, incluindo ataques diretos a Mao, ao Marxismo-Leninismo e ao PCCh. Em dezembro, Wei Jingsheng, de vinte e oito anos, publicou um ensaio na parede anunciando um conceito que ele chamou de Quinta Modernização — a saber, a democracia. "Nós não queremos servir como meras ferramentas de ditadores com ambições pessoais para a modernização", escreveu Wei, zombando das Quatro Modernizações. Muitos dos líderes da China, incluindo Hua Guofeng, enviaram seus próprios filhos para o campo, mas não previram que a "reeducação" poderia levar esses jovens à demanda por democracia. Deng logo reprimiu a liberdade de expressão no Muro da Democracia, destruindo-o e prendendo ativistas como Wei.[27] As ações de Deng mostravam que a mentalidade poderia ser "emancipada" apenas dentro dos limites da autoridade do Partido Comunista Chinês.

Com Deng trabalhando na frente política e Hu Yaobang, na ideologia, Chen Yun se movimentou para assumir um maior controle sobre o portfólio econômico de Hua. Em 8 de março, Chen escreveu um resumo de seus pontos de vista sobre "o plano e a questão de mercado", em que retomou suas ideias dos anos 1950 e 1960 e pediu uma economia dominante e planejada, com um papel pequeno e auxiliar para os "ajustes de mercado".[28] Além disso, em 14 de março, Chen apresentou seu plano de "reajuste" (*tiaozheng*).[29] Sua iniciativa de assinatura procurou esfriar o crescimento e equilibrar a expansão da indústria pesada, da indústria leve e da agricultura. Era claramente contra as políticas de rápido crescimento do "Grupo Petrolífero" de Hua Guofeng e Yu Qiuli, mas também incluiu um ataque contra "aqueles como Gu Mu, que voltaram de viagens de inspeção no exterior, soprando os ventos de mais empréstimos estrangeiros e alta velocidade".[30] Além da nova política de "reajuste", Chen também estabeleceu uma Comissão de Finanças e Economia no Conselho de Estado, que ele e Li Xiannian liderariam, proporcionando-lhes uma base institucional para supervisionar a futura formulação de políticas econômicas. A comissão também incluiu Yao Yilin, Gu Mu, Bo Yibo, Yu Qiuli e Wang Zhen.[31] Frederick C. Teiwes e Warren Sun, baseando-se no trabalho do estudioso chinês Xiao Donglian, escreveram que esse grupo era "uma feliz reunião de importantes autoridades econômicas, dois terços dos quais haviam sido expulsos durante a Revolução Cultural."[32] Com uma coalizão experiente empossada no Conselho de Estado, Chen decidiu implementar as metas que articulara em meados de março.

Chen tem sido frequentemente caricaturado como uma força exclusivamente conservadora na reforma da China — às vezes em tensão com Deng e muitas vezes em contraste com o liberal Zhao Ziyang. As visões de Chen, na verdade, eram substancialmente mais complexas.[33] Defensor consistente da incorporação de mecanismos de mercado na economia socialista planejada, Chen acreditava que a China deveria continuar a confiar no plano como "fundamental e predominante", mas deveria permitir que os mercados emergissem como "complementares e secundários". Ao longo da era reformista, Chen apoiaria as reformas alinhadas a essa visão, mas rejeitaria fortemente as ideias que eram mais expansivamente pró-mercado ou que temia que minassem o socialismo ou a autoridade do Partido Comunista Chinês.[34] Enquanto a legitimidade pessoal de Deng "se baseou diretamente em sua capacidade de 'entregar os bens'" (conforme Joseph Fewsmith explicou a tendência de Deng priorizar "quebrar precedentes e produzir altas taxas de crescimento"), Chen ganhou credibilidade através do gerenciamento preciso da economia planejada. Assim, Chen era altamente sensível aos problemas que surgiam quando mudanças políticas ousadas ou de qualquer tipo eram radicais, o tipo de detalhe que Deng consideraria como minúcias. A prioridade de Chen ao longo de sua carreira foi o equilíbrio: uma combinação de orçamento, alocação de insumos e produção e investimentos equilibrados em todos os setores econômicos.[35] Para alcançar o equilíbrio, Chen acreditava no trabalho árduo, não no pensamento ousado. Fewsmith escreve: "Quando ele resumiu sua abordagem, foi necessário gastar 90% do tempo de estudo e investigação e apenas 10% na tomada de decisões."[36]

Durante a era Mao, Chen era especialista em economia, mas talvez fosse mais preciso chamá-lo de reparador econômico. Depois que o Partido Comunista Chinês venceu a Guerra Civil Chinesa e herdou uma economia cheia de inflação, Chen a domesticou; após o imprudente e desastroso Grande Salto Adiante, Chen (junto com Zhou Enlai e Deng Xiaoping) ajudou a consertar o estrago. O mercado, por vezes, provou ser uma ferramenta auxiliar útil para esses reparos. Depois do Grande Salto Adiante, por exemplo, a introdução de alguns incentivos ao mercado agrícola nas áreas rurais ajudou o país a se recuperar da fome colossal.[37] No entanto, esses incentivos constituíam simplesmente uma das várias ferramentas na caixa de ferramentas do reparador, e seu objetivo substancial era uma economia planejada que funcionasse bem. Assim, Chen era conservador, mas um conservador complexo: queria manter a economia socialista acima de tudo, mas também fazer com que ela funcionasse melhor.

No mínimo, Chen parecia imaginar-se desempenhando um papel semelhante, agora que Deng se tornara líder supremo. Particularmente nos primeiros anos do mandato de Deng, ele procurou definir toda a agenda econômica. Suas prioridades continuavam sendo um planejamento equilibrado com um crescimento cauteloso e lento — o qual, durante a era Deng, muitas vezes o colocou em oposição a reformistas mais jovens e ambiciosos, que pretendiam transformar fundamentalmente o sistema de organização econômica da China. Especificamente, Chen se opôs ao financiamento do déficit e procurou evitar a inflação a todo custo. Em 1979, ele falou das "lições amargas" que aprendeu com as experiências da China com a inflação no início do século XX, deixando claro que, sob sua vigilância, não permitiria que a China repetisse essas "amargas" experiências.[38] Chen acreditava que a história do capitalismo era uma "história da inflação", e, de acordo com as lembranças de Deng Liqun, dissera no início da era reformista: "Quando se trata de permitir que a inflação desenvolva a economia — eu temo isso, eu temo isso, eu temo isso."[39]

Para as elites políticas da era reformadora chinesa, Chen foi um grande negociador de poder. Além de Deng Liqun, os aliados de alto escalão de Chen incluíam seu protegido Yao Yilin, vice-primeiro-ministro e oficial de finanças que apoiara o trabalho econômico de Chen ao longo da história da República Popular da China (RPC), e Bo Yibo, um antiquíssimo revolucionário que tinha trabalhado com Chen durante o período de reconstrução econômica após o Grande Salto Adiante, que serviu como presidente da Comissão Econômica do Estado e foi estigmatizado como um "direitista" fixado no "economês" durante a Revolução Cultural.[40] Chen Yun e Deng Xiaoping, celebremente fotografados juntos e triunfantes no terceiro plenário, em dezembro de 1978, gradualmente se afastaram, pois discordavam do valor das novas ideias que prometiam um crescimento mais rápido na China. Em 1984, a redefinição da economia chinesa como uma "economia planificada de commodities" revelou que a abordagem de Chen não era mais a ordem do dia; suas visões, portanto, colocariam-no em contraste com as ambições dos reformadores à medida que a década progredisse. Deng, Zhao Ziyang e seus assessores econômicos não queriam mais aprimorar a economia socialista tradicional ou consertá-la quando as coisas davam errado. Queriam criar um novo sistema. Durante esse período, Chen e Deng agiram como aliados.[41]

Em março de 1979, Xue Muqiao, economista sênior da China, fez um discurso no Escritório de Pesquisas de Gestão de Empresas do Estado que procurava unir os interesses de Deng e Chen. Xue explicitamente conectou os erros das políticas econômicas de Mao aos das políticas econômicas de Hua, as quais, segundo ele, eram marcadas pela impaciência por resultados rápidos, ou pela "busca cega de um ritmo de desenvolvimento impraticavelmente alto".[42] No decorrer do Grande Salto Adiante, os dados sobre a produção de ferro foram descaradamente "inventados", escreveu Xue, e alguns líderes de vilarejos permitiram que muitas pessoas morressem de fome, ambas as manifestações de erros na política econômica. Mas depois de dar voz a essas críticas ao estilo Chen de impaciência e excessos, Xue passou a usar a linguagem preferida por Deng. "Como podemos observar leis econômicas objetivas?", questionou Xue em voz alta. "Esta é uma nova questão que surgiu no ano passado." Xue afirmou firmemente que os formuladores de políticas econômicas chinesas precisariam usar seus "quase 30 anos de experiência" e "pegar as experiências dos outros países emprestadas" — e não foi necessário erradicar completamente qualquer coisa que parecesse ou soasse como "capitalismo" econômico.[43] Ratificando Deng, Xue concluiu sem rodeios: "Por que uma sociedade socialista deveria exaltar a pobreza?"[44] Os dias da perspectiva de Mao de uma China "pura, embora pobre" haviam terminado.

No entanto, Deng Xiaoping não estava disposto a permitir que essa efusão de novas ideias e políticas minasse a autoridade do Partido Comunista Chinês. Em um discurso, em uma segunda sessão da conferência sobre princípios teóricos que Hu Yaobang iniciou em janeiro, Deng apresentou um programa de quatro partes que afirmava a contínua primazia do Partido Comunista Chinês, no que poderia ser considerada uma política autoritária em contrapartida às Quatro Modernizações econômicas liberalizantes. Deng apresentou esses "Quatro Princípios Cardeais" em um discurso em 30 de março de 1979. Os quatro princípios mantinham "o percurso socialista" e sustentavam a "ditadura do proletariado", a liderança do Partido Comunista Chinês, o marxismo-leninismo e o pensamento de Mao Tsé-Tung.

Ao mesmo tempo em que Deng colocou esses limites estritos sobre as manifestações, manteve a importância de agir "de acordo com as leis econômicas objetivas", uma referência direta ao discurso de Hu Qiaomu. Em um grande passo, declarou que o Partido Comunista Chinês apoiaria aqueles "trabalhadores teóricos" (significando, nesse caso, os economistas) que apoiaram essa missão. Ecoando Lenin, Deng pediu "mais conversas sobre economia e menos sobre política", reiterando a necessidade de "recuperar o atraso" nas ciências sociais e aprender "o que for progressivo e útil nos países capitalistas". No entanto, Deng sustentava que os intelectuais deveriam também "criticar o que quer que fosse reacionário e decadente" nessas sociedades.[45] Em um discurso destinado a afirmar, simultaneamente, a insistência de Deng em manter o poder do Partido Comunista Chinês e seu compromisso com a reforma econômica, esses comentários sobre "os países capitalistas" mostraram uma atitude constante: Deng queria extrair o que era "útil" e evitar o que era "reacionário e decadente", mas não ofereceu uma formulação clara sobre como reconhecer precisamente e separar esses elementos contraditórios.

Embora as demonstrações de força do Partido nesses discursos e na repressão ao movimento "Democracia do Muro" tenham deixado claros os limites de expressão e desacordo que os líderes do Partido estavam dispostos a tolerar, elas não silenciaram os economistas orientados pela reforma da China. Mais de 300 membros da Academia Chinesa de Ciências Sociais (CAAS), o Gabinete de Estudos Econômicos da Comissão Estatal de Planeamento (CEP) e o Gabinete Estatístico Estatal reuniram-se em Wuxi, na província de Jiangsu, em abril de 1979 para debater as prioridades políticas da reforma chinesa.[46] A conferência permitiu que os "trabalhadores econômicos" da China oferecessem ideias políticas concorrentes para a China no futuro. Uma proposta ousada surgiu da improvável equipe do gregário Liu Guoguang e do gentil Zhao Renwei, dois economistas afiliados ao Instituto de Economia da CAAS, que pediram o fim de uma "ênfase desequilibrada no planejamento, negligenciando o mercado", e propuseram reformas imediatas às empresas estatais, particularmente uma expansão da liberdade de fixar preços, o que provocou discussões acaloradas.[47] Uma conferência do núcleo de trabalho do Partido, também realizada em abril, debruçou-se sobre os problemas na gestão empresarial e, mais importante, estabeleceu um guia de interesses econômicos para "reajuste, reforma, consolidação e melhoria" (*tiaozheng, gaige, zhengdun, tigao*), expandindo, assim, a agenda de "reajuste" de Chen Yun para incluir um conjunto mais amplo de objetivos.[48] Zhao Ziyang, Gu Mu e outros apoiaram essa "Política de Oito personagens".[49] Esses líderes reformistas também apoiaram o anúncio de abril de 1979, aprovando o estabelecimento de zonas econômicas especiais (ZEEs) nas províncias de Guangdong e Fujian. Hua Guofeng presidiu a reunião, com Hu Yaobang e o secretário do Partido em Guangdong, Xi Zhongxun, elogiando o apoio de Hua a essas reformas.[50]

Reuniões de especialistas em economia, como a Conferência de Wuxi, e a institucionalização de medidas como a criação da Comissão de Finanças e Conselho de Economia do Estado foram parte de um processo maior durante o período pós-Mao de solidificação do papel da especialização econômica na elaboração de políticas chinesas. No final de junho e início de julho, o Conselho do Estado estendeu o papel formal na especialização da economia e políticas públicas, estabelecendo quatro Grupos Pequenos sobre a reforma, organizados para conduzir "investigações em grande escala" e "mobilizar pesquisas". Yao Yilin fez um discurso para funcionários e economistas mais antigos, juntamente com discursos de Sun Yefang, Yu Guangyuan, Deng Liqun e outros.[51] Yao pediu que os grupos de pesquisa se dispusessem a estudar problemas atuais e históricos, tanto na China quanto no exterior — incluindo reformas em países socialistas como Iugoslávia, Romênia e Hungria ("Quais foram as dificuldades que enfrentaram? Como as resolveram?")[52] e "países capitalistas, para entender as lições de sua experiência e que mérito têm".[53] Zhang Jingfu liderou o grupo pesquisando a reforma do sistema de gestão econômica, conhecido como Grupo de Reforma do Sistema, com Xue Muqiao como um dos chefes adjuntos.[54] Ma Hong liderou o Grupo de Reforma Estrutural; Wang Daohan, o Grupo de Reforma Institucional e Yu Guangyuan, o Grupo de Teoria e Método. Em 19 de julho, membros do Comitê Permanente do Politburo emitiram ordens para os grupos, enfatizando a importância que atribuíam a suas pesquisas, porque "após dez anos de turbulência, os problemas realmente se acumularam". Cada ministério relevante enviaria alguns de seus mais talentosos pesquisadores, prometiam os líderes mais antigos.[55]

Por ora, os talentos seriam extraídos, em grande parte, dentre os integrantes da geração que se graduou nas universidades na época da fundação da República Popular da China e que começara suas carreiras antes das perturbações da Revolução Cultural. Um protótipo de integrante dessa geração de meia-idade foi Wu Jinglian, que encontrou alta demanda para suas habilidades em 1979.[56] Wu Jinglian estudou economia política marxista durante os anos 1950. Quando a Revolução Cultural eclodiu, Wu foi alvo de perseguição por seus laços com o economista sênior e "mão negra" Sun Yefang. A mãe de Wu, uma professora, foi atacada durante a Revolução Cultural pelo contato com estrangeiros, e Wu fora punido pela acusação de ser uma "semente revisionista".[57] Junto com muitos outros economistas, Wu foi enviado para a província rural de Henan para a "reeducação pelo trabalho" e submetido a espancamentos e críticas. Forçado a criticar seu mentor, Sun, Wu retornou a Pequim depois que sua perseguição terminou, com o conselho de seu amigo Gu Zhun, um proeminente intelectual que conheceu durante sua "reeducação", que ecoava em sua cabeça: Gu encorajou o carismático e sincero Wu a aprender inglês, buscar novas ideias e criticar o planejamento central.[58]

Wu foi designado para trabalhar com Ma Hong no Grupo de Reforma Estrutural e Yu Guangyuan, no de Teoria e Método, enquanto ocasionalmente ajudava no Grupo de Reforma Institucional. À medida que os grupos conduziam suas pesquisas, optavam por uma abordagem geral: "Tenha grandes mudanças em mente, mas comece com as pequenas." Eles apresentariam seus relatórios à SPCo e a outras agências governamentais.[59]

Durante o mesmo período, as autoridades chinesas deram o importante passo de estabelecer parcerias internacionais com organizações não governamentais (ONGs), que o reformado ambiente diplomático — especialmente a normalização das relações EUA–China — recentemente possibilitou. Naquela primavera, funcionários do alto escalão chinês se aproximaram da Fundação Ford, uma ONG norte-americana com foco na promoção da cooperação internacional, através do que os documentos internos da Fundação Ford chamaram de "ajuda em seus esforços para alcançar o desenvolvimento nesse país e em outros lugares durante o longo período de isolamento da China". A Fundação Ford concordou e rapidamente começou a elaborar planos ambiciosos para atividades econômicas colaborativas nos Estados Unidos e China.[60]

À medida que os líderes chineses começaram a organizar um papel formal para a especialização econômica no governo e a procurar parceiros internacionais para levar novos conhecimentos para a China, eles também agiram. Em 13 de julho de 1979, o Conselho de Estado emitiu uma decisão importante de que algumas empresas seriam selecionadas para terem maior autonomia, incluindo a retenção de uma parcela dos lucros.[61] Embora parecesse que essa política introduziria mudanças significativas nos incentivos empresariais e na economia chinesa como um todo — afinal de contas, o lucro industrial do ano anterior havia representado estimados 17% do produto interno bruto (PIB), e 6.600 empresas haviam começado a implementar essa reforma até o final de 1979 —, na verdade, teve pouco efeito. Os economistas chineses logo descobriram que a baixa taxa de retenção marginal embutida na equação usada para calcular a retenção de lucros significava que o sistema criava incentivos extremamente fracos para as empresas.[62] Reformas mais ambiciosas foram necessárias para criar incentivos mais fortes. Essas tentativas iniciais e desajeitadas de reformas empresariais demonstraram que as autoridades chinesas caminhavam, de fato, para combinar planejamento e mercado, mas ainda tinham uma compreensão rudimentar de como implementar os mecanismos de mercado com mais eficiência.

Mesmo fora da burocracia formal, os economistas chineses organizavam e conduziam pesquisas destinadas a terem um impacto direto na política do governo. Ma Hong anunciou: "Planejamos resumir nossas experiências nas últimas três décadas (...) e estudar a história, experiência e condições atuais das estruturas econômicas de certos países-chave estrangeiros. Nosso objetivo é explorar as leis que governam o desenvolvimento de estruturas econômicas e encontrar uma estrutura econômica que esteja de acordo com nossas condições próprias e únicas."[63] Por exemplo, em 27 de julho, foi fundada a Sociedade Chinesa de Economia Quantitativa.[64] Outro caso relacionado foi o periódico *Referência de Material Econômico*, que começou a ser publicado no início de 1979, solicitando contribuições de vários economistas para fornecer aos formuladores de políticas públicas atualizações regulares sobre teoria econômica e pesquisa, com foco em economia estrangeira. Mais de 100 edições em 1979 apresentaram economias e tendências estrangeiras, mais da metade do número total de edições publicadas naquele ano, incluindo os países capitalistas desenvolvidos da Europa e Ásia, bem como os socialistas da Europa Oriental e União Soviética.[65] Esses esforços evidenciaram um claro interesse na utilidade dos mecanismos de mercado, embora a maneira de aplicar essas ideias ao socialismo chinês permanecesse altamente controversa, mesmo para reformistas célebres, como Sun Yefang.[66]

Parte dessa controvérsia, é claro, relacionava-se às condenações explícitas que Mao Tsé-Tung fazia aos mercados, capitalismo, "direitismo" e à "liberalização burguesa". Quais novos governantes da China representariam o homem que fora seu líder, profeta, flagelo e camarada? Embora Deng e seus aliados tivessem superado as duas facções "qualquer que seja" e mantido a "prática como o único critério da verdade", anulando assim muitos veredictos da época da Revolução Cultural, não haviam abordado de forma direta e compreensível a questão da história do legado e do Partido de Mao. No outono de 1979, Deng Xiaoping decidiu que já era hora. Em 1º de outubro do mesmo ano, após a redação de Hu Yao-bang, Deng Liqun e Hu Qiaomu, Ye Jianying fez um discurso no Dia Nacional da China comemorando a fundação da República Popular da China trinta anos antes. O longo discurso de Ye — do qual o funcionário octogenário era fraco demais para ler mais do que a abertura e encerramento da cerimônia do Dia Nacional — apresentou uma narrativa retrabalhada da busca do PCCh para construir um "país socialista moderno e poderoso" desde sua fundação, em 1921. O discurso admitiu que o Partido cometeu erros durante o governo de Mao, causados pela "impaciência" de sua liderança. As declarações de Ye foram uma admissão sem precedentes de erros cometidos pelo próprio Partido e pelo próprio Mao.[67] A formalidade dessa avaliação, sob o nome de um dos mais antigos líderes revolucionários da China, marcou uma grande reavaliação histórica, que claramente solapou a legitimidade do "qualquer que seja". Em um nível ainda mais abstrato, essa reformulação e reavaliação da história forneceu ainda outro sinal de que Deng e seus aliados conscientemente trabalhavam para estruturar as próprias iniciativas em termos históricos que marcaram a época.

A reavaliação histórica também marcaria o fim formal do período de "colocar a política econômica no comando", e legitimaria ainda mais a análise de Hu Qiaomu sobre a necessidade de "defender leis econômicas objetivas". Mais tarde, em outubro, economistas em Pequim emitiram declarações públicas criticando "sermões políticos e jargão filosófico" na economia — com comentários aprovados pelo *Guangming Daily*.[68] Nesse contexto político e intelectual em transformação, os economistas chineses fizeram uma nova série de afirmações ousadas em seus artigos, muitos dos quais foram publicados na revista *Economic Research*, da CAAS. Um deles declarou que o planejamento econômico era "um processo subjetivo de atividade econômica em que o homem aprende a conhecer as leis objetivas e as segue". A China, segundo o autor, falhou nesse ponto: "Nossos planos, ditados pelas altas autoridades que deram pouca atenção às realidades objetivas, flertavam com o desastre." Agora que a situação mudara, o autor exigiu que as empresas recebessem inúmeros "direitos", incluindo o "direito de tomar medidas independentes" e o "direito ao lucro".[69] Os escritores dessa linha de pensamento não pretendiam descartar o planejamento econômico. Em vez disso, propuseram que esses direitos, alinhados com as "leis objetivas" do desenvolvimento econômico, eram a única maneira de corrigir as profundas falhas do planejamento chinês e fazer um plano econômico "baseado na realidade, um reflexo e suporte dela", uma ênfase que mostra como a linguagem dengista de "fatos" e "prática" se tornou necessária para justificar os argumentos sobre a política econômica.[70] Outros artigos pediram a correção do falido sistema estatístico de coleta de informações chinês, afirmando que não era "um desvio ideológico de direita se alguém fizesse uma análise da economia nacional com base em dados estatísticos".[71] Embora a aplicação de uma linguagem tão carregada em assuntos aparentemente banais como os dados estatísticos pareça excessiva, no contexto era o vocabulário normal de "trabalhadores teóricos" de um estado socialista, e os economistas da China pressionavam para legitimar as ideias e ferramentas que seriam necessárias para criar melhores políticas econômicas nos anos seguintes.

Enquanto Deng Xiaoping se preparava para alavancar seus interesses, ele reuniu uma equipe central de assessores, que incluía Hu Yaobang, Yao Yilin e Deng Liqun. Deng Xiaoping também planejou promover Zhao Ziyang para a liderança central, o qual se tornara famoso em toda a China por seus sucessos políticos em Sichuan.[72] Uma nova geração provinciana de funcionários do Partido com mentalidade reformista atraiu a atenção dos líderes centrais através de rápidos êxitos econômicos nos anos imediatamente após a morte de Mao, com Zhao e Wan Li, secretário do Partido na província de Anhui, como os exemplos mais proeminentes. Os sucessos de Zhao e Wan foram associados à ruptura com os modelos econômicos maoístas e com a reconstrução da economia rural em suas províncias. Começando em 1977, Wan era defensor do "sistema de responsabilidade familiar" na agricultura, a qual permitia que famílias individuais tomassem decisões sobre as próprias fazendas, um forte contraste com a política maoista de coletivização e as políticas análogas da indústria rural.[73] Ao voltar-se para o sistema de responsabilidade do lar, Wan retomou uma política que esteve em voga em 1956–1957, o que produziu uma intensa oposição ideológica, e foi apresentada novamente após a catástrofe do Grande Salto Adiante — antes de mais uma vez perder representatividade, em 1963. Essa história controversa não deteve Wan, que liderou a formulação dos "Regulamentos sobre várias questões da atual política econômica rural" das províncias, que as reforçaram, incentivando até os agricultores de terrenos privados a se envolverem diretamente na indústria rural, exigindo equipes de produção independentes e produção em pequena escala fora do planejamento.[74] Quando uma seca brutal assolou Anhui, em 1978, Wan usou a catástrofe para promover o uso do sistema de responsabilidade doméstica na agricultura, que incentivava os trabalhadores ao prometerem que, se trabalhassem com mais intensidade durante a seca, manteriam mais alimentos e outros sistemas de responsabilidade na pequena indústria rural.[75] Enquanto isso, o sucesso das políticas agrícolas de Zhao, similares àquelas de Sichuan — a "Experiência de Sichuan", que David Shambaugh argumentou ser um "plano" para muitas reformas agrícolas subsequentes em todo o país — rendeu-lhe elogios de agricultores e camponeses em toda a província.[76] Os experimentos de Zhao em Sichuan, alguns dos quais iniciados a pedido de Hua após realizarem uma viagem conjunta ao Leste Europeu, aumentaram a produção agrícola em

25% e a industrial em 81% durante os primeiros três anos de trabalho.[77] A reforma rural transformaria a vida de centenas de milhões de chineses e se tornaria uma das histórias de sucesso da era reformista. Ocorreu em grande parte a nível provincial e local, mas emergiu com as próprias batalhas e complexidades. À medida que os estudiosos expandem a reavaliação do período 1976–1993, continuam a aprofundar nossa compreensão dessas importantes dinâmicas.[78]

Após a ascensão de Deng, em dezembro de 1978, a reforma rural em Anhui se espalhou e acelerou. "Agora a questão é conseguir que as massas aumentem a produtividade", disse Wan. "Enquanto a produção é aumentada, qualquer método é bom." Em um comentário que a proximidade da relação entre Tito e Hua tornara possível, ele observou: "Há uma agricultura individual na Iugoslávia, mas ela ainda é reconhecida como um país socialista."[79] Em 1979, os sinais de apoio a essas políticas vieram de Pequim, onde Hu Yaobang convidou os intelectuais reformistas Du Runsheng, Chen Yizi e outros para planejar o estabelecimento de um grupo central dedicado ao desenvolvimento rural.[80] Em abril de 1980, em reconhecimento de seu sucesso, Wan e Zhao tornaram-se vice-primeiros-ministros do Conselho de Estado, e em maio as políticas que haviam defendido receberam um alto nível de apoio de Deng.[81] Vários meses depois, Zhao seria novamente promovido, substituindo Hua como primeiro-ministro. Em poucos anos, Zhao deixou de ser um administrador provincial bem-sucedido para se tornar um dos principais líderes da China e o principal reformista econômico do Partido. Seu sorriso fácil, sues óculos de armação quadrada e sua coroa cinza de cabelos grisalhos o tornariam uma figura reconhecível em todo o mundo, inclusive nos Estados Unidos, onde, em 1984, jubilosamente deu o braço ao então presidente Ronald Reagan enquanto caminhavam juntos pela Casa Branca.[82] Em 1980, quando foi nomeado novo primeiro-ministro da China, Zhao parecia ser um funcionário excepcionalmente habilidoso, com capacidade comprovada para administrar a economia durante o período de "reforma e abertura" — o que fez dele um integrante fundamental para a equipe que Deng montava para governar a China.

Tremendas mudanças ocorreram em 1978 e 1979: uma onda de viagens com altos funcionários para analisar países estrangeiros, a normalização das relações com os Estados Unidos e o início do investimento estrangeiro em Guangdong e outras áreas costeiras. Esse novo modelo de colaboração com estrangeiros marcou o fim de uma era. Durante o período de Mao, os estrangeiros quase não tinham acesso à economia chinesa, o que significa que o principal tipo de interação com os pensadores ocidentais estava no convite de camaradas de viagem que eram encorajados a atuar como propagandistas do regime em suas casas. Um exemplo proeminente desse tipo de visitante foi a economista Joan Robinson, da Universidade de Cambridge, que fora tomada de admiração por Mao nos anos 1950 e 1960. Participando da celebração do Dia Nacional em Pequim, em 1957, ela apertou a mão de Mao, mas era "tímida demais para fazer uma observação".[83] Robinson era uma renomada economista que fora muitas vezes indicada ao Prêmio Nobel. Sua carreira acadêmica envolveu contribuições que ampliaram as ideias keynesianas de crescimento em longo prazo; como grande intérprete de Marx e John Maynard Keynes, ela havia dedicado sua carreira à luta contra o que denunciava como "os sofismas da economia clássica", e escrevera com satisfação que, sob a liderança de Mao, a China oferecia a "prova final" de que o comunismo era um "substituto" viável para o capitalismo.[84]

Robinson não foi à China para oferecer seus conhecimentos nem para participar do processo de elaboração de políticas econômicas ou interagir com seus pares chineses. Pelo contrário, foi prestar homenagem e relatar ao público global esquerdista. Dessa forma, ela representa um dos motivos do espectro do interesse do Partido Comunista Chinês nos economistas ocidentais: um caso extremo de um intelectual que foi à China para ter uma visão altamente distorcida do que ocorria e relatar essa informação ao voltar para casa.

Os exemplos do quão longe Robinson estava disposta a ir para apoiar as políticas de Mao são notáveis e numerosos. Depois de sua primeira viagem à China, ela retornou ao Reino Unido elogiando as campanhas sanguinárias "Três-Anti" e "Cinco-Anti" como "bastante justas".[85] Ela aprovou o Grande Salto Adiante, a campanha utópica para criar comunidades locais autossuficientes que alimentariam o povo e produziriam excedentes, mas que fracassaram espetacularmente, o que exacerbou uma fome em massa e levou à morte de milhões de pessoas.[86] Robinson punia as "críticas" propagadoras de boatos que "derramavam lágrimas de crocodilo sobre a fome".[87] Seu principal propagandismo ocorreu durante a Revolução Cultural, que buscava livrar a civilização chinesa de tradições que a impediriam de atingir a meta do comunismo completo e causou a perseguição de pelo menos 36 milhões de pessoas como inimigos de classe e as mortes de 750 mil a 1,5 milhão, conforme uma estimativa levantada.[88] Robinson, no entanto, considerou a Revolução Cultural, com seus cânticos e guardas vermelhos coléricos, "pitoresca e surpreendente", pontuou sua "necessidade histórica" e elogiou como a China avançava em direção a seu objetivo de "autossuficiência".[89] Muitos acreditam que esses escritos foram a principal razão pela qual ela não recebeu o Prêmio Nobel que muitos acreditavam que merecia.[90]

Mesmo quando Robinson retornou à China, em 1978, com Mao morto e suas políticas sendo alteradas, seus pontos de vista não mudaram substancialmente.[91] As principais vozes na China admitiam abertamente em reuniões internas que as estatísticas de produção emitidas durante o Grande Salto Adiante eram "falsas" e que, em algumas áreas, "não foi um pequeno número de pessoas que morreu de fome", como colocou Xue Muqiao[92] — mas Robinson continuou a elogiar a "mente aberta" de Mao e as "conquistas notáveis das autoridades da China" que foram capazes de "atravessar os anos de fracasso da colheita — 1959, 1960 e 1961 — sem fome nem inflação".[93] Nessa visita, a revista *World Economy* assim resumiu os argumentos que articulara em seus discursos e entrevistas na China: "Robinson acredita que os países ocidentais estão agora no meio de uma crise séria (...). A perspectiva é muito sombria." Robinson supostamente alegou que a era da prosperidade do pós-guerra nos países ocidentais foi permanentemente ultrapassada e afirmou: "O sistema socialista da China é superior porque provê necessidades e interesses do povo, e aloca recursos de uma maneira razoável com planos de desenvolvimento econômico que o sistema capitalista ocidental não consegue igualar."[94]

No entanto, a via de mão única de Robinson para homenagear e reforçar o regime no exterior não era mais a ordem do dia. "Foi desanimador ouvir que a Revolução Cultural acabou e que o novo objetivo da política era a modernização", refletiu em 1979. "Sabemos muito bem como é ser moderno."[95] Naquele mesmo ano, Deng Xiaoping disse claramente que seu objetivo era "transformar a China em um grande país moderno e poderoso neste século".[96]

Durante os últimos meses de 1979, o novo modelo de engajamento internacional colaborativo, efusão intelectual e transição política que cresceu a partir dos objetivos de Deng se expandiu e se aprofundou. Em outubro de 1979, uma importante delegação de economistas norte-americanos visitou a China e duas importantes delegações chinesas viajaram para os países do ocidente capitalistas. De 8 a 27 de outubro, a delegação norte-americana — presidida pelo econometrista Lawrence Klein (que ganharia o Prêmio Nobel no ano seguinte) e incluindo o especialista da Universidade de Harvard em economia chinesa, Dwight Perkins, o economista Stanford Lawrence Lau, a economista agrícola

Irma Adelman e o economista neoclássico ganhador do Prêmio Nobel, Kenneth Arrow — viajaram pelo país proferindo palestras, reunindo-se com acadêmicos e altos funcionários e iniciando parcerias.[97] Os norte-americanos se reuniram com o vice-primeiro-ministro Gu Mu para inaugurar as relações entre a China, a Associação Econômica Americana e o Comitê de Comunicação Científica com a República Popular da China, que, por sua vez, financiou a viagem.[98] Eles também se encontraram com Xu Dixin, vice-presidente da CAAS, e Chen Daisun, professor da Universidade de Pequim que cursou doutorado em Harvard em 1926, sobrepondo-se a muitos gigantes da área, incluindo Bertil Ohlin e Edward Chamberlain.[99] A delegação elogiou a "natureza eclética da busca da China por novos métodos" de administrar a economia, embora eles tenham ficado chocados com o baixo nível de conhecimento econômico que encontraram em quase todas as suas reuniões.[100] Em um seminário com estudantes e funcionários, Arrow descobriu que muitas pessoas sabiam sobre os debates entre keynesianos e monetaristas, mas apenas uma pessoa tinha ouvido falar de "expectativas racionais". Arrow refletiu em seu diário: "A junção de teoria e trabalho empírico é apenas o começo."[101] Reconhecendo essa situação, Klein deixou a viagem com uma ideia: ele organizaria um seminário sobre econometria em Pequim no ano seguinte financiado pela Fundação Ford.[102]

Durante o mesmo período, Hua Guofeng viajou para a França, Alemanha Ocidental, Grã-Bretanha e Itália. Na Alemanha Ocidental, seus anfitriões observaram: "Hua não mencionara o nome de Mao nem uma vez em seus discursos na República Federal."[103] A decisão de Hua de omitir referências explícitas a Mao provavelmente refletiu a reavaliação da posição histórica de Mao em curso na China ocasionada pelo discurso de Ye Jianying durante o Dia Nacional. Enquanto isso, seus anfitriões na Grã-Bretanha viam a viagem como uma oportunidade valiosa para dar a Hua e a sua delegação "a melhor impressão possível de interesse britânico na China.[104] Isso permitiria que empresários e autoridades britânicas influenciassem e levassem o "pensamento político, econômico e comercial chinês ao mais alto nível".[105] No entanto, o momento não era bom, dado o declínio de Hua na China, mesmo assim a exposição e as interações positivas com os líderes ocidentais — incluindo até mesmo a portadora do livre mercado Margaret Thatcher — foram recebidas favoravelmente pela delegação chinesa. Zhao Ziyang, que viajou para a Grã-Bretanha, França, Grécia e Suíça nesse mesmo ano, reagiu positivamente àquilo que viu e observou o alto grau de especialização e comércio entre as várias regiões da Europa Ocidental.[106] Quando Zhao transmitiu seu relatório aos líderes antigos, Bo Yibo escreveu que o documento era "inspirador e tremendamente educativo".[107]

Outra grande delegação que foi ao Ocidente, liderada por Ma Hong, era composta de economistas antigos, incluindo Xue Muqiao, Liao Jili e vários pesquisadores do Escritório de Pesquisa Econômica da CEP e da CAAS.[108] Desde os primeiros momentos da viagem, os membros da delegação se conscientizaram da pobreza da China. Voando para Paris em 3 de outubro, Xue lembrou: "A refeição no avião foi mais rica do que um banquete do estado." Em 4 de outubro, Xue foi a um shopping e ficou perplexo: "As mercadorias eram muito maiores do que as de Pequim."[109]

Toda a delegação viajou pelos Estados Unidos de 7 de outubro a 3 de novembro. A viagem foi estruturada no sentido de visitas a universidades, incluindo Harvard, o Instituto de Tecnologia de Massachusetts, a Universidade da Pensilvânia, a Universidade do Estado de Indiana e Stanford, e incluiu viagens a 17 empresas norte-americanas. A intenção original da delegação era estudar a gestão de negócios, os usos do investimento estrangeiro e a intervenção governamental na economia dos EUA. No entanto, Xue escreveu em seu diário que seu acesso era muito mais limitado do que eles esperavam, de modo que não puderam conduzir pesquisas significativas sobre os dois últimos assuntos. A reunião da delegação em Stanford com Arrow, que havia retornado recentemente da China, impressionou particularmente seus interlocutores chineses.[110] "A China é um país grande e populoso, rico em recursos naturais e com um certo aparato tecnológico", afirmou Arrow, "mas é mais atrasado em sua gestão". Ma Hong, em particular, entendeu que a viagem permitira que visse com clareza como os níveis de administração chineses não estavam desenvolvidos em comparação aos dos Estados Unidos.[111] Para os homens que sobreviveram à invasão, à revolução, à fome e ao ostracismo na China, as calorosas boas-vindas dos colegas norte-americanos foram um marco improvável e comovente. O grupo passou seu último dia na Califórnia, na praia, escrevendo poemas para comemorar a ocasião.[112]

De volta a Pequim, muitos desses economistas e seus pares organizaram uma rede profissional de economistas com o objetivo de disseminar informações úteis para seus colegas. Em 10 de novembro de 1979, publicaram a primeira Comunicação da Federação de Sociedades Econômicas da China, que incluía um discurso de Yu Guangyuan e numerosos ensaios, incluindo um material sobre a "economia ocidental".[113] A Federação de Sociedades Econômicas da China existia apenas no nome e não tomou forma até maio de 1981, mas a revista ajudou a promover o desenvolvimento de uma comunidade de especialistas em economia em todo o país. Em dezembro, a CASS emitia vários boletins de vagas de emprego e novas oportunidades para cientistas sociais e economistas.[114]

O ambiente parecia se aquecer para os economistas da China. Em 26 de novembro de 1979, Deng prestou mais apoio pessoal ao declarar, em termos inequívocos, que era hora de a China enriquecer — e buscar políticas que permitissem que riqueza e poder fluíssem. "A Gangue dos Quatro disse que era melhor ser pobre sob o socialismo do que rico sob o capitalismo. Isso é um absurdo", disse Deng, em uma conversa com o acadêmico norte-americano Frank B. Gibney. "É claro que não queremos o capitalismo, mas também não queremos ser pobres no socialismo. O que queremos é o socialismo, no qual as forças produtivas são desenvolvidas e o país, próspero e poderoso."[115] Deng continuou:

> É errado sustentar que uma economia de mercado existe apenas na sociedade capitalista e que há apenas uma economia de mercado "capitalista". Por que não podemos desenvolver uma economia de mercado sob o socialismo? Desenvolver uma economia de mercado não significa praticar o capitalismo.[116]

A perícia econômica seria crítica na criação de um sistema socialista que incorporasse mecanismos de mercado com sucesso e renunciasse a um estado de pobreza perpétua.

Para essa finalidade, do final de novembro ao final de dezembro, uma delegação de economistas e teóricos (incluindo Yu Guangyuan e Liu Guogang) viajou para a Hungria, um país do Leste Europeu com décadas de experiência na implementação de reformas de mercado para planejamento central. Sun Yefang havia solicitado a viagem em 1978, e o lado húngaro providenciou que visitassem dezenas de projetos.[117] No decorrer de 21 reuniões, eles conversaram com economistas húngaros e autoridades econômicas, aprendendo sobre as experiências da Hungria com "mercados socialistas" e outras reformas. Depois que voltaram para a China, o racional Yu Guangyuan, em particular, discutia com frequência o que haviam aprendido e escreveu o *Relatório sobre uma Investigação do Sistema Econômico da Hungria*, que teve ampla circulação.[118] Deng Liqun deu voz ao sentimento geral quando lembrou que a viagem para a Hungria sugeriu a todos os líderes chineses que os problemas da China "não eram apenas chineses, mas comuns a todos os países socialistas".[119]

Economistas e formuladores de políticas chineses demonstraram que estavam cientes das mudanças ocorridas nas economias socialistas e faziam ativamente distinções entre eles. "Em nossas discussões internas, sustentamos a opinião de que, entre os países da Europa Oriental, somente a Iugoslávia e a Hungria empreendiam reformas genuínas, e que os passos dados pelos outros países eram muito pequenos", lembrou um embaixador e funcionário durante esse período. "Queríamos dar passos grandes."[120] O interesse em países como a Hungria e a Iugoslávia revelou a intensidade e variedade com que os economistas chineses responderam à pergunta retórica de Deng: "Por que não podemos desenvolver uma economia de mercado sob o socialismo?" Embora as viagens aos Estados Unidos e o estudo das "Economias Ocidentais" tenham sido, em 1976–1979, em grande parte instrumentais, com foco em questões técnicas e de gestão, as viagens para os países socialistas na Europa Oriental foram explicitamente destinadas a comparar seus sistemas ao da China, tendo como objetivo levar novas ideias na volta para Pequim.

Duas dinâmicas significativas estavam em jogo até o final de 1979. A primeira era a recém-descoberta proeminência de especialistas em economia na formulação de políticas para a China, resultado de um processo que decolou após a morte de Mao, em 1976, e se intensificou sob o mandato de Deng. Esses economistas, alocados em instituições governamentais e universidades, trocaram ativamente ideias e opiniões, ajudando a moldar os debates ideológicos e políticos do momento. Eles viajaram juntos para o exterior para estudar economias estrangeiras, e regularmente relataram suas mais recentes descobertas aos principais líderes do Partido, que estavam famintos por conhecimentos e ideias dentro dos limites do discurso politicamente aceitável. A segunda foi o compromisso contínuo com o socialismo na mentalidade de muitos reformistas. A "reforma e abertura" não era uma agenda para desmantelar o socialismo na China, mas, sim, para o fortalecer e estimular. A decisão de Deng de "buscar a verdade nos fatos" levou à firme conclusão de que a China precisava urgentemente recuperar o tempo perdido. Distanciando o Partido Comunista Chinês das políticas muitas vezes equivocadas de Mao, Deng Xiaoping, Chen Yun e seus aliados, sabiam que queriam que a economia chinesa tivesse mais sucesso — mas, ao pesquisarem países que iam da Iugoslávia até os Estados Unidos, ainda não sabiam que tipo de sistema era necessário para alcançar esses objetivos. Encontrar respostas para esse profundo desafio resultaria em quase quinze anos de contestação, tragédia e transformação.

3

Um Barco Mais Veloz

❧ NOS PRIMEIROS ANOS após o início da política de "reforma e abertura", a primeira visita de um importante economista estrangeiro à China teve início na véspera do Ano-novo. O local escolhido foi um prédio cinza e comum no antigo centro de Pequim, a oeste da Praça Tiananmen. Ao contrário das cúpulas com telhas inclinadas e jardins arborizados da cidade imperial, essa estrutura poderia ter sido construída em qualquer capital socialista, de Budapeste a Hanói. Dezenas de renomados economistas chineses tiveram que encarar quatro lances de escada para chegar ao auditório do Instituto de Economia da Academia Chinesa de Ciências Sociais (CASS). Foram em meio a um gelado 31 de dezembro de 1979 para ouvir a primeira de uma série de palestras de Włodzimierz Brus, economista da Universidade de Oxford e de origem polonesa.[1] Sua visita ilustrava a busca por modelos de socialismo reformado em países comunistas do Leste Europeu que, como a China, haviam implementado um sistema de planejamento central que, na prática, deixava a desejar.

A CASS era uma base para muitos dos mais importantes economistas chineses que atuavam como consultores para membros do Partido. Como demonstrado pelos casos de Sun Yefang, Ma Hong e Yu Guangyuan, entre outros, o suporte institucional dedicado à pesquisa em ciências sociais e o prestígio recente atribuído à economia pelos principais líderes do Partido abriram um espaço fundamental que permanecera fechado para esses indivíduos durante a terrível "década perdida" da Revolução Cultural: agora eles poderiam ler materiais mais diversos, escrever com maior liberdade e demonstrar interesse por críticos declarados do socialismo. Alguns anos atrás, essas atividades teriam destruído suas carreiras e vidas e atraído ataques verbais como "lacaios do capitalismo", "direitistas" e outras alcunhas piores.

Um dos leitores mais entusiasmados dos pensadores estrangeiros era Liu Guoguang, economista da CASS e coautor de um artigo sobre a relação entre plano e mercado, apresentado na Conferência de Wuxi em abril de 1979. Em julho de 1979, Liu, que havia estudado economia política em Moscou pouco depois da fundação da República Popular da China (RPC), se deparou com a obra de Włodzimierz Brus enquanto lia sobre reformas internacionais no socialismo.

Brus era um célebre partidário do então chamado "socialismo de mercado", um sistema baseado na ideia de que os mecanismos do mercado eram compatíveis com o socialismo sob os pontos de vista ideológico e prático.[2] Desde 1960, ele vinha desenvolvendo o conceito de "economia planejada com mecanismos de mercado integrados", segundo o qual as empresas deveriam adotar o "princípio da lucratividade" para tomar decisões autônomas.[3] Contudo, segundo o autor: "O princípio da primazia do plano central e, portanto, a primazia dos interesses econômicos nacionais como um todo devem ser preservados. (…) A aplicação do mecanismo de mercado não objetiva suplantar o plano, mas criar um instrumento para implementá-lo."[4] Para Brus, os mecanismos de mercado eram ferramentas que poderiam melhorar a dinâmica das economias planejadas.[5]

A própria vida de Brus ilustrava os valores antagônicos que sua produção acadêmica buscava conciliar. Nascido em uma família judaica que residia às margens do rio Vístula, na Polônia central, Brus casara-se jovem e sofreu um grave abalo em 1939, quando seu país foi invadido a leste e a oeste. O jovem Brus perdeu o contato com seus familiares, mas conseguiu dar prosseguimento aos estudos de economia na Universidade de Leningrado em meio ao turbulento caos da Segunda Guerra Mundial. Quando retornou à Polônia, descobriu que os nazistas haviam levado seus pais, sua irmã e a família da sua mulher para o campo de concentração de Treblinka, onde todos acabaram morrendo.[6]

Porém depois dessa tragédia, outras reviravoltas esperavam Brus. Ele descobriu que a bela moça judia com quem havia se casado antes da guerra, e que pensava ter morrido em Treblinka com a família, ainda estava viva, embora tivesse mudado de nome. Mas esse feliz acontecimento não significou uma união fácil. Helena Wolinska, como constava na sua nova identidade, se tornara amante de um dos principais oficiais da polícia secreta do novo regime Stalinista na Polônia. Só depois de uma década ela conseguiu se afastar desse relacionamento e reatar com Brus, em 1956.[7] Na Polônia comunista, Brus também encontrou um lugar ao sol. No início da sua carreira, ele tecia elogios à economia stalinista, mas com o tempo passou a ganhar notoriedade por sua defesa enfática de uma forma de "socialismo de mercado" mais eficiente e voltada para o crescimento e por afirmar que adotar modelos políticos mais democráticos era essencial para a prosperidade dos estados socialistas. Após um período marcado por greves de trabalhadores que, aparentemente, confirmavam suas críticas, a influência de Brus foi gradualmente diminuindo no âmbito do Partido Operário Unificado Polonês à medida que a situação política e econômica se estabilizava. Em 1968, diante de uma onda crescente de antissemitismo na atmosfera política polonesa, Brus se desligou do Partido e pediu asilo à Grã-Bretanha.[8]

Em Oxford, Brus continuou a desenvolver as ideias do socialismo de mercado pelas quais era conhecido, ministrou aulas de economia na Wolfson College e publicou vários livros. Intelectualmente, tinha afinidade com suas origens socialistas, mas também estabeleceu ligações com sua nova pátria capitalista. Adotou o estilo dos cavalheiros de Oxford, vestindo ternos e gravatas de seda, sem nunca perder o sotaque polonês.[9] Ao longo da sua trajetória, Brus sempre se manteve dentro e fora do socialismo, dedicando-se a criar uma síntese entre os ideais socialistas, com os quais permaneceu comprometido, e algo que identificava como a necessidade de uma economia mais competitiva e participativa, um modelo que poderia evitar as inúmeras dificuldades que marcaram a sua vida.

Portanto, é compreensível o fascínio que as ideias de Brus despertavam em Liu Guoguang, um intelectual chinês que sobrevivera às catástrofes da China de Mao: Brus criara uma teoria para o problema fundamental de como conciliar socialismo e mercado a partir de experiências tão trágicas quanto as que marcaram a história chinesa. Liu convenceu seus superiores da CASS a convidarem Brus para palestrar na China.[10] A oportunidade acabou surgindo em setembro de 1979, quando um economista contemporâneo de Liu, Dong Fureng, viajou para a Inglaterra a fim de participar de uma conferência da Associação Internacional de Economia, em Cambridge. Nessa ocasião, Dong foi pessoalmente a Oxford entregar o convite ao autor polonês exilado.[11] Como Brus, ele também estudara economia marxista na União Soviética.[12] Convite aceito, a visita foi programada para o período entre o final de dezembro de 1979 e início de janeiro de 1980.[13]

Nos últimos dias de 1979, pouco antes da chegada de Brus, houve uma grande movimentação entre os economistas do país por conta da publicação de uma obra fundamental do pensamento econômico chinês: o livro *Research on*

Questions about China's Socialist Economy [Pesquisa sobre os Problemas da Economia Socialista Chinesa, em tradução livre], de Xue Muqiao.[14] Tratava-se de uma investigação abrangente e minuciosa sobre a economia chinesa e os problemas do seu sistema socialista. Uma característica especialmente notável da obra era a inclusão de comentários e sugestões de centenas de colegas, o que atribuía mais autoridade às conclusões de Xue.[15] O apoio do autor à gestão de Deng Xiaoping era claro: Xue criticara a política do "salto adiante na política externa" dos últimos dois anos, argumentando que (como outros economistas chineses também apontavam) os resultados positivos decorreram em grande parte das consequências da recuperação do caos provocado pela Revolução Cultural, o que não atestava a eficácia das políticas de Hua.[16] Destacando a importância das "leis econômicas objetivas", Xue explicava que "são essas leis que definem a linha, a estrutura e as políticas. A linha, a estrutura e as políticas não definem as leis". Ao fazer críticas incisivas aos "erros da esquerda", o livro de Xue oferecia uma sólida base teórica para a nova agenda econômica proposta por Deng. Segundo Xue, o socialismo ainda era o modelo correto para a China, mas sua liderança deveria desenvolver os meios necessários para sair do status de "socialismo subdesenvolvido" e construir uma sociedade próspera.[17] O livro foi um sucesso estrondoso: a primeira edição se esgotou rapidamente e, até 1984, a obra alcançou a marca de 9,92 milhões de cópias.[18] Desde a fundação da RPC, nunca ficara tão claro que a economia estava no centro das atenções do país. Nesse contexto, Brus chegou para propor ideias que poderiam influenciar os próximos acontecimentos.

Logo depois do Natal, ao chegar à China, Brus foi recebido por vários economistas interessados nos modelos ocidentais, como Dong Fureng e Zhao Renwei, um pesquisador do CASS bem-educado e com ótimo domínio do inglês. Zhao foi designado para acompanhar Brus ao longo de sua visita.[19] No dia 30 de dezembro, na noite da véspera da primeira palestra, Zhao repassou a Brus uma lista com dez perguntas que ele e seus colegas sugeriam que o autor polonês abordasse nas conferências. As questões tratavam das "diferenças entre mecanismos de mercado em economias socialistas e capitalistas" e do "significado" de "socialismo de mercado", bem como das experiências de Brus no Leste Europeu.[20]

As perguntas de Zhao indicavam duas dinâmicas importantes. Primeiro, ele e seus colegas ansiavam tanto por uma análise conceitual (como se observa nos questionamentos sobre "mecanismos de mercado" e "autonomia empresarial") como por uma análise histórica e experiencial (como comprovam os questionamentos sobre as reformas implementadas na União Soviética, Iugoslávia e Hungria). Segundo, ao perguntar a Brus sobre o significado das expressões "socialismo de mercado" e "economia mista", Zhao sinalizava que ele e seus colegas haviam identificado grandes lacunas no seu conhecimento, especialmente no que dizia respeito aos modelos teóricos das economias socialistas internacionais.

Motivado a tratar sobre várias áreas na sua apresentação, Brus abriu o ciclo de palestras com um panorama do sistema econômico socialista. Primeiro, indicou os três níveis da economia: tomada de decisões macroeconômicas, tomada de decisões por empresas e tomada de decisões domésticas e individuais.[21] Então, a partir desse esquema, Brus propôs quatro modelos de economia socialista: "comunismo de guerra", no qual todos os três níveis são centralizados; "modelo centralizado", no qual a tomada de decisões domésticas não é controlada; "modelo de economia planejada com mecanismos de mercado", no qual as empresas não são controladas, e "socialismo de mercado", no qual os três níveis de tomada de decisões não são controlados.[22] (Nesse contexto, a expressão "não controlado" indica a delegação do poder de tomar decisões pelo plano central ao respectivo nível da economia.) Antes dos pesquisadores da CASS e dos altos funcionários das agências do Conselho de Estado, Brus já era um partidário incisivo da superioridade do terceiro modelo, destacando que, como primeira medida, as empresas chinesas deveriam ter mais autonomia e flexibilidade para reagirem melhor à dinâmica do mercado.[23] Segundo o autor polonês, essas reformas aumentariam a eficiência e maximizariam a taxa de concretização dos objetivos socialistas estabelecidos pelo governo, sem esbarrarem nos problemas inerentes à economia de comando.[24]

Além das suas palestras no Instituto de Economia, Brus se reuniu com importantes economistas e dirigentes, como o vice-primeiro-ministro Bo Yibo, um dos "Oito Imortais" do Partido Comunista Chinês (PCCh).[25] Por um lado, essas reuniões de alto nível consolidaram o relatório que Zhao Renwei já elaborava sobre as recomendações de Brus para a China. Por outro, em um plano geral, foram importantes porque reuniram dirigentes influentes no Partido com um economista que havia sido rejeitado pelo Partido comunista de seu país e que manifestava opiniões mais favoráveis ao mercado do que prescrevia a linha oficial do PCCh. Depois de uma reunião com o vice-primeiro-ministro Bo e com a colaboração de Wu Jinglian e Rong Jingben, um tradutor poliglota ligado ao Partido, Zhao Renwei elaborou um resumo dos discursos de Brus e encaminhou o texto para diversas agências do governo e do Partido, inclusive o Comitê Central, o Conselho de Estado e a Assembleia Popular Nacional (NPC).[26]

Porém, talvez o encontro mais carregado de simbolismo, dentre os vários de que Brus participou durante sua visita à China, tenha sido com o economista Sun Yefang, que na época estava com setenta e dois anos de idade. Em 1961, durante a breve reavaliação da política econômica realizada no limiar do Grande Salto Adiante, Sun defendera a reforma da economia planejada, criticando o que chamava de "centralização excessiva" da estrutura econômica e o modo como o plano destacava exageradamente a produção bruta.[27] Mas Sun foi taxado de agente secreto do capitalismo infiltrado no Partido, pelo que foi denunciado e preso.[28] Sua aparição pública seguinte, em 1977, sinalizou uma reabilitação após essa tragédia pessoal e o isolamento na prisão durante a Revolução Cultural.[29]

As propostas de Brus e Sun apresentavam semelhanças notáveis, embora os dois economistas nunca tivessem tido contato até aquele momento. Brus visitou Sun no hospital que servia de residência ao estudioso chinês, cuja saúde fora fragilizada pelos muitos anos de cárcere. Wu Jinglian, aluno de Sun, observou com entusiasmo a harmonia entre as ideias do seu mestre e as do autor polonês, especialmente no que dizia respeito à orientação de "não controlar" empresas, mas exercer sempre uma forte autoridade central sobre a economia.[30] Os dois economistas passaram quarenta minutos conversando em polonês e russo, e Sun depois anotaria em seu diário que fora uma pena que o encontro não tivesse se estendido por mais tempo.[31] De acordo com seus alunos da época, ambos os estudiosos terminaram o encontro positivamente impressionados um com o outro.[32] Para Wu, Zhao e outros estudantes de economia chinesa e ocidental, aquela reunião entre Brus e Sum simbolizou o fim da divisão que separara por décadas os críticos da economia de comando na China e no Ocidente.[33]

A visita de Brus permaneceria vívida na memória dos seus interlocutores chineses, como o vice-primeiro-ministro Bo. No dia 15 de janeiro de 1980, em discurso aos dirigentes do Partido, Bo disse que chegara à conclusão de que havia três modelos básicos para o socialismo contemporâneo: o modelo soviético de controle centralizado; o modelo iugoslavo, que permitia a descentralização regional e a autonomia empresarial, e o modelo húngaro, que apresentava características dos dois modelos. Em seguida, Bo recorreu às lembranças: "Não faz muito tempo, conversei com o professor Brus, da Universidade de Oxford, durante sua visita à China (...). Ele explicou as diferenças entre esses três modelos e apontou o praticado na Hungria como relativamente bem-sucedido.

Porém, também destacou que não havia, em nenhum lugar do mundo, um modelo socialista sem falhas." A revolução utópica pela qual Bo lutara em sua época de guerrilheiro ligado ao Partido (e que tanto discutira entre voltas na piscina com seu parceiro de natação Mao Tsé-Tung) parecia algo de um mundo distante. Ao refletir sobre a visita de Brus, Bo deixava claro que a China entrava em uma nova era: "Estou disposto a concordar com as propostas de Brus", concluiu.[34]

Em 16 de janeiro, um dia depois do discurso de Bo, Deng tomou a palavra em uma conferência para integrantes do Partido no Grande Salão do Povo. Nessa ocasião, articulou sua visão para os próximos anos, no que seu biógrafo classificou como "o primeiro grande discurso, depois da morte de Mao, a definir as principais metas para a década seguinte".[35] Nessa exposição, conhecida como "A Presente Situação e as Tarefas Diante de Nós", Deng reiterou sua afirmação de que o desenvolvimento econômico e a modernização eram a "base" para o futuro da China e "a condição essencial para a solução dos problemas domésticos e externos do país" (uma "lição amarga" que os líderes do Partido vinham aprendendo desde 1957). Mencionando a "mudança fundamental" operada na ideologia desde a morte de Mao, Deng elogiou "a tese de que a prática não é o único critério para testar a verdade." Além disso, apontou um dos principais desafios lançados ao país: "Para chegarmos ao desenvolvimento econômico, estamos em busca de uma via compatível com as condições atuais da China, mas que também viabilize uma evolução mais rápida e eficiente" e "uma combinação entre regulação planejada e regulação de mercado".[36] Nas palavras de Deng, a necessidade dessa "via" (uma trilha que se expressou no contexto único e irregular da China dos anos 1980, mas que também se beneficiou das lições e técnicas mais eficazes, obtidas no mundo inteiro, para viabilizar "uma evolução mais rápida e eficiente") estabelecia a principal prioridade da próxima década.

Porém Deng fez uma previsão: antes que a China pudesse trilhar essa via, muitos problemas deveriam ser encarados. Primeiro, apesar do bom trabalho que "os camaradas mais destacados" vinham fazendo nos "departamentos de economia" após terem sido reconduzidos aos seus cargos, ainda havia muito a melhorar devido "aos vários anos de ostracismo" impostos pela Revolução Cultural. Além disso, eles não possuíam "uma boa compreensão sobre os desenvolvimentos domésticos e internacionais", o que causava graves "lacunas na sua produção". Para solucionar essas deficiências, Deng convocou economistas e profissionais da área no governo para "estudar a nova situação e os novos problemas com uma mente aberta".[37] A esse grupo de "camaradas destacados", Deng fez questão de frisar sua opinião de que estudar intensivamente tanto os "desenvolvimentos domésticos" quanto os "internacionais" era uma necessidade.

O segundo problema era ainda mais grave. Deng observou que "algumas pessoas, principalmente entre os jovens" eram "céticas a respeito do sistema socialista", pois acreditavam "que o socialismo não era tão bom quanto o capitalismo", em uma clara referência às atividades do Muro da Democracia, que fora reprimido no último inverno. Mas Deng não se limitou a denunciar a "juventude" que criticara o socialismo e o regime: também fez uma importante distinção que serviria de base para a ideologia do Partido nos próximos anos. Seu argumento era de que "o sistema socialista é uma coisa, e a maneira específica de construir o socialismo é outra." Com essa afirmação, Deng sugeria que era permitido criticar "a maneira específica de construir o socialismo" que fracassara na China, mas "o sistema socialista", de uma perspectiva ampla e pragmática, estava acima de qualquer crítica. "No futuro, devemos, e certamente iremos, dispor de uma infinidade de fatos para demonstrar a superioridade do sistema socialista em comparação com o sistema capitalista. Essa superioridade se manifestará de diversas formas, mas surgirá, principalmente, na taxa de crescimento econômico e na eficiência da economia."[38]

Deng concluiu seu discurso com uma observação final: uma discussão que estabelecia como um padrão ideal aqueles grupos que fossem, ao mesmo tempo, "vermelhos" (ou seja, membros leais ao PCCh) e "especialistas", uma distinção proposta inicialmente por Mao para diferenciar elementos que se reforçariam mutuamente, mas que o dirigente mais tarde veio a classificar como opostos (alguns analistas chegaram a interpretar a Revolução Cultural como uma "luta de classes" entre vermelhos e especialistas).[39] Mas Deng claramente defendia uma síntese: "Um quadro 'especialista' não é necessariamente 'vermelho'. Mas quando um quadro é 'vermelho', deve se esforçar para ser 'especialista' (...) Não podemos nos acostumar a ficar para trás, pois, se isso ocorrer, não vamos sobreviver. Mas quantos membros do Partido, especialmente entre os dirigentes, dispõem de conhecimento especializado em alguma área? Até quando poderemos sustentar essa situação?" Em outras palavras, bons quadros deviam *ser* "vermelhos" e "especialistas". Como observado anteriormente, um componente dessa especialidade seria resultado do estudo dos "desenvolvimentos internacionais". Mas Deng ainda fez uma advertência adicional aos quadros "vermelhos" e "especialistas": "Ao estudarmos (...) a sociedade capitalista, não podemos nunca nos permitir reverenciar os países capitalistas, sucumbir às corrosivas influências capitalistas ou perder nosso orgulho nacional e confiança na China socialista."[40] Ao que parecia, Deng acreditava que esse conhecimento obtido a partir dos "países capitalistas" era necessário, mas também arriscado.

No mês seguinte, Deng indicou um novo grupo de líderes para conduzir as reformas no modelo chinês. Essa vanguarda promoveria o destaque atribuído por Deng ao desenvolvimento econômico e substituiria a facção derrotada, composta por Hua Guofeng e seus aliados. Zhao Ziyang, ex-secretário do Partido na província de Sichuan, foi apontado para o cargo de vice-primeiro-ministro, embora já exercesse as funções de primeiro-ministro *de facto*. Zhao seria formalizado como chefe do governo em setembro do mesmo ano.[41] Hu Yaobang, membro do Politburo, tornou-se presidente do PCCh (e seria promovido a secretário-geral do Partido em 1981). A essa altura, a carreira de Hua, em declínio desde 1978, chegara efetivamente ao fim, embora ele ainda ostentasse seus títulos simbólicos. O poder agora estava nas mãos de uma nova geração de reformistas apoiados por Deng. Entre eles, Zhao Ziyang ficaria a cargo da arena econômica.

Em março, Hu aproveitou sua indicação para a presidência do Partido e desenvolveu alguns dos pontos abordados por Deng no discurso de janeiro. Citando Mao, Hu asseverou: "Devemos aprender o ofício econômico com todos aqueles que conhecem o assunto, sejam quem forem (...) Não podemos fingir que não os conhecemos." E arrematou: "A história mais uma vez provará que numerosos quadros do Partido conseguem dominar áreas que nem sequer compreendem agora!"[42] A mensagem era clara: sob a liderança de Deng, Hu e Zhao, aqueles que pudessem "aprender o ofício econômico com todos aqueles que dominam o assunto" seriam determinantes para o futuro da China.

Consoante às diretrizes de Hu, o intercâmbio acadêmico com instituições e pesquisadores da Europa e América do Norte continuou ao longo do ano de 1980. Uma delegação da Comissão de Planejamento do Estado (SPCo) visitou a Suíça, a Alemanha Ocidental e a França no início do ano e um grupo de representantes influentes da Comissão de Economia do Estado (entre eles, Ma Hong e Yuan Baohua, um experiente integrante do Partido) viajou para a Alemanha Ocidental, para a Suíça e para a Áustria entre abril e junho para estudar administração de empresas e treinamento vocacional.[43] O governo da Alemanha Ocidental, um dos países visitados por Hua Guofeng, enviou especialistas à China. Em um caso notável, o presidente do Instituto de Pesquisa Econômica de Hamburgo, Armin Gutowski, visitou a China para conversar sobre as práticas comerciais e políticas econômicas do país. Segundo um ex-dirigente chinês, as "vívidas descrições da economia de mercado da Alemanha [citadas por Gutowski] causaram uma forte impressão entre os ouvintes".[44] Em 1979, Ma Hong já manifestara seu choque ao constatar a má qualidade da administração de empresas e das escolas de gestão na China depois de uma viagem aos Estados Unidos. Agora, em 1980, os novos intercâmbios objetivavam resolver esses problemas.[45]

A reforma empresarial tinha o potencial de atingir o cerne do sistema socialista da China e abordava, segundo Joseph Fewsmith, "questões ideológicas sensíveis e críticas, trazendo problemas econômicos e riscos aos objetivos fiscais do estado, de forma paralela e inevitável".[46] Muitas propostas de teor diversificado e oposto surgiram durante esse período, como o plano moderado de Liu Guoguang para aumentar gradualmente a capacidade de reação das empresas às demandas do mercado, as audaciosas propostas de Dong Fureng no sentido de separar a propriedade econômica da política e a sugestão radical de Jiang Yiwei, pesquisador da CASS, que recomendava (partindo do modelo iugoslavo) a transição para uma "economia de base empresarial", em que as organizações seriam administradas por meio de um sistema de gestão de mão de obra.[47] No âmbito do Conselho de Estado, o grupo de reforma liderado por Xue Muqiao também elaborou propostas que apontaram a necessidade de uma maior autonomia empresarial em dezembro de 1979 e novamente em agosto de 1980, mas a equipe se limitou a sugerir algumas medidas concretas para reestruturar essa área. As propostas afirmavam que uma "reforma abrangente" era o principal objetivo do país para a segunda metade dos anos 1980, mas não traziam nenhuma definição para o termo "reforma abrangente", que permaneceu indeterminado.[48] Até mesmo Deng Xiaoping chegou a propor um sistema baseado na "atribuição de responsabilidades aos gestores de fábricas sob a liderança de um comitê ou conselho de diretores", com a sugestão radical de eliminar a presença dos comitês do Partido nas empresas para alavancar a autonomia empresarial.[49] Essa diversidade de propostas enfatizava a postura crítica dos seus autores diante do processo de formulação de políticas do sistema atual, mas não provocou nenhuma grande mudança no setor empresarial além da implementação de um frágil sistema de retenção de lucros em julho de 1979.

Enquanto os líderes chineses se digladiavam em torno de controvérsias na política econômica, eles também iniciaram o processo de formalização das novas estruturas institucionais que receberiam a orientação e os comentários dos economistas do país. Em abril de 1980, a Cúpula de Liderança Central para Economia e Finanças, sob a direção de Zhao depois de Chen Yun ter deixado o cargo em março daquele ano, convidou um grupo de economistas experientes (entre eles, Xue Muqiao, Sun Yefang e Ma Hong) para prestarem consultoria durante a elaboração do sexto plano quinquenal.[50] No início de julho de 1980, Xue recebeu ordens diretas de Zhao e da Cúpula de Liderança Central para Economia e Finanças para criar o Centro de Pesquisa Econômica do Conselho de Estado, comparecer aos seminários sobre economia promovidos quinzenalmente pelo Secretariado e obter orientações junto ao recém-instituído Gabinete para a Reforma do Sistema (Tigaiban).[51] A crescente participação de Xue (que fora taxado, junto com Sun Yefang, de defensor de "falácias revisionistas" durante a Revolução Cultural[52]) levou muitos jovens economistas que trabalhavam com ele a se envolverem ativamente nos debates sobre as reformas, tornando-se um símbolo emblemático da prioridade atribuída ao desenvolvimento econômico pela nova administração de Deng.

Seguindo a orientação de Hu Yaobang para "aprender (...) com todos aqueles que conhecem o assunto", os dirigentes chineses também se voltaram para uma instituição internacional que ganhara uma imagem negativa na China de Mao: o Banco Mundial. A China foi um membro-fundador do banco, criado em 1944 durante a Conferência de Bretton Woods. Contudo, desde o final da Guerra Civil Chinesa em 1949, o país era representado por Taiwan junto à instituição.[53] Durante a Revolução Cultural, o Banco Mundial raramente era mencionado, mas quando isso ocorria, recebia a caracterização de um agente do "imperialismo" norte-americano, que concedia empréstimos para promover os "interesses agressivos dos Estados Unidos", como escreveu um propagandista em 1962.[54] Mas Deng Xiaoping, que observara Nova York pela primeira vez através das janelas de vidro do prédio das Nações Unidas quando atuava como emissário de Mao, parecia acreditar que essa instituição financeira global poderia oferecer o suporte financeiro e técnico de que a China tanto precisava e, talvez, contribuir com análises econômicas e elaboração de políticas.

No verão de 1979, a liderança chinesa começou a preparar o terreno. Um pequeno grupo de representantes do país encaminhou um convite formal a Edwin Lim, fluente em chinês e principal executivo para questões asiáticas do Banco Mundial. Lim fizera carreira como alto funcionário do setor bancário. Cosmopolita, nascera nas Filipinas e frequentara Princeton e Harvard, onde obteve doutorado em economia.[55] Residindo em Washington na época, Lim passava frequentemente por Pequim quando se deslocava para participar de reuniões no sudeste asiático. Em uma dessas viagens, encontrou representantes do Banco da China, do Ministério das Relações Exteriores e do Ministério das Finanças, e foi informado que os líderes do Partido cogitavam solicitar a inclusão do país como membro do Banco Mundial.[56]

Na metade de abril de 1980, depois de conversas com a embaixada chinesa em Washington, o então presidente do Banco Mundial, Robert McNamara, fez uma visita à China, onde se reuniu com Deng e outros dirigentes importantes do PCCh.[57] Nessa reunião, Deng disse à McNamara: "Somos muito pobres. Perdemos o contato com o mundo. Precisamos do Banco Mundial para recuperar o tempo perdido."[58]

Dada a urgência do pedido, as negociações avançaram rapidamente e, no dia 15 de maio de 1980, a China foi formalmente reintegrada ao Banco Mundial.[59] A primeira delegação, que contava com Lim e Shahid Husain, então vice-presidente do banco para a região do leste asiático e Pacífico, visitou a china no verão de 1980. O grupo se reuniu com diversos representantes, inclusive Zhao Ziyang, de quem ouviram que o banco poderia exercer um papel importante se ajudasse a China a "evitar as pedras na travessia do rio". Husain deu sua palavra de que o banco seria "um parceiro" nas reformas chinesas.[60] O Banco Mundial começaria a conceder empréstimos para o país no ano seguinte, mas antes de iniciar essa prática, solicitou que a China autorizasse a elaboração de um relatório abrangente sobre a situação chinesa, que determinaria a elegibilidade e as metas dos empréstimos.[61] Lim explicou aos dirigentes chineses que um relatório do Banco Mundial exigia um intensivo trabalho de campo e coleta de dados com o objetivo de viabilizar a análise e criação de modelos para a economia chinesa de acordo com os padrões do banco. Apesar da apreensão inicial quanto a permitir que estrangeiros tivessem um acesso tão amplo a informações de natureza crítica, os economistas e líderes do governo logo comunicaram uma outra mensagem a Lim: haviam chegado à conclusão de que o Banco Mundial poderia realizar um tipo de análise avançada da economia chinesa que o país não dispunha de conhecimento suficiente para realizar por conta própria.[62] Em julho de 1980, Lim e várias equipes de economistas do Banco Mundial iniciaram os trabalhos relativos ao primeiro relatório. Publicado em 1983, o documento de mais de mil páginas receberia o aval do primeiro-ministro Zhao

Ziyang, que divulgaria amplamente o resultado entre os quadros do Partido e logo solicitaria outro estudo.[63]

Apesar de essas novas perspectivas, propostas por indivíduos como Brus e instituições como o Banco Mundial, terem agradado aos líderes reformistas, alguns dirigentes conservadores estavam insatisfeitos com esse novo rumo intelectual na China. O bloco conservador encontrou um líder nacional na figura de Chen Yun, para quem o socialismo chinês poderia abarcar, em pequena escala, algumas práticas descentralizadas de mercado que beneficiariam o modelo, mas sem abrir mão de um plano socialista altamente centralizado, no qual as mudanças seriam feitas gradualmente. Em especial, essa facção enaltecia o primeiro plano quinquenal (1953–1957), para o qual Chen contribuíra sob a direção de Zhou Enlai. Para Chen, a política ideal seria uma agenda tecnocrática com foco no planejamento que, com base na planificação e tecnologia da União Soviética, promoveria a modernização e industrialização da economia socialista da China. Chen Yun era um partidário categórico das relações entre China e União Soviética e, segundo Zhao Ziyang, tinha grandes dúvidas em relação aos Estados Unidos e outros países capitalistas, como boa parte dos conservadores que o admiravam.[64] Um dos seus aliados mais próximos era Hu Qiaomu, teórico marxista e ex-presidente da CASS, para quem a política econômica da China deveria observar as "leis econômicas objetivas", como afirmou em 1979. Hu tinha uma posição extremamente conservadora em relação ao conceito de "leis econômicas objetivas". Como o ideólogo Deng Liqun, seu colaborador frequente e aliado, Hu argumentava que, se a política centralizada do governo passasse a incorporar o modelo da "economia baseada em commodities" (o mesmo que incorporar as forças de mercado e a concorrência à economia, segundo os soviéticos), seria o fim da linha para o socialismo chinês. Aqui é conveniente destacar a oposição entre as noções de "economia baseada em commodities" e "economia baseada em produtos" (uma distinção célebre também encontrada na obra *Problemas Econômicos do Socialismo na URSS*, publicada por Stalin em 1951), que viria a ser um ponto crucial durante os debates sobre as reformas no modelo chinês. Em uma economia baseada em produtos, a venda de um produto de uma empresa estatal para outra não implica a mudança na titularidade do item em questão porque as duas organizações são de propriedade do "povo como um todo", mas, em uma economia baseada em commodities, a propriedade muda com a transferência do produto entre as partes da transação. As implicações ideológicas dessa distinção eram enormes, como também eram suas implicações econômicas na vida prática. A controvérsia em torno da "economia baseada em commodities" se apresentava como um caso extremo em que uma peça do nebuloso vocabulário marxista causava efeitos diretos e expressivos sobre a dinâmica da economia e o caráter prático da reforma econômica.[65] Políticos e teóricos como Hu Qiaomu e Deng Liqun conheciam muito bem essa intersecção.

No entanto, como seus colegas mais inclinados às práticas de mercado, Hu Qiaomu se beneficiou das centenas de traduções de obras internacionais publicadas no final dos anos 1970, lendo exaustivamente em busca de ideias para incrementar sua agenda. Foi assim que descobriu teóricos marxistas que haviam produzido trabalhos importantes durante as décadas de isolamento da China. Entre os livros recém-traduzidos e publicados após a morte de Mao, Hu se interessou especialmente pela obra em dois volumes do estudioso belga Ernest Mandel, *Tratado de Economia Marxista* (edição original: 1962; edição chinesa: 1979). No texto, Mandel criticava Stalin, mas atacava os defensores da introdução de "relações entre moeda e commodities" na economia socialista (especialmente trocas e preços de mercado regulados pela oferta e demanda), definindo as práticas de distribuição e concessão de incentivos econômicos com base no trabalho como equiparáveis ao capitalismo. Impedido de viajar da Bélgica para muitos países do Ocidente (como Estados Unidos, França e Alemanha Ocidental), Mandel atuou como consultor de Che Guevara, que supostamente teria elogiado o *Tratado de Economia Marxista*, afirmando que o livro oferecia um possível modelo para Cuba.[66] Em Mandel, Hu Qiaomu encontrou o que procurava.[67]

Em maio de 1980, durante uma reunião na CASS, Hu argumentou que os economistas chineses deveriam ler Mandel e sugeriu uma menor ênfase em pensadores como Brus, que operavam fora dos estritos limites do pensamento marxista. Segundo Hu, Mandel sustentava seus argumentos em "observações independentes e nas grandes quantidades de dados coletados, algo incomum na teoria econômica marxista". Ao mesmo tempo, Hu elogiava Mandel pela sua "perseverança em defender as perspectivas básicas do marxismo (...) e pela sua adesão incontestável aos escritos de Marx." O trabalho de Mandel obedecia às "leis econômicas objetivas", mas não utilizava essas mesmas leis para contradizer a todo-poderosa ortodoxia marxista.[68]

O incansável Hu Qiaomu foi ainda mais longe na sua tentativa de exaltar o que alguns autores classificariam mais tarde como "Tornado Mandel". Sua atenção se voltou especialmente para os capítulos que Mandel escreveu sobre a economia soviética, a produção excessiva e a teoria econômica socialista, e Hu fez questão de divulgar amplamente alguns trechos selecionados. Ele também enviou uma carta ao secretário-geral Hu Yaobang e ao primeiro-ministro Zhao recomendando o livro ao Comitê Central e indicando sua utilidade para a elaboração das reformas no modelo chinês. Mas enquanto Hu Qiaomu aproveitava sua influência para sugerir as ideias de Mandel, dois economistas mais jovens e com grande conhecimento sobre a ampla faixa de ideias internacionais à disposição da China, Wu Jinglian e Zhao Renwei, defendiam incisivamente que, embora o livro de Mandel fosse um clássico socialista, não era uma base apropriada para o desenvolvimento das reformas chinesas. Por isso, resolveram contra-atacar.[69]

Como a dupla não tinha peso suficiente para confrontar Hu Qiaomu naquele momento, primeiro foi necessário recorrer a um dos seus mentores, Ma Hong. Ma concordava com as opiniões dos dois economistas e promoveu uma sessão para discutir o livro no Instituto de Economia da CASS. Na ocasião, Zhao Renwei, Wu Jinglian e Rong Jingben, um colaborador frequente da dupla, reconheceram o valor da crítica de Mandel a Stalin, mas argumentaram que Mandel era, sob muitos aspectos, "até mais esquerdista" do que Stalin, o que inviabilizava muitas das suas propostas no contexto das principais metas estabelecidas pela administração de Deng para a China.[70] Ma também convidara Bao Tong, secretário (chefe de gabinete) de Zhao, que passou a reunião em silêncio enquanto tomava notas detalhadas das críticas.[71] Logo depois da sessão, o "Tornado Mandel" se dissipou.[72]

Apesar das divergências entre facções ideológicas sobre quais pensadores estrangeiros eram fundamentais e deviam ser estudados pelos economistas e formuladores de políticas chineses, todos concordavam que era necessário aumentar o nível de sofisticação técnica dos profissionais e pesquisadores da área econômica. Frustrados com o número limitado de ferramentas analíticas à sua disposição em 1980, os economistas chineses se empenharam ainda mais para solicitar treinamento técnico de profissionais da Europa e dos Estados Unidos.

Um das áreas mais procuradas era a econometria. Uma delegação norte-americana, coordenada pelo professor da Universidade da Pensilvânia, Lawrence Klein, foi convidada para promover um seminário intensivo sobre economia matemática para dirigentes e acadêmicos no verão de 1980.[73] A delegação ainda incluía Lawrence Lau e Theodore W. Anderson, de Stanford, e Gregory Chow, de Princeton.[74] O seminário foi financiado pela Fundação Ford, que destinou centenas de milhares de dólares à promoção de atividades de intercâmbio com a China naquele ano. "Acreditamos na seriedade da China em adotar um modelo mais centrado em incentivos, mercados e liberdade econômica", afirmou em um discurso o vice-presidente executivo da Fundação, David Bell. "Existe uma abertura importante do ponto de vista histórico e queremos ajudar os chineses a aproveitá-la, assim como todos nós."[75]

Ao longo de sete semanas no verão de 1980, Klein, Chow, Lau e outros renomados econometristas dos Estados Unidos falaram a uma plateia atenta em meio às deslumbrantes instalações do centro do Palácio de Verão, em uma ilha cercada por águas cristalinas. "Podemos dizer que a abordagem econométrica injetou conteúdo empírico na teoria econômica, pois é possível utilizá-la tanto para testar quanto para validar uma proposta teórica", explicou Klein durante a palestra de abertura sobre a sua obra. "A econometria é uma ferramenta de tomada de decisão que pode auxiliar os formuladores de políticas com a análise de alternativas e previsão de resultados."[76] Os pesquisadores abordaram métodos matemáticos e estatísticos voltados para a criação de modelos de comportamento econômico e foram recebidos pelo vice-primeiro-ministro Yao Yilin. Mas, de acordo com perspicaz Liu Guoguang, nem tudo foi um mar de rosas na ocasião. "O calor do verão deixou os professores exaustos, pois só havia ventiladores."[77]

Apesar da temperatura, Klein descreveu seus alunos chineses como "famintos por educação" e participantes "entusiasmados". Depois do seminário, a CASS criou o Instituto de Economia Quantitativa e Técnica, que seria administrado por alunos cujo primeiro contato com a econometria se deu no Palácio de Verão.[78] Logo depois, o país recebeu uma sequência de workshops e intercâmbios acadêmicos cobrindo temas como econometria e modelagem econômica, promovidos por célebres pesquisadores americanos que estudavam a economia chinesa, especialmente Gregory Chow e Dwight Perkins, economista de Harvard: em novembro do mesmo ano, um grupo se reuniu na Wingspread House, um prédio projetado por Frank Lloyd Wright, localizado no estado de Wisconsin (esse encontro também foi financiado pela Fundação Ford), e muitos outros seminários como esse foram realizados em seguida.[79]

Porém os seminários sobre economia internacional não eram apresentados apenas por professores estrangeiros. Para aprofundar e ampliar a temática, o Grupo de Pesquisa em Métodos e Teorias do Conselho de Estado, sob a direção de Yu Guangyuan, iniciou o Ciclo de Palestras sobre Economia Internacional. Um total de 60 palestras, que contaram com a participação de importantes economistas do Conselho de Estado, de outras agências governamentais, de institutos de pesquisa e de universidades, promovidas semanalmente a partir de 1979.[80]

Os economistas responsáveis pelo ciclo de palestras eram membros da Associação de Pesquisa em Teoria Econômica Internacional da China, um grupo informal criado em 1979, do qual fazia parte o professor da Universidade de Pequim, Chen Daisun, formado em Harvard.[81] Mas a mente brilhante por trás do ciclo de palestras era outro professor da Universidade de Pequim, Li Yining. Li delineou o fator essencial dessa iniciativa na sua primeira palestra, apresentada em uma linguagem intensa e audaciosa. "Além de não termos uma compreensão real sobre as pesquisas realizadas pelos economistas nos últimos dez ou vinte anos nos países burgueses do Ocidente, também desconhecemos em maior ou menor grau os desenvolvimentos mais recentes nos círculos econômicos da União Soviética e do Leste Europeu", disse ele.[82] Apesar de dirigir uma advertência aos seus colegas sobre os riscos das influências capitalistas, Li destacou que "a teoria econômica do mundo burguês contemporâneo apresenta alguns elementos que merecem consideração e apropriação", citando expressões como "multiplicador de investimentos", "métodos econométricos" e outros itens de um variado kit de ferramentas.[83] Li Yining também organizou a publicação de diversas traduções entre 1979 e 1980, com foco nos desenvolvimentos da produção ocidental em temas de macro e microeconomia.[84] Segmentos da décima edição da obra clássica de Paul Samuelson, *Economia*, foram publicados, embora a primeira edição chinesa se destinasse a economistas e formuladores de políticas e não a universitários, como ocorria com as edições em língua inglesa. O texto continha uma introdução que enfatizava seu objetivo de auxiliar os leitores a compreenderem problemas associados à política econômica.[85]

Para Li Yining, atacado durante o movimento antidireitista e, novamente, na época da Revolução Cultural, quando teve seu cabelo raspado à força e suportou uma condenação que lhe impôs seis anos de trabalho manual, os economistas chineses não seriam capazes de desenvolver reformas eficazes até terem recuperado o tempo perdido e dominado as teorias estrangeiras.[86] As ações de Li simbolizavam uma apreensão comum a muitos economistas chineses que passaram por dificuldades durante a Revolução Cultural, o receio de que aquele período não fora apenas uma "década perdida" para o desenvolvimento econômico, mas também para o pensamento econômico chinês. As traduções e o ciclo de palestras faziam parte de uma ampla estratégia de recuperação, para a qual os economistas chineses adotavam ideias econômicas provenientes tanto dos territórios relativamente familiares da "União Soviética e Leste Europeu" quanto do desconhecido e complexo terreno dos "países burgueses do Ocidente".

Apesar desses esforços, em agosto de 1980, a política de "recuperação" da China estava em grave risco. Os investimentos ultrapassaram os níveis planejados, subindo vertiginosamente para 75,8 bilhões de yuans, mas a receita estatal registrara queda. A inflação escalava, atingindo a marca de 8,4% nas áreas urbanas até o outono de 1980. Os defensores da implementação de reajustes, como Chen Yun, aguardavam o momento certo para impor sua nova agenda de políticas.[87] Em uma reunião com os principais líderes em novembro daquele ano, Yao Yilin apresentou um relatório que delineava a complexidade da situação econômica para dirigentes como Deng Xiaoping e Chen Yun. Zhao Ziyang, com seu forte sotaque e tomado pela urgência, respondeu: "No momento, o problema mais perigoso é a inflação que surgirá no próximo ano, se não lidarmos bem com as coisas. É uma crise oculta, que vai explodir."[88] Ao responder aos questionamentos de Zhao e Yao, Deng concordou com a posição de Chen. Apesar de reiterar a observação de Deng de que as ideias "esquerdistas" eram "um erro fundamental" na formulação da política econômica, Chen caracterizou o investimento excessivo e os lapsos orçamentários como manifestações desses erros. Em outras palavras, Chen aproveitou essa oportunidade para destacar novamente a necessidade de políticas voltadas para cortes de gastos e reajustes, pontos que figuravam nos argumentos que vinha apresentando ao longo do ano.[89]

Além disso, alguns líderes do Partido demonstravam uma crescente inquietação com o cenário internacional, associando a crise em gestação às greves que vieram após os surtos inflacionários na Polônia e deram origem ao Solidariedade, o sindicato independente que afligia o bloco comunista.[90] No outono daquele ano, Hu Qiaomu e Chen Yun alertaram expressamente que, caso a inflação produzisse uma crise econômica na China, um movimento semelhante ao polonês poderia emergir, ao que Hu Yaobang comentou estar "alarmado" diante dessa possibilidade. Os conservadores usaram o medo de um caos ao estilo polonês com eficácia e defenderam o corte brusco das políticas de reforma, causando um efeito expressivo ao longo da cadeia de liderança cuja vibração chegou até Deng.[91] A Polônia se tornara um símbolo de dissidência no seio do mundo comunista, um espectro que assombrava até os líderes reformistas do PCCh.

4

Nadando Contra a Corrente

ENQUANTO A CRISE ECONÔMICA RONDAVA o país, os economistas partidários das reformas passaram a reiterar a necessidade de "aprender com quem conhece o assunto". Em setembro de 1980, o vice-presidente da Academia Chinesa de Ciências Sociais (CASS), Yu Guangyuan, se encontrou com um jornalista sueco para conversar sobre o desenvolvimento da China. Yu demonstrou confiança na economia vacilante do país. Em sintonia com o discurso feito por Hu Yaobang em março de 1980, Yu disse ao jornalista que, na sua opinião, a China continuaria a manter um contato intenso com os economistas ocidentais nos próximos anos. "É muito importante conversar com pessoas de países distantes", ele disse. Por exemplo, Yu continuou: "De uma perspectiva pessoal, foi muito proveitoso observar os estrangeiros fazendo perguntas, pois isso mostra como outras pessoas formulam perguntas e quais são seus interesses."[1]

Ao tratarem do contato com ideias internacionais, os comentários aparentemente triviais de Yu iam mais longe do que qualquer declaração anterior dos influentes dirigentes chineses. Quando Yu afirmava que era proveitoso ouvir "como outras pessoas formulam perguntas" e conhecer "seus interesses", estava sugerindo que o objetivo dos economistas chineses consistia em compreender não apenas o conteúdo das propostas e ideias dos economistas ocidentais, mas também seu modo de pensar. Essa meta evidenciava a importância especial da prática de promover reuniões, palestras e visitas em vez de depender apenas da transmissão de informações através de textos, uma vez que as qualidades menos articuláveis da mente ficam mais acessíveis em encontros pessoais.

Logo após a entrevista concedida por Yu em setembro, a CASS promoveu um ciclo de palestras com um visitante cujas experiências e visão de mundo destoavam drasticamente das de Brus: o economista norte-americano Milton Friedman.[2] Quando comemorou seu 68° aniversário em 1980, Friedman era talvez o economista mais famoso do mundo. O professor da Universidade de Chicago havia aparecido na capa da revista *Time* em 1969, em um número que anunciava os "novos valores" que iriam definir a próxima década.[3] No âmbito acadêmico, Friedman se estabelecera como um pesquisador brilhante nas áreas de política de consumo, história monetária e políticas monetária e fiscal. Na arena pública dos Estados Unidos, Friedman era conhecido por suas polêmicas como porta-voz de um tipo específico de fundamentalismo de livre mercado, apoiando as campanhas presidenciais dos candidatos republicanos Barry Goldwater e Ronald Reagan.

Um das obras mais famosas de Friedman, *Capitalismo e Liberdade*, estabelecia um fundamento teórico para a interseção entre essas duas funções: "O papel do mercado é (...) minimizar a extensão da participação direta do governo no jogo", o que por sua vez, segundo o autor, eliminaria "a inflação e os impostos excessivos".[4] Em 1976, Friedman recebera o Prêmio Nobel, com uma dedicatória que elogiava suas contribuições ao "renascimento do papel da moeda na inflação e à consequente renovação da compreensão sobre o instrumento da política monetária" e "sua crença liberal nas propriedades positivas e integradas de uma economia de mercado funcional", da qual "decorre sua visão negativa sobre a capacidade das autoridades governamentais de intervir nos mecanismos de mercado".[5] O Comitê do Nobel havia reconhecido a dupla identidade de Friedman, uma característica que o definira como figura indispensável ao campo profissional da economia e um polarizador de opiniões nos debates públicos internacionais.

De fato, no início de 1980, antes da visita de Friedman e sua esposa, Rose, à China, o casal publicou uma síntese bastante acessível das suas ideias, *Livre para Escolher*, uma defesa incisiva dos princípios do livre mercado. Com a publicação da obra, o nome de Friedman passou a se confundir com a noção de fé totalizante na ideologia do livre mercado, uma fé que a liderança chinesa se recusava a aceitar, como também rejeitava os "mecanismos de mercado". Em uma entrevista para a televisão, concedida a Phil Donahue em 1979, Friedman afirmou: "A dinâmica do mundo consiste na atuação dos indivíduos em prol dos seus próprios interesses." Em seguida, atacou o socialismo. "Você acha que a co-

NADANDO CONTRA A CORRENTE

biça é desconhecida para os chineses?", perguntou Friedman. "Para saber onde a situação das massas é pior, basta identificar as sociedades que não observam os princípios do livre mercado."[6] Em 1980, a celebridade de Friedman na vida pública dos Estados Unidos estava ancorada nesse gênero do fundamentalismo de livre mercado.

Com esse contexto, foi uma surpresa quando, no dia 15 de outubro de 1979, Friedman recebeu um convite do Comitê de Comunicação Acadêmica com a República Popular da China, que havia ampliado os intercâmbios depois da normalização das relações entre China e Estados Unidos, no dia 1º de janeiro de 1979. Por "indicação" dos chineses, Friedman foi convidado a participar do "primeiro programa de intercâmbio de palestrantes" entre Estados Unidos e China.[7] Friedman logo receberia uma correspondência de um pesquisador da CASS, cuja tese de mestrado fora orientada por ele entre 1948 e 1950 na Universidade de Chicago, e aceitou prontamente um convite adicional enviado pela CASS, embora tenha achado aquela oportunidade um "fenômeno quase literalmente incrível", como observou em uma carta a um amigo".[8] O principal porta-voz do fundamentalismo de mercado no mundo seria o primeiro representante oficial de uma nova iniciativa de intercâmbio acadêmico com a República Popular da China (RPC).

O que tinha de "incrível" nesse convite feito a Friedman? Em outras palavras, o que os economistas chineses sabiam sobre sua obra, monetarismo e keynesianismo quando Friedman foi convidado para esse evento, no final de 1979? É evidente que os economistas mais jovens haviam se deparado com o nome de Friedman durante as leituras de "teoria econômica mundial", a partir de 1978. Li Yining, o professor da Universidade de Pequim que organizara o Ciclo de Palestras sobre Economia Internacional, tinha conhecimento das críticas de Friedman às ideias keynesianas relacionadas à renda e gastos de consumidores.[9] Yang Peixin, um dirigente em franca ascensão no Banco Popular da China (PBoC), já havia se encontrado com Friedman durante sua passagem pelos Estados Unidos. Falando para um grupo de executivos do setor bancário ao voltar de viagem, Yang explicou a principal diferença entre as "duas facções" do pensamento econômico norte-americano fazendo duas grandes generalizações: "Os keynesianos defendem a inflação e Friedman é contra ela."[10] Ironicamente, Friedman parecia estar em sintonia com as prioridades e interesses dos economistas chineses mais jovens e voltados para a produção internacional. Como eles, o autor norte-americano também estava apreensivo com a possibilidade de o surto inflacionário "capitalista" prejudicar o andamento das reformas econômicas no país.[11]

No entanto, os economistas chineses mais experientes ainda não conheciam a obra de Friedman quando seus colegas mais jovens organizaram a visita do autor à China. Os registros históricos são um tanto quanto obscuros a esse respeito. Durante a passagem de Xue Muqiao pelos Estados Unidos, em 1979, os representantes chineses participaram de um jantar formal na Universidade da Pensilvânia. Entre os presentes, apenas um dos norte-americanos falava chinês, a pós-graduanda Martha Avery, uma autoproclamada seguidora das escolas de economia de Chicago e austríaca. Como ela escreveria em uma carta endereçada a Friedman: "Fiquei surpresa quando soube que Xue Muqiao nunca havia lido as suas obras [de Friedman] ou as de Friedrich Hayek [principal representante da escola austríaca]. Diante dessa grave lacuna na formação dele, prometi enviar alguns livros [o primeiro deles foi *Capitalismo e Liberdade*]." Xue agradeceu a cortesia e afirmou que havia encomendado traduções para que ele e seus colegas "pudessem ler essas obras".[12] Alguns dos economistas chineses mais jovens consideravam Friedman um gênio do combate à inflação. Já a geração de Xue e seus "colegas", todos mais velhos, simplesmente nunca tinham ouvido falar do autor norte-americano. Ao que parecia, os profissionais da área haviam convidado Friedman para vir à China por conta da sua fama internacional e produção acadêmica focada em moeda e inflação. A aura polêmica em torno do estudioso passara quase despercebida entre os chineses. Quando Friedman aceitou o convite para visitar o país em 1980, um alto funcionário da CASS enviou ao autor uma correspondência oficial em que destacava que os economistas chineses estavam, sobretudo, interessados em saber mais sobre a "inflação" e suas "causas e soluções", afirmando que "nossos colegas do Instituto estão cientes das suas grandes conquistas no mundo acadêmico".[13] Mas os especialistas da CASS não esperavam que essas "grandes conquistas" formassem a base da missão de Friedman: disseminar a ideologia do livre mercado.

Milton e Rose Friedman chegaram a Pequim no dia 22 de setembro de 1980. As dificuldades da viagem começaram logo que o casal entrou no carro despachado para recebê-los no aeroporto. Friedman reclamou do "terrível odor corporal" de um dos ocupantes do veículo, que "estava vestido como um trabalhador". Tratava-se de um diretor-adjunto da CASS. Friedman acabou proferindo quatro palestras para membros da CASS e do PBOC, abordando tópicos como "o mistério da moeda" e "o mundo ocidental nos anos 1980".[14] Os eventos atraíram representantes influentes de duas experientes gerações de economistas chineses, como o pesquisador de meia-idade Wu Jinglian; o professor da Universidade Tsinghua, Chen Daisun, na época com setenta e nove anos, e o vice-presidente da CASS, Xu Dixin, além de muitos pós-graduandos e jovens dirigentes. Na abertura das conferências, Friedman atacava diretamente a ideia de que a inflação seria uma "doença incurável da sociedade capitalista", afirmando que a mesma "não é um fenômeno capitalista" nem um "fenômeno comunista." Em suas palavras, "o governo é a causa fundamental da inflação".[15] Sua conclusão era de que "os resultados da análise apontam para a necessidade de se implementarem mercados privados e livres na maior área possível, observadas as condições políticas e econômicas aplicáveis a cada caso".[16] Evidentemente, Friedman queria convencer seus ouvintes de que era necessário adotar mercados privados e livres e não apenas ensinar os mecanismos essenciais à formulação de políticas de combate à inflação. Segundo Friedman, suas ideias eram "não ideológicas", mas no contexto da China de 1980, sua premissa fundamental de atribuir a responsabilidade pela inflação aos governos e sua defesa ponderada dos "mercados privados e livres" representavam convicções radicais que iam muito além das versões autorizadas que geralmente fluíam dos corredores da CASS para os salões do quartel-general da liderança chinesa em Zhongnanhai.[17]

As frustrações de Friedman vieram à tona uma tarde, durante um almoço em que um pesquisador chinês mencionou "as contradições internas do capitalismo", uma frase padrão da cartilha marxista. Em sua resposta, Friedman "afirmou com segurança" que nenhuma dessas contradições existia de fato e disparou observações incisivas sobre as previsões equivocadas de Marx sobre o futuro do desenvolvimento do capitalismo, destacando belicosamente que a vida das pessoas comuns era melhor nos países capitalistas do que nos comunistas. Podemos imaginar a reação horrorizada dos chineses, que naturalmente esperavam ouvir um economista ocidental falar sobre o "mistério da moeda", mas que não estavam preparados para encarar uma tirada ideológica na hora do almoço. No dia seguinte, um grupo de economistas da CASS foi ao quarto de hotel de Friedman para fazer uma longa apresentação sobre os triunfos do Partido Comunista Chinês (PCCh), com o objetivo de ensinar, mas também advertir.[18]

O casal deixou a China no dia 12 de outubro. Na ocasião, irritado, Friedman afirmou que os dirigentes chineses que encontrara eram "incrivelmente ignorantes sobre o funcionamento dos mercados e sistemas capitalistas" e que os economistas profissionais do país "tinham apenas uma ideia vaga e grosseira das teorias econômicas 'capitalistas' ou 'burguesas'".[19] Por outro lado, a dupla personalidade de Friedman chegara da pior maneira possível ao conhecimento dos chineses, que passaram a reconhecer que a autoridade do norte-americano sobre questões de inflação era inseparável da sua intensidade ideológica. Apesar do grande interesse em manter contato com especialistas de fora do país, os economistas que Friedman encontrara não aceitavam suas críticas ferrenhas ao socialismo. Na memória de Yang Peixin, Friedman ficou taxado como uma pessoa "extraordinariamente teimosa", que "achava que a experiência do mundo socialista havia fracassado" e que "não conseguia falar de maneira bem-educada com quem quer que seja, independentemente de cargo." Yang ainda comentaria sobre como havia ficado claro que era "impossível" conciliar as opiniões de Friedman com a defesa do socialismo. Por isso, as discussões entre o autor norte-americano e os economistas chineses foram "uma bagunça e acabaram deixando todos irritados".[20] A visita de Friedman à China em 1980 foi encarada como um desastre por todos os envolvidos.

Porém os comentários finais de Friedman tocavam em uma questão de fundamental importância: naquele outono de 1980, havia uma compreensão suficiente entre os dirigentes e economistas chineses sobre os "mecanismos de mercado" que deveriam ser implementados como parte da política de "reforma e abertura" da China? De acordo com Friedman, era evidente que os economistas do país estavam totalmente "mal-informados." De fato, parecia que as interações com Brus, Friedman e outros estudiosos sedimentaram um consenso entre os líderes chineses: o país ainda não tinha uma compreensão suficiente do modo como os mercados operavam e do sentido, teórico e prático, da implementação de reformas de mercado em um modelo socialista.[21]

No final de 1980, essas limitações eram causa de frustração entre os reformistas chineses, pois os conservadores estavam à espreita e os economistas mais inclinados ao mercado não tinham as ferramentas necessárias para um contra-ataque. Lidando com o pânico generalizado diante da inflação (o surto "capitalista" que os propagandistas afirmavam não existir na China antes da era Deng), a nova equipe de liderança, coordenada por Deng, Hu Yaobang e Zhao Ziyang, teve que frear seus ambiciosos planos de reforma para adotar a política de "reajustes" proposta por Chen Yun, provocando uma nova onda de intervenções administrativas e regulação planejada na economia com o objetivo de reduzir rapidamente os déficits e estabilizar o quadro econômico. Em razão da saúde frágil de Chen, Li Xiannian, Yao Yilin e Zhao Ziyang, movidos pela apreensão em relação ao que poderia acontecer se a China não resolvesse o problema da inflação e da crise econômica, assumiram a missão de elaborar a política de reajustes. Embora Zhao continuasse a exaltar o fato de que a China havia "se libertado dos grilhões do pensamento de 'esquerda'", a política de reajustes foi referendada na conferência central dos quadros do Partido em dezembro. As propostas de políticas mais ambiciosas dos reformistas (como conceder maior autonomia às empresas e criar zonas econômicas especiais) teriam que ser deixadas de lado durante esse período de reajustes.[22]

Nessa conferência, Chen Yun aproveitou sua intervenção no palco para partir para a ofensiva." Os capitalistas estrangeiros ainda são capitalistas", foi seu aviso aos dirigentes presentes. "Alguns dos nossos quadros ainda estão muito inocentes a esse respeito." Dito isso, Chen foi além, afirmando que esses quadros "inocentes" deveriam dar menos destaque aos "estudos teóricos e previsões e estatísticas econômicas" para, em vez disso, priorizar a "realização de experimentos e a compilação constante das nossas experiências".[23] Chen deixou clara sua opinião de que a política de reajustes também deveria promover uma reorientação intelectual, deslocando o eixo do interesse dos tópicos de "teoria" internacional e "estatísticas" e "previsões" econômicas contemporâneas para uma pesquisa de caráter mais tradicional, pragmático e nacionalista, voltada para desaquecer a economia chinesa.

No discurso que proferiu em dezembro, Chen Yun orientou pela primeira vez os membros do Partido a "atravessarem o rio sentindo às pedras", uma doutrina pragmática que o imaginário público associava mais à figura de Deng.[24] O pragmatismo de Chen era limitado e voltado para as políticas, não à ideologia. Na conferência central, era evidente que ele se referia a esse rio metafórico como uma corrente que fluía no interior das fronteiras da China, com pedras que representavam questões internas. Mais importante ainda, o pragmatismo sinalizado pelo slogan não tinha como objetivo incentivar o ecletismo ideológico ou o contato intelectual com os "capitalistas internacionais", pelo menos na sua primeira manifestação. Mas, ironicamente, esse célebre slogan seria utilizado para fins claramente opostos à visão de Chen Yun.

Apesar dos avisos de Chen, os intercâmbios internacionais continuaram a ocorrer durante o período de reajustes. No final de 1980, Xu Dixin, reformista e economista da CASS, chefiou uma delegação enviada aos Estados Unidos para reunir informações sobre os desenvolvimentos mais recentes na área da gestão prática da economia norte-americana, com foco em temas que iam da balança industrial à tributação.[25] Além disso, o ciclo de palestras promovido pelo Grupo de Pesquisa em Teoria Econômica Internacional, fundado por Li Yining, prosseguia com sua série de conferências populares, posteriormente publicadas em livros.

No final das contas, as palestras do ciclo consistiam em apresentações individuais de alguns economistas. Ao término da série, o sempre cortês Zhao Renwei comentou a visita de Brus antes de passar a palavra para outro representante do Leste Europeu, o reformista socialista Ota Šik. Šik era um célebre economista tchecoslovaco, reconhecido por suas propostas para um socialismo reformista e por ter ocupado os cargos de vice-primeiro ministro e ministro da economia durante a breve Primavera de Praga, em 1968. Após iniciar sua carreira como estudante de pintura na academia de artes de Praga, Šik saiu das salas de aula para combater na resistência aos invasores nazistas. Sobrevivente do campo de concentração de Mauthausen, na Áustria, Šik começou a estudar economia só depois da Segunda Guerra Mundial, tornando-se, ao longo dos anos, a principal referência entre os economistas da Academia de Ciências da Tchecoslováquia. Em 1965, o governo comunista do país adotou algumas das suas propostas (que estabeleciam um menor destaque ao planejamento central e uma maior abertura ao mercado) e Šik foi nomeado para o cargo de vice-primeiro ministro pelo então primeiro-ministro Alexander Dubek. Šik conseguiu escapar da violenta repressão à Primavera de Praga porque estava na Iugoslávia em agosto de 1968, quando as tropas do Pacto de Varsóvia invadiram o país para pôr fim às reformas implementadas.[26] Como Brus, Šik partiu para o exílio e passou a atuar como professor na Universidade St. Gallen, na Suíça.[27]

As origens das ideias de Šik remontavam às décadas passadas. Nos anos 1920 e 30, vários renomados economistas associados à Escola Austríaca de economia, especialmente Ludwig von Mises e Friedrich Hayek, criticavam o socialismo apontando que o planejamento econômico nunca seria viável, pois os planejadores não conseguiriam calcular precisamente os preços, a produção e outras variáveis importantes. Por outro lado, economistas socialistas como Oskar Lange e Abba Lerner contra-argumentavam indicando que esses cálculos eram possíveis na prática e seriam determinantes para a superioridade do socialismo em relação ao capitalismo. Mas como o governo central poderia planejar a economia com uma compreensão correspondente à do agente que Hayek chamava de "homem no lugar da ação" e com a mesma eficiência que o mercado? Como os planejadores centrais poderiam prever com precisão as tendências e reagir rapidamente às mudanças do cenário econômico?[28]

Quando os computadores passaram a oferecer uma velocidade de processamento e um potencial de cálculo impossíveis anteriormente, os partidários de uma forma mais eficiente e receptiva de planejamento socialista vislumbraram uma excelente oportunidade. Em 1963, Lange escreveu que comprovar o erro de Hayek seria "muito mais simples" agora. "Vamos inserir equações simultâneas no computador e obter soluções em menos de um segundo. O processo do mercado com suas antiquadas *tâtonnements* [tentativas e erros do mercado vacilando em direção ao equilíbrio] parece uma peça de museu."[29] Šik compartilhava desse entusiasmo pelos computadores, assim como os reformistas na Hungria e Iugoslávia, que deram início a programas para reformar ou "desenvolver" o socialismo entre o final dos anos 1960 e início dos anos 1970. Mas, certa ou não, cada vez mais se instalava a apreensão de que essas reformas (e não apenas os movimentos populares que marcaram o ano de 1968) teriam fracassado.[30] Portanto, no momento da sua viagem à China, Šik não era apenas um exilado. Em grande parte da Europa, o autor tchecoslovaco era associado a um movimento intelectual que teria sido um fiasco. Por isso, as reformas chinesas soavam como uma nova oportunidade para Šik.

Na China, Šik exercia fascínio sobre os economistas favoráveis às reformas. Em 1980, durante uma palestra sobre a obra de Šik, Rong Jingben, dirigente do Escritório Central de Compilação e Tradução do PCCh e colaborador frequente de Wu Jinglian e Zhao Renwei, destacou o economista tcheco como um exemplo para todos que estudavam o socialismo: "Para Šik, é essencial realizar pesquisas incisivas sobre a teoria do planejamento e do mercado no contexto socialista." Rong abordou as críticas de Šik à economia planificada e suas propostas de combinar plano e mercado para concretizar os fins socialistas, especialmente a orientação de que o objetivo primário da reforma deveria ser a liberação dos sinais de preços.[31] Em uma entrevista, Rong, que traduzira para o chinês a obra *Das Kapital*, de Karl Marx, mencionou como reconheceu a profunda inteligência de Šik: "Ele traduziu *Das Kapital* para o tcheco em apenas um ano, enquanto eu demorei 10 anos para traduzir a obra!"[32]

Rong baseou sua palestra em uma obra de Šik chamada *Plan and Market under Socialism* [*Plano e Mercado no Socialismo*, em tradução livre]. O livro trazia críticas mordazes ao "sistema diretivo de planejamento", que Šik considerava ineficiente e irracional.[33] Segundo o autor tcheco, a economia de comando, modelo no qual as autoridades centralizadas determinavam as quantidades e os preços dos bens a serem produzidos pelas empresas nacionais, era baseada em "incentivos superestruturais, políticos ou morais" (e não em "incentivos materiais"), uma abordagem que Šik definia como incapaz de gerar um "desenvolvimento efetivamente próximo do ideal".[34] Além disso, de acordo com Šik, o número excessivo de "decisões equivocadas tomadas durante o planejamento" decorria de informações inexatas sobre o mercado e de falhas nas previsões para a demanda dos consumidores. Logo, o autor concluía que "é essencial que haja um mercado real para funcionar de forma contínua como critério e corretor" das ineficiências e erros do planejamento.[35]

Em *Plan and Market under Socialism*, Šik analisava diversas formas de desenvolver um "mercado real" corretivo, mas os preços eram um tópico essencial. O autor defendia "relações socialistas entre commodities e moeda", marcadas por um "constante conflito e equilíbrio direto e mútuo entre os interesses das pessoas enquanto produtoras e consumidoras." Essa era uma descrição exata dos preços de mercado como o resultado do equilíbrio entre oferta e procura, adaptada ao vocabulário socialista.[36] Em outras palavras, Šik argumentava que liberar as forças de mercado da oferta e procura para determinar os preços (ao contrário da determinação estatal dos preços praticada na economia de comando) era a única forma de criar incentivos e transmitir informações que viabilizariam um "desenvolvimento efetivamente próximo do ideal." Ainda assim, Šik operava de acordo com um quadro de referência socialista. Sua defesa das soluções de mercado tinha o cuidado de não deixar que as reformas colocassem o carro na frente dos bois. Evocando os debates entre Hayek e Lange sobre os cálculos socialistas, a "formação relativamente livre dos preços" só poderia ser posta em prática em um "contexto socialista" porque, segundo o autor, "as agências governamentais a cargo dos preços não podem prever com precisão as tendências da demanda nem coordenar a produção de modo a possibilitar uma reação imediata a cada mudança prevista na demanda".[37] O bem-estar social e o desenvolvimento da sociedade como um todo ainda eram os objetivos primordiais de Šik. Como Brus, o economista tcheco argumentava que os mecanismos de mercado seriam uma ferramenta de grande utilidade para que o governo pudesse avançar na sua missão socialista mais ampla.

Em outra obra muito conhecida, *A Terceira Via* (entre o capitalismo e o comunismo), Šik destacava que sua teoria era especialmente válida para países em desenvolvimento. Segundo o autor, "o tipo de contexto econômico, político e cultural típico dos países em desenvolvimento não tem nenhuma relação com as medidas socialistas aplicáveis às necessidades de países avançados nos planos industrial e cultural (...) Talvez um país em desenvolvimento opte por essa trilha específica para o socialismo, mas certamente não pode pular a fase de industrialização nem deixar de evoluir, no que for possível, até atingir um alto grau de divisão do trabalho com o acompanhamento do desenvolvimento do mecanismo de mercado."[38] Dessa forma, Šik estabelecia seu modelo como necessário (e até inevitável) para países em desenvolvimento como a China, cujo objetivo era avançar na "estrada para o socialismo." Além da sua produção teórica, a experiência prática (porém breve) de Šik com a implementação de reformas na Tchecoslováquia em 1968 chamava a atenção dos economistas chineses, que dedicavam um interesse especial às propostas do autor tcheco.

O diagnóstico de Šik sobre os problemas no sistema de preços das economias planificadas causou grande repercussão na China da época. Basicamente, os preços haviam ficado congelados durante uma década, de 1965 a 1979. Durante esse período, foi registrado um aumento anual de 0,2% nos preços gerais do varejo e os preços da produção industrial seguiram esse ritmo. Nesse sistema, tanto os incentivos quanto as informações eram profundamente questionáveis.[39] Os líderes do Partido haviam determinado que a reforma deveria começar por uma reorientação econômica que diminuiria o destaque atribuído ao investimento (o valor total dos investimentos estatais fixos caíra de 18,6% do produto interno bruto [PIB] para 14% em 1981, sendo que a maior parte desse valor provinha da indústria de base, foco tradicional do planejamento central) e incentivaria a produção de bens de consumo na indústria leve, que registrou um aumento de 36% na produção nos anos de 1980 e 1981.[40] Mas a liderança reconhecia que essas pequenas vitórias no lado da oferta trariam efeitos limitados no longo prazo caso o sistema de preços não fosse modificado. Nesse contexto, movido pelo grande interesse na obra de Šik, Liu Guoguang recomendou que a CASS organizasse a visita do economista tcheco à China na primavera de 1981. Wu Jinglian foi indicado para acompanhar Šik em sua estadia de um mês no país, em que passaria por Xangai e Suzhou, e apresentaria cinco palestras em Pequim.[41]

Šik chegou a Pequim no dia 19 de março de 1981, e seu visual era o de um *apparatchik* comunista padrão: cabelos grisalhos em um penteado volumoso e óculos escuros de aros grossos. Mas suas primeiras palavras na palestra de abertura indicaram o quanto as aparências podem enganar. "Essa é a primeira vez em doze anos que visito um país socialista", disse Šik. "Estar aqui é uma grande felicidade." Em tom emotivo, o autor narrou sua trajetória e orientou os economistas e dirigentes presentes a serem ousados e sinceros quando pensassem e conversassem sobre os problemas do sistema socialista em longo prazo. Šik queria que eles "tivessem a coragem de modificar nossas teorias".[42]

Fazendo referência às experiências da Tchecoslováquia, Šik delineou o principal argumento das suas próximas palestras: "A economia socialista não pode existir sem um mecanismo de mercado. O planejamento diretivo não pode substituir o mercado. Esse mercado a que me refiro é um mercado socialista. Acredito que associar automaticamente o mercado a relações capitalistas é um erro." Como disse em um comentário que remontava às declarações de Deng Xiaoping, mercados não significam capitalismo. A proposta de Šik previa um sistema socialista reformado, no qual um "plano de macrodistribuição" orientaria empresas reformadas que reagiriam às demandas dos consumidores.[43] Nas palestras subsequentes, Šik expôs mais detalhes sobre a ideia do "plano de macrodistribuição", discutiu propostas de alterações na estrutura de propriedade das empresas e desenvolveu seu argumento sobre a função do mecanismo de mercado na gestão econômica socialista.[44] Essas conferências foram uma oportunidade para que Šik apresentasse ao público presente as aplicações de ferramentas quantitativas avançadas em problemas econômicos socialistas.[45]

Na sua última palestra, Šik reiterou seus argumentos e propôs uma orientação categórica para as reformas na China. Segundo o autor, a "reforma dos preços" deveria ser "a primeira ação a ser tomada na reforma do sistema econômico".[46] Além disso, "a meta da reforma dos preços é promover uma transição completa para os preços de livre mercado, embora seja necessário proceder de forma incremental ao longo do processo". Para Šik, esses ajustes "incrementais" seriam muito importantes quando a oferta superasse a demanda, como era o caso na China naquele momento.[47] No sistema bidirecional descrito pelo autor tcheco para a transição dos preços, o estado ainda fixaria um preço de referência, mas concederia autonomia às empresas para venderem produtos a preços correspondentes aos limites fixados pelo governo a fim de aumentar a concorrência e a eficiência do setor empresarial.[48] Essas mudanças ampliariam a capacidade do estado de executar a gestão da demanda agregada, oferecendo um contraponto ao destaque da economia planificada à oferta agregada.[49] Enquanto isso, para minimizar a distorção dos preços fixados pelo estado, Šik sugeriu que o governo chinês realizasse cálculos avançados de preços em computadores para promover análises de entrada/saída em grande escala através de um sistema bidirecional de preços com base no trabalho e no capital.[50] Desse modo, o potencial de caos econômico, associado ao excesso de demanda que faria os preços subirem rapidamente, seria mantido sob controle, abrindo espaço para que a transição prosseguisse.

Depois das palestras de Šik, Wu Jinglian escreveu resumos extensos e enviou os textos para o presidente da CASS Ma Hong e o vice-presidente Yu Guangyuan. Ao escrever, Wu tentou relacionar as ideias de Šik com as obras dos principais economistas da China, apontando, por exemplo, que o destaque atribuído por Xue Muqiao à "reforma do sistema de administração dos preços" em 1980 era consistente com o argumento mais sofisticado e minucioso de Šik com relação ao mesmo tema.[51] Ma Hong, por sua vez, enviou prontamente os relatórios para o primeiro-ministro Zhao Ziyang.

A resposta do alto escalão veio rapidamente e foi tremendamente positiva. Zhao recomendou a contratação de Šik como consultor da CASS, com previsão para visitas anuais à China e a realização de um seminário adicional com os economistas mais importantes do país para discutir suas sugestões. Os dirigentes da CASS, preocupados com a possibilidade de a contratação de um economista estrangeiro atrair críticas das forças conservadoras do Partido, ignoraram a primeira proposta de Zhao, mas rapidamente se mobilizaram para organizar o seminário sugerido pelo primeiro-ministro.[52] Com o incentivo direto do principal representante político da China e a presença de muitos dos agentes mais influentes sobre as reformas do país, tudo apontava para um encontro de grandes repercussões.

Em seu último dia na China, durante o início de abril, Šik se reuniu com Xue Muqiao, Liao Jili, Ma Hong e outros, bem como com um dos secretários de Zhao Ziyang, Bai Meiqing. Xue e Šik entraram em um longo diálogo sobre a reforma de preços que levou quase todo o tempo reservado para a reunião, com Šik destacando como acreditava que a China poderia usar tabelas de entrada-saída e precificação da mão de obra de fluxo duplo para melhorar a eficiência socialista, encorajando Xue a usar tais técnicas para "ajustar" os preços antes de embarcar na liberalização total.[53] Xue, relembrando as palestras de Armin Gutowski, em 1979, sentiu-se mais forte do que nunca quando percebeu que a reforma dos preços seria o "elo fundamental" para o sucesso geral das reformas.[54] Após Šik deixar a China e Bai Meiqing dar um relato da reunião para Zhao Ziyang, o primeiro-ministro respondeu em uma decisão enérgica: o Conselho de Estado criaria um Centro de Pesquisa de Preços sob a liderança de Xue Muqiao e Ma Hong.[55]

Algumas semanas após a visita do economista tcheco, os níveis mais altos da liderança do PCCh responderam às suas propostas com uma clara sustentação intelectual e institucional. O recém-nascido Centro de Pesquisa de Preços começou a implementar a estratégia de preços transitória de Šik. Foram contratados vários consultores de cálculo de preços da República Checa que tinham sido recomendados por Šik, incluindo Jiři Skolka, que também ministrou oficinas para a formação técnica de funcionários que poderiam supervisionar as reformas de preços.[56] O Centro iniciou um enorme esforço para calcular os preços que refletiram melhor o que, em 1981, Šik chamou de "relações socialistas entre moeda e mercadoria". Selecionando 1.200 categorias de produtos, o centro pesquisou 7 mil empresas, 10 mil fazendas e 5 mil shoppings.[57] Com essa quantidade extraordinária de dados, o Centro utilizou o sistema de preços de fluxo duplo de Šik para calcular os preços derivados tanto da mão de obra quanto do capital.[58] Especialistas em preço definiram os resultados dessa equação como significativamente "mais racionais" do que esquemas de preços anteriores.[59] Sob o mandato de Xue, o Centro de Pesquisa de Preços continuou seu trabalho por muitos anos. Em 1982, os preços de 100 commodities menores foram inteiramente definidos pelas empresas. Em 1983, o número de commodities havia crescido para 350.[60] Em 1983, o Centro de Pesquisa de Preços realizou outro cálculo abrangente na esperança de melhorar os resultados obtidos em 1981.[61] Tanto em termos analíticos quanto institucionais, as ideias de Šik se tornaram parte do sistema chinês. Mais tarde, suas metas de longo prazo para o sistema de preços também se tornariam parte dos interesses reformistas da liderança chinesa.

Além dos preços, as palestras de Brus e Šik mudaram fundamentalmente a maneira com que os reformistas chineses concebiam o próprio esforço. Quando Šik partiu da China, "os economistas chineses sentiram que ficamos para trás", disse Wu Jinglian. "No passado, pensamos que a reforma consistiria em apenas algumas medidas políticas para trazer a iniciativa (econômica), mas, ouvindo a palestra dos dois, percebemos que isso implicaria em uma transformação do sistema."[62]

Enquanto essas visitas e mudanças estavam em andamento, no primeiro semestre de 1981, a liderança do Partido estava amplamente preocupada com a resolução de antigos objetivos. No início de agosto de 1980, Deng começou a discutir publicamente a necessidade de se avaliar o legado de Mao, dizendo à jornalista Oriana Fallaci: "Na noite de sua vida, particularmente durante a Revolução Cultural, ele [Mao] cometeu erros — e não foram dos menores — que trouxeram muitos infortúnios ao nosso Partido, estado e povo", embora os erros de Mao fossem "secundários" ao que Deng descreveu como suas "grandes contribuições". Deng acrescentou: "Manteremos para sempre o retrato do presidente Mao no Portão de Tiananmen como símbolo do nosso país e nos lembraremos dele sempre como fundador do nosso Partido e estado… Não faremos ao presidente Mao aquilo que Khrushchev fez a Stalin."[63]

O objetivo de Deng era render um julgamento formal sobre a liderança de Mao e sobre a história do Partido, que teria, como argumentou Ezra Vogel, simultaneamente preservado sua legitimidade e "mostrado por que aqueles oficiais criticados por Mao agora mereciam voltar ao trabalho e legitimar a anulação dos altos níveis de coletivização e luta de classes da era Mao".[64] Deng empregou um grupo ideologicamente diverso, presidido por Hu Yaobang, com o orador Hu Qiaomu e o defensor de valores ortodoxos Deng Liqun como redatores principais. Sua tarefa era escrever o que mais tarde seria conhecido como a Resolução da História do Partido.[65] Hu Qiaomu participou, 35 anos antes, da elaboração da Resolução da História do Partido, de 1945, que transformou o período 1921–1945 em um processo histórico que ofereceu suporte à consolidação de Mao no poder — e Hu Qiaomu acreditava que o novo documento ainda precisava apresentar fortes argumentos para preservar o socialismo, ainda que isso mudasse as posturas em relação a Mao.[66] Mas como Hu Qiaomu e Deng Liqun trabalharam na nova resolução, durante o final de 1980 e começo de 1981, o mandato de Mao não era mais o ponto-final do progresso histórico. Eles se encontravam regularmente com Deng Xiaoping para discutir seus planos e também incorporaram os pontos de vista de Chen Yun, que enfatizou primariamente a teoria marxista-leninista e o pensamento de Mao Tsé-Tung.[67] Mais de 5 mil oficiais e membros do Partido apresentaram propostas e tiveram a oportunidade de comentar, a maioria tendo sido escrita no final de novembro de 1980 — embora fosse necessário mais meio ano para finalizar as partes mais complexas do texto e, em particular, lidar com Hua Guofeng.[68]

O resultado final, aprovado em 27 de junho de 1981 e divulgado em 1º de julho (60º aniversário da fundação do PCCh), pretendeu ser uma ideologia decisiva para o período maoista. Ele solidificou a queda de Hua Guofeng na arena política e representou uma vitória da contribuição histórica para a política econômica.[69] A Resolução sobre a História do Partido enalteceu as contribuições teóricas de Mao e o período 1949-1956 como um momento em que o Partido "obteve grandes êxitos" no desenvolvimento econômico e em que "a subsistência das pessoas melhorou perceptivelmente", atribuindo essas políticas a Chen Yun e Deng Xiaoping. No entanto, o tom do documento tornou-se mais crítico a partir do Grande Salto Adiante, no final dos anos 1950: "O camarada Mao Tsé-Tung e muitos camaradas líderes... se tornaram presunçosos a respeito de seus sucessores, ansiavam por resultados rápidos e superestimavam o papel de suas vontades e esforços subjetivos." O documento então passou a tratar da Revolução Cultural, culpando especificamente Mao e chamando-o de "o revés mais grave... desde a fundação da Assembleia Popular", que "levou à turbulência interna e trouxe uma catástrofe para o Partido, o estado e para todo o povo".[70] Mais tarde seria dito, para simplificar, que Mao estava 70% certo e 30% errado.[71] O retrato de Mao ainda podia ser visto na Praça Tiananmen, mas sua visão para o futuro chinês estava enterrada.

Deng e sua nova administração não pararam com a morte de Mao, em 1976. A China havia sofrido entre 1976 e 1978 por causa dos "erros da 'esquerda' no direcionamento da ideologia que o camarada Hua Guofeng continuou a cometer". O documento apresentou o momento da solidificação do poder de Deng no terceiro plenário, em dezembro de 1978, como "um momento decisivo de longo alcance significativo na história do nosso Partido desde o nascimento da Assembleia do Povo", quando Deng "tomou a decisão estratégica de mudar o foco do trabalho para a modernização socialista". Deng havia vencido a luta pelo controle do PCCh, e Hua Guofeng foi reduzido a estar entre parêntesis no meio duas longas sentenças, as eras de Mao e Deng. Hua era o desafortunado bode expiatório da corte de Deng, culpado por quase todas as políticas problemáticas colocadas em prática entre a queda da Gangue dos Quatro e do terceiro plenário, de 1978; até mesmo os fiéis a Deng haviam apoiado essa postura na época.[72]

Sessenta anos após o PCCh ter sido fundado, em Xangai, Deng requereu crédito pela decisão de lançar a política de "reforma e abertura" e chamou essa decisão de "momento decisivo" do desenvolvimento histórico mundial. A ideia do "socialismo e somente o socialismo" permaneceu como o objetivo da China, mas a "construção econômica" era a tarefa central do Partido. De forma crucial para o período seguinte, o documento deu um lugar igual ao estudo da "teoria e prática econômica" para buscar alcançar os objetivos da nova era — riqueza e poder.[73] Essa "Resolução" deixou claro que não haveria como voltar atrás. O que permaneceu sem solução, no entanto, foi a maneira de continuar o curso do rio.

*　　*　　*

Procurando respostas sobre o que poderia vir a seguir, muitos proeminentes economistas chineses passaram a viajar para o exterior. O espírito de "reforma e abertura", a busca por ideias relevantes para a situação da China e seus objetivos justificaram tais viagens, o que incluiu a visita de Dong Fureng a Oxford em 1979, as excursões de 1979 e 1980 de Ma Hong a universidades e fábricas de ambos os lados do Atlântico e as viagens de Yu Guangyuan pela Europa em 1980.[74] Ao mesmo tempo, esses economistas desenvolveram relações pessoais com os principais nobres internacionais e uma distância crítica dos debates acalorados da China sobre políticas reformistas.

As viagens não consistiam apenas em festividades, e seu significado torna-se claro com uma análise detida. Em agosto de 1981, por exemplo, Yu Guangyuan indicou Wu Jinglian para assistir a uma pequena conferência da Associação Econômica Internacional, em Atenas, sobre o tópico "A Economia dos Preços Relativos". Naquele ano, com 52 anos, Wu, junto a Dong Fureng e Rong Jingben, começou a ter aulas intensivas de inglês na Escola de Línguas Estrangeiras número 2 de Pequim, com a finalidade de aprimorar suas habilidades linguísticas, o que até então era limitado à leitura.[75] Depois de tudo, as atividades como conferências econômicas internacionais, com participantes de todo o mundo conversando em um inglês balbuciado e através de intérpretes, foram linguisticamente exigentes com os economistas chineses. A determinação de Wu, então na meia-idade, de aprimorar seu inglês revelou o intenso desejo de entender mais plenamente as ideias ocidentais e representar a China e seus economistas em um cenário internacional. Na conferência de Atenas, economistas de países socialistas e capitalistas apresentaram ideias relativas a preços. O ilustre grupo incluía Sir John Hicks, de 77 anos, bem como os economistas soviéticos V. R. Khachaturov e Leonid Kantorovich (o único Prêmio Nobel da União Soviética em ciências econômicas). Mas o economista cuja apresentação atraiu mais atenção foi János Kornai, professor da Academia Húngara de Ciências que assumiria uma nomeação em Harvard, em 1984.[76] Como entusiasta do comunismo, ficou desiludido ao testemunhar a repressão política da Hungria, a ineficiência econômica e a revolução fracassada de 1956.[77] Kornai, um cidadão húngaro, mesmo tendo construído sua carreira internacional, havia acabado de publicar *Economia de Penúria* (1980), uma análise mordaz do sistema socialista focando o problema da "penúria", que ele acreditava ser "crônico" e característico da economia planificada.[78] Para as empresas sob o socialismo, Kornai descreveu um estado permanente de "fome de investimento", definido como uma "quase insaciável demanda" a nível empresarial para insumos e fatores de produção, como resultado da escassez persistente no sistema como um todo.[79] Kornai era um intelectual comprometido, que certa vez foi caricaturado nas páginas da *New York Review of Books* em uma cama com um cérebro separado do corpo e que dedicara sua carreira a "rebater as bases intelectuais da economia estatal burocraticamente planejada".[80]

A principal ideia de Kornai apresentada na conferência de Atenas foi sua análise da "restrição orçamentária branda". Esse conceito crucial mostrou que, sob uma economia planificada, as empresas "não se limitam por medo de perdas ou fracassos" — em termos mais práticos, as perdas nas finanças empresariais não geram consequências negativas. O ciclo vicioso da escassez crônica em uma economia socialista garante que o excesso de demanda por produtos de uma empresa sempre exista; ao mesmo tempo, o estado constantemente a compensa por quaisquer perdas, o que Kornai chamou de "paternalismo" do estado em relação às empresas.[81] Em seu discurso na conferência de 1981, em Atenas, Kornai pesquisou essas ideias, em particular as referentes às consequências de baixos preços em empresas no caso de restrições orçamentárias flexíveis e usou a ocasião para conclamar mais reforma para a Hungria.[82] Acima de tudo, ele enfatizou que a escassez e as bruscas restrições orçamentárias eram "problemas específicos do sistema de economia socialista planificada" — a reivindicação original de *Economia da Penúria* e, por implicação, sua crítica mais contundente ao planejamento econômico, embora nesse ponto de sua carreira Kornai não se opusesse explicitamente ao socialismo.[83]

A apresentação de Kornai provocou uma forte repreensão em Khachaturov, presidente da Associação Econômica Soviética e defensor ferrenho da economia socialista planificada. "A impressão que esse artigo passa é que as economias socialistas invariavelmente possuíam déficits, que eram caracterizadas por penúria, escassez e assim por diante. Essa é uma imagem bastante distorcida", contestou Khachaturov.[84] Ele admitiu que a escassez poderia ocorrer em um sistema socialista, mas culpou o planejamento ruim ou "desequilibrado" para o problema. Um melhor planejamento, teria ele alegado, resolveria esses problemas: "Tais desequilíbrios poderiam, e deveriam, ser eliminados.[85] Kantorovich permaneceu em silêncio.[86]

Porém uma voz improvável, não ouvida anteriormente nas discussões da conferência, falou em favor de Kornai: Wu Jinglian. "Em seu artigo, o professor Kornai analisou o funcionamento de um modelo específico de economia socialista. A experiência chinesa facilitou a compreensão de sua análise", disse Wu.[87] Economistas chineses observaram essas questões, especialmente a "relação paternalista" entre governo e empresas, "sérios desperdícios" na gestão empresarial e o "desaparecimento da função dos preços como indicadores de oferta e demanda". Wu elogiou Kornai por fornecer um aparato conceitual rigoroso, "apresentando as questões de maneira fundamental e mais concreta" do que os economistas chineses conseguiram fazer.[88] Fornecendo exemplos da experiência chinesa para apoiar a crítica de Kornai, Wu concluiu seu longo comentário, falando diretamente a Kornai que estava "arrependido de ainda não ter lido" *Economia da Penúria*.[89] Outros economistas — incluindo Kornai, que nunca haviam conhecido um economista chinês — ficaram atônitos com essa intervenção inesperada.[90]

Após a sessão, Wu se aproximou de Kornai para reiterar seu apoio às ideias húngaras. A reação de Kornai, no entanto, foi caótica. Embora estivesse grato por ter encontrado um aliado, pouco sabia sobre a China ou a posição de Wu, e desconfiou de suas intenções.[91] Wu disse esperar que eles mantivessem contato, e Kornai respondeu de forma evasiva.[92] Mesmo assim, indubitavelmente devido à surpresa dos comentários exaltados de Wu, a China era frequentemente referenciada durante outras reuniões. Hicks, em suas conclusões sobre "lucro", terminou com uma referência velada ao debate sobre a apresentação de Kornai. Ele "não achou impossível que um sistema socialista encontrasse maneiras de fazer uso do lucro de formas apropriadas". De fato, acrescentou: "Talvez isso fosse mais conveniente ao comunismo chinês do que ao russo."[93]

No desenvolvimento do pensamento de Wu sobre o lugar da China no contexto internacional das ideias econômicas, essa conferência de 1981 e sua empolgação em encontrar o trabalho de Kornai foram um momento decisivo.[94] O valor da economia ocidental para a China se cristalizou na mente de Wu: isso poderia ajudar os economistas chineses a resolverem os problemas que enfrentaram "de maneira fundamentalmente mais concreta" com profundas implicações tanto para a teoria quanto para a política. Wu retornou à China impulsionado pelo que ela seria capaz de atingir e fomentar para si mesma e, talvez, para o mundo.

Em setembro de 1981, pouco depois de retornar à China, Wu participou de uma reunião da Federação dos Economistas Chineses, uma nova organização criada como um campo acadêmico para os economistas chineses. Apesar do abatimento persistente da política de "reajuste, reforma, retificação e melhoria", os economistas chineses reformistas tinham motivos para ser otimistas. O Centro de Pesquisa de Preços se esforçava para racionalizar o sistema de preços da China, e os planos feitos realizavam experimentos com retenção de lucros para todas as empresas estatais. Barry Naughton notou que uma multiplicidade de novos projetos, fora do plano, de canais de varejo e distribuição em desenvolvimento nesse momento significavam que as empresas lidavam com as aquisições (talvez até mais que 40% dos fabricantes de bens de consumo) cada vez mais por meio de contratos voluntários em vez de alocações planejadas.[95] Assim, alguns incentivos orientados para o mercado começaram a aparecer até mesmo em áreas da economia ostensivamente ainda sob o plano estatal; nesse sentido, economistas reformistas começaram a perceber que as políticas de reajuste formaram as bases para uma nova onda de reformas.

Em 3 de setembro de 1981, o vice-presidente da CASS, Yu Guangyuan, fez um discurso para a Federação dos Economistas Chineses, em que procurou incentivar outros economistas chineses a buscarem compromissos intelectuais internacionais. O que já haviam aprendido claramente os estimulou: as palestras de Šik foram lançadas como uma edição especial de uma revista econômica da CASS, que se esgotou rapidamente durante o verão, e havia planos em andamento de se traduzirem e publicarem seus livros *Plan and Market under Socialism* e *For a Humane Economic Democracy*. Šik escreveu uma carta para Wu Jinglian e Rong Jingben, encantado e surpreso com essa onda de interesse. "Mesmo que na minha pátria hoje eu seja ignorado e ostracizado", escreveu, "pelo menos tenho a satisfação de economistas de um país tão grande e culturalmente rico como a China verem minhas ideias como atuais e úteis".[96]

Em seu discurso de setembro, Yu Guangyuan mostrou que realmente viu ideias do exterior como "atuais e práticas". Ele declarou: "Pesquisar economias internacionais é indispensável." No entanto, mais especificamente do que na

NADANDO CONTRA A CORRENTE

entrevista de 1980, definiu como a China deveria processar essas ideias: deveria "absorver criticamente o conteúdo útil com base nas condições nacionais".[97] Yu salientou que, ao aprender como os estrangeiros pensavam sobre os problemas, o objetivo mais importante do envolvimento com a economia ocidental foi descobrir e isolar "criticamente" o "conteúdo útil" relacionado à situação da China. A pesquisa abrangente era menos importante do que uma abordagem que identificasse as ideias mais relevantes, como arestas aparadas para se adaptarem às "condições nacionais" chinesas e suas necessidades.

No final de 1981, os economistas chineses haviam afirmado a importância de sua disciplina e estavam prestes a inovar no direcionamento para o país. Eles ouviram falar de um coro eclético de vozes estrangeiras, variando de Joan Robinson a Włodzimierz Brus, e de Milton Friedman a Ota Šik. A China havia dado passos importantes rumo à participação na economia mundial, incluindo a reintegração ao Banco Mundial, e economistas chineses começaram a receber treinamento em economia avançada e econometria. Eles estavam famintos para aprender mais sobre o funcionamento dos mercados e, como os líderes políticos a quem obedeciam, tornaram-se ainda mais ambiciosos em relação à perspectiva de transformar a China em um país rico, poderoso e moderno.

Porém seus sucessos até então haviam sido extremamente frágeis. Reformistas independentes, como Wu Jinglian, Dong Fureng e Li Yining, manipularam conservadores mais antigos quando se tratava de economistas internacionais em voga, mas os conservadores ainda detinham muitas das cartas mais importantes. O sucesso de Chen Yun na implementação de políticas de reajuste e na definição da Resolução de 1981 da História do Partido demonstrou que o poder que ele e seus conselheiros detinham crescia, e não minguava. A união da energia reformista com o otimismo na Federação dos economistas chineses foi conquistada de forma árdua e precária. Ao ouvir Yu Guangyuan insistir para que seus seguidores continuassem firmes, ninguém na multidão reunida sabia com certeza se era um progresso ou apenas andar em círculos.

"Espero que nada de inesperado interfira e possamos estar juntos novamente no próximo ano", escreveu Šik a seus amigos em seus votos de fim de ano.[98] Somente os mais paranoicos entre eles teriam adivinhado que a situação para os reformistas chineses estava prestes a colapsar.

5

Correntezas Traiçoeiras

O Ano-novo chinês, o Festival da Primavera, é uma época de recomeços. Em 1982, a Central Chinesa de Televisão (CCTV) realizou seu primeiro grande Festival da Primavera em Pequim, com quatro horas de apresentações e celebrações. Uma soldado do Exército Popular de Libertação (PLA), uma jovem e bela soprano, da província de Shandong chamada Peng Liyuan, emocionou a plateia com sua interpretação de "Nos Campos da Esperança", impulsionando-a para o status de celebridade. Trinta anos depois, Peng — tendo se casado com o futuro presidente chinês Xi Jinping e desistido de cantar profissionalmente — se tornaria a primeira-dama da China.[1]

Apesar de grande parte da população de Pequim estar assistindo ao desempenho de Peng, três altos funcionários da Comissão de Planejamento do Estado (SPCo) receberam uma intimação urgente de Chen Yun, o homem que definiu a agenda econômica da China para o ano anterior.[2]

Apesar do sucesso de Chen em impulsionar sua política de reajustes, o Festival da Primavera encontrou o homem que definiu brevemente a agenda para a frustrada economia chinesa. Nos debates sobre a formulação do sétimo plano quinquenal da China, Chen sentiu que as autoridades reformistas poderiam estar planejando impulsionar mais reformas de mercado e não aderir ao princípio de "a economia planificada como regulação primária e de mercado como suplementar". Para reafirmar esse princípio, Chen convocou um grupo que incluía seu protegido Yao Yilin, diretor do SPCo, e Song Ping, o vice-diretor. Chen lembrou-lhes sobre os sucessos do período 1949-1956, quando os planos nacionais sob sua orientação mantiveram a economia unificada e os preços fixos, preservaram o monopólio do Estado na compra e comercialização de bens e promoveram a causa do socialismo chinês. Song Ping concordou. "Isso é ótimo e é bom trazer a iniciativa das empresas, mas o plano nacional ainda deve ser vinculativo sobre tudo", disse ele. "Agora o planejamento não é bem-vindo!"

"O planejamento não é bem-vindo!", repetiu Chen com raiva. Ele havia reunido seus planejadores "no primeiro dia do novo ano lunar", explicou ele, para instruí-los a revidar. Yao Yilin defendeu as políticas de reforma, mas Chen foi enfático. Concluindo a reunião, ele instruiu vigorosamente seus planejadores a relembrar a experiência passada e a "manter os pés firmes no chão!"[3]

O defensor dogmático Deng Liqun, intimamente associado a Chen como chefe do Gabinete de Pesquisa Política do Secretariado do Partido Comunista Chinês (PCCh), ecoou as afirmações de Chen em discursos e artigos. "Devemos ter cuidado para não 'avivar' a economia planejada a deixar de existir", disse ele, referindo-se ao plano como "sangue vital" da China.[4] (O termo "avivar" geralmente significa aumentar a resposta às forças do mercado, embora o uso de Deng Liqun seja obviamente sarcástico.) Os conservadores estavam sob ataque. O impacto na política e no pessoal foi imediato. Os planos elaborados em 1981 para distribuir esquemas experimentais de retenção de lucros para todas as empresas estatais foram cancelados.[5] Deng Liqun também liderou a preparação de materiais que atacaram diretamente as visões reformistas de Xue Muqiao, Liu Guoguang e vários outros economistas da Academia Chinesa de Ciências Sociais (CAAS), que foram consequentemente pressionados a oferecer autocríticas por terem defendido uma "Economia de commodities", o eufemismo soviético para uma economia governada por forças de mercado ("relações de commodities"), que Ota Šik, entre outros, tem usado.[6] O significado do termo "economia de commodities" ficou claro para Zhao Ziyang. Ma Hong lhe perguntou certa vez: "Qual é a diferença entre uma economia socialista de commodities e uma economia socialista de mercado?" Zhao respondeu que não havia "diferença", explicando: "Usar a 'economia de commodities' é simplesmente uma questão de diminuir a comoção, pois muitas pessoas acham mais fácil aceitar."[7] Zhao estava disposto a abrandar o golpe para os conservadores, mas ele sabia onde queria atacar. Ainda no início de 1982, os conservadores pareciam ter descoberto os estratagemas dos reformistas e estavam tentando impedi-los.

Ao mesmo tempo, Chen decidiu atacar a influência dos "capitalistas estrangeiros" que ele condenou no ano anterior. Nas cidades costeiras, onde as joint ventures e o comércio exterior estavam florescendo, Chen percebeu a presença insidiosa de suborno e contrabando.[8] Em janeiro, o Comitê Central enviou uma mensagem alertando sobre esses problemas, com uma nota manuscrita de Chen Yun que exigia "uma pancada dura e resoluta, como um raio". Esse foi o começo do que, em março e abril, tornou-se uma "Campanha da Pancada Forte" contra crimes econômicos. Um pôster de propaganda, mostrando um homem virtuoso de camisa branca recusando subornos de bebidas alcoólicas e cigarros, convocava os empresários a "resistirem às influências nocivas".[9] Como parte da campanha, Chen Yun e seu aliado conservador, Hu Qiaomu, se direcionaram contra a "sabotagem e erosão de nosso sistema por inimigos de classe usando o pensamento capitalista decadente" e insistiram em "preservar a pureza do comunismo". Conforme suas declarações deixam claro, a campanha, nominalmente direcionada ao contrabando e à corrupção, teve implicações maiores. Como campanha nacional, ela incluiu um componente ideológico tão poderoso que o primeiro-ministro Zhao se viu incapaz de avançar com sua agenda de reformas.[10]

Uma batalha de alto risco havia começado na medida em que as reformas da China poderiam remodelar a relação fundamental entre o Estado e a economia. Os conservadores queriam "atacar duramente" contra mais do que apenas "crimes econômicos" — eles queriam derrubar os pensadores cujas ideias acreditavam minar a "pureza do comunismo". Em abril de 1982, eles encontraram o alvo.

Naquele mês, o Secretariado do Partido Comunista Chinês, sob Deng Liqun, publicou um atordoante ataque intitulado "Teoria Antimarxista da Reforma Econômica de Ota Šik". Baseado em uma colagem de citações, o Secretariado acusou Šik de tentar minar o PCCh e ser um "elemento antissocialista". " A informação que Šik apresentou enquanto estava na China foi "errada e deveria ser revogada", declarou a diretiva. A prova final do livro que Wu Jinglian e Rong Jingben estavam preparando sobre as visitas de Šik e Włodzimierz a Brus foi marcada como "inválida" (*zuofei*) antes que pudesse ser publicado.[11] As propostas de Šik para a introdução de preços de mercado e reformas empresariais, bem como sua ênfase consistente nos vícios do planejamento e nas virtudes da correção do mercado, enfureceram claramente a facção de Chen. O entusiasmo dos reformistas pelas ideias de Šik o tornou um alvo fácil. Deng Liqun e seus aliados conservadores, sentindo uma oportunidade no início de 1982, abriram fogo com suas armas ideológicas mais poderosas.

Yu Guangyuan ansiosamente tentou revidar, afirmando em um discurso no mês de maio: "Alguns problemas ainda não foram completamente estudados e os pontos de vista dos outros estão em confusão (...). Devemos manter uma atitude cautelosa ao produzir pontos de vista como marxistas e antimarxistas."[12] Mas as manobras defensivas de Yu não tiveram sucesso. Um ano depois de sua visita em 1981, a facção de Chen Yun caluniava Šik como um intruso indesejável e subversivo. Ele não retornou à China como programado — e, mesmo com o Centro de Pesquisa de Preços continuando seu trabalho, todo o reconhecimento direto de sua influência foi erradicado. Šik, na Suíça, escreveu com preocupação aos colegas chineses que repentinamente ficaram em silêncio. "Uma variedade de rumores sobre as mudanças políticas na China estão girando", escreveu Šik a Yu Guangyuan, pedindo informações. Depois que outro correspondente chinês parou de responder às suas cartas, o exilado tcheco temeu que algo terrível estivesse lhe ocorrendo, escrevendo "estou muito preocupado" e "realmente com medo de que algo estivesse acontecendo com você". Embora ele não tenha recebido uma explicação formal de seus correspondentes chineses, Šik, que ficou entusiasmado no ano anterior quando os chineses acharam suas ideias "atuais e práticas", ao mesmo tempo em que era ignorado e sofria ostracismo em sua casa", entendeu os caprichos da vida em um estado comunista. Quando recebeu uma nota de um colega chinês depois de meses de cartas frenéticas que ficaram sem resposta, Šik silenciosamente aceitou a desculpa do "trabalho excessivo" que seu correspondente deu. Ele parecia, tacitamente, entender que houve "dificuldades", como escreveu a Yu Guangyuan no ano seguinte.[13]

Essas "dificuldades" foram de fato substanciais no início de 1982, e os reformistas do Partido, que buscavam escapar da crescente influência das forças conservadoras, determinaram que uma nova instituição de alto nível seria necessária para servir como um ponto de encontro para seus esforços. Naquela primavera, Zhao Ziyang, An Zhiwen e outros fundaram a Comissão de Reforma do Sistema (geralmente abreviada como *Tigaiwei*). Em 30 de março de 1982, com a presença de Bo Yibo, Xue Muqiao, Ma Hong e An, Zhao descreveu suas ambições para a nova organização. Isso "unificaria teoria e prática" e examinaria diferentes modelos econômicos de todo o mundo, ao mesmo tempo em que reuniria os esforços das diversas unidades de pesquisa e especialistas do governo para impulsionar as reformas adiante.[14] An Zhiwen esclareceu sua visão: "Eu fiz duas coisas na minha vida. A primeira foi estudar sinceramente a economia planificada, e a segunda é estudar sinceramente como transformar a economia planificada."[15]

Com o objetivo de unificar mais completamente a pesquisa e a formulação de políticas, a Comissão de Reforma do Sistema substituiu os grupos anteriores de pesquisa do Conselho de Estado, sob Xue Muqiao e Ma Hong.[16] Alguns estudiosos sugerem que a criação dessa comissão crucial pode ter sido motivada pelo estudo dos economistas chineses sobre as reformas húngaras; a Hungria criou um Comitê para a Reforma do Sistema Econômico, que incluía tanto economistas teóricos, quanto formuladores de políticas econômicas e serviu muitas das mesmas funções, na reforma da Hungria, que a Comissão de Reforma do Sistema fez na China.[17] Na China, a Comissão de Reforma do Sistema recorreu a um grupo central de especialistas e manteve redes fortes nos governos central e regional para disseminar as ideias e políticas que desenvolveria.[18] Em 4 de maio, a Comissão de Reforma do Sistema se associou a outros pesquisadores da reforma do Conselho de Estado para divulgar um documento preliminar pedindo "maior desenvolvimento da discussão de questões teóricas na reforma do sistema econômico", especialmente "a relação entre a economia de commodities e a economia planificada". Eles explicitamente empurraram de volta contra a visão de "alguns camaradas" que acreditavam que esses dois sistemas eram "diametralmente opostos" e que o socialismo não poderia abranger uma economia de commodities.[19] A nova Comissão de Reforma do Sistema estabeleceu uma tarefa formidável.

O estabelecimento da Comissão de Reforma do Sistema indicou uma mudança no pensamento da facção reformista do Partido, bem como uma reação defensiva às pressões conservadoras. Com seu arranjo institucional unificador e agenda ambiciosa, indicou uma crença crescente entre os reformistas chineses de que os problemas no planejamento socialista tradicional eram inatos ao próprio sistema. Sob a liderança de Zhao Ziyang, tornou-se claro que uma agenda de reformas mais agressiva e abrangente precisaria ser desenvolvida — se os economistas e formuladores de políticas orientados para a reforma pudessem primeiro superar as forças frustrantes da contenção conservadora.

Nessas águas traiçoeiras, o Centro de Pesquisas de Preços do Conselho de Estado também teve que lidar com um resquício problemático das visitas de Brus e Šik: uma conferência marcada para o final da primavera, planejada com o Banco

Mundial, para trazer Brus e outros economistas da Europa Oriental para a China, para discutir outras aplicações da experiência de reforma do Leste Europeu. Quando Liu Guoguang, que tinha sido responsável pelos convites estendidos a Brus em 1979 e a Šik em 1981, concebeu a ideia, ele claramente esperava seguir com um sucesso ainda mais substancial. Ele e Wu Jinglian decidiram, pouco depois que Šik deixou a China, abordar Edwin Lim, do Banco Mundial, e solicitar uma conferência em maior escala para 1982.[20]

No entanto, os ataques viciosos contra Šik nos meses provenientes deixaram o lado chinês extremamente nervoso. Embora Xue Muqiao, o executivo sênior de preços Liu Zhoufu e Liao Jili, da Comissão de Reforma do Sistema, planejassem comparecer, eles determinaram antecipadamente que a conferência não deveria ser divulgada e que o relatório escrito em seu final provavelmente não seria amplamente divulgado, mesmo internamente.[21] As instruções da conferência submetida a Zhao Ziyang, Bo Yibo, Yao Yilin e outros altos funcionários distinguiu explicitamente: "Os dois lados concordaram que a informação e o conteúdo desta troca, sem exceção, não serão relatados ou compartilhados abertamente por meio de publicação. Claro que Zhao permaneceu muito interessado nas reformas do Leste Europeu: em uma reunião de meados de junho sobre o assunto com Liu e outros, Zhao fez inúmeras perguntas sobre a variedade de caminhos de reformas e observou: "Nenhum país ainda resolveu isso". Ele encorajou seus economistas a seguir em frente — "nenhuma ideia pode ser descartada sem primeiro ser estudada", disse ele — mas também os aconselhou a serem discretos, mesmo observando que não deveriam divulgar nenhuma conferência interna sobre as reformas do Leste Europeu.[22]

Em 8 de julho de 1982, a delegação de economistas do Leste Europeu chegou à China e viajou para Moganshan, um espetacular resort de montanha na província de Zhejiang.[23] O grupo incluía Brus, o ex-comissário de preços polonês Julius Struminsky, o ex-vice-primeiro-ministro tcheco Jirí Kosta e o oficial húngaro Peter Kende. Liu Zhoufu, Xue Muqiao e Liao Jili fizeram rígidas oratórias para abrir a conferência.[24] Liao formou o convite de especialistas estrangeiros para cumprir os apelos de Deng para "buscar a verdade nos fatos" e "emancipar a mente", enfatizando tanto o foco da liderança no "reajuste" quanto o progresso feito até agora. Olhando para o futuro, Liao identificou vários desafios importantes que a China enfrentou, que se aproximaram das prioridades de Chen Yun, incluindo a correção de desequilíbrios na produção e a manutenção da economia planificada como primordial e de regulação de mercado como suplementar.[25]

CORRENTEZAS TRAIÇOEIRAS

Durante cinco dias, os especialistas estrangeiros apresentaram uma variedade de tópicos: Brus resumiu os recentes desenvolvimentos econômicos e institucionais na União Soviética e na Europa Oriental,[26] Struminsky discutiu a experiência divergente de tomada de decisão da União Soviética e da Hungria no que diz respeito à política de preços, e Kosta avaliou experiências do Leste Europeu com uma série de incentivos econômicos. Além dos preços, a discussão se concentrou sobre se as reformas deveriam ser implementadas de uma só vez ou pouco a pouco e gradualmente. Os especialistas do Leste Europeu apoiaram por unanimidade uma reforma abrangente e imediata de todo o sistema, alegando que suas experiências provaram que essa seria a única maneira da China implementar uma política de reforma efetiva sem ficar presa por interesses econômicos e oposição política.[27] Essa abordagem de "tudo ou nada" para os problemas da transição socialista — um "big bang" que encerraria estruturas e relações econômicas de comando durante a noite — seria teorizada como "terapia de choque", um doloroso, mas necessário golpe para cortar os laços do planejamento socialista.[28]

Edwin Lim também falou na conferência de 1982, discutindo reforma e desenvolvimento em uma perspectiva comparativa. Ele enfatizou para ambos os lados que as opções políticas para a China, um grande e pobre país, deveriam ser avaliadas usando padrões diferentes daqueles usados para os países industrializados do Leste Europeu.[29] Ao direcionar esses comentários para ambos os lados, Lim talvez esperasse propor dois pontos. Primeiro, ele sinalizou para os especialistas estrangeiros — provavelmente com a discussão da velocidade e dos arranjos da reforma — que eles deveriam apresentar sua análise da Europa Oriental como descritiva da Europa e não prescritiva para a China.[30] Em segundo lugar, ciente do arrepiante clima político, ele pode ter sinalizado aos chineses que concordava com as declarações dos reformistas do Partido sobre a abordagem adequada das ideias econômicas estrangeiras. Lim, como intermediário nessas transações intelectuais, demonstrava que entendia como apaziguar seu público, conscientemente minimizando a importância ostensiva das ideias compartilhadas na conferência, para maximizar sua capacidade de longo prazo de operar na China. Os especialistas visitantes fizeram discursos sobre uma gama impressionante de tópicos, incluindo propriedade e modos de operação, o planejamento e o mercado de preços do trabalho e salários e bônus, o que evidentemente frustrou os participantes chineses já distraídos. Para lidar com essas condições, Xue Muqiao fez longas caminhadas matinais nas colinas de bambu de Moganshan.[31] Ele compôs duas quadras de estilo clássico, exalando sua exasperação:

> Em um vale profundo, as cascatas lavam o pó do mundo secular;
> As profundezas de uma floresta nascente consolam o espírito tenso.
> Em meio a intermináveis protocolos, uma montanha de papelada e um mar de reuniões,
> Seria melhor tirar um breve descanso e encarregar-se para assuntos reais do estado.

A segunda estrofe dizia:

> A ideia de "reforma e abertura" é tremendamente complicada;
> Pensadores chineses e estrangeiros estão ponderando juntos.
> Não fique obcecado por ter uma visão completa em mente;
> São tempos em que até um cavalo velho não conhece o caminho.[32]

Na antiga tradição chinesa do funcionário acadêmico que expressa seus sentimentos mais profundos sobre assuntos públicos por meio da poesia, Xue deu voz a uma profunda ambivalência sobre seus deveres como um dos principais arquitetos da política de reformas. O "mar de reuniões" em Moganshan não ajudaria a China a encontrar o caminho a seguir; Xue sugeriu que os desafios enfrentados pela China eram tão novos que estavam além das experiências anteriores de qualquer um, sendo chinês ou ocidental. Um trocadilho na última linha acrescentou uma dimensão a mais: "cavalo velho" (*lao ma*) contém o mesmo caractere usado no nome de Marx (*ma*), talvez sugerindo que Xue estava se referindo geralmente a velhas experiências e, especificamente em um nível ulterior, aos princípios da economia política marxista que não mais eram suficientes para a China.

Os economistas visitantes viajaram pela China após a conclusão da conferência. No final de sua viagem, eles enviaram uma mensagem a Pequim de que, depois de ver a pobreza da China, eles agora acreditavam que uma abordagem de reforma única não funcionaria. Uma abordagem gradual da reforma seria necessária, afinal. "Antes de sua observação e estudo (da China), os estudiosos defendiam a adoção de uma abordagem de 'pacote', de acordo com a experiência bem-sucedida da reforma húngara. Após a observação e estudo da China, eles mudaram suas visões, dizendo que as disparidades econômicas regionais são muito grandes e a situação é muito complicada."[33]

Essa foi a última sentença da falta de sucesso da conferência: as circunstâncias políticas minaram seu potencial de relevância substancial para a China, e os especialistas europeus reverteram de forma quase total e imediata suas recomendações políticas. Xue, Liu e Liao escreveram um pequeno resumo e o submeteram a um círculo de líderes afiliados à Comissão de Reforma do Sistema; conforme prometido, nenhum comentário público ou anúncio foi feito.[34] Os formuladores de políticas e economistas que se preocuparam com a reforma perceberam a necessidade de melhores ideias do mundo exterior, mas a Conferência de Moganshan de 1982 não estava entregue.

Os participantes da conferência voltaram apressados à Pequim para se preparar para o 12º Congresso do Partido, marcado para setembro. Os estudiosos geralmente consideram este congresso como um sucesso para os conservadores de Chen Yun, que desempenharam um papel de destaque na elaboração de seus principais documentos.[35] Seu relatório, redigido em nome do secretário-geral do PCCh, Hu Yaobang, ecoou as declarações públicas de Chen, afirmando a primazia da economia planificada e o papel "suplementar", "subordinado e secundário" dos mecanismos de mercado "dentro do escopo determinado pelo plano unificado do estado".[36] Em uma reunião em 2 de dezembro, à margem da quinta sessão do Quinto Congresso Nacional do Povo (NPC), Chen apresentou a articulação mais vívida até hoje de seus pontos de vista. Comparando a relação entre o mercado e o plano com um pássaro e uma gaiola, ele disse:

> Você não deve segurar o pássaro em suas mãos com muita força, ele seria estrangulado. Você tem que soltá-lo, mas apenas dentro dos limites da gaiola; caso contrário, ele voaria para longe. O tamanho da gaiola deve ser apropriado(...). Em suma, animar a economia e a regulação através do mercado só pode operar no âmbito dos planos estatais, e não deve afastar-se da orientação do planejamento.[37]

Para o momento, a reforma parecia realmente emperrada, trancada na gaiola de Chen. Os economistas reformistas da China pareciam temporariamente presos, também, inseguros sem saber como lidar com esse novo desafio.

Desesperados por novas ideias, os economistas da China, voltados para a reforma e cada vez mais cosmopolitas, não pararam de olhar além das barras finas da gaiola dourada. Um dos mais ousados dentre eles era o professor da Universidade de Pequim, Li Yining, que, além de ajudar a liderar a série de palestras do Grupo de Pesquisa em Economia Estrangeira de Pequim, publicou debates sobre economia ocidental e, em particular, sobre os desafios do keynesianismo. "Essas tendências são dignas de nossa atenção", argumentou Li. Apesar de Li Yining nunca ter viajado para a Grã-Bretanha, ele ficou fascinado com o que leu sobre os debates acerca da relação entre o Estado e a economia que se abateu sobre a nova primeira-ministra, Margaret Thatcher.[38]

Em 1982, apesar do ambiente conservador, Li Yining e seu colega Luo Zhiru publicaram o estudo mais abrangente da economia britânica produzido durante este período, intitulado *A Doença Inglesa*, referindo-se à estagnação da economia. Chamando a Inglaterra de "o primeiro país a ter um sistema capitalista de indústria" e "a fábrica do mundo", Li e Luo enquadram seus estudos como uma tentativa de explicar como a industrialização britânica funcionou, por que enfrentou problemas com inflação e desemprego, e quais eram suas perspectivas de renascimento.[39] Escrevendo na linguagem familiar da economia política marxista — discutindo as "contradições" da sociedade inglesa e os interesses da "classe dominante burguesa" — eles desqualificaram as críticas à nacionalização da indústria e à promulgação pelo governo de controles de preços e esquemas de administração do trabalho. "O governo britânico desempenhando um papel crescente na economia" tem uma relação com "o aprofundamento e as complicações da 'doença inglesa'", escreveram eles.[40] Os socialistas ingleses, observaram os autores, foram os primeiros defensores de políticas como a nacionalização — embora argumentassem de forma persuasiva que essas políticas "socialistas" rapidamente "convergiram" com a ascendência keynesiana na Grã-Bretanha do pós-guerra. O resultado foi um sistema de "planejamento capitalista" e a futura criação de um "Estado de Bem-estar Social".[41] Em quase todas as páginas de *A Doença Inglesa*, Li e Luo descreveram fenômenos na Inglaterra que poderiam se aplicar igualmente à China no início dos anos 80. De fato, Li admitiria em uma entrevista subsequente que o livro deveria ser "um diagnóstico das doenças econômicas da China" e uma maneira de escrever "sobre a estagnação da indústria chinesa", que Li preocupara-se ser "sensível demais" para ser atacada diretamente em 1982.[42] Com "mudanças no objetivo político e nas realidades econômicas, a política econômica também deve passar por grandes mudanças", eles afirmaram, enfatizando que economistas britânicos e autoridades governamentais encontraram consenso em torno da necessidade de mudar do planejamento para o "gerenciamento da demanda de longo prazo".[43] Por fim, elogiaram a "oposição à intervenção estatal" de Thatcher e concluíram: "Um modelo que não precisa mudar nunca existiu e nunca existirá."[44] As críticas do livro aos efeitos da nacionalização na indústria britânica e do planejamento, e controle do mercado de trabalho sobre a robustez da economia aplicada diretamente à China, e seu resumo positivo dos "planos de revigorar a economia por meio da privatização" de Thatcher, ofereceram o início dos argumentos para a reforma da propriedade de empresas estatais chinesas, pelos quais Li se tornaria famoso nos anos 80. Assim, em certo sentido, a "doença inglesa" também era uma doença chinesa — e o livro de Li e Luo foi um arremesso direto para os reformistas chineses, desafiando-os a se livrar da influência sufocante dos conservadores e a trabalhar mais para curar a doença.

Wu Jinglian, enquanto isso, preparou-se para um tipo muito diferente de desafio. Ele passou três semestres, de janeiro de 1983 a julho de 1984, na Universidade de Yale, em New Haven, Connecticut, como professor visitante financiado pela Fundação Ford.[45] Enquanto esteve lá, Wu realizou algumas pesquisas sobre gestão empresarial, mas passou a maior parte do tempo participando de palestras introdutórias sobre macroeconomia e microeconomia, recebendo finalmente a educação sistemática em economia moderna que ele havia lutado para encontrar na China. Ele subsistiu principalmente de repolho cozido no vapor até sua esposa chegar na última parte de sua estadia, mas as oportunidades que o estudo nos Estados Unidos apresentou mantiveram seu ânimo elevado.[46] Ele viajou por toda a costa leste, encontrando Edwin Lim em Washington, DC. Além de seu trabalho acadêmico, Wu teve sua primeira experiência profunda, vendo como uma economia de mercado funcionava na prática.[47]

Dados os importantes debates que aconteciam na China na época, a decisão de Wu de passar tempo fora da China deve ser vista à luz não apenas da política geral e intelectual da contenção, mas também, especificamente, dos ataques violentos contra Šik, os quais Wu havia acompanhado, traduzido e escrito a respeito. Foi um mau momento para ter uma parceria intelectual com alguém que foi oficialmente acusado de espalhar "teoria econômica antimarxista".

No entanto, quando os reformistas chineses revisaram os eventos em 1982, eles descobriram algo notável: a economia chinesa havia evitado, em grande parte, os horrores sobre os quais os conservadores haviam advertido.

A produção industrial havia crescido 7,7% e o déficit orçamentário havia caído para 2,6% da receita (de 11,7% em 1981).[48] A tese da gaiola, de Chen Yun, seria suficiente, ou seria uma nova maneira de entender a relação entre o planejamento e o mercado, necessária caso a administração de Deng Xiaoping quisesse cumprir suas promessas?

No início de 1983, os líderes reformistas começaram a responder a essa pergunta, deixando claro que eles tinham desistido de esperar. Em meados de janeiro, o secretário-geral, Hu Yaobang, fez um discurso ao Secretariado no qual disse enfaticamente: "Devemos acelerar a reforma apropriadamente. Muitos camaradas estão clamando por isso". Antecipando desacordos, ele encorajou aqueles quadros com opiniões divergentes a expor suas opiniões, mas enfatizou que eles "não devem obstruir" o progresso. Zhao Ziyang reiterou esses comentários em fevereiro.[49] Pouco depois, Zhao deu sua bênção à "reforma urbana abrangente" experimental na metrópole do sul de Chongqing.[50] Sua decisão parecia testar as águas para uma futura expansão da reforma urbana, com a necessidade de estabelecer os alicerces em mente para o sétimo plano quinquenal. Em uma repreensão deliberada aos conservadores que se opunham às trocas internacionais de ideias econômicas, Zhao enfatizou: "O objetivo de nossas trocas econômicas e técnicas externas é, naturalmente, aumentar nossa capacidade de autoconfiança."[51] Retornando à ênfase da era Mao na "autossuficiência", Zhao afirmou a centralidade renovada do "intercâmbio econômico e técnico estrangeiro", à medida que ele e seus aliados reviviam seus interesses reformistas adormecidos.

Apesar desses sinais positivos, um triste falecimento ocorreu no início de 1983: após uma longa e dolorosa batalha contra o câncer de fígado, Sun Yefang, herói de muitos economistas reformistas da China, morreu em um hospital de Pequim aos setenta e cinco anos. Xue Muqiao, seu amigo íntimo e aliado durante os dias mais sombrios da Revolução Cultural, o visitou na tarde de 12 de fevereiro. Com sua voz fraca, mas persistente, Sun pediu a Xue que continuasse lutando pela causa da reforma. Foi a última vez que os dois amigos se encontraram.[52]

A morte de Sun incendiou os reformistas que o viam como seu padrinho. No calor do verão, as tensões entre reformistas e conservadores aumentaram rapidamente. No início de junho, Zhao Ziyang enfatizou a necessidade de mudar a direção da agenda de reajustes apresentada no XII Congresso do Partido. "É imperativo acelerar a reforma estrutural da economia", afirmou. Impulsionando uma taxa de crescimento mais alta em concordância com o reajuste, Zhao enfatizou que a China deveria "cumprir ou superar" as metas planejadas e observou que os investimentos e construções nos campos de energia e transporte — necessário para estabelecer "uma base sólida" para crescimento, "não conseguiram atingir o montante previsto" durante o período de reajuste. "Por um tempo consideravelmente longo, nos esforçaremos para expandir a produção socialista e o intercâmbio de commodities (mercadorias)", declarou. A invocação da "troca de mercadorias" levou Zhao a lidar com assuntos sensíveis como o da ideologia e do pensamento econômico. As metas para a China eram "essencialmente diferentes da característica de produção de mercadorias anarquista e lucrativa, característica do sistema capitalista de propriedade privada", argumentou ele, condenando "a ideologia decadente de 'colocar dinheiro acima de tudo'". Em consonância com essa distinção, Zhao elogiou o fato de que "a tendência errônea e persistente de menosprezar o conhecimento e discriminar os intelectuais foi gradualmente corrigida", mas deixou claro que a adoção de intelectuais como os economistas da Comissão de Reforma do Sistema não aliviou os pensadores chineses de suas contínuas obrigações ideológicas ao socialismo.[53]

Alguns líderes conservadores ficaram indignados com o movimento de Hu Yaobang e Zhao Ziyang de reajustes para reformas mais rápidas. Chen Yun enviou uma carta, ao longo destas linhas, para Zhao, sugerindo que ele sentia uma mensagem muito mais forte sobre se a necessária centralidade contínua do socialismo.[54] Naquele mesmo mês, Deng Liqun e seus aliados lançaram uma campanha contra a "poluição espiritual", que não apenas se referia às influências ocidentais, mas também, nas palavras de um teórico chinês, "era uma abreviação das ideias perigosas propostas por esses pensadores que, como os propagandistas do Partido argumentaram, poderia, em longo prazo, ameaçar a supremacia ideológica do Partido Comunista e seu monopólio do poder".[55]

A Campanha de Combate à Poluição Espiritual começou oficialmente quando Deng Xiaoping usou o termo em um discurso no segundo plenário do outono de 1983, e atingiu um pico feroz nos meses seguintes. Artigos e reuniões condenavam as "balas revestidas de açúcar" da "ideologia burguesa", como romances de detetives e pornografia, que proliferaram rapidamente. Apesar de suas declarações anteriores sobre os riscos de tendências "esquerdistas", o endosso de Deng à campanha permitiu que os conservadores visassem explicitamente tendências "certas", "espalhando que o sentimento de falta de confiança no socialismo, comunismo e liderança do Partido", incluindo uma "pesquisa acadêmica", estava carregada de "germes capitalistas".[56] Os estudiosos observaram que a influência conservadora era tão poderosa nesse período que até mesmo Deng se permitiu ser "censurado": em um novo volume de seus *Trabalhos Selecionados*, publicado naquele ano, sua polêmica proposta de reforma empresarial, através da criação de um sistema de responsabilidade do gestor da fábrica, desapareceu sem explicação.[57]

Isso foi, em outras palavras, uma breve reversão de uma campanha ideológica no estilo Revolução Cultural. A intensidade combinada das campanhas para combater os crimes econômicos e combater a poluição espiritual levou a um aumento dramático nas execuções; o *Economist* relatou que as sentenças de morte por pelotão de fuzilamento foram enviadas a 24 mil pessoas somente em 1983.[58] Em uma execução, na cidade de Fuzhou, no sul, um repórter notou que 27 das 28 pessoas executadas haviam caído "no abismo da perdição depois de assistir a fitas de vídeo pornográfico".[59]

No entanto, a ferocidade da campanha despertou Zhao Ziyang, Hu Yao-bang e outros formuladores de políticas orientados para a reforma, a fim de que se retirassem com força, e a maré virou novamente. Joseph Fewsmith argumentou que "as notícias econômicas esmagadoramente positivas", especialmente um aumento de 10,2% no valor da indústria e da agricultura devido às reformas, "minaram a credibilidade dos conservadores". As perdas empresariais, por exemplo, caíram de RMB 5,6 bilhões, em 1982, para RMB 3,7 bilhões, em 1983. Naquele novembro, Zhao contra-atacou: "Reforma e abertura e fortalecimento à economia doméstica são as políticas inabaláveis do governo central. Agora estamos falando de poluição espiritual (...), mas isso se refere principalmente à frente ideológica. O governo central não usa essas formulações na frente econômica." Ele argumentou, ainda, para Deng Xiaoping, que a campanha dos conservadores causaria sérios danos ao desenvolvimento da China, condenando a China a um "atraso" adicional, e que isso deveria ser interrompido. Deng, assim persuadido, decidiu intervir, usando sua autoridade suprema para deter a campanha.[60]

Os economistas reformistas imediatamente exigiram um compromisso renovado com a economia ocidental. Chen Daisun, o eminente acadêmico formado em Harvard, publicou um importante artigo no boletim da Universidade de Pequim, que foi reimpresso no *People's Daily* em 16 de novembro de 1983, como um sinal de aprovação oficial. Chen prescreveu mais estudos intensivos sobre as ideias dos economistas ocidentais como meio de resolver problemas econômicos específicos. Ele afirmou que a mudança de atitude em relação aos economistas ocidentais no final da década de 1970 ajudou a impulsionar as reformas iniciais

CORRENTEZAS TRAIÇOEIRAS

para o sucesso e argumentou que os economistas chineses não poderiam dar as costas para a "análise especulativa, as técnicas quantitativas e os métodos de gestão", sobre os quais estavam aprendendo. "Chamar a economia internacional de inútil ou reacionária, ou evitá-la por medo, é uma ridicularização unilateral", escreveu ele. "Podemos aprender a tirar proveito de alguns aspectos", especialmente na busca de melhorar o funcionamento e a gestão das empresas.[61] Quando o ano de 1983 chegou ao fim, os reformistas começaram a recuperar o terreno que haviam perdido nos dois anos anteriores.

A reforma urbana e industrial voltou ao topo da agenda. Primeiro, Deng Xiaoping reafirmou seu apoio às zonas econômicas especiais (ZEEs) visitando Shenzhen, Zhuhai e Xiamen no final de janeiro e início de fevereiro de 1984 e abrindo mais cidades litorâneas. "Ao estabelecer zonas econômicas especiais e implementar uma política aberta, nossa ideologia orientadora é clara: não restringir, mas libertar", disse Deng.[62] Em 27 de março, em um discurso no Conselho de Estado, Zhao Ziyang elogiou os resultados do experimento de Chongqing em "reforma urbana compreensiva" (incluindo a reforma dos canais de distribuição comercial criando o primeiro "centro comercial" da China)[63] e exortou a expansão das reformas das empresas estatais e do sistema de trabalho.[64] Alguns dias depois, o *People's Daily* publicou uma carta de 55 gerentes de fábrica alegando: "Por favor, desamarre-nos!"[65] Sob a liderança de Zhao, dez Regulamentos Provisórios sobre a Expansão dos Poderes Decisórios de Empresas Estatais foram redigidos e aprovados pelo Conselho de Estado, em 10 de maio de 1984. Esses regulamentos aumentaram substancialmente a autonomia das empresas: as empresas estatais agora poderiam produzir livremente sobre cotas estaduais, vendem essas mercadorias a preços dentro de 20% do estabelecido pelo Estado e retêm 70% dos recursos destinados à compra de novos ativos fixos.[66] No mês seguinte, o Conselho de Estado também aprovou um relatório, elaborado pelo Ministério do Comércio, sobre o avanço da reforma urbana.[67]

Ao negociar os termos desses regulamentos, em uma reunião do Conselho de Estado em 4 de maio, Zhao havia prometido: "Nós necessariamente continuaremos comprometidos com o planejamento, então o que poderia estar errado em liberar um pouco as empresas nesta base?"[68] Até mesmo o SPCo, há muito tempo contra as reformas, finalmente concordou em reduzir ainda mais seu controle sobre as empresas e os preços.[69] (Fewsmith argumenta persuasivamente que o SPCo "sentiu que não tinha outra escolha dada a atmosfera política a favor da reforma prevalecendo na época", embora ele observe que as autoridades subsequentemente prejudicariam a implementação.)[70] Essas mudanças, marcaram uma alteração na direção da visão de Deng sobre uma maior responsabilidade gerencial, tão controversa apenas um ano antes, e codificou ideias para as quais Xue Muqiao, Liu Guoguang, Wu Jinglian e outros argumentaram. Os regulamentos de maio foram o que três participantes chamaram subsequentemente de "um passo de importância histórica" na direção de aumentar a mercantilização das empresas estatais.[71]

A reforma das empresas recebeu um novo impulso naquele verão, quando Gregory Chow, econometrista da Universidade de Princeton, visitou a capital chinesa para realizar um seminário sobre "teoria microeconômica", na Universidade de Pequim. Chow estava se tornando em uma principal ligação acadêmica entre os Estados Unidos e a República Popular da China (RPC), reunindo-se regularmente com líderes de universidades e institutos de pesquisa, incluindo parcerias com a CAAS e atividades de intercâmbio financiadas pela Fundação Ford. Juntamente com o economista de Harvard, Dwight Perkins, Chow, de língua chinesa, presidiu o Comitê de Ligação Econômica da Associação Econômica China/EUA, usando suas conexões e sua credibilidade em econometria e economia aplicada para atrair outros economistas norte-americanos. Em 1982, o Prêmio Nobel Theodore Schultz escreveu a Chow: "Continuo incomodado com algumas das teorias econômicas brandas que alguns economistas dos EUA promovem em seus empreendimentos na China" — uma preocupação que, evidentemente, ele não "temia em ver nos empreendimentos de Chow na China".[72] Durante a viagem de Chow no verão de 1984, ele, sua esposa e sua filha se encontraram com Zhao Ziyang, em um evento televisionado e descrito na primeira página do *People's Daily*, em 6 de julho, incluindo uma fotografia de um Chow urbano, de terno escuro e gravata listrada, com as pernas e as mãos cruzadas, falando, enquanto Zhao olhava, sorrindo.[73] Na reunião, Chow disse francamente que o conhecimento da China sobre economia não era "ideal" e "definitivamente abaixo" dos padrões internacionais, enfatizando a importância da educação econômica para estudantes e funcionários.[74] Chow também se encontrou com Xue Muqiao, Ma Hong e Xu Dixin na CASS. Escrevendo a seus colegas depois que ele voltou para casa, Chow formulou a hipótese: "A reunião e a publicidade podem, em parte, significar a importância que o governo chinês atribui à economia moderna."[75] O foco particular na microeconomia sugeriu ainda que seus parceiros chineses queriam reunir conhecimentos sobre a reforma de empresas e exibir, com uma fanfarra inusitada, a primeira interação da China com um especialista norte-americano.

Vale a pena fazer uma pausa para perguntar por que o lado chinês endossou tão plenamente Chow como intermediário e interlocutor. É claro que sua ascendência chinesa e a capacidade de falar mandarim foram uma enorme ajuda — mas era muito provável que sua origem taiwanesa pudesse torná-lo suspeito aos olhos dos funcionários da RPC. Seu perfil confidencial, preparado pelo Ministério da Educação, para os quadros do Partido que planejaram se encontrar com ele em 1984, fornece dois insights importantes. Primeiro, demonstrou orgulho pelo fato de Chow ter escolhido claramente continuar trabalhando com colegas da RPC, embora o governo taiwanês supostamente o pressionasse a escolher lados. Segundo, o documento fornece pouca informação sobre as áreas de especialização substantiva de Chow, descrevendo-o apenas como professor de "economia política" — um termo que tinha um significado profundamente diferente no contexto norte-americano do título de professor de Chow do que no contexto chinês, em que "economia política" significava a economia marxista. Chow pôde, assim, apelar para a RPC e até parecer palatável no papel para os conservadores que, ao ler seu perfil, poderiam tê-lo confundido com um colega "economista político" na tradição marxista.[76] Nos anos vindouros, Chow seguiria seu seminário sobre microeconomia na Universidade de Pequim com um seminário sobre macroeconomia na Universidade de Renmin em 1985 e manteria uma correspondência escrita com Zhao Ziyang.[77]

Além da reforma das empresas, o debate crítico sobre políticas de 1984 concentrou-se no termo "economia de commodities", um tema contencioso desde o início dos anos 80. Zhao Ziyang e Hu Yaobang, que sentiam fortemente que a China deveria endossar uma "economia de commodities", procuraram fazer um grande avanço ao definir o sistema chinês como uma "economia planificada de commodities" na terceira plenária do XII Comitê Central agendada para outubro de 1984. Mas eles sabiam que uma ingenuidade substancial seria necessária para encontrar uma interpretação dessa frase que aplacaria os conservadores enquanto avançava a agenda de reformas. Naquele verão, em cada rascunho do relatório que Zhao, Hu e os economistas da Comissão de Reforma do Sistema produziram, eles experimentaram usar o termo "economia de commodities". Toda vez que o documento era devolvido, após ser editado por líderes mais conservadores, o termo "economia de commodities" havia sido riscado.[78] Pelo menos retoricamente, apesar de tudo o que haviam aprendido, os líderes do PCCh haviam chegado a um impasse.

Wu Jinglian retornou à China vindo de Yale em julho de 1984. Dias depois, ele recebeu uma nota de Ma Hong pedindo-lhe para se juntar a Ma em uma viagem ao nordeste da China, sem maiores explicações. No trem de Pequim, Ma revelou o motivo: Zhao Ziyang pediu-lhe para elaborar um relatório para ajudar a romper o impasse, e Ma queria a ajuda de Wu.[79] Ma, esperava claramente aproveitar a maior familiaridade de Wu com o funcionamento de uma economia de mercado e os mais recentes desenvolvimentos da teoria econômica internacional. Em um "nível teórico", muitos da geração mais velha de economistas chineses "apoiaram a ideia de uma economia socialista de commodities", lembrou Xue Muqiao — mas ele admitiu: "Meu próprio entendimento não era profundo."[80] Com base na pesquisa de uma variedade de outros estudiosos, o par intergeracional de Wu e Ma concordou em enfatizar a necessidade de apoio ideológico para a reforma urbana, que eles afirmavam que só poderia ser fornecida pelo termo "economia planificada de commodities". Afirmando a contínua primazia do plano, seu esboço argumentava que o planejamento de orientação (administração indireta), em vez do planejamento obrigatório (administração direta), era a chave para a próxima etapa da "reforma e abertura" da China, tanto para a formulação de políticas macroeconômicas nacionais, como para as operações microeconômicas, admitindo que a economia socialista é uma economia de commodity com planejamento que obedece à lei do valor (...) e aumentará a eficiência econômica.[81] Ma apresentou seu documento para Zhao no final de seu retiro no nordeste.[82]

Outra questão controversa que ressurgiu em 1984 foi a reforma dos preços. Os economistas sabiam que, devido aos subsídios estatais, o índice de preços ao consumidor urbano era artificialmente baixo (de fato, depois que as reformas foram implementadas, os preços subiram quase 12% em 1985). De acordo com o Banco Mundial, em meados da década de 1980, o governo dedicava bem mais de 20% de seus gastos totais a subsídios, a maioria destinada a subsidiar as necessidades diárias.[83] A situação era semelhante para produtos industriais e matérias-primas: em 1985, os preços das matérias-primas subiram 18% e os preços dos produtos ex-fábrica aumentaram 8,7% (em contraste, em 1986, aumentaram apenas 3,8%).[84] Isso sugere que os preços na China permaneceram seriamente distorcidos e foram mantidos artificialmente baixos devido em grande parte à intervenção do Estado.

CORRENTEZAS TRAIÇOEIRAS

As visitas estrangeiras contribuíram ainda mais para o desejo dos reformistas chineses de começar a remediar a situação. No final de agosto, o vice-primeiro-ministro da Hungria, József Marjai, visitou a China, mantendo reuniões com Zhao Ziyang, o conservador Yao Yilin, seu vice-primeiro-ministro Li Peng, e o presidente da CAAS, Ma Hong, entre outros. Sua visita foi acompanhada de perto pela mídia chinesa, com Li Peng citando em seu discurso: "Os objetivos gerais de nossos dois países de construir o socialismo são idênticos" e Zhao dizendo que "atribuiu grande importância" às lições da experiência húngara.[85] Zhao e outros líderes de alto escalão estavam interessados na Hungria há vários anos, com Zhao afirmando em 1983, "a reforma húngara é digna de pesquisa e aprendizado", e sugerindo que ela poderia ter aplicações diretas para a China. Marjai foi amplamente percebido como o principal reformista de mercado na alta liderança húngara na época, ao ponto de a primeira-ministra britânica Margaret Thatcher tê-lo convidado para uma reunião para elogiar sua "independência de ação".[86] Durante suas reuniões em Pequim, Marjai ressaltou que o erro mais importante da Hungria, em seu processo de reforma, foi não aproveitar o período de rápido crescimento durante a primeira parte desse processo para implementar a reforma de preços. De acordo com as lembranças de três funcionários da Comissão de Reforma do Sistema, o conselho de Marjai baseou-se na impressão de que a visita de Šik havia criado e produzido "um maior senso de urgência sobre a reforma da estrutura de preços" entre as principais lideranças da China.[87]

Com essa "urgência" em mente, Zhao e Hu recorreram a uma geração mais jovem de economistas, nascidos nas décadas de 1940 e 1950, que tinham treinamento mais avançado e maior familiaridade com a economia ocidental do que os mais velhos (com exceção de pessoas de meia-idade que tinham estudado no exterior, como Wu Jinglian e Zhao Renwei). Muitos membros dessa terceira geração de economistas tiveram suas educações interrompidas pela Revolução Cultural, e retornaram às cidades para completar seus estudos após a morte de Mao, e em 1984 começaram a emergir como vozes independentes, muitas vezes orientados por economistas mais antigos e também influentes por direito próprio. Alguns desses economistas mais jovens juntaram-se a uma nova organização de pesquisa do governo criada durante esse período, chamada Instituto de Reforma Estrutural Econômica Chinesa (Zhongguo jingji tizhi gaige yanjiusuo, abreviada como *Tigaisuo*). O novo grupo, liderado pelo mais graduado, Gao Shangquan, que também serviu na Comissão de Reforma do Sistema, começou a elaborar propostas visando a reforma de preços como a chave para o avanço da reforma geral. Um dos economistas mais jovens, Chen Yizi, que se mudou para este novo grupo do Instituto de Desenvolvimento Rural, explicou que essa ênfase era o resultado de "especialistas que participaram da reforma na Europa Oriental" que tinham "todos mencionado que a reforma de preços era fundamental".[88]

Além do Instituto para a Reforma Estrutural Econômica Chinesa, uma variedade de outros jovens economistas atraiu a atenção para propostas corajosas, às vezes ousadas. Esses economistas, a maioria com trinta e poucos anos, começaram a planejar uma conferência em Moganshan — a mesma cidade-resort onde o Banco Mundial organizou uma conferência com economistas do Leste Europeu em 1982 — para responder aos principais pedidos dos líderes do Partido por novas ideias. Os organizadores da conferência examinaram mais de 1.300 artigos enviados por candidatos que desejavam participar; foram escolhidos 124 participantes, de acordo com os organizadores, puramente com base no mérito de suas ideias.[89] Naquela época, duas abordagens primárias à reforma de preços estavam recebendo a maior atenção. Primeiro, os funcionários do Centro de Pesquisa de Preços propuseram um grande recálculo dos preços estabelecidos pelo Estado em um grande passo. Segundo, os jovens economistas adeptos da modelagem computacional da economia, incluindo o estudante graduado pela Universidade de Tsinghua, Zhou Xiaochan, e o estudante de graduação da CAAS, Lou Jiwei, propuseram uma série de pequenos e rápidos recálculos de preços. Essas duas facções inicialmente definiram a agenda do debate sobre reforma de preços — até que Zhang Weiying, um impetuoso e brilhante estudante de graduação da Universidade do Nordeste de Xi'an, interveio, insistindo que ambas as abordagens eram irrealistas e exigindo preços determinados pela oferta e demanda. Embora na maioria dos dias as reuniões durassem das 8h às 23h, naquela noite um debate feroz se iniciou nas primeiras horas da manhã. O estudante graduado da CAAS de trinta e um anos, Hua Sheng e vários de seus colegas, estavam inspirados. De madrugada, os jovens economistas tinham concebido uma abordagem engenhosa para reformar o fossilizado sistema de preços da China.[90]

O que eles acordaram foi o chamado "sistema de preços dual". Esse sistema exigia que os preços das mercadorias dentro do plano permanecessem nos preços estabelecidos pelo Estado, enquanto permitia que os bens fora do plano fossem vendidos a preços de mercado.[91] O carvão, por exemplo, foi cotado sob o plano em RMB 22 por tonelada métrica, mas o preço de mercado ficou acima de RMB 100.[92] Hua Sheng e seus colegas apresentaram o relatório para Zhao Ziyang "conscientemente fazendo uso do sistema dual para reformar o mecanismo de preço suavemente" e em setembro recebeu aprovação do Grupo Central de Finanças e Economia.[93] Zhao instruiu simultaneamente que o Departamento de Suprimentos de Materiais, que controlava as alocações de insumos, mantivesse constante o tamanho do plano central, estabelecendo as bases para o sistema dual produzir aumentos sustentados para a produção fora do plano.[94] O sistema dual se tornaria uma característica definidora — e controversa — das reformas da China.

Um grupo de vinte dos economistas mais graduados da China também se reuniu em setembro para elaborar a versão final do relatório para o terceiro plenário do Comitê Central do PCCh em outubro. Ma Hong e Gao Shangquan, proeminente economista que serviu como chefe do novo Instituto para a Reforma Estrutural Econômica Chinesa e da Comissão de Reforma do Sistema, escreveram cartas ao Comitê Permanente sobre o projeto. Eles argumentaram, nas palavras de Ma, que o termo "economia planificada de commodities" deveria ser "explicitamente escrito na decisão da plenária".[95] Dias depois, Zhao Ziyang apresentou a versão da decisão plenária que Ma Hong havia aprovado. O grupo de economistas endossou e formalizou o documento; Zhao então o encaminhou ao Comitê Permanente do Politburo em 9 de setembro de 1984, observando que o documento declarava que a China estava implementando uma "economia planificada de commodities com propriedade pública como forma básica".[96] Deng Xiaoping aprovou o documento em 10 de setembro.[97] Três dias depois, Chen Yun também o aprovou.[98] Zhao havia vencido sua batalha sobre a "economia planificada de commodities".

Apesar de sua derrota, Chen ainda não tinha sua palavra final. Na terceira plenário, Chen pediu a seus colegas do Comitê Permanente que ele pudesse se dirigir aos quadros reunidos. O homem idoso subiu à tribuna e dirigiu a decisão diretamente. Ele admitiu que os problemas da China eram muito maiores e mais complexos do que eram na década de 1950, de modo que as soluções que ele desenvolveu não puderam ser "copiadas indiscriminadamente" — mas ele defendeu essas decisões e seu legado. Ele enfatizou que suas ideias sobre política econômica sempre foram desenvolvidas "com base na situação real na China" e não foram "copiadas indiscriminadamente" da União Soviética ou de qualquer outro lugar. Ele terminou referindo-se à necessidade de perseguir tanto a "civilização material quanto a civilização espiritual", uma ideia que lembrou tanto a Campanha de Combate à Poluição Espiritual quanto a dos pensadores do movimento da China em 4 de maio de 1919, que trouxeram juntos muito do grupo que posteriormente estabeleceria o PCCh em 1921. Ele acrescentou uma sentença final antes de cambalear de volta a seu assento. "Somos um país socialista", insistiu Chen. "Este é o objetivo pelo qual devemos sempre lutar."[99]

Em 20 de outubro de 1984, o Comitê Central do PCCh emitiu a Decisão sobre a Reforma da Estrutura Econômica, endossando formalmente a "economia planificada de commodities".[100] Deng parabenizou Zhao, descrevendo o avanço como uma "nova teoria da economia política".[101] Em um discurso dois dias depois, Deng acrescentou que alguns camaradas "foram devotados ao socialismo e ao comunismo por toda a vida" e "estão horrorizados com o súbito aparecimento do capitalismo". Mas prometeu: "Isso não afetará o socialismo. Não fará efeito."[102]

Triunfantes como os economistas orientados para o mercado poderiam ter sido, eles sabiam que a verdadeira batalha política estava longe de terminar. Embora a redefinição da economia socialista como uma "economia planificada de commodities" sinalizasse progresso, a formulação ambígua prometia mais debate. Como as políticas econômicas subsequentes interpretariam e implementariam a decisão de outubro de 1984? Essa questão permaneceu fundamentalmente incerta, mesmo para os economistas que participaram da redação do documento, o que tal economia implicaria na prática.[103] Essa situação revelou uma importante característica emergente do processo de reforma da China: por causa dos compromissos necessários para alcançar um consenso sobre um slogan ideológico, tais slogans frequentemente continham componentes em oposição (neste caso, "planejamento" e "commodities") — e isso, por sua vez, criou uma situação na qual as ideologias de estado não eram autointerpretáveis, mas, ao contrário, eram altamente generativas e exigiam maiores interpretações. O desafio para os economistas chineses era, portanto, desenvolver uma "melhor" interpretação desses slogans, um processo que frequentemente envolvia os mesmos atores que formularam a frase em primeiro lugar. Os sinais ideológicos podem ter sido vagos, mas certamente não foram sem sentido.[104]

O que estava mais claro, então, era apenas o que não poderia dar certo: apesar do sucesso das reformas agrícolas de Wan Li, Zhao Ziyang e outros, elas não poderiam servir de modelo para reformas urbanas e industriais. Enfatizando que mais de 80% da receita do Estado provinha desse setor da economia,

Zhao declarou: "Devemos extrair da experiência da reforma rural o que é comum a ambos e não aplicar mecanicamente as formas específicas de operação e manejo adequadas apenas à agricultura, às empresas industriais e comerciais urbanas". O foco de Zhao mudou para descobrir como desenvolver a economia urbana e melhorar a "eficiência" das empresas estatais.[105] De acordo com Susan Shirk, essa perspectiva ajudou a explicar sua defesa da abordagem de "tributação sobre o lucro" (*li gai shui*) à reforma empresarial, em vez da abordagem de contratação de lucros que havia sido usada nas reformas rurais. A abordagem fiscal com fins lucrativos fazia a transição de empresas que remetiam lucros a superiores burocráticos para pagamento de impostos, com o objetivo de preservar essas empresas em forma, ao mesmo tempo em que as tornavam mais autorreguladoras na prática, mas os problemas de implementação eram inumeráveis. Alguns reformistas, como Hu Yaobang, apoiavam a contratação de lucros, enquanto outros achavam que a abordagem da tributação sobre lucros, embora útil como uma reforma inicial, não iria longe o suficiente ou perturbaria interesses sem melhorar adequadamente os fundamentos da economia.[106] Os reformistas que esperavam moldar o sétimo plano de cinco anos para promover sua causa estavam procurando respostas — e a agitação deles se evidenciou. Como disse Deng Xiaoping, os reformistas do Partido sabiam que finalmente estavam "ousando tocar a parte de trás do tigre".[107]

Assim, nos primeiros meses de 1985, intensos debates ocorreram dentro do campo reformista sobre como a China deveria proceder. Esses debates ocorreram no contexto de uma decolagem de várias reformas empresariais importantes, particularmente um aumento na responsabilidade do gerente de fábrica, bem como aumentos graduais na capacidade das empresas de determinar sua própria produção. Os preços de mercado também aumentaram substancialmente no escopo, uma vez que as empresas começaram a realizar transações fora do plano sob o sistema dual.[108] O preço inicial do carvão, por exemplo, foi aumentado para 31 RMB por tonelada métrica (de 22 RMB, um aumento de 41%), e as empresas estavam livres para vender carvão produzido além da cota do plano a preços de mercado. Quando essas mudanças ocorreram, a produção industrial bruta explodiu; no primeiro trimestre de 1985, aumentou 22,97% em relação ao mesmo período de 1984.[109]

Algumas vozes surgiram em preocupação de que a economia chinesa pudesse estar superaquecendo, mas Zhao pediu aos seus assessores que "continuassem a reforma sem hesitação", chamando atenção especial para a necessidade de reforma do preço.[110] Particularmente, ele se preocupou em como estabilizar a economia, já que o "superaquecimento piorou", mas ele sabia que precisava avançar.[111] Esse contexto — um senso de urgência sobre a necessidade de reformar as empresas e o sistema de preços, medo de superaquecimento e o firme impulso de Zhao para o progresso — moldou os debates econômicos de 1985.

Os conservadores mais antigos até tentaram organizar visitas internacionais com implicações claras para os debates de política interna da China. Em dezembro de 1984, Chen Yun, Yao Yilin e outros receberam Ivan Vasilyevich Arkhipov, o primeiro vice-presidente do Conselho de Ministros da União Soviética. Arkhipov tinha sido o principal conselheiro econômico enviado por Stalin à China em 1950 e passou a maior parte da década seguinte lá, liderando a ajuda econômica e técnica que a União Soviética enviava para a China. Ele havia aconselhado sobre o projeto do primeiro plano quinquenal e até chamaria a China de sua "segunda pátria".[112] Na reunião de dezembro em Zhongnanhai, Chen Yun, que mal conseguia andar sem assistência, abraçou seu "velho amigo", lembrando em lágrimas: "Trabalhamos bem juntos."[113] Deng e Zhao, ambos cientes da conhecida afeição de Chen pelo modelo econômico soviético, acreditavam que Chen sairia do roteiro na reunião com Arkhipov — mas seja por causa do patriotismo ou de restrições políticas, Chen seguiu em frente na reunião.[114] Depois de prestar homenagem aos planejadores antigos, em Pequim, Arkhipov viajou para a ZEE de Shenzhen, onde teria dito que estava "movido pelo que viu".[115] Chen Yun, em contraste, nunca visitou uma ZEE, apesar de viagens frequentes entre Pequim e sua cidade natal, Xangai.

A visita de Arkhipov, acima de tudo, pareceu um gesto nostálgico de Chen Yun e dos conservadores soviéticos que retribuíram com carinho o primeiro plano quinquenal — especialmente durante um período em que Zhao Ziyang visitou Washington. DC, e o presidente norte-americano Ronald Reagan visitou Pequim.[116] De fato, numerosas delegações de líderes seniores viajaram para o exterior durante esse período, continuando a buscar alternativas políticas para o tão criticado modelo de planejamento soviético.[117] Em maio e junho, o vice-primeiro-ministro Li Peng, acompanhado de vários vice-ministros, incluindo membros do SPCo, visitou a Polônia, a Alemanha Oriental e a Hungria. Eles realizaram reuniões com os principais ministros técnicos e econômicos de cada país, assinando acordos comerciais para o período 1986-1990 (o mesmo período do sétimo plano quinquenal então em debate na China) e pagando uma visita de retorno ao vice-primeiro-ministro József Marjai, a quem Li Peng tinha hospedado em Pequim, quando Marjai ajudou a estimular a CCP a priorizar a reforma de preços.[118]

Em junho de 1985, Zhao viajou para o Reino Unido, Alemanha Ocidental e Holanda, acompanhado por vários altos funcionários econômicos da Comissão de Reforma do Sistema e do SPCo, principalmente para promover o comércio e discutir a entrega de Hong Kong.[119] Reunindo-se com Margaret Thatcher, que visitou a China em 1982 e 1984, Zhao ouviu a primeira ministra elogiar suas políticas em um jantar oficial, no número 10 da Downing Street. "Nós dois percebemos a necessidade de colocar nossos recursos no que fazemos bem; aumentar a eficiência; não gastar dinheiro que não temos; e incentivar a inovação", disse ela. "Fiquei muito impressionada com uma citação de um antigo historiador chinês que foi publicada no *People's Daily* no ano passado: 'O modo de governar um país é primeiro enriquecer o povo'. Esse princípio está guiando você e está nos guiando."[120]

Thatcher, famosa por sua segurança, não sabia que o futuro desse princípio na China parecia altamente incerto para muitos dos conselheiros mais próximos de Zhao.

No primeiro semestre de 1985, a ansiedade em Pequim era alta. A economia parecia estar se expandindo incontrolavelmente, e os reformistas sabiam que suas vitórias no outono de 1984 não teriam sentido se não pudessem demonstrar que as políticas orientadas para o mercado não levaram ao caos. Eles competiram por influência em um ambiente político carregado dessa preocupação.

Wu Jinglian, que Ma Hong havia recentemente nomeado para um alto cargo no Centro de Pesquisa para o Desenvolvimento do Conselho de Estado, emergiu como o líder de um grupo de economistas que se concentrava na "reforma coordenada" (*peitao gaige*).[121] Esse grupo, que incluía vários economistas mais jovens que posteriormente ganhariam proeminência, defendia uma reforma contínua dos preços além do sistema dual, que eles criticaram como um resquício temporário, na melhor das hipóteses. Eles postularam que a China exigia ampla reforma de preços antes que o governo pudesse desenvolver novas políticas para usar mecanismos de mercado para guiar a economia.[122] Em fevereiro de 1985, Wu publicou um comentário assertivo no *People's Daily*, apresentando suas opiniões. Argumentando sobre a importância da "experiência e lições de vários países do Leste Europeu" para decidir como a China deveria proceder, Wu apresentou seus próprios pontos de vista referenciando "muitos economistas em outros países". No curto prazo, ele continuou, a China deveria reajustar sua orientação para o crescimento, desacelerando a taxa de crescimento, a taxa de investimento em construção de capital e o aumento de salários e bônus, para garantir que a reforma não saísse do controle.[123] Vários meses depois, Wu expandiu seus argumentos para enfatizar o papel que a política macroeconômica, particularmente no que diz respeito ao setor bancário, deveria desempenhar para impedir que as empresas e a economia como um todo crescessem rápido demais ou "superaquecessem"[124] Falando em 15 de julho sobre o esboço do sétimo plano quinquenal, Wu argumentou com os principais responsáveis pela política econômica da China que eles não poderiam isolar questões como o aumento da autonomia empresarial de um plano geral que também apoiasse mercados mais competitivos e melhor controle indireto da economia. Em outras palavras, Wu pediu que o sétimo plano quinquenal fosse formulado com base em seus interesses de "reforma coordenada".[125]

Outros economistas juntaram-se aos chamados de Wu para formular uma visão "abrangente" da reforma, incluindo Guo Shuqing, um ambicioso estudante de doutorado de vinte e nove anos, da CAAS, nascido na Mongólia Interior, cuja paixão pela economia ele admitiu ser "algo como uma obsessão".[126] No verão de 1985, Guo Shuqing e dois colegas viajaram para Beidaihe para apresentar esses argumentos aos principais líderes do Conselho de Estado. Depois de "analisar os 20 anos de experiência da Rússia e da Europa Oriental e referenciar as últimas conquistas da moderna pesquisa comparativa econômica", eles afirmaram que a necessidade de um "plano geral" de reforma era uma "necessidade urgente". Eles contrastaram esse objetivo com o de países como a Polônia nos anos 1970, que "tentaram apenas consertar o sistema antigo", em vez de inovar e formular um novo sistema compreensivo. Citando autoridades incluindo Brus, Šik e o Banco Mundial, concluíram que a necessidade de uma reforma coordenada era "muito evidente".[127] Em meados de 1985, a centralidade da experiência estrangeira em moldar e apoiar as ideias do grupo da "reforma coordenada" era igualmente "muito evidente".

Wu e seus aliados encontrariam muitos adversários nos próximos anos, mas os mais poderosos, no início de 1985, foram os economistas que refutaram a ênfase de Wu em moderar o crescimento e priorizar a reforma de preços. No círculo de economistas mais jovens, que haviam alcançado proeminência na época da Conferência de Moganshan de 1984, a busca do crescimento rápido era uma visão popular — e não tinha mais apoio fervoroso do que o de um dos organizadores do evento de 1984, um estudante de trinta e cinco anos da CASS chamado Zhu Jiaming, um dos Quatro Cavalheiros, um grupo de jovens defensores de políticas e bem relacionados. (Outro dos Quatro Cavalheiros era Wang Qishan, atualmente membro do Comitê Permanente do Politburo, supervisionando a campanha anticorrupção de Xi Jinping.) Zhu estava familiarizado com o relatório do Banco Mundial de 1983 e com as ideias dos economistas internacionais que haviam sido discutidas em seminários como a série de palestras do Grupo de Pesquisa sobre Economias Estrangeiras e um seminário sobre Tendências Econômicas Mundiais do qual ele participou em 1984.[128] Ele se fixou na pobreza e no atraso da China e acreditava que, no curso do desenvolvimento do país, era necessário seguir tanto os desenvolvidos, quanto os em desenvolvimento para passar por uma fase de crescimento radicalmente alta — uma visão econômica baseada no que Shirk chamou de "uma versão do keynesianismo".[129] Citando dados de economias tão diversas quanto os Estados Unidos, a União Soviética, o Japão e o Brasil, Zhu sustentou que, durante essa "fase de crescimento de alta velocidade", a inflação era "típica" e não deveria ser temida. Ele afirmou que a fase de crescimento de alta velocidade, embora inflacionária, inauguraria uma era de "prosperidade econômica" e proporcionaria um "ambiente excelente" para a reforma sistêmica.[130] A inflação, na visão de mundo de Zhu, não era uma força insidiosa que minava a reforma; em vez disso, era um sinal de que a China estava crescendo e alcançando o resto do mundo.

Naquele outono, com financiamento da Fundação Ford, Zhu viajou para os Estados Unidos para realizar pesquisas, estabelecendo-se na Universidade de Columbia, em Nova York. O febril tempo do boom do setor financeiro norte-americano durante os anos Reagan correspondia aos sonhos de Zhu para a China. Embora ele tenha lido exaustivamente sobre o mundo em geral, foi sua primeira viagem ao exterior.[131]

Nessa conjuntura, é importante delinear várias facções principais de reformistas que surgiriam nos debates políticos dos anos 1980. Como vimos, um grupo liderado por Wu Jinglian, de meia-idade (incluindo jovens economistas como Guo Shuqing e Zhou Xiaochuan), defendeu a "reforma coordenada". Outro grupo, liderado por um Li Yining de meia-idade, argumentou que a ênfase de Wu na reforma de preços era fundamentalmente equivocada e que, em vez disso, a reforma das empresas deveria ter prioridade. Estes foram os dois grupos mais proeminentes durante este período, e ambos sob o foco do gosto de Zhao Ziyang em vários momentos importantes, com sua influência oscilando ao longo da segunda metade dos anos 80. Um terceiro grupo de economistas, a maioria da geração jovem identificada com o Instituto para a Reforma Estrutural Econômica Chinesa, defendeu resultados mais rápidos e se preocupou menos com os riscos da inflação. Chen Yizi organizou este instituto e manteve laços estreitos com o principal secretário de Zhao Ziyang (chefe de gabinete), Bao Tong. É claro que outros economistas e formuladores de políticas não se encaixaram em um desses campos, mas essas foram as facções predominantes durante os anos 1980.

Todos os lados nesses debates usaram ideias estrangeiras — às vezes baseadas em um estudo minucioso e algumas vezes fora de contexto. Competindo pela influência sobre o futuro da economia chinesa, os debates não impediram ataques pessoais, criando animosidades profundas e duradouras. Mas cada um desses grupos era composto de reformistas sérios que merecem uma representação histórica precisa.

Para esclarecer suas posições políticas, também é importante enfatizar as distinções entre possíveis posições sobre política macroeconômica e política de reforma econômica, que às vezes podem se tornar confusas nos argumentos feitos durante esse período. Pode-se defender políticas macroeconômicas estáveis e conservadoras e reformas econômicas sérias, como, por exemplo, Wu Jinglian e Liu Guoguang. Pode-se apoiar uma política macroeconômica estável e conservadora e se opor às políticas de reforma, como fez Chen Yun. E pode-se promover uma política expansiva e expansionista de alto crescimento com reformas, uma combinação associada particularmente com Zhu Jiaming e Chen Yizi. (É claro que, como a economia chinesa nos últimos anos mostrou, também há defensores de uma política expansionista sem reformas, particularmente burocratas locais que supervisionaram o desenfreado boom de desenvolvimento do país.) Assim, os defensores da "contenção" — isto é, políticas destinadas a estabilizar a economia e controlar o crescimento — não se opuseram necessariamente à reforma. Quando Wu Jinglian avançou com as políticas de contenção, ele fez isso por um senso de que a inflação representava perigos para a economia chinesa, não porque ele tivesse mudado de ideia sobre a reforma; quando Chen Yun e seus aliados favoreceram as políticas de contenção, no entanto, muitas vezes também pretendiam desacelerar as políticas de reforma e enfraquecer os reformistas.

Essas distinções são, em retrospecto, complicadas pelo fato de que as condições externas estavam mudando e, às vezes, a economia realmente *estava* se

CORRENTEZAS TRAIÇOEIRAS

superaquecendo. Frequentemente, os economistas discordavam não apenas sobre o risco relativo de uma política inflacionária de alto crescimento, mas também sobre se a inflação estava de fato ocorrendo na economia. Os conservadores talvez tivessem mais probabilidade de criticar o superaquecimento porque isso lhes permitia criticar as políticas de reforma orientadas para o crescimento, mas os reformistas mais realistas estavam perfeitamente dispostos a reconhecer a inflação quando a pesquisa indicava isso. Apesar das denúncias carregadas de ira em direção oposta, os reformistas que reconheceram que a economia estava superaquecendo não eram menos pró-reforma do que aqueles que negavam que ela estivesse superaquecendo. No entanto, também é verdade que o pêndulo da política oscilava muitas vezes em resposta aos ciclos macroeconômicos de inflação e superaquecimento. Isso ficou particularmente evidente no caso negativo: quando a inflação disparou, a influência conservadora tendeu a aumentar — uma dinâmica que estaria em funcionamento, desastrosamente, em 1988–1989.[132]

No entanto, em 1984 e 1985, a percepção generalizada de superaquecimento teve outro efeito particularmente importante: estimulou os reformistas a procurar especialistas em economia estrangeiros que tivessem experiência em lidar com o crescimento inflacionário nas economias socialistas e capitalistas. A inflação aberta era um fenômeno novo na RPC, onde os preços estabelecidos pelo Estado e a economia de comando há muito reprimiam as forças inflacionárias. (Em 1976, o livro de propaganda intitulado *Por que a China não tem inflação* chamou a inflação de uma "doença incurável na sociedade capitalista", afirmando que a China não tinha "inflação").[133] Assim, desentendimentos sobre a inflação — se ela estava ocorrendo e, em caso afirmativo, se era um problema sério — não apenas formaram uma das principais fissuras no campo de reformas durante a década de 1980, mas também empurraram reformistas de diferentes faixas para buscarem casos para comparações no mundo e especialistas estrangeiros que pudessem ajudá-los a elaborar respostas para o novo e controverso fenômeno do superaquecimento.

*　　*　　*

No início de 1985, como era de se esperar, as visões controversas de Zhu Jiaming sobre a necessidade do crescimento em alta velocidade e o risco da inflação geraram fortes contestações de economistas ligados ao grupo coordenado de reformas. Um trio de aliados de Wu (incluindo Guo Shuqing) argumentou que a busca pelo crescimento de alta velocidade tornaria mais difícil para a China "romper com o antigo sistema". Nos últimos anos, disseram eles, o crescimento das empresas trouxe consigo "cegueira" e instabilidade; a economia geral estava tensa e os empréstimos e investimentos eram difíceis de controlar. Como resultado, eles afirmaram que a economia chinesa estava "em perigo", que as reformas precisavam de um plano geral ("coordenado") e alertaram que avançar mais rápido, como Zhu Jiaming havia sugerido, poderia inviabilizar permanentemente as reformas.[134]

Durante esse mesmo período, no início de 1985, Edwin Lim e o Banco Mundial voltaram a participar dos debates chineses, apresentando o segundo grande estudo do Banco sobre a economia chinesa, que havia sido solicitado por Deng Xiaoping e Zhao Ziyang em 1983. Intitulado China: Questões e Opções de Desenvolvimento de Longo Prazo, o relatório forneceu a interpretação do Banco Mundial da melhor direção futura para a "economia planificada de commodities" da China. Ele enfatizou a obtenção de melhores resultados através do desenvolvimento de serviços e aumento da eficiência do uso de recursos, ao mesmo tempo endossando a meta de quadruplicar o valor bruto da produção industrial e agrícola nos 20 anos seguintes.[135] Mais importante ainda, o relatório forneceu um conjunto de modelos econômicos multissetoriais ainda mais sofisticados e voltados para o futuro, demonstrando aplicações de econometria e modelagem para os leitores do relatório dos políticos chineses — muitos dos quais, ao contrário dos jovens economistas da China, ainda não estavam familiarizados com esses métodos.[136] Zhao ordenou que seus assessores econômicos estudassem o relatório tanto para "conteúdo quanto para método", de acordo com Wu Jinglian.[137]

No entanto, alguns conservadores manifestaram descontentamento com o estudo, o qual apoiou claramente o aumento do uso de mecanismos de mercado. Um deles reclamou: "Convidamos um grupo de médicos ocidentais que prescreveram muitos remédios ocidentais. Certamente isso vai mandar a China para o céu do Ocidente!"[138] Esses comentários sugeriam que era a própria noção de que o Reino do Meio, ao pegar emprestado ideias do Ocidente, é que era o problema, não apenas a substância daquelas ideias. Mais amplamente, os indicadores econômicos moldaram os contornos das críticas conservadoras. A continuação de surpreendentes taxas de crescimento industrial no segundo trimestre de 1985 — um aumento de 23,4% — desencadeou uma nova rodada de ataques

CORRENTEZAS TRAIÇOEIRAS

contra o "superaquecimento" descontrolado de economistas e funcionários conservadores.[139]

É importante ressaltar que muitos desses ataques visavam especificamente as influências intelectuais estrangeiras que eles acreditavam estarem subjacentes à decisão de 1984. Um longo artigo publicado em maio caricaturou Wu Jinglian: "Alguns camaradas", escreveu o autor, "acreditam que copiar mecanicamente do capitalismo pode ter um efeito miraculoso em nossa economia socialista. De fato, isso é apenas uma ilusão". O artigo criticava a crença de que "fome de investimento" era endêmica à "propriedade pública socialista", argumentando que o planejamento central poderia superar esses problemas melhorando os controles — exatamente o argumento que Wu Jinglian testemunhou que V. R. Khachaturov usou para atacar János Kornai em Atenas.[140] Mas esses argumentos estavam perdendo terreno à medida que a economia chinesa crescia, mesmo que economistas das facções conservadora e reformista reconhecessem os riscos.

O medo de tais riscos nunca esteve longe dos pensamentos dos líderes chineses. O espírito de "atravessar o rio sentindo as pedras" perdurou, mas a corrente parecia se apressar cada vez mais rápido, subindo cada vez mais alto. À medida que os reformistas da China avançavam com mais propósito, com o objetivo mais claro da "economia planificada de commodities" em mente, eles também reconheceram quantas pessoas esperavam que eles deslizassem e caíssem. Por quais meios eles manteriam o equilíbrio?

Um passo importante foi convocar uma conferência pioneira, com duração de uma semana em 1985, apresentando um elenco internacional de personagens muito incomum em uma cena para combinar: os principais economistas estrangeiros e seus pares chineses no cenário deliberadamente isolado de um navio de cruzeiro a vapor que descia o rio Yangtze. No rio, discutindo como avançar na agenda econômica ambiciosa de Deng, uma transmissão decisiva de ideias econômicas ocorreria.

6

No Curso do Rio

Em 27 de agosto de 1985, János Kornai e sua esposa, Zsuzsa Dániel, desceram do avião que os tinha transportado na última etapa de uma longa viagem para o calor escaldante de Pequim. No aeroporto, um jovial chinês em seus 50 e poucos anos de vida, ligeiramente mais alto que Kornai, saudou energicamente o casal. Falando em inglês — um segundo idioma para todos eles — apresentou-se como Zhao Renwei, vice-diretor do Instituto de Economia da Academia Chinesa de Ciências Sociais (CASS), e escoltou o casal para seu hotel, onde sete outros economistas estrangeiros se juntariam a eles.[1]

Embora Zhao e Kornai não tivessem se encontrado antes, Zhao já se sentia familiarizado com o economista húngaro e professor de Harvard. Kornai se tornou internacionalmente famoso por sua análise e crítica da economia socialista, e, em 1982, como estudioso visitante ao Departamento de Economia em Oxford, Zhao havia comprado *Economics of Shortage* (1980), de Kornai.[2] O livro criticava o sistema socialista concentrando-se no problema da "escassez", que Kornai acreditava ser "crônico" e característico de uma economia planificada.[3] Entre os líderes economistas reformistas, o "pobre Zhao Renwei" (como um participante da conferência o chamou) não estava sozinho em sua admiração pelo trabalho de Kornai.[4] Wu Jinglian, recém-nomeado secretário executivo do Conselho de Estado do Centro de Pesquisa, sentiu uma conexão ainda mais forte com Kornai, tendo o conhecido na conferência internacional de economistas em Atenas, Grécia, em 1981. Enquanto estava no Departamento de Economia da Universidade de Yale de 1983 a 1984, Wu, de cinquenta e três anos, leu *Economics of Shortage*.[5] Retornando à China em 1984, Wu escondeu uma cópia do livro de Kornai em sua bagagem e, em casa, circulou seções do livro entre amigos e colegas com empolgação.[6] Nas mentes deste pequeno grupo elitizado de economistas chineses, János Kornai parecia um amigo inesperado cujo trabalho foi, como Wu havia dito em Atenas, em 1981, "fácil de entender" à luz da "experiência chinesa".[7]

Kornai foi para a China como parte de um grupo distinto de economistas da Europa e da América do Norte que se reuniriam com muitos dos principais economistas e formuladores de políticas econômicas chineses. Os estrangeiros estavam o ganhador do Nobel, James Tobin, o economista e funcionário britânico Sir Alexander Cairncross, e Włodzimierz Brus, o exilado polonês e professor de Oxford que havia causado sensação depois de suas palestras na China em janeiro de 1980. A conferência ocorreu por ordem direta do primeiro-ministro Zhao Ziyang, que havia impulsionado a China a "compensar os nossos pontos fracos através de intercâmbios internacionais", declarando, "devemos realmente nos esforçar para aprender".[8] Os anfitriões chineses foram à Comissão de Reforma do Sistema e à CASS, duas agências governamentais encarregadas de proporcionar o desenvolvimento das políticas de "reforma e abertura" da China. Os economistas haviam se reunido por uma semana no cenário deliberadamente isolado de um navio cruzeiro *Yangtze* para discutir como avançar nos ambiciosos interesses de Deng Xiaoping.

"Parece ser uma oportunidade extraordinariamente interessante", escreveu Tobin naquele verão em uma carta a seu departamento em Yale, pedindo permissão para perder a primeira semana de aulas para participar da conferência. "A ideia parecia ser desligar os funcionários de cargos mais altos de suas mesas e telefones de maneira que eles pudessem se concentrar em aprender alguns dos fatos desagradáveis sobre gestão de economias descentralizadas."[9]

E aprender é o que eles fariam.

Com Kornai, Tobin e o resto chegando à Pequim, o grupo visitou a Grande Muralha — onde, escreveu um deles, os economistas entusiasmados engendraram "um ar celebrativo" — antes de se encontrar com o primeiro-ministro Zhao em Zhongnanhai, a liderança reunida, em 31 de agosto.[10] Zhao expôs o que ele viu como as principais questões enfrentadas pela China. "A reforma econômica urbana é uma tarefa bastante difícil. Depois de aumentar a autonomia empresarial, saber como gerir a macroeconomia e adaptá-la às nossas necessidades exige

NO CURSO DO RIO

pesquisa e consideração sérias", disse ele. Apesar desses desafios, "o objetivo da China de reforma econômica é inabalável."[11]

Essa "exatidão, simplicidade e franqueza" surpreendeu Cairncross, que escreveu em seu diário que tudo "parecia bastante natural até que alguém parou para notar que o palestrante era o primeiro-ministro do maior país da Terra, pedindo conselhos a um grupo variado de economistas estrangeiros, nem todos dos quais poderia esperar igual atenção no próprio país" — um comentário que talvez sugira alguma tristeza a respeito de seus próprios dias inexperientes de influência sobre assuntos públicos no pós-guerra britânico. "Onde mais", continuou, "alguém encontraria um primeiro-ministro aceitando conselhos do exterior?"[12]

Zhao tinha bons motivos para estimular ambos os lados a ver a conferência como crucialmente importante. No início de 1985, ele havia solicitado pessoalmente que o Banco Mundial trouxesse para a China um grupo de proeminentes economistas europeus e norte-americanos para um debate abrangente e intenso sobre a "reforma e abertura" da China.[13] O país havia iniciado importantes conferências menores e convites individuais para economistas estrangeiros no início da década de 1980 — incluindo o economista tcheco Ota Šik e o norte-americano Milton Friedman — e Zhao claramente esperava pelo maior sucesso até agora.

Em 1985, os reformistas chineses certamente precisavam disso. No ano anterior, Zhao fizera um grande avanço no endosso oficial dos mecanismos de mercado dentro do que foi chamado de "socialismo com características chinesas", reforçando a economia chinesa como uma "economia planificada de commodities" (mais uma vez, "economia de commodities" era um adjetivo soviético para uma economia que permitia mensuração das forças de mercado).[14] Os principais funcionários economistas da China mantiveram o pragmático mantra experimental que guiou a reforma, "atravessar o rio sentindo as pedras".[15]

Como vimos, essa posição produziu enorme receptividade para incorporar elementos de mercado no sistema socialista da China. Os debates após o avanço de 1984 centraram-se em quanto o mercado deveria ser permitido e o quão rapidamente — com questões relacionadas, incluindo como lidar com o sistema de preços fossilizados, se uma alta taxa de crescimento apresentava riscos e como tratar as empresas estatais.[16] Embora a China tenha transicionado com sucesso muito de sua economia agrônoma para um sistema baseado no mercado, o início de grandes reformas urbanas e industriais em 1984 trouxe imensas dificuldades, como Zhao disse à delegação. Empresas estatais, que em 1985 produziram 64,9% do valor bruto da produção industrial chinesa, resistiram à mudança orientada para o mercado e a inflação estava em ascensão.[17] Conservadores poderosos afirmavam em voz alta que o aumento das forças de mercado estavam causando o "superaquecimento" da economia chinesa e que um renovado controle estatal era necessário.[18] Essa conferência, portanto, chegou a um momento crítico e talvez tenha sido o exemplo mais intensivo dos esforços para vencer esses desafios.

Zhao enviou funcionários economistas superiores para planejar a conferência com Edwin Lim, do Banco Mundial, incluindo Liao Jili, do Conselho de Estado, e Hong Hu, da Comissão de Reforma do Sistema. Apesar dos ataques conservadores persistentes contra os "médicos ocidentais" prescrevendo "medicina ocidental" (frases que lembravam os avisos sobre "germes capitalistas" no auge da Campanha de Combate à Poluição Espiritual), os reformistas chineses, famintos por novas ideias, os levaram a protelar. Lim começou a determinar com entusiasmo os participantes ocidentais da conferência.[19] Ele montou uma equipe que poderia abordar os desafios das transições socialistas e gerir uma economia de mercado. Vários dos economistas que selecionou tiveram bases na Europa Oriental. Kornai, um dos economistas críticos do socialismo mais proeminentes, era bem conhecido por um pequeno conjunto de reformistas economistas. Brus fora mais uma vez chamado para participar.[20] Aleksandr Bajt, da Iugoslávia, completaria essas perspectivas.[21]

No entanto, Lim estava comprometido em expandir para além dos economistas com bases em países socialistas, convidando uma maioria dos especialistas em economias de mercado na Europa e América do Norte. Ele imediatamente pensou em seu amigo, Cairncross, que serviu no governo britânico e foi diretor fundador do Instituto de Desenvolvimento Econômico do Banco Mundial antes de se tornar professor na Universidade de Oxford e reitor da Universidade de Glasgow.[22] Cairncross já havia visitado a China para ajudar a estabelecer relações acadêmicas entre a Academia Britânica e a China em novembro de 1979, quando encontrara-se com Deng Xiaoping para uma breve audiência.[23]

O economista escocês magro, bigodudo e de óculos era um arquétipo do consultor econômico, versátil e técnico.[24] Ele estudou com John Maynard Keynes, em Cambridge, mas era declaradamente não ideológico: "Eu abomino dogmas", escreveu.[25] Em seu trabalho no Instituto de Desenvolvimento Econômico do Banco Mundial, ele se concentrou em ensinar aos formuladores de

NO CURSO DO RIO

políticas econômicas de países em desenvolvimento novas formas de "pensar sobre como administrar uma economia" — uma habilidade que trouxe consigo para a China em 1985.[26] Mesmo assim, ficou claro que Cairncross era um Keynesiano, pelo menos no que diz respeito à política econômica britânica. Em seu livro, *Years of Recovery*, sobre a recuperação britânica do pós-guerra, Cairncross concluiu seus estudos elogiando as políticas keynesianas do governo, chamando-as de "efetivamente planificadas" e bem-sucedidas no alcance de seus objetivos principais.[27] Esses elogios revelam a consistência substancial em seus pontos de vista entre o final da década de 1940, quando serviu no governo, e meados da década de 1980, quando escreveu *Years of Recovery* e foi para a China para falar sobre o papel do Estado na economia contra o pano de fundo da privatização da indústria por parte da ministra Margaret Thatcher e política monetária keynesiana.

Falando com Lim sobre outros participantes, Cairncross recomendou o economista germânico Otmar Emminger, que havia servido como chefe do banco central da Alemanha Ocidental no final da década de 1970.[28] Outro renomado participante internacional, Raymond Barre, um economista francês que havia sido primeiro-ministro da França, concordou em comparecer, mas desistiu mais tarde naquele verão; Michel Albert, que havia sido chefe do Gabinete de Planejamento Francês, o substituiu. Lim também convidou Leroy Jones, um especialista americano em economia do desenvolvimento. Finalmente, o mais famoso de todos foi James Tobin, o eminente Keynesiano de Yale que ganhou o Prêmio Nobel em 1981 por seu trabalho em política fiscal e monetária. Com este impressionante conjunto de oito economistas internacionais, Lim alertou seus colegas chineses que a conferência poderia avançar para o início de setembro.[29]

A resposta dos funcionários chineses surpreendeu Lim. Zhao e outros líderes chineses acharam que a conferência parecia tão promissora que decidiram por um local não convencional: um recém-construído e luxuoso navio de cruzeiro, o *S.S. Bashan*. Quando Lim perguntou por que eles queriam realizar a conferência em tal "inusitado local", o lado chinês respondeu que Zhao desejava que os "funcionários seniores do governo e os economistas" estivessem "inteiramente disponíveis por uma semana e não fossem interrompidos por suas responsabilidades normais".[30] No mundo frenético da elaboração de políticas econômicas da China em 1985, a liderança acreditava claramente que a aparentemente drástica decisão de isolar esses economistas em um barco navegando pelo rio *Yangt-*

ze seria o melhor meio de garantir que os especialistas estrangeiros tivessem toda a atenção de seus homólogos chineses. Como resultado, a conferência ficou conhecida como "Conferência do Barco Bashan" ou "Conferência de Bashan", além do nome oficial Conferência Internacional da Gestão Macroeconômica.

Quando Lim recebeu a lista de participantes chineses, ficou encantado. O grupo incluía membros proeminentes de todas as três gerações ativas de economistas chineses. Vários dos mais ilustres e antigos economistas da China estavam no topo da lista, incluindo Xue Muqiao; o presidente da CASS, Ma Hong e An Zhiwen, vice-ministro da Comissão de Reforma do Sistema (o próprio Zhao manteve o título de ministro da comissão). Um grupo de economistas de meia-idade formava a maior parte da equipe, incluindo Gao Shangquan, outro funcionário superior da Comissão de Reforma do Sistema e Wu Jinglian. Os participantes chineses também incluíam vários economistas mais jovens, como Guo Shuqing, um estudante de graduação no Instituto de economia da CASS, e Lou Jiwei, uma estrela em ascensão no Gabinete de Pesquisa Econômica do Conselho Estadual (reuniram-se na sala 233 do *S.S. Bashan*).[31] Os proeminentes participantes chineses na conferência não estavam primeiramente associados à facção mais conservadora de Chen Yun. Assim, enquanto o grupo ocidental foi selecionado devido a sua diversidade de pontos de vista, é notório que os membros do grupo chinês foram selecionados por suas crenças habitualmente compartilhadas — uma decisão que parecia voltada para maximizar não apenas o envolvimento do grupo em receber as ideias dos economistas estrangeiros, mas também sua capacidade de apresentar de maneira coerente essas ideias aos colegas em Pequim depois da conferência.[32]

Preparando-se para a conferência, cada lado tentou aprender mais sobre o outro. Wu Jinglian circulou trechos curtos do livro de Kornai, *Economics of Shortage*, que havia sido traduzido para o chinês.[33] Em 28 de agosto, Wu fez também um discurso na CASS sobre um artigo que Kornai havia escrito recentemente para o Banco Mundial, intitulado "A Dupla Dependência da Empresa Estatal: Experiência Húngara" (1985), ambos visando preparar os participantes para informar outros colegas que não tiveram a sorte de ganhar um lugar na conferência que estava por vir.[34] O artigo de Kornai discutiu em detalhes um aspecto de sua compreensão a respeito da empresa estatal em uma economia mista ou de transição: a dependência "vertical"; a respeito do supervisor burocrático, este que continua a controlar parte da capacidade da empresa para obter insumos,

NO CURSO DO RIO 141

e simultaneamente a dependência "horizontal", da demanda do consumidor.[35] Wu disse: "Considerando as questões discutidas neste artigo e conectando-as à situação da China, temos uma sensação de grande familiaridade. A razão para isso é que essas questões são exatamente os tópicos que temos discutido intensamente por bastante tempo."[36] O discurso de Wu deixou claro que, na corrida imediata para a Conferência de Bashan, ele estava certamente tentando posicionar Kornai como um principal pensador internacional com relevância clara e imediata em função dos problemas da China.

Para os economistas ocidentais, Lim, que em julho de 1985 havia se mudado para Pequim, preparou um extenso conjunto de materiais informativos, focando principalmente os escritos dos economistas chineses que havia coletado, bem como vários relatórios do Banco Mundial sobre a China.[37] Lim também enviou perguntas sugeridas aos participantes para abordarem em suas apresentações.[38] Para complementar esses materiais, Kornai consultou seu amigo Gregory Chow, o econometrista de Princeton em atividade nos intercâmbios EUA-China, ao mesmo tempo que acompanhava de perto as notícias sobre a China na imprensa norte-americana.[39] Os jornais estavam de fato cheios de histórias sobre a China no verão de 1985, a maioria maravilhados com suas mudanças. Por exemplo, um artigo de primeira página do *New York Times* ao final de junho compartilhou o fato de que a China havia acabado de adquirir uma frota de vinte sedans Cadillac nos quais os recém-chegados "viajantes capitalistas" poderiam "navegar" por Pequim — embora Deng Xiaoping tenha dito preferir um Mercedes-Benz preto.[40] A partir dessas leituras, Kornai aprendeu o básico sobre a situação do processo de reforma da China em 1985. Ele escreveu em sua autobiografia que recolheu um fato importante de suas leituras: "A grande questão após o sucesso com a agricultura era o que fazer com o resto da economia."[41]

No entanto, quando partiram para Pequim, Kornai, Tobin, Cairncross e os outros participantes ocidentais ainda pensavam saber pouco sobre a China.[42] Em 29 de agosto de 1985, como Kornai, sua esposa e vários outros participantes ocidentais saíram em turnê por Pequim com vários economistas da CASS, o colunista do *New York Times*, Anthony Lewis, publicou um artigo de Chengdu, a capital em expansão da Província de Sichuan. O ensaio de Lewis proporcionou uma noção sobre as questões maiores que um primeiro olhar para a China em processo de mudança emitiu a um reflexivo observador ocidental. "Siga a linha da reforma", escreveu ele, "e você começará a ver os desvios de todos os tipos de rigidez de preços, alocações de material, atribuições de trabalho. Onde isso vai parar? Como pode parar?"[43]

Após a reunião com Zhao Ziyang, o grupo voou para Chongqing, no sul, onde eles embarcariam no navio para a semana da conferência. O *S.S. Bashan* era luxuoso, com acomodações para 70 passageiros e comodidades como uma piscina.[44] Dentro do cronograma estabelecido para os participantes A organização certificou-se de reservar períodos para conversas casuais, atividades para cônjuges e algumas excursões terrestres à tarde.[45] No entanto, essas armadilhas de turismo certamente não objetivavam anular o objetivo principal da conferência: a troca de ideias e a discussão sobre as reformas da China.

Em 2 de setembro, quando o *S.S. Bashan* saiu de Chongqing, Xue Muqiao enfrentou a notável audiência e fez as observações de abertura da conferência. Uma fotografia granulada mostra o economista octogenário, elegantemente vestindo o terno oficial de Mao, olhando por cima de seus materiais preparados enquanto falava, com os óculos abaixados. "Convocar esta conferência internacional sobre planejamento econômico e gestão macroeconômica é de importância significativa excepcional", Xue declarou, "e estamos investindo grandes esperanças nesta conferência."[46]

Cada dia começou com palestras sobre tópicos acordados entre dois economistas estrangeiros, seguidas de várias horas de discussão. O primeiro dia completo de conferência focou as perspectivas internacionais de gestão macroeconômica, com Tobin e Kornai programados para fazer apresentações.[47] Como era de se esperar, os chineses expressaram particular empolgação com a perspectiva de ouvir Tobin, que Wu considerava "o mestre keynesiano".[48] Tobin era uma figura de fala branda, genial, descrito por seus amigos como cuidadoso e observador.[49] Ele estivera na China uma vez, em setembro de 1972, numa delegação da Associação Americana de Economia com Wassily Leontief e John Kenneth Galbraith. Naquela viagem de duas semanas, durante a primeira negociação formal dos acadêmicos americanos seguindo a ideologia de abertura para a China do então presidente Richard Nixon, Tobin queixou-se: "Os dados macroeconômicos disponíveis para nós eram muito poucos, e não pudemos conversar com economistas e outros funcionários responsáveis nas agências de planejamento e operação dos governos."[50] A situação a bordo do *S.S. Bashan* dificilmente poderia ter sido diferente. Ela apresentou a Tobin uma oportunidade de corrigir um problema que ele havia observado em 1972: "A evolução da eco-

NO CURSO DO RIO   143

nomia ocidental durante os últimos trinta anos é simplesmente desconhecida...
Sua atitude geral era de que a economia burguesa devia ser irrelevante."[51]

Porém em vez de focar os contrastes entre 1972 e 1985, Tobin, sob ordens de
Lim, fez uma longa apresentação sobre os princípios básicos da política macroeconômica que estava sendo feita nos Estados Unidos. Ele delineou a ideia fundamental sobre gestão de demanda agregada, enfatizando três objetivos principais.
Primeiro, ele disse aos chineses que a política macroeconômica deveria manter
um equilíbrio entre oferta agregada e demanda agregada. Em segundo lugar,
deveria manter a estabilidade dos preços de mercadorias básicas. Em terceiro
lugar, deveria promover estabilidade nas relações econômicas internacionais.
Tobin descreveu as ferramentas da política fiscal e monetária, formas indiretas
de controle macroeconômico, enfatizando novamente que o objetivo deveria ser
evitar flutuações selvagens na demanda agregada.[52] No entanto, Tobin observou
também que em um país em desenvolvimento que carecia de muitos dos mecanismos financeiros através do qual o banco central manipula a oferta de moeda,
o governo teria que usar todo o crédito e os empréstimos bancários, bem como
a política de renda para conduzir a política macroeconômica.[53] Com inúmeros
embargos, Tobin admitiu ter pensado que a China poderia, em sua transição,
permitir algumas medidas administrativas diretas por meio de sua função con-
tinuada, especialmente no que diz respeito ao controles cambiais — admitindo
que, nos Estados Unidos e em outros países ocidentais, a política macroeconômica nunca eliminou completamente todas as formas de controle direto.[54]

Em detalhes, Tobin explicou de que forma, à medida que a China desenvolveu um banco central, ela poderia manipular os passivos e ativos do banco
central, assim como de outros bancos na economia, e os ativos do público para
conduzir a política monetária. Trabalhou inclusive abordagens práticas, começando com uma base de "100 yuan" e demonstrando o efeito multiplicador.[55]
Durante a palestra, Tobin pegou uma folha de estatísticas sobre a economia
chinesa no quarto trimestre de 1984 e no primeiro trimestre de 1985, que Zhao
Renwei e Liu Guoguang haviam preparado para os participantes. Acessando
os dados, Tobin confirmou que, em sua opinião, a economia chinesa estava, de
fato, "superaquecida" e ele propôs concretamente que a taxa de inflação devia
ter como meta alcançar resultados inferiores a 7%.[56] Para os participantes chineses, a apresentação de Tobin teve um poder quase teatral — afinal, eles nunca
haviam visto um economista em ação dessa maneira. Um participante lembrou
que a capacidade de Tobin, aparentemente mágica de fazer recomendações po-

líticas a partir de uma rápida análise de um grande conjunto de dados surpreendeu ele e seus colegas.[57]

Os detalhes da apresentação de Tobin sobre o "superaquecimento" afetaram particularmente alguns que estavam do lado chinês: eles se surpreenderam ao ouvir um keynesiano dizer que a taxa de crescimento extremamente alta da China e a alta taxa de inflação foram ruins para a economia e que, no futuro, a China deveria buscar agressivamente uma política monetária contracionista. Para os chineses mais atentos à audiência, esta visão contradisse o que a leitura sobre economia keynesiana levou-os a esperar. Sem perceber, Tobin falou diretamente também sobre um debate ainda colérico na China acerca dos benefícios e riscos do "crescimento de alta velocidade" — proponentes os quais, como Zhu Jiaming, citaram o aparente sucesso dos países da América Latina para explicar a necessidade da política monetária expansionista diante da "inflação benéfica".[58] As opiniões de Tobin imediatamente marcaram reformistas como Wu Jinglian e Guo Shuqing, que defendiam o controle da velocidade de crescimento da China — promovendo políticas deflacionárias para que as políticas de reforma de preços que eles defendiam não provocassem uma grande inflação — como uma ferramenta importante na derrota da escola de pensamento da "inflação benéfica".[59]

Embora muitos dos economistas chineses mais jovens estivessem impressionados, a longa conferência de Tobin pareceu confundir muitos dos mais velhos. Através de um intérprete, eles lutaram para entender a apresentação do renomado economista, feita na língua do Departamento de Economia de Yale, em vez do jargão socialista ouvido nos corredores da CASS. Em determinado momento, a intérprete explodiu em lágrimas, frustrada por simplesmente não saber como traduzir muitos dos novos termos técnicos que talvez nunca tivessem sido proferidos na China continental.[60]

Após a palestra de Tobin, Edwin Lim e Wu Jinglian se afastaram para discutir esses desafios. Talvez mais do que qualquer representante chinês, Wu possuía base para entender a palestra de Tobin — de fato, ele havia se referido ao "Keynesianismo" em vários artigos acadêmicos, incluindo um publicado no início daquele ano, que notificou mudanças na macroeconomia Keynesiana desde a Segunda Guerra Mundial, como praticadas nos Estados Unidos e algumas partes da Europa.[61] Lim e Wu decidiram que aquele chinês careceu de um termo adequado para "gestão macroeconômica", que Tobin usou repetidamente. As duas opções, que a intérprete trocou, confusa, eram ajuste macroeconômico (*hongguan tiaozheng*), a qual Lim achou fraca demais, e controle macroeconômico (*hongguan kongzhi*), que Wu pensou ser uma reserva dos dias de planejamento central. Eles decidiram inventar um termo que abarcasse este tipo moderno de "gestão" econômica que combinasse "ajuste" (*tiao*) e "controle" (*kong*: *tiao-kong*). Empolgados, eles contaram aos outros participantes sobre a nova palavra, *hongguan tiaokong*, significando "gestão macroeconômica". Eles insistiram que a palavra fosse utilizada na conferência daí por diante.[62]

A apresentação de Kornai veio em seguida, alternando entre tópicos a respeito da transição da economia planificada à de mercado. O tópico ostensivo de sua apresentação era "Os mecanismos políticos ocidentais (principalmente as políticas monetária e fiscal) seriam aplicáveis aos países socialistas?"[63] A carreira de Kornai, desenvolvida em função de aplicar análises econômicas aprofundadas aos problemas econômicos dos países socialistas, sugeriu claramente uma resposta afirmativa para essa pergunta — embora essa ideia fosse relativamente nova para a China. Desde que havia chegado a Pequim, Kornai estivera ouvindo atenciosamente as discussões sobre os problemas da China, incluindo o "superaquecimento" econômico e os medos da inflação, assim como estivera ouvindo ao senso comum dos economistas chineses de que eles não tinham em mente um objetivo de referência para a reforma. Ouvindo a tais discussões, ele escreveu em suas memórias: "Senti... que estava em casa na China, apesar da distância e das diferenças histórica e cultural. Todos os fenômenos que aconteceram, e os cuidados e mágoas eram familiares."[64]

Tendo sido lembrado da confusão húngara em decidir qual caminho da reforma seguir, e sobre suas próprias ideias acerca da "fome por investimentos", o "paternalismo empresarial" do Estado e as empresas de "restrição orçamentária frouxa", Kornai decidiu posicionar aquilo que pensou ser o melhor para a China em vez de limitar sua apresentação a uma mera descrição da reforma húngara ou aderir aos argumentos pelos quais já era reconhecido na Europa e na América.[65] Essa ambiciosa decisão iria definir o restante da conferência.

Após sobreviver aos muitos problemas do socialismo que estudou em *Economics of Shortage*, Kornai presenteou os chineses com uma escolha entre o que ele chamou os dois possíveis mecanismos de coordenação numa economia: regulamentação administrativa e regulamentação de mercado. Cada um desses possuía duas encarnações possíveis como política: "IA", regulamentação administrativa direta; "IB", regulamentação administrativa indireta; "IIA" coordenação de mercado *laissez-faire*; e "IIB", coordenação de mercado como controle macroeconômico.[66] Ele continuou a discutir esses modelos em termos de seus dados alfanuméricos, para que os chineses acompanhassem com mais facilidade.[67] Para caracterizar os modelos IA e IB, ele utilizou categorias do tradicional sistema socialista presente em *Economics of Shortage*. Destacando o papel das relações hierárquicas verticais para transmitir informações e comandos, Kornai apontou que a principal diferença entre os dois modos de regulamentação administrativa são que, no sistema IA, as diretrizes de entrada e saída são passadas diretamente pelos superiores burocráticos das empresas, enquanto no sistema IB, uma variedade de "dispositivos de intervenção" em toda a economia cria forças adicionais "horizontais", semelhantes ao mercado, que "compelem" a empresa a tomar as decisões desejadas de entrada-saída.[68] Ouvindo essa caracterização de um sistema IB, os economistas chineses podem ter retomado a palestra dada por Wu Jinglian sobre o conceito de "dupla dependência" na transição da Hungria para a CASS vários dias antes — para uma versão genérica do modelo de IB descrita por Kornai, documentada em detalhes no documento do Banco Mundial que foi a base do discurso de Wu.

Voltando à coordenação do mercado, Kornai observou que esses mecanismos enfatizavam o fluxo horizontal de informações e recursos entre empresas. No entanto, no modelo IIA, o mecanismo de mercado guiava "cegamente" a atividade econômica, enquanto o sistema IIB permitia às autoridades centrais desempenharem um papel regulador através da formulação de políticas macroeconômicas e parâmetros econômicos e legais.[69] O uso do termo "cego" por Kornai atingiu um comparativo particular no contexto chinês, em que a crítica à reforma é frequentemente descrita por uma economia de mercado governada pelas forças destrutivas da "competição cega".[70] No entanto, ao apresentar o modelo IIB, Kornai ofereceu uma solução. Nesse modelo, a "restrição orçamentária" sobre as empresas seria "intrincada", mas o estado poderia, em circunstâncias excepcionais, ir em socorro das maiores empresas caso encontrassem sérias dificuldades e fossem à falência. (Essa situação, em contraste à "restrição orçamentária branda", dominou ambos os sistemas.) Em particular, Kornai disse que o modelo IIB deveria ser orientado para a criação de condições macroeconômicas nas quais a economia das empresas dependesse de relações verticais e respondesse às forças de mercado. A medida-chave do sucesso, destacou Kornai, seria a "responsividade de preço" empresarial.[71] O modelo IB atuaria como um piloto para o IIB, mas não estava apto a ser o objetivo final. Kornai concluiu sua apresentação declarando que o modelo IIB de coordenação de mercado com

NO CURSO DO RIO

controle macroeconômico foi a única escolha sensata como objetivo para a reforma da China.[72]

A reação dos outros economistas ocidentais às propostas de Kornai durante o período de discussão foi extremamente positiva. Cairncross, Albert, Brus e Tobin falaram a seu favor.[73] A resposta chinesa imediata foi mais silenciosa, como os convidados esperavam — algumas questões neutras, enquanto os economistas mais jovens apressadamente tomavam notas.[74] O pesquisador da CASS, Guo Shuqing, elogiou ambas as apresentações, destacando a análise de Kornai como "próxima da realidade chinesa", mas sua resposta, por outro lado, foi mais estereotipada do que efusiva ("longa...", Tobin riscou nas margens de suas anotações, próximo ao nome de Guo, os caracteres chineses que diziam "saída", provavelmente em cima da porta).[75] Ainda por trás dessa compostura, as palavras de Kornai ressoaram profundamente. Zhao Renwei estava grandemente impressionado com a rigorosa "dissecação" de Kornai da economia socialista.[76] Outro participante lembrou que, enquanto os economistas chineses conversavam entre eles mais tarde naquele dia, eles acreditavam que pela primeira vez tinham encontrado uma visão consensual sobre a melhor interpretação do significado de "economia planificada de commodities", em 1984"[77] Para Wu, era um momento de intensa conexão — ele pensou que Kornai havia dado voz a certos pensamentos que estavam em sua mente por muito tempo e, lembrou ele anos depois, concluíra então que "um mercado com gestão macroeconômica deveria ser o principal objetivo das reformas econômicas da China".[78] Naquela noite, um grupo de economistas chineses mais jovens, empolgados, aproximaram-se de Kornai e disseram a ele que estavam determinados a iniciar uma tradução oficial de *Economics of Shortage* para o chinês assim que retornassem a Pequim.[79] Kornai, normalmente dorminhoco, passou noites insones em sua cabine, ansioso com a receptividade que sentiu advinda dos chineses — para a consternação de sua esposa.[80]

É importante salientar que o conselho que Kornai ofereceu na conferência de Bashan diferia sutilmente, porém de maneira significativa, das opiniões pelas quais ficou conhecido no mundo. Em suas críticas das reformas húngaras, Kornai atacou severamente a reforma de mercado no estilo "casa de reabilitação" para o socialismo e era visto frequentemente como um advogado da rápida liberação ou "terapia de choque" na Europa Oriental.[81] Isso não era nada do que Kornai havia argumentado enquanto esteve na China, quando percebeu que os economistas chineses não viam sua ideia de escassez como "uma condenação de todas as variáveis do socialismo, mas a restringiram a um criticismo da economia de comando... Há uma perspectiva convicta, da minha parte, de que a China é a China, e Budapeste é Budapeste, e em Budapeste eu deveria ajudar a evitar ilusões relativas à reforma... mas, na China, eu quis que ela avançasse." Ele concluiu: "Nesse âmbito, eu possuía duas faces diferentes, uma para a Hungria e outra para a China."[82]

As outras apresentações dos economistas seguiram pelos dias subsequentes. Cairncross apresentou observações sobre medidas contra-inflacionárias durante a liberação de preços na Grã-Bretanha após a Segunda Guerra Mundial. Ele havia enfatizado que a rentabilidade e eficiência das empresas eram conceitos distintos, enfatizando que as perdas empresariais na Grã-Bretanha pós guerra eram fruto de objetivos mal definidos, e não de sua ineficiência. Declarando-se um "ex-burocrata" que era "mais compreensivo que os outros locutores" em relação aos problemas de transição, Cairncross salientou que a liberação gradual de preços foi um dos motivos de sucesso da Grã-Bretanha pós guerra, pois, simplesmente "alguns controles são mais importantes do que outros".

Cairncross disse: "À medida que mudam as perspectivas, mudam também os mecanismos e as maneiras de os empregar." Ele concluiu: "Não sejamos tão *puristas*."[83]

Outros economistas abordaram temas parecidos. Emminger, por exemplo, comentou sobre a recuperação germânica pós-guerra[84] Ele incentivou os chineses a focarem controles indiretos das taxas de desconto, requerimentos para reserva e limites de empréstimo do Banco Central, em vez de operações de mercados abertos, o que ele considerou "de pouca importância para a China". Tobin aprovou, mas ficou frustrado com a resposta chinesa; durante a discussão, passou uma nota para outro participante, reclamando: "Seria bom se os banqueiros-centrais chineses respondessem aos comentários provocativos de Emminger sobre a China em vez de fazerem perguntas triviais sobre a Alemanha." A nota rabiscada em resposta era simplesmente: "Eles concordam completamente com a análise dele."[85]

Mesmo assim, Kornai cresceu nas sessões. Emminger fez referência à apresentação de Kornai e, quando Albert falou sobre a política macroeconômica francesa, tentou explicitamente apresentar o sistema da França como um exemplo do modelo de metas do IIB de Kornai.[86] Wu Jinglian lembrou que Brus (que não apresentou as próprias observações, mas participou com regularidade das discussões) parecia desatualizado para ele e seus colegas em comparação à precisão técnica do economista húngaro.[87] A apresentação de Bajt sobre a Iugoslávia consistiu de uma ideia principal, de acordo com um participante chinês: "Minha grande esperança é que você aprenda o que não fazer a partir da nossa experiência."[88] As ideias de Kornai salvaram o dia. Ao longo das conversas subsequentes, a discussão em grupo não se limitou apenas aos assuntos levantados pelos representantes ocidentais. Por exemplo, os economistas chineses mais antigos pediam veementemente informações sobre a velocidade apropriada das reformas, apresentando para consideração tanto a chamada abordagem *yilanzi*, que atuaria simultaneamente em todos os setores da economia de uma só vez, quanto uma abordagem gradualista e setorial. Quase todos os economistas chineses selecionados para a Conferência de Bashan concordavam que uma abordagem gradual seria a melhor. No entanto, repetidamente, eles pediam aos convidados estrangeiros para resolverem essa questão. Embora muitos dos economistas estrangeiros inicialmente tenham sido favoráveis à abordagem abrangente, os chineses os persuadiram no decorrer da conferência de que uma abordagem gradual se ajustaria melhor às circunstâncias da China.[89]

Por que essa conversa sobre a reforma *yilanzi*, quando os participantes chineses já tinham claramente se decidido? Perguntar a esses variados economistas algo para o qual os chineses achavam que já tinham uma resposta entende-se como uma busca por três objetivos. Primeiro, eles sabiam que muitos dos economistas ocidentais compareceram à conferência oposta à reforma gradual, o que permitia que defendessem seus argumentos mais fortes em favor do gradualismo contra alguns de seus inimigos intelectualmente mais fortes e tentassem mudar suas mentes. Nesse sentido, essas interações podem ser vistas como um ensaio para os debates internos que ocorreriam nos níveis mais altos da liderança da política econômica chinesa. Em segundo lugar, permitiram que se reunissem provas para o que já acreditavam e encontrassem melhores argumentos para sustentar suas conclusões. Em terceiro lugar, em um nível ainda mais fundamental, essas interações permitiram que os chineses examinassem como os economistas ocidentais pensavam sobre os problemas. Para a geração mais velha de economistas chineses — que nunca teve a oportunidade de estudar no exterior, em Yale ou Oxford, mas que foi encarregada da enorme tarefa de projetar as reformas econômicas da China —, a conferência ofereceu uma educação intensa e interativa nos principais métodos dos economistas de organizações internacionais para lidar com problemas políticos.

Enquanto os participantes da conferência discutiam a reforma da China, o *S.S. Bashan* passava pela paisagem espetacular do rio Yangtze. O barco frequentemente atracava para permitir que as esposas dos visitantes explorassem cidades ao longo do rio enquanto seus maridos debatiam no salão de banquetes. Para alguns, isso deve ter sido uma experiência muito familiar — Zsuzsa Dániel, uma economista bem-sucedida, não foi convidada para as discussões, nem Elizabeth Fay Ringo, esposa de Tobin e ex-aluna de Paul Samuelson. Cairncross, depois de admirar as "aquarelas gritantemente evocativas" que sua esposa, Mary, pintara durante o tempo que ficava sozinha, lamentou: "Desde que entramos no cruzeiro, raramente nos vemos, exceto nas refeições e na hora de dormir."[90] Mary Cairncross, por sua vez, reclamou em seu diário que passava seus dias a bordo espiando apenas "a água negra deslizando a um ritmo assustador".[91]

Apenas uma vez a conferência parou inteiramente para o turismo: todo o grupo passou uma tarde visitando as Três Gargantas de Lesser, famosas por toda a China por sua beleza.[92] Em chinês, eram descritas com frequência pela frase *lüshui qingshan* (água verde-clara, colinas verdejantes), da descrição do dramaturgo Yuan, da dinastia Ma Zhiyuan, de como um homem que tinha visto tudo se lembrava da beleza da natureza.[93] Mais tarde, o grupo se reuniu para uma fotografia no convés. Eles se alinharam em três fileiras, com os membros chineses e ocidentais da delegação sentados na primeira. Tobin bateu palmas e sorriu para a câmera. Kornai, usando óculos escuros, sentou-se rigidamente na cadeira. Águas cor de esmeralda brilhante se estendiam além do convés do navio. Em primeiro plano, um canto da piscina do cruzeiro de luxo era visível. Comparado com a extensão do rio em volta, deve ter parecido pequeno e manejável.[94]

Em 7 de setembro, quando o *S.S. Bashan* ancorou no porto de Wuhan, Tobin e o presidente da CASS, Ma Hong, fizeram as declarações de encerramento da conferência. O discurso de Tobin foi despreocupado. "Desejo a você e aos outros 999.999.950 chineses sucesso na emocionante e histórica era que estão entrando", disse ele.[95] Ma Hong começou afirmando que a conferência, sem dúvidas, "influenciaria ativamente as reformas econômicas da China". Ele então resumiu o que acreditava ser a principal mensagem da conferência. Primeiro, mostrando o que aprendera com Tobin, declarou que a China deveria "estabelecer um sistema fiscal e especialmente financeiro adequado a uma economia planificada de commodities, e melhorar o controle indireto da economia por meio desses sistemas". Em segundo lugar, em uma referência direta a Kornai, ele disse que a China deveria "aumentar as restrições orçamentárias empresariais para estimular sua vitalidade". Terceiro, a China deveria "estabilizar a economia em curto prazo, ao mesmo tempo em que avançasse com a reforma" e aumentasse o escopo de mercados e instituições de apoio a ele, como a coleta de estatísticas. Ao mesmo tempo, Ma admitiu que não entendeu tudo o que foi discutido na conferência e planejou refletir mais antes de chegar a conclusões decisivas. "Ainda não conseguimos digerir muito do conteúdo", disse ele.[96] Com essa palavras, a conferência foi encerrada.

Nos dias subsequentes, a maior parte do grupo voou de volta para Pequim, e os economistas ocidentais voltaram para casa.[97] A Conferência de Bashan quase não recebeu atenção da mídia na Europa e na América do Norte. Quando o *New York Times* traçou o perfil de Tobin, em outubro, em meio a um resumo de seu cotidiano em Yale, uma breve menção apareceu. "Sua rotina é pontuada por viagens frequentes", observou o autor, incluindo uma viagem à "China no final do verão passado para ajudar os chineses a reverem suas políticas macroeconômicas". Mas o artigo rapidamente passou a abordar temas de maior interesse para os leitores do *Times*, como "Lola, o enorme cão Terra-nova preto de Tobin".[98]

Apesar de afirmar que levaria tempo para "digerir" tudo o que os economistas ocidentais disseram, os participantes chineses imediatamente começaram a preparar um relatório sobre a conferência. Ainda em Wuhan, vários participantes redigiram rapidamente um documento inicial, "Várias sugestões relevantes para a reforma da China da Conferência Internacional sobre Gestão Macroeconômica" e, encabeçado por An Zhiwen, submeteram-no a Zhao Ziyang para revisão em 10 de setembro. O relatório de An concentrou-se no objetivo primordial da reforma, nos possíveis passos seguintes e nos métodos mais amplos de avançar para o controle macroeconômico indireto. Ele começou explicando as ideias do "famoso economista Kornai", incluindo a importância de "restringir o orçamento" e enfatizando a "diferença inata" entre o modelo socialista de Kornai e a "economia de mercado ocidental". Ele então resumiu possíveis etapas de transição da administração econômica direta à indireta que os "especialistas estrangeiros" propuseram, incluindo sua ênfase na necessidade de fazer investimentos nacionais em estatais ligadas aos lucros empresariais, enfatizando mais uma vez as opiniões de Kornai (ele tinha usado o termo "fome de investimento" para caracterizar a condição que An pediu a Zhao para consertar). Finalmente, An compartilhou as lições de Tobin sobre a gestão macroeconômica indireta, especialmente a necessidade de reformar o sistema de preços e criar mercados financeiros e de mercadorias, embora ele não tenha mencionado o nome de

Tobin (apenas Kornai e Brus foram mencionados).[99] Dois dias depois, um relatório revisado foi formalmente submetido ao Conselho de Estado.[100]

A razão para a corrida era clara: no final de setembro, antes da Conferência Nacional de Delegados do Partido,[101] economistas seniores e formuladores de políticas econômicas se reuniriam para tomar as decisões finais sobre o sétimo plano quinquenal da China. O novo plano guiaria o país de 1986 a 1990, e os economistas que participaram da conferência queriam incorporar essas ideias a ele.

A Conferência Nacional dos Delegados do Partido, realizada de 16 a 23 de setembro de 1985, testemunhou um sério desacordo quanto à situação das reformas e a melhor direção para o próximo plano quinquenal. Com muitos dos participantes de Bashan na plateia, Chen Yun fez um discurso criticando as reformas. "Do ponto de vista do trabalho econômico nacional", disse ele, "o princípio de 'economia planificada primária', com a regulamentação do 'mercado adjacente', não saiu de moda."[102] Em um discurso no outro dia, Chen ainda condenou a "infiltração" da "decadente ideologia capitalista".[103] Chen poderia ter admitido chamar a China de "economia planificada de commodities" em 1984; mas, um ano depois, ainda colocou quase toda sua ênfase na parte "planificada" do sistema, continuando a denunciar as influências "capitalistas" e relegando "economia de commodities" chinesa a um papel secundário, no melhor dos cenários.

Apesar desse retrocesso conservador, a proposta publicada na conclusão da Conferência Nacional dos Delegados do Partido revelou que houve um retumbante sucesso para os reformistas.[104] O principal significado do documento envolveu a articulação de "três áreas afins", que foram as chaves para o "sucesso" da reforma da China, todas discutidas na Conferência de Bashan: fazer com que as empresas tivessem "total responsabilidade por lucros e perdas" (ou seja, enrijecer as restrições orçamentárias), expandissem os mercados de bens e de capital, e passassem da gestão direta para a indireta tanto empresarial quanto econômica.[105] Essas ideias centrais foram perfeitamente mapeadas nas três lições centrais de Ma Hong, que adaptou da Conferência de Bashan, com base, em especial, nas apresentações de Kornai e Tobin. A partir dessas interconexões, fica claro que o conteúdo compartilhado na Conferência de Bashan dialogava diretamente com as prioridades mais importantes dos reformistas.

No entanto, isso importaria? A Conferência de Bashan havia sido simplesmente um desfecho da expedição jornalística de verão, um cruzeiro de deleite para um grupo internacional de acadêmicos? Cairncross, por sua vez, partiu para a

China inseguro sobre o que acabara de experienciar; contudo, os chineses o receberam calorosamente nos corredores do poder. Talvez, devido a seus anos no Instituto de Desenvolvimento Econômico do Banco Mundial, ele sentira que os chineses aceitariam suas sugestões como bem entendessem. "Eles são curiosos sobre outros países e não dão evidência de um nacionalismo ferrenho", escreveu ele em seu diário logo após a viagem de 1985. "Porém, não tenho dúvidas de que refletem sobre o que fazer com muito cuidado antes de decidirem e não necessariamente *aceitam* conselhos."[106]

Aqueles dias passados percorrendo o rio Yangtze abriram os olhos da pequena elite de economistas chineses que compareceram. Muitos deles queriam aplicar o que aprenderam para impulsionar os interesses reformistas da China. Seriam eles capazes de descobrir como abafar os protestos de seus inimigos e persuadir os aliados de que pensadores estrangeiros como Kornai, Tobin e Cairncross tinham algo para oferecer à China?

A resposta veio quase que imediatamente.

7

No Transcurso

❧ O PRIMEIRO-MINISTRO ZHAO ZIYANG encarou um auditório cheio de oficiais veteranos, provinciais, municipais e regionais, reunidos para uma reunião que teve início em 23 de setembro de 1985, sobre a necessidade de controlar a dimensão do investimento. Zhao tinha uma mensagem para eles: controlar. Para descrever os números de crescimento da China em detalhes e destacar o problema de expansão da escala de investimento, ele usou uma metáfora. Isto é "fome de investimento", disse ele, explicando que era "uma doença comum nos países socialistas".

Essa expressão veio diretamente do trabalho de János Kornai.

De repente, Zhao se desprendeu do seu discurso que fora preparado previamente e começou a falar de maneira improvisada. A "fome de investimento" afligiu a Polônia, a Iugoslávia e a Hungria, Zhao avisou. "Também temos, de certa forma, essa doença."[1]

Ele começou a generalizar. "De uma perspectiva histórica, desde a fundação da República Popular da China (RPC), quando a China teve problemas, uma razão tem 'considerado a luta como o elo fundamental', a segunda razão foi expandindo a escala de investimento, trazendo uma série de disfunções. Nós podemos falar tudo o que queremos, mas isso se resume a esses dois problemas." As ferramentas analíticas fornecidas pelo conceito de "fome de investimento" tinham claramente ressonado com Zhao tão fortemente que pareciam fornecer uma explicação profunda para as aflições da China tanto no passado quanto no presente.[2]

"Alguns estrangeiros", continuou ele, "sugeriram que a China deveria... concentrar-se na operação e gestão das empresas, o que melhorará consideravelmente a eficiência de produção. Sempre nos certificamos de cuidar da construção básica, mas não atribuímos importância à gestão de empresas já existentes. A solução é melhorar o nível de gestão das empresas".[3]

Após tratar sobre toda essa gama de ideias da Conferência de Bashan, Zhao voltou a seu discurso. "Mesmo depois de várias voltas e reviravoltas, nós nos esforçamos para aceitar essas lições", concluiu.[4]

O discurso de Zhao deixou claro que, longe de ter sido um evento limitado ou de menor importância, a Conferência de Bashan teve um fim incomum — e um foco incomum nas questões mais frequentemente discutidas no final de 1985. Tão logo o inverno chegou a Pequim, um grupo central foi designado para preparar o relatório público sobre a conferência e divulgar suas ideias. Em dezembro, o relatório, intitulado "Reforma do Sistema Econômico e Gestão Macroeconômica" (posteriormente, o "Relatório de Bashan"), apareceu na íntegra na edição de fim de ano da *Economic Research*, uma importante revista acadêmica; algumas partes também foram publicadas no *People's Daily*.[5] Um livreto autônomo surgiu, também, em 1986. Muito mais sistemático do que as observações de fechamento de Ma Hong, o memorando de An Zhiwen, ou os comentários improvisados de Zhao, essas publicações apresentaram a interpretação oficial da Conferência de Bashan em suas consequências imediatas e propuseram um estudo de caso sobre a influência transnacional de ideias sobre o desenvolvimento econômico.

O Relatório de Bashan revelou três dinâmicas básicas que definiram o envolvimento chinês com economistas internacionais e com o Banco Mundial. Primeiro, os chineses não estavam somente procurando por assistência limitada e especializada. Eles enquadraram o relatório em torno de uma questão ampla sobre o modelo de metas da China e o relacionamento ideal entre o Estado e o mercado:

Deve-se notar que os círculos econômicos da China exibem uma flexibilidade considerável no que diz respeito à compreensão do termo "economia planificada de commodities" Algumas pessoas enfatizam o aspecto da "economia de commodities", enquanto outros enfatizam o aspecto "planificado"... Que tipo de modelo deve ser a meta para a reforma do sistema econômico da China?[6]

Essa abertura deixou claro que a equipe de autores — que incluía Liu Guoguang, Zhao Renwei, Chen Jiyuan e Zhang Zhouyuan, entre outros, representando a parte orientada para a reforma dos "círculos econômicos da China" — estavam dispostos a repensar as maiores questões da reforma sistêmica da China com a ajuda de consultores estrangeiros.

Em segundo lugar, algumas das ideias que os participantes chineses encontraram a bordo do navio, especialmente as apresentações de Kornai e James Tobin, tinham claramente persuadido os autores do relatório. O relatório defendia conceitos como "restrições orçamentárias frouxas", fome de investimento, Estado paternalista e o valor de "gestão indireta da economia" como altamente relevante para a situação da China. Essas ideias então levaram os participantes à autocrítica. "Na reforma da economia urbana da China, nós nos concentramos em estimular as empresas", escreveram, "o que quer dizer que temos enfatizado demais — o controle de autoridade e os incentivos de bônus e recompensas, em vez de aumentar o senso de responsabilidade e disciplina fiscal. Em outras palavras, nós motivamos, mas não pressionamos." A ideia de Kornai da restrição orçamentária frouxa — "pressionar" empresas a mudarem seu comportamento impondo disciplina fiscal — proporcionou a eles, desta forma, uma crítica da abordagem da China na reforma das empresas até aquele momento. "Fortalecer as restrições orçamentárias da empresa tornou-se a chave para fortalecer o controle microeconômico e macroeconômico", concluíram.[7] Usando o conceito de Kornai para vincular políticas macroeconômicas e macroeconômicas, os autores do relatório também forneceram forte apoio à integridade conceitual do modelo de metas de Kornai, dando aos chineses uma visão mais completa e específica de como o país poderia avançar em direção a um sistema de gerenciamento macroeconômico que possibilitaria que as forças do mercado governassem as empresas reformadas.

Em terceiro lugar, eles criticaram até mesmo as ideias que apoiavam como o pedido de interpretação e análise para se adequar ao socialismo e para ser aplicado às condições nacionais da China. "Não podemos adotar de forma imprudente o sistema de Kornai como o modelo de metas da reforma do sistema econômico da China", escreveram eles. Em outro lugar, declararam: "Devemos aprender com as experiências estrangeiras à luz da experiência própria da China, a fim de formular um plano global para melhorar o sistema econômico. Mas, no processo de reforma, devemos também "atravessar o rio sentindo as pedras". Essas declarações podem ter significado um acordo entre os autores. Essa insistência também refletiu, provavelmente, no surgimento de uma importante preocupação em antecipar críticas conservadoras na China que possam estar preocupadas sobre "médicos ocidentais" prescrevendo "medicina ocidental". Ainda mais sugestivamente, pode também refletir a dissonância de muitos dos experientes economistas chineses ao interagir com ideias econômicas estrangeiras. Eles estavam ansiosos para aprender com o exterior e eram muito receptivos à influência externa — mas eles sabiam que copiar indiscriminadamente era errado e que era necessário conciliar os conselhos estrangeiros com um caminho que refletisse as circunstâncias da China. Como Zhao Ziyang disse claramente em janeiro de 1986: "Queremos aprender com a experiência estrangeira, mas receio que não seja suficiente estudar exclusivamente o Ocidente... Precisamos trilhar o nosso próprio caminho."[8]

Essa atitude, por sua vez, refletia a crença fundamental de que debates e a tomada de decisões sobre a política de reforma deveriam ser guiados pelo espírito pragmático de "atravessar o rio sentindo as pedras", o que indicava que a China não deve reformar por ideologias econômicas ou políticas generalizadas, mas, sim, aprendendo com cada passo do processo. Nessa visão, ideias — sejam nacionais ou estrangeiras — eram relevantes, principalmente as denominadas "pedras" pelas quais a liderança chinesa decidiu "se guiar". Mesmo as melhores ideias internacionais sobre o "plano global" para a reforma da China não teriam o aval para substituir este espírito de experimentação. Em vez disso, tais ideias exigiriam navegadores chineses habilidosos para guiá-las e adaptá-las à "experiência própria" da China atravessando o rio. Este uso da frase estava muito longe de sua apresentação inicial por Chen Yun, mas, além de outras coisas, os reformistas haviam reformulado seus possíveis significados para apoiar suas próprias ambições.

Como as suas observações do final de setembro mostraram, Zhao Ziyang foi rápido em notar o valor analítico de vários conceitos discutidos na conferência. Ao mesmo tempo, os participantes chineses que haviam passado a semana no rio rapidamente se prontificaram a aplicar o que haviam aprendido sobre fazer recomendações de políticas.

Um dos primeiros a fazer isso foi Liu Guoguang, que havia sido uma figura de destaque no envolvimento da China com a economia estrangeira, desde o momento em que sugeriu que Włodzimierz Brus e Ota Šik fossem convidados a visitar a China. No início de novembro de 1985, Liu publicou um artigo no *People's Daily* no qual o conceito de "fome de investimento" de Kornai, descreveu seu próprio "aumento da compreensão" sobre a relação entre política macroeconômica e política microeconômica e a necessidade de reformar ambos os sistemas juntos, e, dessa forma, apelando para o gradualismo.[9] Essas propostas foram reforçadas por um relatório que um grupo de economistas na Comissão de Reforma do Sistema submeteu ao Conselho de Estado em outubro de 1985 antes de ser publicado em 1986, que se baseava em dados coletados de pesquisas realizadas em 429 empresas para argumentar a favor de algo como "reformas microeconômicas audaciosas, porém prudentes".[10] Encaminhando-se para 1986, muitos dos participantes da Conferência de Bashan estavam fazendo movimentos de grande proporção para ganhar poder de influência nos debates contenciosos sobre o futuro da reforma econômica da China. Por exemplo, em dezembro de 1985, Wu Jinglian e vários de seus colegas no Centro de Pesquisa de Desenvolvimento do Conselho de Estado submeteram um relatório à liderança no sétimo plano quinquenal, no qual eles declararam, claramente, "É necessário realizar uma reforma coordenada".[11] Em 1986, um momento de transformação ocorreria tanto para o pensamento econômico e políticas, em grande parte devido ao surgimento de novas ideias e ferramentas analíticas que surgiram na China no despertar da Conferência de Bashan.

Uma tendência dramática, em particular, varreu os círculos econômicos da China — o que foi chamado de "febre Kornai" (*Ke'ernai re*).[12] As ideias de Kornai, transmitidas através de diversos canais, inundaram os debates chineses, incluindo a publicação de 1986 da tradução chinesa de *Economics of Shortage*.[13] Dezenas de artigos em periódicos introduziram um público ainda maior no que *Dushu*, uma proeminente revista liberal, chamou a visão de Kornai de "esclarecedora", e o apelidou de "o teórico econômico que a reforma pediu".[14] Com sua brilhante capa verde-água, os dois volumes de *Economics of Shortage* [*Duanque jingjixue*] pareciam projetados para atrair atenção. A "febre Kornai" continuaria a alimentar as vendas de mais de 100 mil exemplares do livro do economista húngaro.[15] Kornai foi mencionado centenas de vezes em revistas acadêmicas e de pesquisa no período de 1986-1989, incluindo revistas regionais e provinciais em diversas áreas como Guangxi, Hubei, Anhui e Heilongjiang.[16] Um grupo de estudantes de graduação e pós-graduação na Universidade de Pequim realizou ainda um seminário dedicado a *Economics of Shortage*, em que foi acordado que Kornai tinha feito uma grande "inovação teórica". De acordo com um aviso no informativo da Universidade de Pequim, os participantes — que incluíam o reitor do Departamento de Economia — elogiou o valor das ideias de Kornai, embora as visões que ele identificou sobre como resolver os problemas variem amplamente.[17]

Muitas respostas apresentaram as ideias de Kornai com adulação, elogiando as "restrições orçamentárias frouxas" e a análise de Kornai sobre a relação entre o comportamento do sistema econômico e das empresas como "reveladora".[18] O artigo de Dushu rotulou Kornai como uma figura "inovadora" na nova era de reformas na China. Elogiando *Economics of Shortage*, o autor citou várias formas específicas em que a China poderia "se apropriar" (*jiejian*) dos trabalhos de Kornai. Seu "método de pesquisar o sistema socialista", especialmente o uso de matemática avançada, estavam fazendo falta na China, onde modelos orientados e matemáticos de aspectos do estudo econômico ainda eram "relativamente fracos". Em um nível menos instrumental, o artigo argumentou que Kornai representou uma síntese dos melhores aspectos da pesquisa econômica internacional, focando seu "uso das ferramentas da teoria e análise econômica ocidental para estudar o sistema econômico socialista, combinando elementos científicos da teoria econômica marxiana e da teoria econômica ocidental". Nessa formulação, Kornai parecia fornecer uma correlação metodológica para a síntese política da "economia planificada de commodities", mostrando como os métodos e técnicas do Marxismo e da economia ocidental convencional poderiam se alinhar e cooperar, assim como o plano e o mercado cooperaram no sistema misto da China. Ao mesmo tempo, no contexto do Relatório de Bashan, a compreensão do artigo de Kornai por Dushu apontou para uma interpretação particular do conceito amorfo de "economia planificada de mercadorias", que envolveria alargar o âmbito do mecanismo de mercado, revitalizando as empresas, e alcançando o equilíbrio macroeconômico.[19]

Comentários sobre a tradução de *Economics of Shortage* também foram excepcionalmente positivos. Um crítico, descrevendo a resposta animada dos leitores chineses interessado em reforma, reconheceu que o livro estudou as experiências do Leste Europeu, mas afirmou que as semelhanças e relevância para a China dos fenômenos descritos era incontestável. Um pesquisador do Conselho de Estado elogiou a qualidade absolutamente "única" dos escritos de Kornai, acrescentando que "a teoria econômica de Kornai é bem-sucedida... porque explora um novo método de pesquisa dos problemas na economia socialista".[20] Esses autores enfatizaram dois aspectos relacionados do livro em particular: por que a economia de escassez era inata para o socialismo e como o comportamento empresarial sob o socialismo criou fenômenos de escassez — focando, como resultado, os argumentos de Kornai sobre a "restrição orçamentária frouxa" e "paternalismo".[21] Essas ideias, que os críticos definiram como prioridades a serem abordadas nas futuras reformas na China continuarão sendo os aspectos mais salientes do pensamento de Kornai para os economistas chineses.

Além da grande atenção à *Economics of Shortage*, a consequência mais óbvia da "febre Kornai" era que Kornai — e, de uma maneira relacionada, a Conferência de Bashan — tornou-se uma parte central dos debates econômicos sobre uma gama de diversos tópicos. O desafio principal agora enfrentado pelos participantes da Conferência de Bashan era determinar como aplicar as ideias às circunstâncias da China, e eles as entendiam de maneiras diversas e muitas vezes divergentes.

Para esses indivíduos, o poder das ideias de Kornai de diagnosticar, nomear e esclarecer os problemas políticos da China não parecia ser fundamentalmente contestado. Por exemplo, o gentil Zhao Renwei argumentou, em um artigo publicado no mesmo ano, que a Hungria (sistema arquetípico IB de Kornai) poderia não ter aplicado um sistema formal dual, mas "as empresas estatais húngaras tinham uma dupla dependência, respondendo tanto às autoridades administrativas superiores como ao mercado" (apesar dos nomes semelhantes, o sistema dual da China e o estilo de "dupla dependência" húngaro eram completamente diferentes em ambas as estruturas e realidades econômicas, mas a visão de Zhao foi que, em ambas as situações, as empresas foram forçadas a responder, simultaneamente, às autoridades de planejamento verticais e aos incentivos horizontais de mercado. Zhao, em outras palavras, estava procurando ecos entre esses dois sistemas.) Na Conferência de Bashan, Zhao acrescentou, Kornai tinha definido o modelo de IB Húngaro como permissível apenas como um mecanismo "transitório".[22] Da mesma forma, o sistema dual em vigor na China só deveria existir para facilitar a fase de transição do país. Para muitos desses economistas, Kornai havia enquadrado os desafios políticos da China de tal maneira que conectou seus dilemas de política com uma maior gama de debates econômicos internacionais do que nunca.

Contudo, o elogio dos diagnósticos de Kornai não implicava uniformidade na sua interpretação e aplicação à China. Em setembro de 1986, o envelhecido Xue Muqiao proferiu um discurso em que ele pediu um "fortalecimento do controle macroeconômico" para ajudar a economia a encontrar "equilíbrio", uma ideia que Wu Jinglian havia defendido em 1984 e 1985.[23] Xue apresentou a necessidade de a China desenvolver um modo de "regulação macroeconômica" que diferia do que "países capitalistas ocidentais" usavam, afirmando: "Nós não somos iguais a eles."[24] Xue voltou-se, então, para Kornai, baseando-se em sua análise, mas sugerindo uma conclusão diferente:

> Conclui-se a partir desses casos, em *Economics of Shortage*, que "a fome de investimento" é uma doença que os países socialistas não podem curar. Eu não sou tão pessimista, contanto que todo o país, e especialmente líderes partidários, desenvolvam uma profunda compreensão dessa doença... e rigorosamente e conscientemente, usem controles macroeconômicos para evitar esse problema.[25]

Assim, o estilo chinês de "controles macroeconômicos" seriam diferentes do estilo "capitalista ocidental", principalmente no que diz respeito aos objetivos de tais controles macroeconômicos — metas que Xue encontrou definidas no trabalho de Kornai, como curar a "fome de investimento".[26] No entanto, a discordância de Xue com o "pessimismo" de Kornai foi mais profunda, porque ele estava fundamentalmente em desacordo com a condenação implícita de Kornai do socialismo em si. No quadro das ideias estrangeiras apresentadas na conferência de Bashan, Xue articulou uma visão chinesa de um socialismo "curado"

— usando um remédio, os controles macroeconômicos, adaptados para atender às necessidades da China.

Outros participantes pareciam concordar que a fome de investimento era uma aflição que poderia ser "curada" dentro do contexto do sistema socialista, dando maior credibilidade às propostas de Kornai para o caminho futuro da China e não apenas seu diagnóstico dos problemas da China. Por exemplo, referenciando as muitas teorias propostas por "eruditos estrangeiros e teóricos nacionais", Liu Guoguang afirmou que o mais importante foi a nova classificação de Kornai a partir da Conferência de Bashan.[27] Ele descartou o modelo do *laissez-faire* IIA como "capitalista" e "incompatível com o socialismo" porque não tinha controle central, mas elogiou o Sistema IIB como tendo atributos que lhe permitem "desempenhar um papel de liderança" como base teórica para a formulação do modelo de metas para a reforma.

Nesse contexto, Liu Guoguang trouxe à tona uma questão que dominava os debates econômicos chineses em meados da década de 1980: "O que é exatamente uma 'economia planificada de commodities'?"[28] Cada resposta do economista, é claro, parecia destinada à ideologia oficialmente aceita na direção de suas políticas favorecidas. A definição de Liu enfatizou as empresas que "revivem", ao mesmo tempo em que aumenta o controle macroeconômico, com o intuito de curar a "fome do investimento" e priorizar o "ajuste da oferta e demanda".[29] "Estamos demolindo as antigas relações verticais soberanas entre governo e empresas", declarou ele orgulhosamente.[30] Em outro discurso proferido no mesmo ano, Liu trabalhou nessas ideias, usando o Relatório de Bashan para argumentar que ir além do sistema dual e a utilização de controles administrativos indiretos o mais rapidamente possível era necessário para desenvolver um sistema de controles macroeconômicos com ajustes de mercado (modelo IIB de Kornai).[31] Assim, para Liu, o conhecimento internacional era indispensável para determinar tanto o significado da "economia planificada de commodities" e os meios de administrar tal economia — tudo isso mantendo o socialismo.[32] Como Liu elaborou em outro documento, essas ideias de reforma não ultrapassariam as condições específicas do país e compromisso com o socialismo, porque os economistas da China promoveriam a "continuidade" e o respeito pelo "legado" do antigo sistema.[33] Liu era um operador experiente e com mentalidade política, e seu conceito da reforma econômica da China mobilizou elementos da Conferência de Bashan para abordar o que ele viu como circunstâncias distintas da China e para definir o papel estabilizador do Partido no exercício do controle macroeconômico.

Fora do círculo de participantes, o Relatório de Bashan e as ideias compartilhadas na conferência tornaram-se uma referência padrão para enquadrar muitos problemas enfrentados pela China. Essa função de referência foi evidente em uma conferência de Nanjing em outubro de 1986 sobre o "modelo de metas da reforma", patrocinado pela Universidade de Nanjing, dois institutos econômicos da Academia Chinesa de Ciências Sociais (CASS), e pela Academia de Ciências Sociais de Jiangsu. Aproximadamente 100 representantes compareceram à reunião, incluindo economistas seniores e muitos estudantes mais jovens.[34] Após a palestra de abertura de Liu Guoguang, o segundo discurso na sessão se concentrou exclusivamente na Conferência de Bashan.[35] Seu relatório atraiu "atenção universal", o economista industrial Zhou Shulian declarou, apontando para o modelo de meta de coordenação de mercado com controles macroeconômicos de Kornai como a ideia mais interessante.[36] Sem defender diretamente o relatório, Zhou Shulian mostrou envolvimento com as ideias de Kornai como indispensáveis para qualquer economista chinês que esperasse conceber um "modelo de metas" alternativo. Kornai havia "captado o núcleo do problema da reforma do sistema econômico", que era a relação entre as empresas e o estado e o objetivo "central" de "transformar empresas socialistas em empreendimentos reais." Zhou usou as ideias de Tobin nessa complexidade, dizendo que a Conferência de Bashan também demonstrou que a gestão econômica indireta através da política monetária e fiscal era possível e desejável.[37] O que surgiu foi uma síntese das ideias de Kornai e Tobin, adequadas nos termos das condições nacionais da China (embora Tobin, talvez por ser um americano de tendências "burguesas liberais", não tenha recebido o mesmo reconhecimento explícito que os chineses concederam a Kornai, que viera de um sistema socialista e mantivera sua afiliação na Academia Húngara de Ciências).

Muitos dos trabalhos subsequentes apresentados na conferência de Nanjing fizeram alusão à Conferência de Bashan e às propostas de Kornai. Por exemplo, as categorizações de Kornai apareceram em todo o artigo de um economista sobre uma importante interpretação emergente da "economia planificada de commodities", no sentido de que "o Estado administra o mercado e o mercado orienta os empreendimentos" (*guojia tiaojie shichang, shichang yindao qiye*). O documento afirmava que essa nova interpretação ideológica se assemelhava muito ao modelo teórico de metas de Kornai, mas era "mais de acordo com as características chinesas". Além disso, "sob as condições da China", o autor escreveu: "É necessário primeiro desenvolver-se em direção ao controle administrativo indireto, e depois nós podemos avançar em direção ao mecanismo do plano de orientar o mercado."[38] Esse trabalho, portanto, usou Kornai para descrever ambas as bases teóricas e os desafios de implementação do conceito emergente de que "o estado gerencia o mercado e o mercado orienta os empreendimentos" — um conceito que se tornaria decisivamente importante para o futuro do sistema chinês.[39] Nessa reunião de pesquisa econômica de elite, a mensagem foi clara: a Conferência de Bashan, em especial as ideias de Kornai, se tornaram fios tecidos através do discurso chinês sobre a reforma, embora muitas possibilidades permaneçam abertas para interpretação e aplicação.[40]

Em suma, pouco mais de um ano depois de os participantes desembarcarem do *S.S. Bashan* em Wuhan, a reputação de Kornai na China havia crescido a um nível surpreendente. Assistindo a uma conferência em Nova York, Zhao Renwei e Wu Jinglian falaram com o professor John C. H. Fei, de Yale, que acompanhou de perto as últimas tendências do pensamento econômico chinês. Ele supostamente exclamou para Zhao e Wu: "Alguns economistas continentais superestimaram Kornai, como se o colocassem em pé de igualdade com Marx! Mas como você pode comparar Kornai a Marx?"[41]

Como podemos entender o interesse extraordinário no trabalho de Kornai por tantos economistas chineses? O motivo mais proeminente, obviamente, era idealístico: o amplo apelo de suas ideias baseava-se na sua precisão ao identificar, nomear e interpretar os problemas da economia socialista da China. Mas a "febre Kornai" não era apenas uma teoria viral. Ainda mais que Brus e Šik, Kornai representava uma espécie de vida contrafactual que os economistas da China não tinham conseguido viver. Ele nasceu e foi educado no mundo socialista, mas produziu um trabalho que lhe rendeu aclamação e respeito de ambos os lados da cortina de ferro. Seus escritos foram baseados em sua experiência da Hungria, mas ele havia alcançado, para seu público chinês, uma universalidade emocionante. Em um ensaio recente, um proeminente professor da Universidade de Fudan escreveu: "Quando Yu Guangyuan morreu, eu estava lendo a autobiografia de Kornai e de repente pensei: o que teria acontecido se Yu e Kornai pudessem ter trocado de lugar nos ambientes em que viveram?"[42] Refletindo sobre a geração mais velha de economistas chineses, o professor de Fudan percebeu que, apesar das imensas capacidades dessa geração e a transformação histórica que vivenciaram, não havia "perfil de Kornai" entre eles — e eles sabiam disso. Dessa forma, Kornai era, em um certo momento, um especialista estrangeiro que descendia de uma terra distante e quase — apenas quase — tornou-se um deles.

Essa possibilidade é espelhada pelo próprio entendimento de Kornai de sua influência na China. Escrevendo com sua esposa, Zsuzsa Dániel, em 1986, Kornai atribuiu o sucesso de suas ideias à sua história pessoal. "Achamos que autores franceses ou americanos, sem experiência pessoal, dificilmente podem entender e interpretar os eventos chineses da última década... Com os húngaros, a empatia vem muito mais naturalmente."[43] Escrevendo de Cambridge, Massachusetts, como húngaro, sobre o que ele aprendeu no rio Yangtze, Kornai sugeriu que ele acreditava que sua influência na China tinha bases tanto pessoais como idealísticas.[44]

A proeminência dos participantes de Bashan e as densas redes dos principais economistas da China durante este período permitiram que a contestação dessas ideias se estendesse muito além das publicações dos participantes imediatos da conferência. Suas incongruências sobre como aplicar as ideias à China não limitou sua influência. Ao contrário, essa extensão pode ter sido, em parte, o resultado de quão contestáveis as ideias eram. Uma vez que as ideias tinham grande precisão diagnóstica, mas uma aplicação ambígua nos dilemas de política da China, eles agiram como um terreno recentemente neutralizado sobre o qual uma ampla seleção de reformistas da China poderia divulgar suas discordâncias.

Em todo o espectro idealístico, esse momento em 1986 foi de extraordinária abertura — ao ponto de o trigésimo aniversário da Campanha de Cem Flores, uma tentativa abortada de Mao para encorajar opiniões dissidentes dos pensadores chineses, ter sido celebrado como o começo do que o *New York Times* chamou de "um novo movimento de cem flores". Deng Xiaoping havia ajudado a liderar a crise na campanha original de Cem Flores depois que líderes do Partido decidiram que a abertura que haviam encorajado fora longe demais, mas Deng prometeu que o fiasco de 1956 a 1957 não seria repetido em 1986.[45]

NO TRANSCURSO 167

Na atmosfera impetuosa de 1986, os pensadores chineses sentiram-se à vontade para fazer reivindicações corajosas, demonstrando claramente seu senso de empoderamento devido ao encorajamento de Zhao Ziyang, de Hu Yaobang e até mesmo de Deng.

Neste contexto, Kornai pode ter ressoado com reformistas preocupados com problemas percebidos na economia de transição, mas divergências generalizadas sobre se suas ideias poderiam resolver problemas ou simplesmente identificarem-nos logo arrefeceu a "febre Kornai" para uma abordagem mais crítica. As ideias apresentadas para a China na Conferência de Bashan assumiram significados diversos, e eram usadas para apoiar as políticas em debate dos economistas reformistas da China, que lutaram ferozmente, visto que o poder, o ego e o futuro da China estavam todos em jogo.

O grupo de "reforma coordenada" de Wu Jinglian definiu em grande parte seu posicionamento antes da Conferência de Bashan, mas eles usaram os argumentos de Kornai, Tobin e outros para reforçar suas ideias sobre a necessidade de reforma imediata do sistema macroeconômico, visando aumentar a capacidade de resposta da economia aos incentivos de mercado, desenvolvendo, ao mesmo tempo, mecanismos mais fortes para a gestão macroeconômica em períodos de instabilidade econômica. Eles começaram a enfatizar a urgência da reforma de preços em novos termos que refletissem a crescente sofisticação. Sua ênfase no fato de a reforma de preços ter ficado para trás com relação a outras reformas sob o sistema dual agora mudara para afirmações de que a reforma dos preços era o "elo principal" entre a reforma macroeconômica e a microeconômica. Wu Jinglian apresentou esses argumentos em um relatório sobre "reforma coordenada" para o Conselho de Estado em janeiro de 1986.[46] Naquele verão, em um importante artigo, Wu e vários aliados recorreram ao Relatório de Bashan para reforçar suas afirmações relacionadas de que, na China, a demanda agregada excedeu a oferta agregada, apesar de alguns economistas alegarem o contrário.[47]

Os opositores de Wu dentro do campo reformista, no entanto, argumentaram que a reforma do sistema de propriedade da empresa deveria vir em primeiro lugar. Cinco economistas das unidades de pesquisa da CASS e do Conselho de Estado escreveram um artigo criticando o Relatório de Bashan e atribuindo a "escassez no sistema socialista tradicional" aos problemas decorrentes da propriedade de empresas, em vez da teoria de Wu de que preços rígidos seriam o problema.[48] Eles criticaram a "generalização do problema" de Kornai que o impediu de "chegar a uma solução" para os problemas que ele havia identificado. As inadequações de Kornai e as de seus seguidores chineses tornaram-se uma abertura para suas próprias propostas de "reestruturação da base do setor microeconômico a partir da reforma da propriedade."[49] Eles propuseram uma "sistema de responsabilidade de gestão financeira" como o objetivo da reestruturação, em que "retornos financeiros" seriam a única métrica de sucesso empresarial, resolvendo o problema da "fome de investimento", através da criação de incentivos de mercado impulsionados pela busca de lucro.[50]

No entanto, nem tudo foi fácil nesse processo . No início de março, a Agência de Notícias Xinhua circulou um editorial intitulado "A Economia Marxiana Tem Grande Vitalidade". O editorial atacou as ideias de um autor chamado Ma Ding (um pseudônimo usado pelo escritor Song Longxiang) por "bajular teorias estrangeiras". No final de 1985, Ma Ding havia escrito um ensaio sobre a economia chinesa que afirmava, em termos inquestionáveis, que Marx estava impedindo os economistas da China de progredir: os economistas chineses "devem libertar-se dos livros marxistas... e estabelecer um novo ramo da economia na construção do socialismo" incorporando entendimentos benéficos da economia ocidental de maneira explícita, incluindo propostas keynesianas de política monetária e fiscal. Embora muitos economistas reformistas concordassem com a avaliação de Ma Ding, os conservadores inspirados pelos ideólogos Deng Liqun e Hu Qiaomu logo atacaram o ávido abraço da economia ocidental e suas críticas ao marxismo presentes no artigo.[51] No entanto, Zhao Ziyang escreveu uma carta a Hu em 3 de março que incluía um alerta explícito sobre esses tipos de declarações: "Você deve ser cauteloso ao criticar a liberalização da teoria econômica." Deng Liqun disse mais tarde que jamais esqueceria essas palavras.[52] Uma série de periódicos republicou subsequentemente o artigo de Ma por completo ou divulgando comentários que elogiavam suas ideias.[53]

Em meio a essas divergências, Zhao Ziyang fez comentários em meados da reunião de março de 1986 do Comitê Permanente do Politburo que sugeriram que ele concordava com as propostas de Wu Jinglian. Elogiando a pesquisa do ano anterior e demonstrando seu conhecimento detalhado das propostas de reforma concorrentes, Zhao enfatizou o objetivo de reformar três sistemas principais inter-relacionados: o sistema de tributação, o sistema financeiro e o

NO TRANSCURSO   169

sistema de preços. Entre estes, disse que a reforma de preços era "primária", mas os três conjuntos de reformas "deveriam ser *coordenados*" (ênfase nossa).[54]

Para os contrários à "reforma coordenada", não havia tempo a perder. Li Yining, o economista da Universidade de Pequim que ajudara a coordenar a Séries de Conferências Sobre a Economia Estrangeira e que havia atuado como coautor em *The English Disease* — obra na qual ele discutiu a história da industrialização britânica e os perigos da empresa nacionalizada como uma maneira de escrever sobre "a estagnação da indústria chinesa" quando seria "sensível demais" de outra forma fazê-lo em 1982 — decidira claramente que havia chegado o momento certo para fazer um movimento dramático a fim de exercer o poder de influência.

Ele saiu estremecido. Em abril de 1986, Li Yining fez um discurso na Universidade de Pequim que deixou claro seu ponto de vista em seu título: "A Reforma da Propriedade É o Ponto Crucial da Reforma." Em maio, Li publicou um artigo intenso no *Diário de Pequim*, apontando a ênfase na reforma de preços como errada e exigindo que os líderes no Partido Comunista Chinês se concentrassem em reformar o sistema de propriedade das empresas chinesas. Li escreveu o que um estudioso do período descreveu como "talvez a frase mais conhecida que foi escrita no decorrer do debate sobre a reforma econômica": "A reforma econômica pode falhar por causa do fracasso da reforma dos preços, mas não pode ter sucesso por causa do sucesso da reforma de preços; isso abrangerá a reforma do sistema de propriedade."[55] (Em uma entrevista posterior, Li Yining disse ter considerado o conceito de "paternalismo" de Kornai útil para esclarecer suas próprias opiniões sobre a necessidade de reforma empresarial.)[56] O artigo de Li tornou-se um burburinho em Pequim — e suas ideias logo chamaram a atenção de Zhao Ziyang. Wu e seus aliados passaram muitas noites na casa de Wu, preocupados sobre como resistir e lutar para criar uma linguagem que se igualasse à poderosa fala de Li.[57] Em meio à dissidência entre reformistas sobre a reforma de preços ou reforma da propriedade vir em primeiro lugar, Kornai continuou a ser um modelo. Alguns economistas até acreditavam que ele era necessário para argumentar que a China não chegaria a lugar nenhum a menos que seus economistas decidissem explicitamente desconsiderar Kornai. Um professor da Universidade Fudan implantou os conceitos de "restrição orçamentária frouxa" e "fome de investimento" de Kornai para criticar os problemas do relacionamento do Estado com as empresas sob o sistema faixa dupla que continuavam, mas ele expressou preocupação com a popularidade do modelo IIB de Kornai . "Muitos colegas estão defendendo o 'modelo IIB' de Kornai como o futuro modelo de metas de nossa reforma do sistema", escreveu o professor, mas "ele é muito vago e incerto para servir como modelo de metas e representará um grande risco para a reforma da China."[58] Outro economista de Xangai ressaltou essas críticas, mas emoldurou-as em termos diferentes, declarando que a *Economics of Shortage* se aproximou muito da "economia ocidental moderna contemporânea" para se aplicar às condições da China. Citando o status da China como país em desenvolvimento, este autor sugeriu que as ideias de Kornai não correspondiam realmente à realidade da situação da China. Kornai inspirou metas, como o fortalecimento das restrições orçamentárias da empresa, que "só pode ser o resultado da reforma em curso do sistema econômico socialista" mas "não pode ser o ponto de partida da reforma estrutural".[59] Assim, ambos os autores chegaram à conclusão de que a adesão às ideias de Kornai como guia para a reforma levaria a China ao caminho errado.[60]

Apesar dessas divisões idealísticas, os reformistas fizeram progressos concretos. Suas metas de longo prazo tornaram-se mais sistemáticas quando a Comissão de Planejamento do Estado convocou uma reunião sobre gestão macroeconômica em setembro de 1986, defendendo o slogan "o Estado gerencia o mercado e o mercado orienta as empresas", que fora discutido em Nanjing no início daquele ano. Embora discordâncias persistissem sobre usar "gerenciar" (*tiaokong*) ou "apertar" (*zhangwo*, no sentido de "controlar") para definir a relação estado-mercado, este slogan foi um passo substancial na direção da interpretação de um mercado orientado na redefinição do sistema chinês em 1984 como uma "economia planificada de commodities".[61]

De fato, muitos economistas escreveram sobre esse período como decisivo, com o desenvolvimento da "teoria do mercado microeconômico ocidental" e da "Teoria da escassez da Europa Oriental" de Kornai, nas palavras de um artigo de 1988 sobre a reforma industrial (um dos coautores, Liu He, é atualmente o vice-presidente da Comissão Nacional de Desenvolvimento e Reforma e chefe do Grupo Líder de Assuntos Financeiros e Econômicos).[62] Para os reformadores de todas as vertentes, as ideias apresentadas na Conferência de Bashan desempenharam um importante papel na permeação de suas interpretações

NO TRANSCURSO

da "economia planificada de mercadorias" de 1984 e suas divergentes propostas para os próximos passos da China. Outro grupo de economistas, citando o Relatório Bashan ao discutir uma nova ênfase na "base microeconômica", caracterizou isso como "conhecimento transformativo". Eles descreveram sua importância um pouco mais poeticamente: "Pode-se dizer que 1985 era como brotos de bambu brotando depois de uma chuva de primavera, especialmente no que diz respeito a pesquisas sobre o comportamento empresarial, mercado de trabalho e capital, propriedade e bases microeconômicas das operações de mercado."[63] Esses brotos de bambu estavam crescendo em solo chinês, mas eles foram enxertados de plantas com raízes localizadas além da fronteira da China. É claro que se esse conhecimento era "transformativo", também estava se transformando. Fazendo parte do grupo, Cairncross havia apelado que seus ouvintes "não fossem muito conservadores" — e eles certamente seguiram esse conselho quando se tratou de analisar e considerar as ideias de Kornai, Tobin e outros.

A pesquisa e o debate teóricos desenvolveram-se no despertar da Conferência de Bashan, e as ideias ali apresentadas trouxeram várias propostas de políticas diferentes. Mas ainda era incerto se essas ideias levariam a melhores resultados na economia chinesa.

Essas ideias resistiriam a ponto de tornarem-se mais do que apenas pensamentos virais? As condições no final de 1985 foram boas para o cultivo de bambu, porém, mais cedo ou mais tarde, esse bambu teria que ser colhido e colocado em prática.

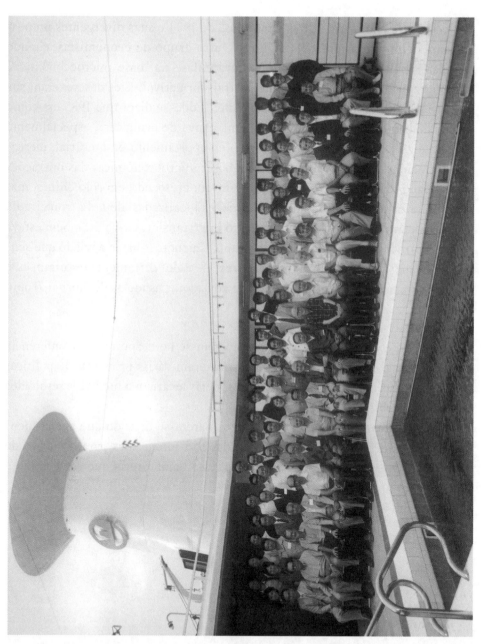

Participantes da Conferência de Bashan, 1985. Foto gentilmente cedida por Edwin Lim.

Zhao Ziyang (à direita) fala com Deng Xiaoping (à esquerda), 1987. Forrest Anderson/Coleção LIFE Images/Getty Images.

Xue Muqiao no trabalho, 1978. Foto gentilmente cedida por Xue Xiaohe.

Ma Hong (à frente, terceiro da esquerda), Xue Muqiao (à frente, no centro) e outros economistas seniores em Zhongnanhai, 1980. Foto gentilmente cedida por Xue Xiaohe.

Os líderes chineses votam "sim" para o relatório econômico apresentado pelo primeiro-ministro Zhao Ziyang (primeira fila, abaixo, à esquerda), no Congresso Nacional do Povo, em Pequim, 1981. Na segunda fila, da esquerda para a direita, Hu Yaobang, Deng Xiaoping, Li Xiannian, Chen Yun e Hua Guofeng. AP Photo/LHS.

Zhao Ziyang (à direita) aperta a mão de János Kornai enquanto Edwin Lim (no centro, à esquerda) observa, 1985. Foto gentilmente cedida por János Kornai.

Imagem de propaganda retratando Chen Yun, 1983. Coleção de Stefan R. Landsberger, Instituto Internacional de História Social (Amsterdã).

János Kornai conduz sua apresentação na Conferência de Bashan, em 1985. Foto gentilmente cedida por János Kornai.

János Kornai e Zsuzsa Dániel apreciando a culinária chinesa, 1985. Foto gentilmente cedida por János Kornai.

Xue Muqiao, Ma Hong, Li Kemu e Wu Jinglian (da esquerda para a direita) durante a Conferência de Bashan, 1985. Foto gentilmente cedida por Wu Jinglian.

James Tobin, Xue Muqiao e uma mulher não identificada no convés durante a Conferência de Bashan, 1985. Foto gentilmente cedida por Xue Xiaohe.

János Kornai, Zsuzsa Dániel, Xue Muqiao e outros em um barco durante a Conferência de Bashan, 1985. Foto gentilmente cedida por János Kornai.

Gregory Chow (à esquerda) reúne-se com Zhao Ziyang (à direita). Foto gentilmente cedida por Gregory Chow.

Milton Friedman (à esquerda) fala ao lado de Pu Shan em Xangai, 1988. Caixa 114, Pasta 14, Documentos de Milton Friedman, Arquivos da Instituição Hoover, Stanford, Califórnia.

Zhao Ziyang encontra Milton Friedman enquanto Wu Jinglian (no centro, à centro esquerda) observa, 1988. Caixa 189, Pasta 4, Documentos de Milton Friedman, Arquivos da Instituição Hoover, Stanford, Califórnia.

Milton Friedman (à esquerda) fala ao lado de Pu Shan em Xangai, 1988. Caixa 114, Pasta 14, Documentos de Milton Friedman, Arquivos da Instituição Hoover, Stanford, Califórnia.

Xue Muqiao (à esquerda) é homenageado por Zhu Rongji (à direita), em 1994. Foto gentilmente cedida por Xue Xiaohe.

János Kornai (à esquerda) e Wu Jinglian comemoram seus aniversários, em 2008. Foto gentilmente cedida por János Kornai.

8

Tempos Intempestivos

§§§ **P**ARA ALGUNS PROPONENTES CHINESES de política econômica, a Conferência de Bashan despertou seus interesses, mas eles queriam detalhes sobre o que eles haviam lido no relatório antes que pudessem fazer recomendações políticas concretas com base nas novas ideias. Instigados pelas apresentações de János Kornai e Aleksandr Bajt na Conferência de Bashan, uma delegação de proeminentes jovens economistas organizaram uma viagem à Hungria e à Iugoslávia em maio-junho de 1986, com o objetivo de realizar pesquisas suplementares. O grupo incluiu Gao Shangquan na Comissão de Reforma do Sistema e seu colega Chen Yizi, o mais jovem importante conselheiro econômico que fez a transição da política rural para o Instituto da Reforma Estrutural Econômica Chinesa, bem como Ma Kai, um funcionário em ascensão em Pequim. O objetivo da viagem era explícito e, até então, constituía em: encontrar ideias e experiências que "proporcionariam referências e lições para projetar reformas" na China.[1]

O grupo de representantes chegou a Belgrado em 26 de maio, onde se reuniu com as principais autoridades econômicas antes ir a Budapeste. Em ambas as cidades, eles fizeram perguntas detalhadas sobre as reformas econômicas desses países e sobre os erros que cometeram no passado. Eles tiveram 111 reuniões com inúmeras autoridades, especialistas, líderes empresariais, e outros. Para muitos dos representantes chineses, foi a primeira vez que viajaram para o exterior. Como Xue Muqiao em Paris, Chen Yizi relatou que eles ficaram impressionados com a rica variedade de produtos que as pessoas podiam escolher na Hungria e na Iugoslávia em comparação com a China. É claro que nem tudo era trabalho: o grupo vivenciou várias noites regadas a álcool com seus colegas europeus orientais, a bebida servia para aliviar a tensão de desenvolver políticas que afetariam as vidas de um bilhão de pessoas.[2]

Quando o grupo de representantes retornou à China, eles prepararam um relatório sobre as reformas da Hungria e da Iugoslávia. Esse documento pode ser lido como uma tentativa de complementar e desenvolver o Relatório de Bashan, ampliando os conceitos que Kornai e Bajt trouxeram para a China com detalhes adquiridos em uma viagem aos aparatos econômicos do estado de ambos os países.

No caso da Hungria, o relatório analisou os desafios de uma reforma mal feita das empresas, ilustrando que no início dos anos 1980 os subsídios concedidos às empresas estatais mais uma vez ultrapassaram os lucros das empresas. Isso mostrou que as reformas fracassadas "afrouxaram ainda mais as restrições orçamentárias empresariais" e criou o que um funcionário do Planejamento Bureau descreveu, supostamente, como o "Triângulo das Bermudas" do preço, subsídio e tributação, no qual fundos monetários desapareceram misteriosamente. A situação embasou o argumento dos autores a favor de uma ampla reforma das empresas: a única maneira de escapar desse "Triângulo das Bermudas" era que "as empresas se tornassem responsáveis por si mesmas, por lucros e por perdas", escreveram eles. "Sem abolir o status de monopólio das empresas, e deixar empresas deficitárias fecharem suas portas, a economia de mercado não teria nem o mínimo necessário para ser eficaz."[3] Eles apresentaram argumentos parecidos com base no caso iugoslavo, no qual uma ampla reforma dos preços havia sido realizada, mas, devido às falhas na reforma das empresas, a reforma dos preços não alterou fundamentalmente a estrutura de incentivos da economia.

Esse relatório culminou em uma reunião de autoridades da Comissão de Reforma do Sistema pouco tempo depois do retorno do grupo da Europa Oriental para discutir com Zhao Ziyang a melhor direção futura para as reformas. Nos dias 11-12 de Junho, 1986, o administrador da comissão, An Zhiwen (que havia participado da Conferência de Bashan e apresentou o relatório sintetizado a Zhao em sua conclusão), expôs as principais opções na tabela, citando a ênfase de Li Yining na reforma da propriedade da empresa — como também fez Ma Hong, o ex-presidente da Academia Chinesa de Ciências Sociais (CASS), que então liderava o Centro de Reforma do Desenvolvimento, onde Wu Jinglian agora trabalhava. Isso levou a uma acalorada discussão de dois dias entre Zhao Ziyang, An Zhiwen, Ma Hong e Yao Yilin sobre a autonomia empresarial, a propriedade, a gestão e as possibilidades de reforma de preços. Zhao foi claro sobre seus objetivos futuros — para "encolher a parte da economia governada pelo planejamento e aumentar a parcela sob os preços de mercado", mas ele ainda estava lutando com o sequenciamento e cronograma. Quando Yao Yilin falou em favor da "reforma coordenada", Zhao mostrou que ele entendeu o que estava em jogo, citando as propostas dos reformistas coordenados e reconhecendo que os "preços de mercado" ofereciam "a melhor informação" sobre oferta e demanda na economia. No entanto, o principal impulso da resposta de Zhao mais uma vez enfatizou o problema crítico da autonomia das empresas e, além disso, criou hipóteses sobre as reformas das empresas que "produziriam gradualmente preços de mercado". Embora a reunião tenha sido concluída com Zhao pedindo mais pesquisas sobre as questões discutidas, ficou claro que Zhao, que no início de 1986 tinha falado sobre a necessidade de uma "reforma coordenada", agora estava comprovadamente inclinado a concordar com as ideias do grupo de reforma empresarial, em parte devido a fortes argumentos que economistas bem colocados haviam desenvolvido ao estudar as experiências da Hungria e Iugoslávia.[4]

Outros economistas chineses continuaram a aprofundar suas parcerias com acadêmicos nos Estados Unidos e a ganhar reconhecimento frente à economia dos EUA. Em outubro de 1986, Bruce Reynolds, especialista em economia chinesa na Universidade da Virgínia, organizou uma conferência na Arden House, a antiga propriedade do magnata das ferrovias E. H. Harriman. Cercado pela madeira ornamental esculpida e pelos exuberantes estofados da mansão, Reynolds reuniu muitos dos principais estudiosos norte-americanos da economia da China e da transição socialista com uma equipe de proeminentes parceiros chineses de institutos de pesquisa do Conselho de Estado, CASS e Universidade de Pequim. Entre os participantes estavam Gregory Chow, Dwight Perkins, Béla Balassa e János Kornai, dos Estados Unidos, e Wu Jinglian, Zhao Renwei, Zhou Xiaochuan, Qian Yingyi e outros, da China.[5]

Wu Jinglian e Zhao Renwei já eram rostos familiares, mas a conferência de Arden House foi notável porque apresentou vários talentos extraordinários na nova geração chinesa aos economistas ocidentais. Wu Jinglian tinha pedido a Reynolds para que convidasse Zhou Xiaochuan, que recentemente obtivera seu doutorado pela Universidade de Tsinghua e assumira uma posição como pesquisador no Conselho de Estado, tornando-se um colaborador frequente juntamente com Wu e outros membros do grupo da "reforma coordenada".[6] Na conferência, Zhou apresentou um artigo sobre o sistema bancário chinês a partir do final de 1985, prevendo que a China enfrentaria um "ciclo desestabilizador entre políticas monetárias estimulativas e restritivas" até que pudesse desenvolver instituições fortes para a condução de análises de políticas macroeconômicas. (Zhou é ex-presidente do Banco Popular da China [PBOC], o banco central da China, cargo que ocupou desde 2002.) Zhou e seu coautor questionaram: "O que a reforma bancária deve fazer?" Ao responder, Zhou demonstrou haver internalizado profundamente as lições que James Tobin tinha ensinado na conferência de Bashan, que fora tão importante para seu mentor, Wu Jinglian. Zhou destacou que o banco central "deveria ser libertado da responsabilidade" de financiar reformas setoriais (que deveria ser o trabalho da política fiscal) e ele também enfatizou a necessidade de "utilizar, principalmente, instrumentos de regulação de controles de quantidade diretos como suplementos auxiliares". A China deveria "gradualmente formar um mercado financeiro compatível com as condições de reforma econômica da China", Zhou e seu coautor declararam.[7]

Foi uma estreia memorável. Zhou foi, Reynolds declarou, "incandescentemente brilhante".[8] A conferência de Arden House apresentou aos economistas ocidentais o homem que ajudaria a construir — e futuramente liderar — o banco central da China, e os argumentos de Zhou Xiaochuan revelaram sua profunda familiarização com as ideias dos macroeconomistas neokeynesianos.

Além das viagens ao exterior, autoridades econômicas chinesas também convidaram mais economistas do Ocidente "capitalista", inclusive da Alemanha Ocidental e da Suíça, para visitar a China e oferecer insumos para a formulação de políticas de reforma. A experiência alemã tornara-se interessante para os economistas chineses desde o início da década de 1980 por causa do "milagre econômico alemão", que se seguiu à Segunda Guerra Mundial sob a orientação de Ludwig Erhard, que logo se tornou o ministro da economia da Alemanha Ocidental. A eliminação dos controles de preços em 1948 e a subsequente redução nas alíquotas de impostos levou a um extraordinário e rápido crescimento econômico.[9] Pensadores chineses viram oportunidades de aprendizado nos grandes efeitos da liberação de preços na economia alemã e convidaram vários especialistas alemães para a China, incluindo Armin Gutowski em 1979 e o ex-banqueiro central Otmar Emminger, em 1985. Yang Peixin, um especialista no banco central chinês que apoiou o contrato do sistema de responsabilidade para as empresas e a expansão do investimento governamental na economia, reuniu-se com um ex-funcionário da Alemanha Ocidental em outubro de 1986 a fim de discutir as reformas fiscal e monetária da Alemanha.[10] Uma semana depois, ao se reportar a Zhao Ziyang, Yang Peixin disse que, apesar da liberalização dos preços do pós-guerra, a experiência da Alemanha Ocidental indicava, na verdade, que a ênfase não deveria ser na reforma dos preços, mas, sim, no desenvolvimento da produção empresarial. A China não precisou temer déficits, contanto que o gasto relacionado ao déficit fosse usado de forma produtiva, disse Yang, observando que essas propostas eram muito semelhantes às visões de Li Yining, um dos aliados de Yang nos maiores debates sobre reforma durante esse período — uma semelhança que Zhao Ziyang também observou em sua resposta à apresentação de Yang.[11]

Esse apoio internacional aos argumentos do grupo da reforma empresarial — no qual Li Yining era o líder idealístico mais proeminente — ajudou a influenciar Zhao Ziyang, que vinha tendendo a priorizar a reforma empresarial, já em junho de 1986. No início de novembro, Zhao ouviu um relatório sobre vários métodos possíveis para a reforma dos preços nacionais de mercadorias. Sua resposta era firme: embora os preços das mercadorias fossem extremamente importantes e merecessem atenção, "a revitalização das empresas deveria ser realizada primeiro". Ele acrescentou ainda: "Reforma é justamente a racionalização dos relacionamentos econômicos. As velhas ideias não produzirão efeitos."[12] Zhao havia chegado à conclusão que a reforma das empresas seria sua prioridade, mas ele sabia que os economistas chineses ainda precisavam buscar amplamente por novas ideias se esta última meta fosse bem-sucedida.

Como essa busca continuou, o estímulo idealístico do período deu origem a várias novas políticas que apontavam para metas de reforma em longo prazo. Em 1986, o Conselho de Estado apresentou um conjunto de regulamentos para definir a relação ambígua do PBOC, criado em 1948, para bancos especializados, cooperativas de crédito e novas instituições financeiras, como empresas fiduciárias e de investimento. Nicholas Lardy escreveu que este foi um passo importante no caminho que o banco trilhou para assumir "os papéis de supervisão e de regulamentação geralmente associados a bancos centrais".[13] Naquele outono, a liderança do Partido também apresentou uma nova lei para regulamentar a falência empresarial, um passo em direção à criação de um sistema no qual as restrições orçamentárias frouxas da empresa poderiam ser fortalecidas de forma mais eficaz. Além disso, mostrando um forte interesse na modernização do sistema financeiro da China, várias grandes cidades começaram a fazer experimentos com a criação de mercados capitais de pequena escala, e as empresas estatais receberam autorização para vender títulos. A liderança também fez reformas no sistema de trabalho e elevou os controles de preços em alguns bens de consumo.[14] Durante esse período de transição e turbulência após a Decisão de 1984 sobre a Reforma da Estrutura Econômica, o aumento nos ajustes mostrou as implicações políticas de curto prazo dos ardentes debates intelectuais e preparou o terreno para mudanças mais radicais por vir.

Em 1986, Zhao Ziyang também liderou outra importante iniciativa que sinalizou os esforços da China para juntar-se à comunidade econômica internacional: a China tentava recuperar sua associação no Acordo Geral sobre Tarifas e Comércio (GATT), do qual fora membro-fundador em 1947. Antecessor à Organização Mundial do Comércio (OMC), o GATT tinha requisitos que eram muito mais rigorosos do que a China era capaz de preencher apenas dez anos após a morte de Mao — mas, como Wu Jinglian escreveu, "esse ato demonstrou a determinação da China de se abrir ainda mais para o mundo exterior".[15] A China estava enviando representantes oficiais para participar dos cursos de política do GATT desde 1980, e em 1984 e 1985 a China convidara o consultor jurídico do GATT para realizar um seminário no país. Em janeiro de 1986, Arthur Dunkel, diretor-geral do GATT, visitou a China para discutir o que seria necessário para que se tornassem um membro com direitos plenos. Durante uma reunião com Dunkel, Zhao Ziyang argumentou vigorosamente que a "economia planificada de commodities" da China "poderia se encaixar no conceito que Harold K. Jacobson e Michel Oksenberg descreveram como "os princípios orientados pelo mercado do GATT". Em 14 de julho de 1986, a China anunciou formalmente sua intenção de se tornar membro pleno do GATT.[16] Somente em 2001 a China ingressaria na OMC. O Banco Mundial também continuou a ser essencial para os planos de Zhao para a China.

Como resultado, 1986 foi um ano marcante para Edwin Lim, o primeiro chefe residente de missão na China. Ele já tinha desfrutado de alto prestígio em Pequim como resultado do sucesso dos dois principais relatórios do Banco Mundial sobre a China que haviam precedido a Conferência de Bashan e que continuaram sendo frequentemente citados.[17] A reputação de Lim recebeu um considerável impulso adicional como resultado do sucesso da Conferência de Bashan, e ele continuou a desenvolver uma relação pessoal e de proximidade com o primeiro-ministro.

Em 21 de junho de 1986, Lim foi homenageado com uma reunião à tarde na Casa de Hóspedes do Estado Diaoyutai no que o *People's Daily* descreveu como "uma confraternização em atmosfera descontraída" e um jantar formal. Zhao elogiou o trabalho do banco e encheu Lim de perguntas sobre inúmeros tópicos, desde perguntas sobre salários à reforma empresarial, fazendo referências à Europa Oriental, Alemanha, Coreia do Sul, França e Reino Unido.[18] Lim sentou-se com Zhao por mais de quatro horas, enquanto conversavam em poltronas estofadas bordadas. Em determinado momento durante sua conversa animada, Zhao, no meio da frase, ilustrou um comentário apontando para cima com o dedo indicador, em um gesto reminiscente de Platão na *Escola de Raphael de Atenas*, enquanto Lim sorria. Uma câmera capturou o momento. Após a reunião, Zhao acompanhou Lim até a porta, recebendo olhares surpresos da comitiva de Zhao — afinal, o primeiro-ministro geralmente permanecia no mesmo lugar quando seus visitantes iam embora. No dia seguinte, a foto de Lim e Zhao conversando apareceu na primeira página do *People's Daily*.[19] A estatura desse economista do Banco Mundial subira para o nível de um dignitário estrangeiro e um amigo pessoal do principal orientador da política de reforma.[20]

A Conferência de Bashan tornou-se um componente importante da crescente estatura do banco na China durante a segunda metade da década de 1980, mas uma tremenda quantidade de dinheiro também estava em jogo neste relacionamento. Durante o período do sexto plano quinquenal da China, 1981–1986, o Banco Mundial forneceu mais de US$3 bilhões em empréstimos a trinta projetos na China, além de consultoria técnica em muitos projetos.[21] Em 1989, o número de projetos aprovados aumentaria para sessenta e nove, totalizando US$7,25 bilhões; somente em 1987-1988, o Banco Mundial consignou catorze novos projetos na China a um custo total de US$1,42 bilhão, quase 9% do total de empréstimos globais do banco naquele ano.[22] Pieter Bottelier, chefe da missão do Banco Mundial na China observou, em meados da década de 1990, que, nesse período, "o Banco Mundial tornou-se a maior fonte de recursos de capital externos da China, e a China tornou-se o maior tomador de empréstimos do Banco".[23]

O Banco Mundial proveu ao governo chinês apoio idealístico, técnico e financeiro para a reforma. É claro que o fornecimento de tecnologia e financiamento não era incomum, mas essa particularidade de apoio idealístico era excepcional. Em 1989, quando o economista John Wiliamson criou o termo

"Consenso de Washington" para descrever as políticas do Banco Mundial (juntamente com o Fundo Monetário Internacional e o Departamento do Tesouro dos EUA) endossadas para lidar com crises em países em desenvolvimento da América Latina, o Banco Mundial passou a ser visto como um bastião do neoliberalismo, muitas vezes com resultados nocivos.[24] Entretanto, é claro que na China, sob a orientação de Lim, o suporte idealístico do Banco Mundial foi oferecido principalmente em resposta a solicitações chinesas específicas de orientação e de acordo com as necessidades e condições da China; nas palavras de Lim, foi "orientado pela demanda".[25] Obviamente, o Banco Mundial apoiou as reformas do mercado, e muito de sua contribuição política apoiou os reformistas chineses. Mas, em vez de seguir um cronograma teórico ou padronizado, como a imagem do Consenso de Washington poderia sugerir, as recomendações do banco para a China eram flexíveis e específicas para o seu contexto.

Apesar desse avanço nos intercâmbios internacionais, as mudanças que o pensamento de Zhao ajudou a criar e as numerosas implicações políticas não significaram que as reformas estavam progredindo sem problemas. Em vez disso, a turbulência idealística nos campos universitários da China atingiu um novo pico de intensidade no final de 1986, coerente com as frustrações geradas pela falta de reformas políticas para acompanhar as reformas econômicas. Fang Lizhi, um proeminente astrofísico e administrador universitário, viajou o país proferindo discursos que pediam democracia e reforma da educação e ele suplicou para que os alunos "observassem o ocidente para perceber novas maneiras de pensar", como Orville Schell escreveu em *The Atlantic* em 1988. Em um discurso realizado em novembro de 1986 na Universidade de Tongji, em Xangai, Fang declarou: "Devemos remodelar nossa sociedade, absorvendo influências de todas as culturas."[26] Ele continuou: "A mudança na perspectiva de muitas pessoas, incluindo a minha, veio da observação do mundo exterior... Descobrimos nosso atraso e tivemos esclarecimentos." Ele declarou que o sistema socialista da China era um "fracasso".[27]

No início de dezembro, estudantes da Universidade de Fang em Hefei organizaram uma série de protestos de curta duração, que rapidamente se espalharam para Pequim, Xangai e outras grandes cidades chinesas.[28] Os protestos em Xangai receberam uma atenção especial após o dia 19 de dezembro, quando os estudantes marcharam até os escritórios do governo municipal. De acordo com uma testemunha ocular, durante a marcha, houve "tentativas malsucedidas de entoar refrões da 'internacional', visto que poucas pessoas pareciam saber todas as palavras".[29] Em vez disso, os alunos haviam memorizado slogans como: "Dê-me a liberdade ou dê-me a morte."[30] Ao mesmo tempo, segundo entrevistas, a maioria dos alunos não queria fortalecer o movimento dos opositores das reformas ou minar o progresso de Deng Xiaoping, Hu Yaobang e Zhao Ziyang. Em vez disso, eles procuraram deixar claro que suas visões eram baseadas em valores liberais e que eles queriam também ter voz nos pedidos de reformas, especialmente reformas dos sistemas político e educacional.[31]

Em um discurso no final de dezembro de 1986, Bo Yibo, que havia se tornado aliado de Chen Yun (tendo pelo menos três conversas privadas em 1986, uma quantidade considerável para dois gerontocratas doentes sempre entrando e saindo de hospitais[32]), assumiu um forte posicionamento sobre estas questões. Ele viu a inquietação como diretamente ligada à fixação de estudantes por ideias e valores estrangeiros, facilitada por pensadores como Fang Lizhi. Os pensadores chineses não devem "considerar todas as coisas estrangeiras como sendo melhores do que as da China. Não devemos pensar que a lua em países estrangeiros é mais cheia do que na China. Isso é o mesmo que esquecer fatores históricos e nossas próprias origens".[33] Vários dias depois, Deng Xiaoping fez um discurso criticando a "liberalização burguesa", dando a esses ataques sua aprovação.[34]

Bo Yibo deixara claro que ele acreditava em qualquer proposta bem-sucedida sobre a direção futura das reformas necessárias para operar dentro do discurso não apenas de reforma e desenvolvimento econômico, mas também dos "fatores históricos" chineses e "origens". As pessoas conservadoras da China pareciam acreditar que os manifestantes estudantis em 1986 haviam perdido contato com essas "origens". Um discurso subsequente de Deng Liqun afirmou que esses anciãos acreditavam, com o apoio de Deng Xiaoping, que a "liberalização burguesa" estava por trás da agitação. Os protestos diminuíram gradualmente à medida que os líderes do Partido Comunista Chinês (PCCh) deixaram claro que participar dos protestos prejudicaria o futuro dos estudantes — mas alguém teria que pagar.[35] Em uma conversa particular em outubro, Deng Xiaoping criticou o dogma — defendendo Deng Liqun por divergir os documentos do Partido "para a esquerda" e minar Hu Yaobang e Zhao Ziyang. Mas agora a situação havia mudado.[36] Deng Xiaoping ficou completamente "chocado" com os protestos, lembrou Zhao Ziyang, e convocou uma reunião de "vida partidária" para apontar os culpados. Além de criticar os pensadores que incitaram esse descontentamento, Deng colocou a culpa em Hu Yaobang. Ficou claro para os líderes reunidos que os dias de Hu como secretário-geral estavam contados.[37]

Em 2 de janeiro de 1987, Hu fez um anúncio interno de que estava renunciando como secretário-geral. Mas antes de falar publicamente sobre a saída de Hu, a liderança do Partido voltou sua atenção, primeiramente, para certos pensadores que supostamente teriam instigado o descontentamento dos estudantes, principalmente Fang. Ele foi acusado de ter "divulgado muitas declarações equivocadas refletindo a "liberalização burguesa" e "negando o socialismo, clamando por completa ocidentalização e defendendo o caminho capitalista". Em 12 de janeiro de 1987, ele foi demitido de seu emprego e expulso do PCCh. Quatro dias depois, em 16 de janeiro, o Politburo publicamente "aceitou a renúncia" do secretário-geral Hu, que havia se abstido de criticar os manifestantes estudantis e se recusara a autorizar a demissão de Fang. Um líder sênior, Xi Zhongxun, protestou contra a decisão — "Não repita o que Mao fez conosco", ele teria dito — mas a decisão foi definitiva. Os líderes conservadores que haviam denunciado os protestos como resultado da "liberalização burguesa" forçaram Hu a renunciar e designaram Zhao Ziyang como seu sucessor.[38]

Segundo alguns relatos, a saída de Hu Yaobang já fora prevista há muito tempo. Vários relatos, incluindo as memórias de Zhao Ziyang, afirmam que Deng Xiaoping considerou Hu Yaobang como responsável porque, em 1984, no quarto congresso da Associação de Escritores Chineses, ele permitira eleições abertas sem a orientação do Departamento de Organização; a "chapa" liberal eleita em 1984 criticava as políticas de Deng para eliminar a "liberalização burguesa", raiva que Deng evidentemente suspeitava ter sido purulenta até este episódio no final de 1986 devido à permissividade de Hu Yaobang.[39] Já no verão de 1986, Deng Xiaoping havia dito aos membros mais velhos do Partido que se reuniram para o conclave anual no balneário de Beidaihe que ele havia cometido "um grande erro: ele havia julgado mal Yaobang", lembrou Zhao Ziyang, que acreditava que essa afirmação tornara o destino de Hu inevitável — uma questão de quando, não de se. (Alguns boatos sugeriram que Zhao tentou orquestrar ou acelerar a queda de Hu, acusação que ele negou veementemente.)[40] Membros mais velhos e conservadores também condenaram o interesse de Hu por ideias e parceiros estrangeiros, dizendo: "O secretário-geral do Partido Comunista não deveria se sentir tão entusiasmado ao visitar países capitalistas."[41]

Hu administrara mal a crise no final de 1986 e os protestos estudantis, mas ele também tinha sido culpado pela falha ideológica de pensar que, como Bo Yibo havia dito, "a lua em países estrangeiros é mais cheia que na China." O "maior erro" de Deng foi julgar mal essas duas qualidades.

Zhao Ziyang foi rapidamente nomeado secretário-geral e serviria como secretário-geral bem como primeiro-ministro nos próximos meses. Seu poder havia aumentado e ele tentou controlar a maré conservadora que atacava a "liberalização burguesa". Espelhando sua estratégia na Campanha de Combate à Poluição Espiritual no início da década, Zhao insistiu em comentários feitos em 19 de janeiro de que esses ataques deveriam ser limitados aos trabalhos "político e ideológico" e não deveriam envolver o trabalho econômico. Em 29 de janeiro, ele foi ainda mais além, afirmando que a oposição à liberalização burguesa deveria permanecer interna ao Partido e se concentrar principalmente na teoria política, e não nas políticas regulamentadoras. Mesmo assim, os anciãos conservadores não viram o próprio Zhao como imune ao ataque. Li Xiannian enviou um aviso através de Yang Shangkun, outro membro ancião do Partido: "Ziyang aprendeu coisas estrangeiras demais. Continuar nisso é inaceitável. Você deveria dizer isso a ele."[42]

Aprender "coisas estrangeiras" foi um componente essencial do processo de formulação de políticas da Zhao como primeiro-ministro. Depois de eliminar Hu Yaobang, os conservadores viriam atrás de Zhao?

No início de 1987, Deng estava disposto a deixar Hu cair, mas ele entrou em cena para refrear as críticas de Zhao e apoiar o novo aparente sucessor de Hu. Em fevereiro, Deng chamou a atenção para o congresso do Partido previsto para o final daquele ano e sinalizou sua intenção de continuar em um caminho reformista. Falando com os principais membros do Comitê Central, Deng disse que, apesar das "perturbações estudantis", ele acreditava que a liderança do Partido havia sido "muito cautelosa" no avanço da reforma:

> Por que algumas pessoas sempre insistem que o mercado é capitalista e só o planejamento é socialista? Na verdade, ambos são meios de desenvolver as forças produtivas. Enquanto servirem a esse propósito, devemos fazer uso deles. Se eles servem ao socialismo, eles são socialistas; se eles servem ao capitalismo, são capitalistas.[43]

Esta afirmação enfática deixou clara a frustração de Deng com os conservadores do Partido. Embora ele tivesse concordado que Hu tinha que ir, Deng queria enfatizar que seus objetivos gerais permaneceram intactos. Ele foi ainda mais longe, anunciando uma ruptura com a ideologia econômica de Chen Yun. Historicamente, Deng disse: "Dissemos que em uma economia socialista o planejamento era primordial. Não deveríamos mais dizer isso."[44] Essa frase, favorita do emblemático programa de Chen Yun sobre o cronograma ideal geral da ala conservadora da liderança do Partido, não estava mais em vigor.

Oficiais reformadores rapidamente se moveram para preencher o espaço que Deng e Zhao haviam liberado. Em março, An Zhiwen, da Comissão de Reforma do Sistema, e Fang Weizhong, líder da Comissão de Planejamento do Estado, apresentaram um relatório a Zhao, com base em suas consultas a vários economistas chineses. Pedindo uma transformação da economia de commodities "subdesenvolvida" da China, eles chamaram atenção para as diversas ideias então em circulação sobre como definir a relação entre o planejamento e o mercado, incluindo proeminentemente um modelo da economia no qual "o planejamento do estado ajusta e controla o mercado através de diversos meios econômicos e, através do mercado, guia as empresas".[45] Essa ideia ganhara atenção na conferência de Nanjing sobre o "modelo de metas da reforma" em outubro de 1986, onde fora debatido em conexão com as propostas de Kornai. Em 21 de março de 1987 depois de uma discussão com Bo Yibo, Hu Qiaomu, e outros representantes seniores, Zhao enviou um memorando a Deng Xiaoping sobre a elaboração do relatório do trabalho principal a ser realizado no XIII Congresso do Partido. Em 25 de março, Deng aprovou o plano.[46]

Zhao Ziyang e sua rede de economistas começaram a trabalhar na elaboração do relatório do trabalho e propostas de políticas do XIII Congresso do Partido. Em abril, Ma Hong e sua equipe no Centro de Pesquisa para o Desenvolvimento (RDC) apresentaram um relatório (elaborado por Wu inglian) a Zhao. Eles argumentaram que havia um consenso de que o problema principal da China era uma superexpansão da demanda, embora a opinião permanecesse dividida sobre quais "sintomas de transição" eram os mais perigosos para a saúde geral da economia chinesa. Avaliando problemas como a emissão excessiva de moeda e aumentos nos preços das mercadorias, o relatório da RDC ofereceu uma longa série de possibilidades de políticas para Zhao considerar.[47]

Os comentários de Zhao em resposta ao relatório da DRC faziam referência simultaneamente a ideias econômicas estrangeiras, revelando sua familiarização com elas e declarando que a situação da China não tinha precedentes. Avaliando a situação das empresas na China, o consumo, e os salários, e perguntando-se em voz alta se era o investimento ou o consumo que estava impulsionando a inflação da China, Zhao se referiu explicitamente a Bashan como um marco essencial. Mas a China teria de traçar seu próprio curso com base em "resultados reais", porque nenhum dos vários peritos externos poderia prescrever soluções políticas para os problemas característicos da China.[48] A referência de Zhao à Conferência de Bashan nos intensos debates internos que precederam o XIII Congresso do Partido mostrou que essas ideias estavam fortemente presentes em sua mente conforme ele planejava a estratégia de reforma da China e ele estava tanto se baseando nesse conhecimento para formular suas propostas e resistir contra algumas das coisas que os economistas estrangeiros sugeriram, a fim de definir o que era único sobre a situação da China.

Apesar do ímpeto dos reformistas durante este período, alguns representantes conservadores — profundamente incomodados pelos protestos estudantis e encorajados pelo expurgo de seu antagonista de longa data, Hu Yaobang — recusaram-se a entrar na linha. Como notícias das declarações de Deng rejeitando a noção esquerdista de "planejar como uma necessidade primordial" espalhados por todo o Partido, Deng Liqun, Hu Qiaomu e outros atacaram tanto o "discurso liberalista" quanto a "ação liberalista", sugerindo que a liderança chinesa deveria perseguir indivíduos cujas ações estavam "exercendo liberalismo", independentemente de suas afiliações ideológicas externas. Além de punir indivíduos como Fang Lizhi, que promoviam ideias liberais explicitamente.[49] De maneira ainda mais dramática, naquele verão, Zhao recebeu uma carta confidencial do Departamento de Propaganda revelando que as declarações de Deng Xiaoping levaram alguns dos chefes do departamento a perceberem que estavam enfrentando um foco renovado em se opor à esquerda e gritar: "Devemos nos manter firmes e resistir!" e "Ainda não se sabe quem vai ganhar!"[50]

Conservadores ideológicos estavam em pé de guerra e seria preciso uma ação ainda mais decisiva de Deng Xiaoping para acabar com sua resistência. Em 7 de julho de 1987, Deng convocou a liderança do Partido à sua casa e disse que decidiu remover um dos mais poderosos ideólogos conservadores da China, Deng Liqun, de suas posições no Departamento de Propaganda e na Secretaria, porque sua oposição estava minando a reforma.[51] O homem que Deng Xiaoping certa vez chamara de teimoso "como uma mula de Hunan" viu sua firme resistência à reforma tornar-se sua ruína. Chen Yun continuou a proteger seu aliado, garantindo que ele ainda vivesse a vida luxuosa de um representante em uma posição alta, mas nem mesmo Chen conseguiu manter a influência de seu amigo na política chinesa.[52]

Com o apoio de Deng, Zhao havia refreado os conservadores, solidificado seu poder, e estava sendo chamado para continuar aprendendo do exterior, enquanto estabelecia um cronograma ambicioso para o congresso do Partido.[53] Em termos políticos, ficou claro que no ano anterior Zhao começou a mudança para apoiar a primazia da reforma das empresas. Mas suas ambições de reforma eram grandes e ele percebeu que seu poder recém-descoberto não legitimaria, por si só, o extenso cronograma que ele esperava colocar em prática com o XIII Congresso do Partido. Primeiro, ele precisava fazer um avanço ideológico que solidificaria a rejeição de Deng do "planejamento como primordial" e apoiar uma nova onda de reformas de mercado, sem prejudicar o sistema socialista da China e o PCCh. "Não houvera explicação" da "base teórica da reforma", lembrou Zhao, e chegara a hora: "A reforma precisava ser apoiada fortemente pela teoria."[54]

Depois de discussões exaustivas, Zhao e seus conselheiros elaboraram uma solução engenhosa: Zhao usaria uma frase que vinha sendo dita por pensadores chineses há anos e declarava que a China estava no estágio "inicial" ou "preliminar" do socialismo. Ao abraçar essa ideia, Zhao não prejudicaria visivelmente o compromisso da China com o socialismo, mas mudaria a ênfase para a noção de que o momento histórico da China — seu atual "estágio" — era preliminar e estava em evolução. Como resultado, o aumento da produção tornou-se a tarefa indispensável e crítica para que a China pudesse, no futuro, passar para um estágio mais "avançado" do socialismo. Essa tese do "estágio inicial do socialismo" forneceu justificativa ideológica para novas reformas orientadas pelo mercado sem "desencadear grandes debates teóricos", porque não defendeu o capitalismo nem questionou fundamentalmente os princípios básicos do sistema chinês.[55] Deng usou essa frase publicamente em 29 de agosto, 1987, anunciando: "O XIII Congresso Nacional do Partido explicará em que fase a China se encontra — o estágio inicial do socialismo."[56]

Essa proposta ideológica conciliadora foi particularmente importante, dadas as sérias distorções que surgiram como resultado das políticas de reforma. O sistema de preços dual fora um sucesso, mas havia muita tensão, já que a produção de mercadorias industriais importantes aumentara continuamente, mesmo quando as exigências do planejamento permaneceram basicamente inalteradas; por exemplo, a produção de aço aumentou em quase 10 milhões de toneladas métricas entre 1984 e 1987 (um aumento de mais de 25%), tudo basicamente produzido fora do planejamento.[57] O gerenciamento de empresas continuou sendo um desafio sério, à medida que as tentativas de estimular a tomada de decisão autônoma afundaram. Um levantamento de 1987 em duas mil empresas realizado pelo Instituto de Reforma Estrutural Econômica Chinesa e pelo Gabinete de Estatística Estatal (mais tarde renomeado para o Gabinete Nacional de Estatística) revelou que menos de 5% haviam implementado a nova estrutura administrativa que os representantes do Partido haviam encorajado. Essa estrutura mais competitiva determinaria como a empresa e seus superiores dividiam os lucros, os gestores selecionados e os trabalhadores compensados.[58] Estava claro que escolhas difíceis teriam que ser feitas em um futuro próximo para que a reforma avançasse.

Diante desses desafios, a liderança chinesa continuou demonstrando interesse em aprender com economistas europeus e norte-americanos. A Fundação Ford, por exemplo, recebeu aprovação formal do Conselho de Estado para abrir um escritório em abril de 1987. Um funcionário da Fundação Ford, Peter Geithner, que construiu relações próximas com autoridades econômicas chinesas como Chen Yizi, lideraria o escritório. "De acordo com a CASS, somos a primeira fundação privada estrangeira a ser autorizada a abrir um escritório na China", Geithner escreveu com orgulho.[59] A Fundação Ford havia fornecido milhões de dólares para financiar intercâmbios de especialistas e estudos acadêmicos, e essa nova conquista indicou que os chineses tinham planos de longo prazo para o seu papel no país.

Lim e o Banco Mundial também organizaram seminários em 1986 e 1987, a pedido de Zhao Ziyang. Essas sessões, planejadas com a Comissão de Reforma do Sistema, abordaram questões funcionais específicas (em vez do amplo escopo da Conferência de Bashan), visando a "reforma do sistema financeiro" e a "reforma da empresa estatal", respectivamente.[60] O seminário de julho de 1987, também conhecido como a conferência Diaoyutai, discutiu a corporação moderna no contexto da reforma das empresas chinesas. O principal participante ocidental era Peter Drucker, consultor administrativo e sociólogo da corporação; os participantes chineses incluíam Wu Jinglian, Zhou Xiaochuan e Guo Shuqing.[61] Drucker, por exemplo, não ficou impressionado com o que aprendeu sobre empresas chinesas — escrevendo no *Wall Street Journal* depois que ele retornou: "Duvido que exista um único negócio chinês que tenha realmente dinheiro."[62] Os seminários foram claramente planejados para dar seguimento a questões específicas levantadas na Conferência de Bashan sobre as quais os chineses esperavam aprender mais; embora não tenham desempenhado o papel transformador da conferência de 1985, o simples fato de que os principais formuladores de políticas econômicas da China continuaram a procurar o Banco Mundial para organizar trocas de ideias formais com especialistas em economia estrangeiros atestaram seu senso da utilidade dessas interações. Como o Seminário Internacional de 1987 sobre a Reforma Empresarial Estatal deixou claro, os problemas das empresas chinesas permaneceram sendo de suprema importância nas mentes dos reformuladores de políticas econômicas do país.

Naquele verão, Zhao Ziyang viajou para cinco países da Europa Oriental, incluindo a Hungria. Acompanhado por vários dos seus principais assessores, incluindo An Zhiwen da Comissão de Reforma do Sistema e Wen Jiabao, o diretor do Escritório-geral do PCCh, Zhao ficou encantado por ter a oportunidade de mostrar seu conhecimento detalhado do processo de reforma húngaro e ver por si mesmo se a Hungria havia "cumprido plenamente" o programa de reformas que seus líderes haviam estabelecido.[63] Um Funcionário do Ministério das Relações Exteriores da China alocado em Budapeste, relatou que Zhao acreditava que o país tinha "uma melhor abordagem" e condições "mais próximas às nossas" do que outros países do Leste Europeu.[64] Mais tarde naquele ano, János Kádár, líder da Hungria, retribuiria a visita de Zhao, indicando o rápido progresso nas relações dos dois países no espaço de menos de uma década desde que o primeiro grupo de representantes de economistas chineses viajou para examinar o socialismo húngaro.[65]

Durante o mesmo verão movimentado de 1987, sob a direção de Zhao, o PCCh introduziu uma importante e nova política destinada a fortalecer as restrições orçamentárias e diminuir o que Kornai chamou de "paternalismo" do Estado: as empresas estatais começaram a implementar um sistema de responsabilidade contratual. Sob esse sistema, as empresas e o Estado estabelecem obrigações contratuais, garantindo ao Estado certa parcela da receita da empresa, mas, por outro lado, geralmente permitindo que as empresas tomem decisões operacionais independentes. Os gestores de empresas e agências governamentais negociariam os termos dos contratos, um acordo destinado a eliminar os "efeitos de catraca", em que as empresas produziam em níveis mínimos e reduziriam qualquer estimativa de sua capacidade para que os planejadores estabelecessem metas de produção mais baixas e fáceis de cumprir. O novo modelo de um sistema de responsabilidade contratual, que Hu Yaobang defendeu no início dos anos 1980, foi além de qualquer reforma gerencial anterior; chegou mais perto de agradar Li Yining do que Wu Jinglian, embora não visasse a questão mais básica da propriedade. Em julho de 1987, mais de 50% das empresas estatais haviam adotado o sistema.[66]

Economistas associados ao grupo de reforma das empresas de Li Yining ficaram frustrados. Um desses reformistas, Zhang Xuejun, realizou um ataque contra Wu Jinglian em agosto de 1987. Ele apresentou "a teoria da escassez de János Kornai" como já canônico e escreveu: "Como todos sabem, a escassez ou o mercado de vendedores é uma doença crônica de nossa estrutura tradicional."[67] No entanto, ele colocou a confiabilidade de Wu como sendo sua principal divergência a exemplo da Hungria. Acusando Wu de uma ênfase equivocada na "reforma de preços, ou, para ser mais preciso, no reajuste de preços como parte de um 'conjunto'", Zhang atribuiu esse erro a uma fixação nas lições da Hungria, porque "a Hungria é um caso típico de mudança estrutural econômica que ocorre através de um conjunto de acordos". Na China, no entanto, Zhang alegou que tal "conjunto" (significando a "reforma coordenada" iniciada com a reforma de preços que Wu Jinglian defendia) não aumentaria a concorrência entre as empresas, mas apenas aumentaria os preços.[68] Zhang sugeriu então que a fixação de Wu por Kornai o levou pelo caminho errado no que dizia respeito à reforma da China.

Wu reagiu, mas não contra alegações de que ele aprendeu demais com a Hungria. Em vez disso, ele respondeu que Zhang havia distorcido a experiência húngara:

> A fim de minar a importância da reforma de preços para o sucesso geral da reforma, o camarada Zhang Xuejun informa seus leitores que a Hungria, na fase inicial de sua reforma, "aboliu todos os planejamentos obrigatórios e até mesmo, com base no sistema de preços já sendo fundamentalmente endireitado, delegou às empresas o poder de fixar os preços da maioria dos produtos". Essa conclusão... não tem absolutamente nenhum fundamento na história. É apenas a fabricação do camarada Zhang Xuejun... Pelo contrário, os excessivos "acordos" que

a Hungria fez em sua reforma de preços, e o consequente atraso na formação de um sistema de preços razoável, foram um de seus principais erros ao fazer escolhas estratégicas sobre a reforma.[69]

Wu afirmou corajosamente que o apoio intelectual às suas propostas para a China poderia ser encontrado na "história" da reforma húngara. Ele criticou a sugestão de Zhang de que a experiência húngara não se aplicava às circunstâncias da China, sugerindo que Zhang havia deliberadamente distorcido as experiências da Hungria; Por implicação, Wu propôs que seus críticos precisavam entender melhor as ideias internacionais de reforma, a fim de apresentar críticas apropriadas às suas propostas para a China. Em outras palavras, o debate entre esses dois homens, cada um representante das principais facções orientadas para a reforma do país, tomou forma em parte por causa de reivindicações conflitantes sobre ideias e experiências húngaras.

O tom acrimonioso da discussão entre Wu e Zhang revelou, mais do que qualquer outra coisa, que ambos os grupos de reformistas perceberam que estavam num período crucial de transformação ideológica e política, no qual ideias de sucesso poderiam ter um impacto tremendo e rápido na política oficial. A tese do "estágio inicial do socialismo" estava tendo exatamente o efeito desejado. Na véspera do XIII Congresso do Partido, Zhao e Deng abriram caminho para um grande evento.

Os avanços dos reformistas chineses nos anos 1980 culminaram em uma série de avanços articulados no XIII Congresso do Partido em outubro de 1987.[70] A elite do PCCh se reuniu em todo o país, reunindo-se em filas ordenadas no Grande Salão do Povo, com um enorme martelo e foice pendurados sobre o púlpito, onde a nova liderança do Partido sentou-se em conjunto, examinando a multidão.[71]

O principal grupo de liderança que emergiu tornou óbvio o significado de uma área do congresso: muitos dos membros mais antigos do Politburo se aposentaram, substituídos por uma nova geração de líderes, incluindo o prefeito de Xangai, Jiang Zemin, de sessenta e um anos. Deng Liqun fez uma última tentativa de adesão ao Politburo, mas ele não foi selecionado. Todos os "Oito Imortais" do PCCh estavam agora oficialmente aposentados do Comitê Permanente do Politburo, embora Deng Xiaoping tenha mantido seu cargo como presidente da Comissão Militar Central, o que lhe permitiu exercer influência continuamente.[72]

Apesar dessas mudanças de pessoal, o verdadeiro avanço do congresso de 1987 foi ideológico, voltado para o mapeamento da política de reformas. O relatório do trabalho de Zhao, principal documento de política do congresso, revelou até que ponto as visões do Partido sobre a relação adequada entre o Estado e o mercado haviam chegado desde a codificação da "economia planificada de commodities" em 1984.[73] Como o congresso se reuniu em 25 de outubro de 1987, Zhao começou seu relatório estabelecendo uma nova caracterização da economia chinesa, emoldurada pela tese da "fase inicial do socialismo". "Devemos gradualmente reduzir o escopo dos planos compulsórios e nos transformar gradualmente em um sistema de gestão principalmente indireta", declarou ele. Então, de maneira geral, Zhao redefiniu o objetivo das reformas: "De maneira global, o novo sistema deve ser aquele em que 'o estado administra o mercado e o mercado guia as empresas'". Ao defender esse slogan, Zhao estabeleceu uma interpretação expansiva e pró-mercado da "economia planificada de commodities". Depois de anos de debate, Zhao e a rede de economistas que ele apoiou alcançaram uma mudança marcante que solidificou o papel central do mercado.[74]

Zhao discorreu sobre o significado do estágio inicial do socialismo. Os três principais objetivos defendidos pelo relatório de Zhao eram de que a economia deveria se dedicar às "forças do mercado", que empresas de todos os tipos de propriedade deveriam ser "guiadas" pelo mercado e que controles macroeconômicos deveriam ser "principalmente indiretos". É notável que essas conclusões refletiam diretamente as três principais lições de política descritas no Relatório de Bashan. Ao mesmo tempo, ficou claro que o significado do slogan do documento de 1987 havia sido desenvolvido e aperfeiçoado, em parte por meio de debates sobre o significado da Conferência de Bashan e as ideias de Kornai, especialmente seu modelo de metas de gestão macroeconômica com mercantilização microeconômica, ao qual se assemelhava bastante. Com um apoio completo do papel essencial do mercado, Zhao solidificou os ganhos dos reformistas e, ideologicamente, chegou além de onde muitos pensavam ser possível.

Possível — ou desejável. Nem todo mundo ficou satisfeito com o relatório de Zhao. Chen Yun, em particular, ficou evidentemente desanimado. Quando Zhao subiu ao palco para ler o texto em voz alta, Chen levantou-se e, mancando por causa da idade e da doença, mas resoluto como sempre, saiu imediatamente da sala.[75] A luta pelo futuro da China estava longe de terminar.

9

As Margens do Rio

No dia 1 de novembro de 1987, o XIII Congresso do Partido teve uma conclusão exuberante. Zhao Ziyang havia triunfado ao apresentar uma nova ideologia que legitimaria a próxima fase da reforma econômica. Naquele dia, Zhao, de 68 anos, falou à imprensa. Um participante lembrou que ele estava "estranhamente tranquilo" e "animado e com uma confiança relaxada". Flanqueado por sua equipe de liderança, incluindo o novo primeiro-ministro, Li Peng, Zhao usava um terno risca de giz trespassado — embora orgulhosamente "feito na China." Todos os membros do novo Comitê Permanente de Politburo usavam trajes ocidentais; os casacos de Mao sempre usados por Deng Xiaoping, Chen Yun e membros da geração mais velha estavam notavelmente ausentes.[1]

Porém isso não significava que os anciões planejassem ficar de braços cruzados. Em seu novo trabalho como secretário-geral do Partido, Zhao tinha menos controle direto sobre a política econômica do que como primeiro-ministro. Ele supostamente acreditava que seria capaz de dominar seu substituto muito menos experiente, Li Peng, mas, mesmo na época, a visão de Zhao provavelmente ignorou o fato de Li ser o protegido escolhido a dedo por Chen Yun e Yao Yilin, que se opunham a muitas das reformas — e os acontecimentos por vir certamente evidenciariam que Zhao havia subestimado as consequências da nomeação de Li.[2] Em uma reunião realizada em meados de novembro de autoridades econômicas da Comissão de Reforma do Sistema e outras agências do governo, Zhao disse que acreditava que a reforma de preços levaria "muito tempo" e enfatizou a realização de reformas das empresas.[3] Essa orientação política era consistente com as opiniões que ele defendeu antes em 1987 diante do congresso.

Ao mesmo tempo, Zhao e seus tenentes reformistas procuravam maneiras de cumprir as ambições do XIII Congresso do Partido. Pouco depois do fim do congresso, Zhao convidou oito proeminentes economistas, incluindo Liu Guoguang, Li Yining e Wu Jinglian, para organizar equipes de pesquisa para criar suas próprias "Propostas de Reforma a Médio Prazo de 1988–1995", que forneceriam uma gama de opções concretas para ajudá-lo a detalhar e concretizar a orientação política estabelecida em 1987.[4]

A ideia mais nova e ousada que Zhao defendeu foi o que veio a ser conhecida como a "estratégia de desenvolvimento costeiro". A partir de junho de 1987, um pesquisador da Comissão de Planejamento do Estado (SPCo) chamado Wang Jian começou a publicar artigos que argumentavam que a China deveria tirar vantagem de um "ciclo internacional benéfico", no qual as áreas costeiras liderariam o país desenvolvendo uma indústria voltada para a exportação, utilizando os mercados internacionais para comprar matéria-prima e vender produtos finalizados. Como essas indústrias costeiras possibilitavam trocas internacionais, poderiam atrair capital estrangeiro e tecnologia para acelerar o desenvolvimento da indústria doméstica chinesa, que, por sua vez, resultaria em fundos que o governo poderia gastar na promoção do desenvolvimento rural.[5] Em suma, essa ideia tomou o que já estava acontecendo nas zonas econômicas especiais da China (ZEEs), que tiveram origem na viagem de Gu Mu em 1978 à Europa Ocidental, e sistematizou esse modelo de sucesso em uma estrutura para o desenvolvimento econômico no período à frente. Já em 1984, Zhao solicitara o desenvolvimento mais rápido das regiões costeiras, que ele acreditava poder servir tanto como modelo quanto como motor para o crescimento de todo o país. Em setembro, pouco antes do congresso do Partido, Zhao ordenou a um grupo de pesquisa que investigasse a viabilidade da estratégia de desenvolvimento costeiro.[6] Em uma reunião do início de novembro destinada a definir o cronograma para 1988, Zhao citou a ideia de Wang Jian pelo nome; ele concluiu a reunião elogiando-a, descrevendo-a como "muito razoável" e pedindo uma investigação adicional, embora Zhao mais tarde alegaria que ele mesmo elaborara a ideia.[7] No inverno de 1987, Zhao saiu em "percursos de inspeção nas regiões costeiras", como lembra em suas memórias, onde concluiu que a "estratégia de desenvolvimento costeiro" poderia impulsionar a China ao crescimento econômico extraordinário e se tornar uma marca registrada de seu mandato como secretário-geral.[8]

A estratégia de desenvolvimento costeiro — particularmente, sua estratégia de "dois fins, estendendo-se no exterior", que destacava a importação de matérias-primas que poderiam ser transformadas em produtos manufaturados e vendidas no exterior — revelou como economistas chineses haviam estudado as experiências dos quatro tigres asiáticos (Cingapura, Taiwan, Coreia do Sul e Hong Kong).[9] Esses países usaram uma estratégia de crescimento por meio de exportações para se industrializar rapidamente nas décadas que seguiram a Segunda Guerra Mundial, ganhando reconhecimento mundial por transformações surpreendentemente rápidas. Essa "decolagem" foi particularmente atraente para as autoridades chinesas, que, na frase memorável de Deng, queriam ver "vários outros Hong Kong" emergirem no continente.[10] A atenção chinesa concentrou-se em Cingapura e Hong Kong, "aproveitando sua experiência" para projetar políticas que poderiam funcionar na China. No entanto, Zhao afirmou claramente que a estratégia de desenvolvimento costeiro, com seu foco em impulsionar o progresso nacional usando as regiões costeiras como motor, não deve ser vista como uma imitação dos tigres asiáticos: "Eles são pequenos e nós somos grandes", disse ele em fevereiro de 1988. "Eles são capitalistas, e nós somos socialistas."[11]

Enquanto a estratégia de desenvolvimento costeiro unia as lições das zonas de exportação da Europa Ocidental, que haviam estabelecido as fundações intelectuais das ZEEs com as experiências dos tigres asiáticos, os conservadores expressaram seu descontentamento fazendo referências a esses pequenos países capitalistas. "Não podemos nos comparar com os 'quatro pequenos dragões'", afirmou Chen Yun. "Temos mais de 800 milhões de campesinos; este é sempre o nosso ponto de partida para considerar um problema." Chen notou que nunca esteve em uma ZEEs, mas disse que tinha "um grande interesse" nelas e acompanharia seu progresso de perto.[12] Talvez tendo isso em mente, Chen Deng Liqun viajou para inspecionar a ZEEs de Shenzhen em 1988.[13]

Enquanto isso, os protegidos de Chen Yao Yilin e Li Peng criticaram o risco de "superaquecimento" como resultado da rápida decolagem que acompanharia o desenvolvimento liderado pelas exportações.[14] De fato, o apelo a alguns reformistas por um desenvolvimento rápido recaiu na controvérsia mais ampla e duradoura sobre os perigos da inflação, que outros países que haviam adotado modelos de crescimento liderados pelas exportações (particularmente na América Latina) haviam encontrado. Uma delegação de economistas chineses viajaria para a América Latina no final daquele ano para mais estudos.

Zhao iniciou a implementação em larga escala da estratégia de desenvolvimento costeiro no início de 1988. Depois que uma prestigiosa entrevista de primeira página com Wang Jian foi publicada no *Guangming Daily*, o *Economic Daily* publicou um artigo de primeira página sobre as ideias de Wang em 5 de janeiro, 1988, acompanhado de apoio de outros economistas.[15] Zhao apresentou um relatório detalhado sobre a estratégia para o restante da liderança central. Em 23 de janeiro, Deng demonstrou que "a apoiava completamente".[16] Quando Zhao viajou para Davos, na Suíça, para participar da conferência anual do Fórum Econômico Mundial no início de fevereiro, destacou a estratégia de desenvolvimento costeiro e o "ciclo internacional benéfico" de Wang durante um discurso televisivo.[17] Apenas alguns dias depois, em 6 de fevereiro, o Politburo adotou formalmente a "estratégia de desenvolvimento costeiro", apresentando-a como um meio crucial para futuramente desenvolver uma "construção nacional autônoma".[18]

A caracterização da estratégia de desenvolvimento costeiro como um passo no caminho da "autonomia" (uma estratégia que Zhao usou na década de 1980 para justificar as trocas internacionais) refletiu o estratagema de Zhao com a formulação do "estágio inicial do socialismo". Em ambos os casos, ele permitiu que importantes objetivos conservadores — "socialismo" e "autonomia" — permanecessem inquestionáveis na teoria, mesmo quando ele inovava através de ideias e políticas que poderiam estar em desacordo com esses objetivos. Ao prolongar o prazo e argumentar que suas políticas eram apenas desvios necessários no caminho geral que os conservadores queriam seguir, Zhao se permitiu fazer experiências sem provocar conflito suficiente para matar os projetos recém-surgidos que ainda não estavam produzindo bons resultados.

Como Zhao promoveu a estratégia de desenvolvimento costeiro nos primeiros meses de 1988, economistas reformistas proeminentes desfrutaram de uma sensação de grande possibilidade. Xue Muqiao, ao falar em um fórum de economistas em janeiro, elogiou a tese da "fase inicial do socialismo" como capaz de "erradicar o dogmatismo e o padrão econômico fossilizado" de "contrapor o planejamento ao mercado" e ao mesmo tempo, manter o compromisso da China com o marxismo. Na visão de Xue, Zhao ajudou a forjar uma nova síntese de planejamento e mercado.[19]

Xue também deixou claro que seu estudo dos países capitalistas havia contribuído para uma reavaliação significativa da condição dos trabalhadores sob sistema do capitalismo: "Globalmente falando, o mundo capitalista de hoje mudou muito desde a escrita de Marx", disse Xue. Agora é possível "que os trabalhadores sob um sistema capitalista melhorem consideravelmente seus padrões de vida". No entanto, a China continuou sendo um sistema socialista, e Xue enfatizou que o "avanço" de Zhao era principalmente conceitual.[20] Haveria de se observar se Zhao conseguiria ser bem-sucedido ao retrabalhar o sistema da China de acordo com as promessas que ele fizera em 1987.

Os opositores a essas políticas fechavam grupos . Por um lado, muitos representantes do Partido pensavam que não era a hora certa. Em meados de janeiro de 1988, representantes do Ministério das Finanças e agências de planejamento entregaram relatórios a Li Peng que levantaram preocupações de que o aumento dos preços estava afetando negativamente todo o sistema financeiro.[21] Pouco tempo depois, o Escritório Estadual de Preços apresentou um memorando declarando que "já não era possível controlar o aumento dos preços das mercadorias em cerca de 6%", a meta que fora estabelecida, o que pode significar que a economia estava à beira do superaquecimento. Em uma discussão respondendo a esses relatórios, Yao Yilin admitiu que estava "apreensivo" com a direção política da China.[22] No entanto, os líderes orientados pela reforma contestaram as avaliações negativas de Yao e outros. Tian Yuan, que liderou o Centro de Pesquisas do Conselho de Estado sobre Desenvolvimento Econômico, Tecnológico e Social, desconsiderou essas preocupações, dizendo: "As condições são muito boas". A visão de Tian veio de um estudo do sistema de preços da China que ele e seu Conselho de Estado havia conduzido e subsequentemente publicaria; em sua avaliação, reformas parciais condenariam o processo, a menos que reformas dramáticas que fossem além do sistema de preços dual fossem rapidamente implementadas.[23] É importante notar que para os reformistas como Tian, o desacordo entre eles tinha duas dimensões: primeiro, discordavam da análise de dados dos conservadores, sugerindo que o risco de inflação era alto; segundo, em geral, discordavam da opinião (mantida tanto por conservadores quanto por muitos reformistas) de que a inflação era perigosa, portanto, de qualquer forma, não estavam seriamente preocupados com o risco de superaquecimento. Seus argumentos às vezes dificultavam a distinção entre os dois pontos de vista, mas, como vimos anteriormente, uma das discordâncias mais substanciais dentro do campo reformista era sobre os riscos relativos da inflação. Esse debate tornou-se mais agudo em 1988 do que nunca.

Quando a SPCo retransmitiu esses desentendimentos para Zhao em uma apresentação no final de janeiro, ele basicamente não apoiou a atitude que Li Peng e Yao Yilin tomaram. Ele enfatizou que apenas se concentrar em um aumento nos preços das mercadorias seria "perder a floresta para as árvores".[24] Esses conflitos continuaram em fevereiro, quando Yao alertou que se a inflação que a China estava sofrendo não fosse firmemente controlada, "uma inflação maligna seria inevitável". Em uma conversa particular, Li e Yao argumentaram que a estratégia de desenvolvimento costeiro e sua ênfase na aceleração do desenvolvimento era arriscada, porque poderia provocar superaquecimento econômico, o que Zhao havia dito que era uma preocupação "desnecessária". O rápido crescimento da indústria era basicamente "saudável", disse Zhao com firmeza, e não produziria uma situação econômica superaquecida como o episódio de 1985.[25] Conservadores liderados por Li e Yao esperavam ver algum tipo de contenção, mas Zhao e seus aliados basicamente questionavam seu diagnóstico dos riscos da inflação e, em vez disso, procuravam seguir em frente.

No entanto, a reação à avaliação da economia de Zhao continuou. No segundo plenário do XIII Comitê Central, realizado de 15 a 17 de março de 1988, Liu Guoguang discordou abertamente do relatório de Zhao.[26] Em resposta à avaliação de Zhao, Liu disse que o aumento dos preços que a China estava experimentando era inflacionário e não apenas uma questão de desequilíbrio na oferta e demanda de alguns bens que poderiam ser resolvidos com ajustes nos preços. Em vez disso, Liu via uma oferta excessiva de moeda e uma queda concomitante no valor da moeda.[27] Esses argumentos, mesmo que baseados em uma avaliação profissional genuína e não em motivações políticas, era exatamente o que os conservadores queriam ouvir. Em uma reunião do Congresso Nacional do Povo em março, Li Peng e seus aliados continuaram a defender sua interpretação de que a economia da China estava enfrentando um sério período de riscos inflacionários, o que significaria que o momento não era adequado para uma reforma agressiva.[28]

A discordância em curso foi, no entanto, não apenas sobre interpretar indicadores como aumentos de preços. Embora tenha expressado cautela sobre as taxas de crescimento excessivamente rápidas no início da década, Zhao agora começara a sinalizar que não considerava a inflação um risco sério. Em uma atmosfera na qual vários de seus assessores, incluindo Tian Yuan e Zhu Jiaming, retrataram a inflação como benigna ou até mesmo como um sinal positivo de que as políticas de crescimento estavam funcionando corretamente, a visão de Zhao pode ser entendida como uma consequência direta do aconselhamento político que recebia. Em 2 de abril, reunido com economistas seniores para discutir a reforma de preços, Zhao disse acreditar que, se os preços das mercadorias e os salários subissem de forma significativa à medida que a economia se desenvolvesse, "aquilo não parecia tão terrível".[29]

A sugestão de Zhao de que a inflação poderia não ser "tão terrível" era ousada no contexto da economia socialista, mas ele sabia que não era um anátema na experiência de outros países em desenvolvimento. Em particular, os reformistas chineses (especialmente o oficial econômico Zhu Jiaming) haviam citado anteriormente a experiência dos países latino-americanos, que aparentemente suportaram altas taxas de inflação junto com altas taxas de crescimento, embora essa visão sobre a "inflação benéfica" não estivesse em voga na China desde a Conferência de Bashan em 1985. Conforme impulsionou a estratégia de desenvolvimento costeiro de alto crescimento em um ambiente já inflacionário, Zhao Ziyang começou a mostrar interesse nas visões de Zhu Jiaming e, no final de abril de 1988, Zhu Jiaming e Chen Yizi foram à América Latina para coletar mais informações.

É importante notar que a justificativa ideológica do Partido Comunista Chinês (PCCh) para aprender com países em desenvolvimento como o Brasil e a Argentina era diferente de seu envolvimento com parceiros capitalistas desenvolvidos, como os Estados Unidos e o Reino Unido. Quando Deng Xiaoping se reuniu com o presidente João Baptista de Oliveira Figueiredo do Brasil em 29 de maio de 1984, Deng observou que a China "compartilha um destino comum com todos os países de terceiro mundo. A China nunca buscará a hegemonia ou intimidará os outros, mas sempre estará do lado do Terceiro Mundo".[30] Esses comentários ecoaram a teoria dos três mundos do Partido — incluindo os países do "primeiro mundo" dos Estados Unidos e da União Soviética e o "segundo mundo" de outros países desenvolvidos, assim como a China e seus compatriotas do "terceiro mundo" — o que era geralmente atribuído a Mao, mas foi explicitamente forçado a uma audiência internacional por Deng em seu discurso de 1974 às Nações Unidas.[31] Dessa forma, os reformistas chineses estavam usando o legado da visão de mundo de Mao para defender uma política de crescimento liderada pelo mercado claramente não maoista. Isso oferece outra excelente explicação sobre a estratégia de deixar a doutrina do Partido indiscutivelmente em teoria, como Zhao usou com o "estágio inicial do socialismo", mesmo quando os reformistas inovaram com novas políticas que pareciam em desacordo com esses objetivos.

Zhu Jiaming, Chen Yizi e sua delegação deixaram Pequim em 26 de abril de 1988. O nível de desenvolvimento que viram no Rio de Janeiro, Brasília e São Paulo os surpreendeu, lembrou Chen Yizi. Em Brasília, eles se encontraram com Antonio Delfim Netto, muitas vezes chamado de "pai do milagre econômico brasileiro"; Delfim Netto descreveu como o investimento estrangeiro ajudara a impulsionar o crescimento econômico do Brasil. No Chile, Chen observou a satisfação generalizada com a governança econômica do regime autoritário de Augusto Pinochet, porque, observou com admiração, o ditador disse: "Quem pode obter um doutorado de uma universidade europeia ou americana famosa pode ser um ministro."[32] Ao longo da viagem, o grupo debatia ativamente o que eles estavam aprendendo. Do consulado chinês em São Paulo, eles enviaram um telegrama a Pequim que, como Zhu lembrou, informou à liderança de Pequim que eles acreditavam que a experiência do Brasil provava definitivamente que a inflação não era necessariamente prejudicial e nem sempre levava a crises econômicas.[33] Zhu, ao que parecia, havia encontrado o que procurava.[34]

Ao retornar à China, Chen e Zhu procuraram divulgar o que haviam aprendido. Chen reportou a Zhao sobre a viagem, concentrando-se nas visões de Delfim Netto sobre investimento estrangeiro e inflação. "A inflação existirá em qualquer país que passar por um rápido desenvolvimento econômico, e isso inclui os países socialistas. A inflação da moeda causada pelo aumento do investimento e do consumo é especialmente difícil de evitar, especialmente enquanto a questão dos direitos de propriedade da empresa não é resolvida", Chen disse a Zhao. "É claro que não estamos incentivando a inflação, mas estamos reconhecendo sua realidade e sua extensão", acrescentou. No Brasil e na Argentina, "as pessoas estão acostumadas a isso. Em contraste, como nossos preços permaneceram os mesmos por décadas, as pessoas estão menos dispostas a aceitar qualquer aumento de preços".[35] Zhu explicou em termos mais claros: "Parece impossível ter inflação baixa e crescimento econômico elevado."[36] Outros reformistas responderam, atacando Zhu e seus aliados e considerando-os como perigosamente ávidos por buscar um crescimento rápido em um ambiente inflacionário.

Para apresentar esses argumentos, Guo Shuqing, o protegido de Wu Jinglian, que havia sido um dos participantes mais jovens da Conferência de Bashan, relembrou o que havia aprendido no rio. Ele escreveu que uma ampla gama de políticas da Europa Oriental e Ocidental durante o período pós-Segunda Guerra Mundial demonstrou que "a busca unilateral de uma política de crescimento de alta velocidade é prejudicial até mesmo ao sistema econômico". "A reforma da China começara após a reunião de lições amargas acumuladas da Europa Oriental", e porque a China estava particularmente ansiosa para evitar perdas econômicas, "um grupo significativo de representantes chineses e acadêmicos tinha em mente o que nossos colegas da Europa Oriental tinham nos dito e olhavam com cuidado para esses problemas." Embora o crescimento da China tenha decolado muito mais rapidamente do que naqueles casos comparativos, Guo deixou claro que acreditava que os casos preferidos de Zhu nos países em desenvolvimento da América Latina não eram aplicáveis à China, que aprendera muito mais com países em transição do socialismo.[37]

Para entender melhor a substância das divergências sobre a inflação, dois fatores históricos são importantes para se considerar. Em primeiro lugar, a liderança do PCCh nunca esqueceu que a inflação ajudou a facilitar o colapso do Partido Nacionalista em 1948 e 1949 e o sucesso da revolução chinesa, uma lição sobre os sérios riscos que a inflação representava para a estabilidade política.[38] Os economistas chineses viveram décadas com os preços estabelecidos pelo Estado e tinham pouca experiência em mercados nos quais a inflação não era sistematicamente reprimida por decreto governamental. Os economistas da China acreditavam que esse problema de "inflação reprimida" era um problema distintivo que as economias socialistas enfrentavam, mas discordavam da questão fundamental: se a inflação era causada pelo excesso de oferta monetária ou por desequilíbrios entre oferta agregada e demanda agregada.[39] Como deixou claro o caso de Zhu e Chen, os economistas chineses também discordaram sobre a inflação ser benéfica ou prejudicial ao crescimento econômico. Zhu estava claramente em minoria; a maioria dos economistas chineses acreditava que a inflação criava escassez de recursos e problemas sociais e tinha efeitos "corrosivos" em longo prazo sobre a economia.[40] No entanto, todos os lados tinham poucas evidências recentes a extrair da China porque os sistemas fiscal e de preços do país tinham sido recentemente reformulados.[41] O superaquecimento econômico era uma coisa, mas os economistas chineses estavam divididos sobre se a economia do país havia passado por um grande período de inflação desde que a reforma e a abertura haviam começado, uma das muitas razões pelas quais recorreram várias vezes a especialistas estrangeiros e experiências estrangeiras para diagnóstico e aconselhamento.

Em maio de 1988, no entanto, duas forças contrárias de um alto nível do aparato de elaboração de políticas econômicas superaram os debates dos economistas sobre a inflação. Deng Xiaoping, ainda na posição de líder supremo e cada vez mais consciente de que as reformas de mercado definiriam seu legado, começou a exigir a implementação de uma grande rodada de reformas de preços e salários. "É melhor suportar a dor a curto prazo do que suportar a dor em longo prazo", disse ele.[42] O esforço de Deng por uma rápida e dolorosa reforma de preços se opôs aos conservadores do PCCh que queriam retardar o progresso da reforma e concentrar-se na consolidação do controle central. Naquele mesmo mês de maio, o primeiro-ministro Li Peng rebaixou o papel da Comissão de Reforma do Sistema, diminuindo sua participação no processo de formulação de políticas e aumentando sua função "consultiva".[43] O status de Yao Yilin como profeta desacreditado do PCCh parecia ter sido confirmado naquele mês quando os preços para os consumidores de Pequim aumentaram em pelo menos 30%.[44] Mas Deng continuou seus apelos por uma rápida reforma de preços.

Zhao estava sob pressão de todos os lados. Ele tentou continuar seus negócios como de costume, reunindo-se com o Pequeno Grupo Central de Finanças e Economia para formular políticas que completariam o documento do XIII Congresso do Partido em 1987 e pedindo "o estabelecimento da nova ordem de uma economia de mercado socialista", mas a pressão sobre ele continuou a crescer.[45] No dia 12 de maio, Chen Yun fez comentários amplamente divulgados da província de Zhejiang, criticando um foco excessivo em "resultados rápidos" e opinando que os líderes chineses precisavam fazer um trabalho melhor no estudo da filosofia marxista.[46] Zhao, há muito criticado como um marxista insuficientemente ortodoxo, estava claramente entre o público que Che pretendia alcançar.

No dia seguinte aos comentários de Chen, Zhao teve uma reunião com alguns de seus assessores econômicos seniores, incluindo Ma Hong e An Zhiwen. Ele revelou que ainda estava lutando para decidir como ver a situação com os preços das mercadorias e como lidar com as reformas de preços e salários. Admitindo que "este ano os preços das mercadorias estão muito altos", Zhao disse que agora entendia: "Se os preços das mercadorias subirem, então você também tem um problema de renda." Suas ordens seguiam um padrão familiar: "Pesquise como esse problema tem sido abordado internacionalmente", disse ele.[47]

À medida que seus pesquisadores começaram a trabalhar, Zhao falou ao Comitê Permanente de Politburo, tentando antecipar uma nova onda de críticas ao endossar os apelos de Deng pela reforma dos preços. "Uma economia de mercadorias socialista é nosso programa, e os ajustes de mercado são obrigatórios", disse ele, "mas sem racionalizar os preços, ajustes de mercado são apenas conversas vazias". Dessa forma, "Iugoslávia, Hungria e Polônia colocam a carroça na frente dos bois", disse Zhao.[48] Ele apelou, dessa forma, para "o racionamento de preços" como uma forma de evitar os erros dispendiosos da transição socialista na Iugoslávia, Hungria e Polônia — sobre os quais a China aprendera com Aleksandr Bajt, János Kornai e Włodzimierz Brus — casos comparativos que mostravam os perigos para a autoridade do PCCh, que poderiam advir de esforços de reforma econômica malsucedidos.

Com o Politburo agendado para se reunir em 30 de maio, Zhao viu sua chance de defender as reformas, mesmo diante do aumento dos preços. Ele defendeu a necessidade de correr riscos, dizendo que a economia estava em boa forma e esperar levaria a uma oportunidade perdida. "A experiência do leste europeu demonstra que, se você perder uma boa oportunidade e esperar que a velocidade do crescimento caia antes de avançar com as reformas", problemas como a instabilidade política podem surgir, disse ele. Mudando a topografia, Zhao continuou: "Nossos preços sobem 15%, e nossos debates se tornam terrivelmente desordenados. No Brasil, eles aumentam 15% em um mês e conseguem sobreviver a isso."[49] O avanço do papel do mercado sob a estrutura da "economia de mercado socialista" foi a única solução permanente para os problemas da China", Zhao reiterou, "outras opções eram meramente "temporárias".[50]

Algumas autoridades do encontro de Politburo em 30 de maio fizeram declarações ainda mais enfáticas, seguindo o apelo de Zhao pela tomada de risco e encorajadas pelas afirmações de Deng. De acordo com um participante, Li Tieying argumentou que uma reforma abrangente dos preços criaria uma economia de mercado que funcionasse suavemente, mesmo sem propriedade privada. Zhao levantou preocupações sobre o argumento de Li, especialmente porque nenhum estudo de viabilidade havia sido realizado.[51] Xue Muqiao insistiu que a reforma de preços começasse no ano seguinte e fosse realizada ao longo de três anos, e Zhiwen evidentemente concordou.[52] O apelo de Zhao pela tomada de riscos sinalizou a todo o Politburo que ele estava planejando seguir adiante com seu cronograma no verão de 1988, e suas referências a uma variedade extraordinariamente ampla de economias de outros países, do Leste Europeu ao Brasil, mostraram que ele pretendia aproveitar a experiência internacional na definição de suas políticas.[53]

No entanto, os apelos de Zhao para que houvesse confiança no futuro foram recebidos de maneiras diversas, mesmo entre os reformistas. Em particular, a atmosfera de abertura ideológica que sua liderança fomentou também permitiu especulações sem precedentes sobre as causas subjacentes dos problemas econômicos do país. Em junho de 1988, uma perspectiva destrutivamente iconoclasta explodiu nessas discussões. A Central Chinesa de TV (CCTV), emissora estatal que era primariamente de domínio da propaganda, transmitiu um documentário em seis partes chamado *River Elegy* [*Elegias do Rio*, em tradução livre], que explorou a civilização milenar da China, que geralmente recebera um tratamento reverente — e o considerara insuficiente. Usando o fluxo lento do Rio Amarelo como símbolo do atraso da China, o narrador entoou: "Precisamos criar uma nova civilização, que não possa fluir do Rio Amarelo... Nossa civilização preci-

AS MARGENS DO RIO

sa de uma boa lavagem pelo grande dilúvio", que chegou do Ocidente na forma de "civilização industrial". Essa nova "civilização" era abertamente capitalista. "Somente mercados saudáveis podem unir oportunidade, igualdade, e competição", disse, elogiando Zhao e suas decisões no XIII Congresso do Partido. Sugerindo que as previsões de Karl Marx sobre a morte do capitalismo estavam completamente erradas, o documentário expressou otimismo de que a reforma poderia avançar na China se o povo chinês abandonasse o "atraso" que o Rio Amarelo simbolizava e adotasse o mercado e os valores ocidentais representados pelo "oceano azul".

De fato, além de acusar a civilização chinesa de fundamentalmente falha, o *River Elegy* confiou maior parte do destino da China a dois grupos particularmente pró-reforma: pensadores e empreendedores. Ele elogiou as ZEEs, especialmente Shenzhen, como a vanguarda do fim do atraso da China, voltadas para o mar literal e simbólico. Mesmo assim, *River Elegy* expressou incerteza sobre seu sucesso. "Mesmo que o grande Lord [John Maynard] Keynes voltasse à vida, ele não poderia fazer nada" sobre a economia chinesa, observou o narrador. Com mais de 200 milhões de telespectadores, o *River Elegy* expôs uma audiência extraordinariamente grande a ideias anteriormente confinadas a círculos relativamente rarefeitos nos debates sobre políticas do período.[54] "É possível que seja o documentário mais assistido na história da televisão", escreve a historiadora Rana Mitter. Abraçando o capitalismo e denegrindo o valor das "características chinesas" em um momento de inflação perigosa e possível reforma de preços, *River Elegy* ofereceu um desafio substancial à ideologia oficial da China e à narrativa oficial emergente sobre os objetivos das reformas. Zhao evidentemente gostou do documentário e recomendou que outros o vissem.[55]

Na mesma época em que o *River Elegy* foi transmitido pela primeira vez, as oito equipes de economistas que Zhao havia designado para preparar as "Propostas de Reforma a Médio Prazo de 1988 a 1995" apresentaram seus resultados. Todos endossaram as metas do relatório de Zhao de 1987 e "nenhum deles apoiou a política de iniciar uma reforma radical dos preços imediatamente", lembrou um ex-funcionário.[56] Wu Jinglian trabalhou com seu colaborador frequente Zhou Xiaochuan para elaborar uma proposta que defendia fortemente uma reforma de preço como o elo fundamental nas reformas gerais, mas eles não disseram que a reforma de preços deveria começar imediatamente por causa da atmosfera inflacionária então predominante. Li Yining concordou com o adiamento, mas argumentou que sua reforma acionária das empresas deveria preceder a liberalização de preços. Liu Guoguang, por sua vez, propôs um cronograma de três anos de estabilização econômica, uma proposta surpreendentemente cautelosa e meio-termo claramente destinada a ser palatável politicamente.[57]

Wu lembrou: "Não houve diferenças essenciais entre os economistas sobre as questões básicas relativas ao estabelecimento de uma economia de mercado na China. "No entanto, cada pessoa tinha um entendimento diferente de como os mercados operam", bem como sobre "os passos necessários e a sequência de implementação".[58] Li Yining teve uma visão diferente do assunto. Em um artigo furioso atacando os "passos necessários" propostos por Wu para a reforma de preços, ele escreveu: "Aqueles economistas que defendem a reforma de preços como a linha principal não entendem as condições da China, mas copiam indiscriminadamente do mercado e das teorias da economia ocidental." Ele também atacou a dependência dos mesmos economistas em Kornai", eles "só dizem o que quer que ele diga".[59] Li alavancou seu ostensivo acordo com as "condições da China" para denunciar seus oponentes políticos por defenderem a ocidentalização. No calor de um debate político interno, Li, que havia sido e continuaria a ser um canal importante para introduzir o conhecimento econômico ocidental na China, introduziu uma postura ideológica em uma veemente tentativa de vencer seu argumento. No entanto, os ataques de Li e o consenso entre os economistas contra a imediata reforma de preços falharam em influenciar Deng Xiaoping, que ampliou seus pedidos de reforma de preços, instando os líderes do PCCh a agir com ousadia.[60]

No entanto, neste momento crítico das reformas econômicas da China, Yao Yilin, cauteloso conservador e aliado de Chen Yun, recebeu a tarefa de liderar o grupo do Conselho de Estado dedicado a formular um plano de reforma de preços — em vez de Zhao, que agora era muito superior, ou Li Tieying, que pode ter sido percebido como muito entusiasmado. Um ex-formulador de políticas do Conselho de Estado lembrou que a equipe conservadora do grupo de Yao praticamente excluiu os economistas reformistas — e alegou que Chen Yun, que permanecera nos bastidores durante os debates, fez com que a SPCo preparasse simultaneamente um plano de austeridade que estaria pronto se a reforma dos preços não fosse bem-sucedida.[61] Zhao, por sua vez, percebeu que Yao Yilin estava tomando decisões pelas costas e tentando deixá-lo em segundo plano.[62] Enquanto isso, de maneira habitual, Deng permaneceu distante dos detalhes da política, simplesmente expressando uma atitude que esperava que seus tenentes seguissem lealmente.[63] No entanto, nesse caso crucial, estava claro que Deng não tinha o apoio sincero do seu aparelho de elaboração de políticas econômicas.

De fato, naquele verão, Zhao continuou a se preocupar com a inclinação de Deng em favorecer a reforma de preços sem implementar simultaneamente grandes reformas empresariais. Zhao emitiu um alerta em uma reunião do Grupo Central de Finanças e Economia em 11 de julho e repetiu novamente em 20 de julho, afirmando que alguns camaradas erroneamente acreditavam que "um sistema de mercado apareceria após uma reforma de preços sem reforma do setor público". Mas isso era impossível.[64] Enquanto os líderes chineses se reuniam no balneário de Beidaihe, eles não haviam chegado a um acordo substantivo e claro sobre quando e como realizar a reforma de preços.

Neste conclave de verão, abrigado entre as praias de areia baixa do Mar Bohai e as encostas cobertas de ciprestes da Montanha Lianfeng, Deng defendeu a reforma dos preços. As reuniões encontraram uma discordância tão séria que terminaram brevemente em 28 de julho, quando os ânimos esquentaram e os formuladores de políticas conduziram "mais pesquisas".[65] De 5 a 9 de agosto, Li Peng organizou uma reunião do Conselho de Estado com membros do Politburo que incluiu apresentações de altos funcionários da SPCo, do Ministério das Finanças e do Banco Popular da China (PBOC), entre outros órgãos do governo, tomando uma nota decididamente cautelosa sobre as perspectivas de curto prazo para a economia chinesa.[66] Depois que o Politburo se reuniu em Beidaihe e as reuniões recomeçaram de 15 a 17 de agosto, Yao Yilin apresentou o relatório de seu grupo de pesquisa sobre preços e salários. Yao falou sobre um prazo plurianual para a reforma de preços, projetando que 1989 seria um "novo começo" e discutindo uma estratégia que incluísse a liberação dos preços do aço e a elevação dos preços ao consumidor.[67] Debates intensos continuaram durante a sessão de agosto, com Zhao enfatizando que o PCCh precisava "prevenir as circunstâncias que ocorreram na Europa Oriental", quando esses países não conseguiram realizar reformas duradouras nos preços. No entanto, Zhao supostamente expressou seu otimismo de que a reforma pudesse ser bem-sucedida, dizendo que economia chinesa estava "mais vibrante, com orientação teórica mais clara para a reforma" do que as economias dos países da Europa Oriental. Ainda assim, ele advertiu que a inflação seria o "maior obstáculo" e ele se preocupou com as consequências potencialmente "significativas" caso a reforma falhasse.[68]

Deng demonstrou sua contínua autoridade prevalecendo sobre quaisquer desentendimentos internos e, em 19 de agosto, o Politburo decidiu apoiar um plano para a adoção imediata e abrangente de critérios de preços. Embora alguns líderes nas reuniões de Beidaihe tenham sublinhado a necessidade de reportagem "prudente" de notícias, nas palavras de Xi Zhongxun (o ex-líder de Guangdong e pai do atual presidente Xi Jinping), no mesmo dia a Agência de Notícias de Xinhua anunciou a decisão com um linguajar audacioso e com itens proeminentes publicados no *People's Daily* e transmitidos pela televisão.[69]

Uma crise imediatamente ocorreu. Como os consumidores enfrentaram a perspectiva de alta dos preços e inflação reprimida explodindo em toda a economia, o medo levou a uma onda extraordinária de corridas bancárias e compras em pânico. Uma dessas cenas explodiu na Qingshan Friendship Store, em Wuhan, que vendia ouro. Era um quadro cinematográfico: multidões de consumidores batiam contra o portão de metal hermeticamente fechado da loja, forçando os dedos através das aberturas, sacudindo as barras e agarrando-se ao ouro lá dentro. As mãos deles balançavam maços grossos de notas de RMB, retiradas com urgência dos depósitos bancários, e gritos vinham de todas as direções enquanto clamavam por atenção. Do lado de fora, os homens lutaram violentamente contra a multidão, subindo em cima de outras pessoas, pisando na cabeça das pessoas com seus sapatos e segurando o batente da porta em busca de apoio. A vendedora frenética lá dentro pegou seu dinheiro o mais rápido que pôde, distribuindo o máximo de ouro de 24 quilates que a loja possuía. O preço do ouro subiu, quase da noite para o dia, para RMB 140 por grama e esperava-se que aumentasse ainda mais, à medida que as pessoas tentassem converter seu dinheiro em metal precioso.[70]

Cenas como o frenesi do ouro em Wuhan foram reproduzidas em todo o país, deixando a China à beira do abismo. Uma mulher em Xangai, entrevistada em frente a uma multidão fazendo fila em uma loja de departamentos, disse: "Peguei meu dinheiro do banco e comprei uma cama... Eu já tenho uma cama em casa, eu realmente não precisava comprar uma cama, mas todo mundo está

AS MARGENS DO RIO

comprando, e eu tenho medo de que os preços subam."[71] Outros relatórios descreveram consumidores frenéticos comprando "fósforos suficientes para durar 20 anos", bem como camisas de algodão e sabão, e uma "crise do papel higiênico" em Pequim, onde algumas pessoas compraram cerca de cinquenta rolos de uma só vez.[72] As corridas bancárias e os gastos com eletrônicos na cidade de Harbin levaram, segundo as autoridades locais, às maiores retiradas bancárias desde a fundação da República Popular da China (PRC) trinta e nove anos antes.[73] Em vez de demonstrar confiança no regime, os consumidores chineses responderam à notícia da reforma de preços com extrema ansiedade sobre as perspectivas para a economia.

As compras em pânico levaram a um novo aumento inflacionário. Uma pesquisa com trinta e duas cidades de grande e médio porte revelou um aumento de preços de 24,7% no mês de agosto.[74] Uma atmosfera de crise pairava sobre os líderes do Partido. Em 30 de agosto, Li Peng presidiu uma reunião do Conselho de Estado, na qual a direção mais uma vez mudou drasticamente, desta vez longe das reformas radicais anunciadas apenas onze dias antes. O Conselho de Estado decidiu não implementar o plano para grandes reajustes de preços naquele ano e se concentrar em restaurar a estabilidade e a confiança públicas ao "conter os aumentos de preços e a compra em pânico". Foi uma admissão rara de erro substancial. A reforma de preços, por sua vez, foi caracterizada como uma meta que levaria cinco anos ou mais para ser alcançada. O documento divulgado após a reunião de 30 de agosto mudou a ênfase para "estabilizar a economia e aprofundar a reforma", o slogan preferido do primeiro-ministro Li Peng. Devido ao desastre da reforma de preços, Li solidificou o controle sobre a formulação de políticas econômicas e até a ideologia.[75]

Na reunião de Politburo em 2 de setembro, o secretário-geral Zhao reconheceu os muitos problemas na economia que surgiram como resultado do plano radical de reforma de preços; Li falou em seguida e deixou claro que a "atmosfera" havia mudado e as ideias defendidas em Beidaihe não funcionariam mais. Li e Zhao discordaram explicitamente, e o tom azedou rapidamente enquanto trocavam cronogramas conflitantes e interpretações de eventos.[76] A decisão de Li em 30 de agosto de abandonar a reforma de preços e iniciar um período de "estabilização da economia" foi apresentada no endosso oficial de Politburo, e ele começou a colocar Zhao como o líder sênior mais propenso a aceitar a queda pelo erro. Zhao também percebeu que, como secretário-geral, a responsabilidade caiu naturalmente no seu colo, e que os conservadores agora tentariam abertamente excluí-lo da formulação de políticas econômicas.[77]

Mais fundamentalmente, a liderança do PCCh havia sido destruída: a tentativa de reforma mais ambiciosa e radical até agora, encabeçada pessoalmente por Deng, terminara em fracasso e numa completa reversão de políticas. Foi, de acordo com Ezra Vogel, "talvez o erro mais caro de sua carreira [de Deng]".[78] Em 12 de setembro, Deng convocou uma reunião em sua casa com Zhao, Li Peng, Bo Yibo, Hu Qili, Wan Li, Qiao. Shi e Yao Yilin. Na discussão turbulenta que se seguiu, Zhao foi frequentemente interrompido, e Deng apoiou Yao Yilin quando ele falou.[79] Deng afirmou seu compromisso de "aprofundar a reforma" (sem emparelhar a frase com "estabilizar a economia", como na formulação de Li Peng) e esperou que a liderança ainda pudesse futuramente criar uma "boa atmosfera" para implementar a reforma de preços. Embora Zhao, Yao e Li tenham feito comentários refletindo suas interpretações divergentes do que "aprofundamento da reforma" implicaria em 1988 e 1989, Deng não resolveu decisivamente seus desacordos.[80] Como Li Peng e seus aliados promoveram uma narrativa de que a busca pelo alto crescimento guiada pelo mercado deixara que a inflação saísse de controle, Zhao viu seu controle sobre a política econômica desaparecer e ele percebeu que seu cargo poderia estar em risco.[81] O XIII Congresso do Partido em 1987 havia assinalado o ponto alto do cronograma de reformas de Zhao. No outono de 1988, esse cronograma se desfez.

Nesse momento de crise, Zhao tomou uma decisão caracteristicamente ousada: ele se reuniria com um importante economista estrangeiro para pedir conselhos. No entanto, o economista que ele escolheu — Milton Friedman — era, aparentemente, um candidato extremamente improvável, especialmente tendo em vista o quão ruim fora a visita de Friedman em 1980. Nos anos seguintes, Friedman mantivera correspondências com vários economistas chineses que ele havia conhecido. Várias figuras proeminentes, incluindo Li Yining e Liu Hongru, vice-governador do PBOC, escreveram-lhe para recomendar estudantes. Friedman também recebeu uma quantidade crescente de correspondências de fãs de leitores chineses comuns que obtiveram cópias de *Livre para Escolher* e de *Capitalismo e Liberdade*. Entre eles estava um sincero professor de inglês da Universidade de Ji'nan que escreveu para Friedman em 1985 e um estudante de finanças loquaz da Universidade de Xiamen que começou a corresponder-se com Friedman depois de iniciar uma tradução do *Marco Monetário*, de Friedman, em meados dos anos 80. Em suas cartas, Friedman procurava assistentes, enviando cópias adicionais de seus livros e encorajando os alunos a procurar "um grupo mais amplo de leitores" para seus trabalhos.[82]

Sem saber do contexto sombrio, mas ansioso para voltar a espalhar sua mensagem no país mais populoso do mundo, Friedman aceitou o convite para discursar em uma conferência de setembro de 1988 sobre a reforma econômica na China, sediada em Xangai pelo Instituto Cato e pela Universidade de Fudan. O economista de setenta e seis anos palestrou para uma multidão de 400 estudantes da Universidade de Fudan, onde recebeu uma cadeira honorária. No almoço com o secretário do Partido de Xangai, Jiang Zemin, que havia participado de várias reuniões importantes em Beidaihe e em Pequim, Friedman defendeu a importância da privatização e dos livres mercados, isto é, "liberalizando de uma só vez". Jiang respondeu ressaltando as "dificuldades políticas" de tal ideia.[83] Apesar dessa resistência, Friedman voltou a esses temas por sua apresentação na conferência Cato, defendendo "mercados privados livres" em vez de se concentrar na inflação em si.[84]

A resposta veio de um economista chamado Pu Shan, um dos principais especialistas do Partido na "economia mundial", que usava uma jaqueta Mao firmemente abotoada com corte em modelo militar.[85] Pu atacou o distinto visitante: "A direção da reforma econômica da China é para o desenvolvimento de uma economia planificada de commodities baseada na propriedade pública socialista e não naquilo que o professor Friedman chamava de 'mercados privados livres'." Além dessa contestação sobre a relevância de Friedman para a China, Pu resistiu à visão de mundo de Friedman de forma geral. "A julgar pelas evidências reais", parece "injustificável" concluir que "um sistema econômico baseado em 'mercados privados livres'" é superior à "economia planificada de commodities baseada na propriedade pública ao estilo chinês", disse ele enfaticamente.[86] Com sua confiança característica, Friedman desconsiderou a crítica como uma correção política.[87] No entanto, no contexto dos debates chineses da época, a resposta de Pu indicava que a mensagem evangelizadora de Friedman sobre o fim da autoridade estatal sobre a economia não havia encontrado tantos convertidos quanto ele esperava.

De Xangai, Friedman viajou para Pequim, onde se hospedou no Diaoyutai State Guesthouse, a residência dos hóspedes do estado, uma grande melhoria quando comparada ao hotel de má qualidade onde ele esteve durante sua viagem de 1980. Em meio a seus lagos tranquilos e vilas elegantes, Friedman fez palestras para autoridades, conclamando os líderes chineses a não "enganarem a si mesmos" sobre a urgência dos problemas com o aumento da inflação. Ele enfatizou a importância dos mercados privados livres no que diz respeito a remediar as falhas do sistema dual, que ele chamou de "um convite aberto à corrupção e à ineficiência".[88]

No que foi o momento mais dramático da viagem, Friedman recebeu a notícia de que Zhao havia pedido para se encontrar com ele. Zhao e sua rede de economistas, lutando para consertar a inclinação da reforma e recuperar a influência no processo de formulação de políticas, precisavam de novas propostas — e, embora Friedman tenha se mostrado imprevisível, pareciam acreditar que seu monetarismo poderia oferecer uma visão necessária sobre como a China poderia controlar seus problemas inflacionários.[89] Por sugestão de seus anfitriões chineses, Friedman apresentou um memorando a Zhao, que expunha seus pontos de vista sobre a melhor direção da reforma da China.[90] Friedman começou o documento com uma refutação direta do pensamento chinês durante esse período de que as experiências da China eram excepcionais e que as "características chinesas" eram um aspecto de todos os problemas que o país enfrentava. "Todo país sempre acredita que suas circunstâncias são especiais", escreveu Friedman, mas a aceitação dos princípios do livre mercado é necessária, independentemente disso. Atacando o sistema dual, Friedman defendeu o descontrole de preços na China em "um golpe ousado" e "desse fim" à inflação, controlando o dinheiro e limitando o déficit governamental financiado pela criação de moeda e créditos concedidos às empresas. Acima de tudo, ele pediu novamente que a China avance no estabelecimento de verdadeiros "mercados privados livres", não apenas "mercados", embora ele não tenha elaborado essa distinção. "Cuidado para não ficar estagnado durante o processo", alertou Friedman.[91]

Quando esse par improvável se encontrou, Zhao Ziyang agradeceu Friedman por seu memorando, mas tentou estabelecer a discussão em seus próprios termos. Ele expôs como ele e outros líderes chineses conceituaram os desafios que a economia chinesa enfrentava.[92] Zhao explicou que os líderes do Partido estavam trabalhando para reformar as empresas para que elas "assumissem a responsabilidade por seus lucros e perdas". Com relação à reforma das empresas, Zhao admitiu: "Naturalmente, nesse ponto, fui inspirado pelo ocidente". Embora ele reconhecesse dificuldades em realizar os objetivos, Zhao fez referência à decisão de 1987 do Partido de estabelecer uma economia na qual "o Estado administra o mercado e o mercado orienta as empresas". Zhao salientou: "A direção da reforma não mudará."[93]

Zhao pediu a opinião de Friedman, em particular sobre os "problemas difíceis da China, especialmente a considerável inflação". Ele perguntou: "As pessoas podem sofrer tamanho choque, tanto economicamente quanto psicologicamente?" Além disso, Zhao levantou a questão mais fundamental de todas: "Por que a inflação ocorreu na China?"[94]

A resposta de Friedman foi altamente crítica, pois ele acreditava que a decisão de 1987 era "impossível": "O estado é organizado de cima para baixo; o mercado, de baixo para cima. Os dois princípios são incompatíveis."[95] Ele afirmou que o sistema dual tornava os bens "mais caros, não menos", porque, embora os preços ainda estivessem baixos, os custos de enfileiramento, escassez e outros efeitos negativos foram altos. Assim, a inflação persistiria enquanto o sistema dual permanecesse, argumentou Friedman.

Zhao respondeu pedindo que Friedman entendesse as circunstâncias especiais da China: "A reforma do sistema bancário chinês está apenas começando, então é muito difícil para os bancos seguirem a prática ocidental, onde você pode controlar a inflação apertando a oferta monetária", disse Zhao, referindo-se ao sistema dual como necessário.[96] No entanto, Friedman parecia não estar convencido, e a conversa terminou abruptamente. No entanto, Zhao concluiu o encontro com um gesto incomum de amizade, levando Friedman ao carro e abrindo a porta para o economista norte-americano.[97] Rumores começaram a se espalhar por toda a cidade de Pequim sobre a estreita conexão forjada entre os dois homens. Apesar do tom inconclusivo da reunião, esse gesto final proporcionou às redes de políticos e estudiosos de Pequim, acostumados a encontrar significado em tais minúcias aparentes, uma retratação definitiva da visita de Friedman.[98]

Antes de deixar a China, Friedman reuniu-se para um banquete luxuoso com vários de seus anfitriões. Vestindo uma camisa xadrez vermelha e uma jaqueta de linho branco, e bronzeado por causa de seu passeio pela cidade, o economista norte-americano sorriu largamente e brindou em pequenos copos de licor com seus colegas chineses.[99] De fato, apesar das tensões, Friedman enalteceu seu encontro com Zhao, elogiando o líder chinês por possuir "uma compreensão sofisticada da situação econômica e de como um mercado operava", um contraste gritante com os funcionários "incrivelmente ignorantes" que ele menosprezou depois de sua viagem em 1980.[100] O *People's Daily* resumiu a reunião com entusiasmo, concluindo com Friedman elogiando Zhao por ter "o temperamento de um professor". Posteriormente, o jornal também divulgou uma entrevista com Friedman, traduzida para chinês, que terminou num tom igualmente alegre.[101] As ideias de Friedman radicalmente pró-mercado haviam sido transformadas em pontos de vista que estavam de acordo com os objetivos dos reformistas do PCCh para a economia; sua visita foi apresentada na mídia estatal mais como um impulso de relações públicas para Zhao do que como uma troca intelectual significativa.

Tanto na China quanto nos Estados Unidos, a suposta ligação de Friedman com Zhao se espalhou rapidamente. Alguns reformistas chineses passaram a se alinhar às ideias de Friedman, como Yang Peixin, agora funcionário econômico do Conselho de Estado, que naquele mesmo mês escreveu diretamente a Friedman para declarar sua afinidade: "Você é contra a inflação nos países ocidentais e eu sou contra a inflação na China."[102] Nos Estados Unidos, ao mesmo tempo, Gregory Chow confirmou a seus colegas norte-americanos que o encontro de Friedman com Zhao havia recebido "ampla publicidade".[103]

Friedman também trabalhou para divulgar sua grande recepção na China em artigos e entrevistas.[104] Ele foi atacado arduamente na década de 1970 por sua "responsabilidade" ao apoiar a junta militar repressiva no Chile, onde, segundo o *New York Times*, "a política econômica da junta chilena" é baseada nas ideias de Milton Friedman... O próprio Friedman visitou Santiago e acredita-se que sugeriu o programa draconiano da junta para acabar com a inflação."[105] Anunciando sua chegada da China no *Diário de Stanford* naquele mês de outubro, o sempre provocativo Friedman escreveu, de maneira um pouco zombeteira: "Nestas circunstâncias, devo me preparar para uma avalanche de protestos por ter me disposto a dar conselhos a um governo tão perverso?"[106] Ninguém apareceu, e em uma entrevista à Forbes depois de retornar aos Estados Unidos, Friedman previu que grandes mudanças pró-mercado eram iminentes na RPC.[107]

Poucos dias após o encontro de Zhao com Friedman, o Conselho de Estado lançou formalmente um programa de contenção, que era o foco principal do terceiro plenário do XIII Congresso do Partido convocado em 26 de setembro de 1988. Este encontro foi um desastre para Zhao. Outros altos líderes do Partido o atacaram por ter permitido que a inflação saísse do controle, deixando claro que Zhao levaria a queda pública pelos problemas econômicos do verão de 1988.[108] (A imagem de Deng também foi prejudicada, mas ele permaneceu o líder supremo e, portanto, imune a críticas diretas.)[109] O discurso de Zhao na sessão plenária de 1988 admitiu que a inflação não fora controlada adequadamente, caracterizando a economia como "superaquecida" e citando o excesso de demanda agregada. Zhao então disse: "Se no início deste ano nós tivéssemos abordado e resolvido este problema, as coisas estariam um pouco melhores agora". Ele ainda sustentou: "O caminho que tomamos nos últimos anos foi correto". Mesmo assim, quando Zhao se voltou para discutir explicitamente a reforma de preços, ficou claro quanto terreno os reformistas haviam perdido: Zhao soava mais como Li Peng, ressaltando que os aumentos de preço deveriam ser estritamente controlados, dando um prazo de "cinco ou mais anos" para racionalizar os preços das mercadorias, apoiando a continuação do sistema dual de preços e, finalmente, exortando a Yao Yilin para que apresentasse os detalhes do novo plano de reformas de preços e salários.[110]

Nos próximos meses, a política econômica da China avançou mais rumo às políticas de retificação e contenção que Li Peng e Yao Yilin defenderam. Em 27 de setembro de 1988, por exemplo, o Conselho de Estado emitiu uma decisão sobre "controlar estritamente" moeda e empréstimos para produzir estabilidade financeira.[111] Embora economistas proeminentes como Li Yining alertassem que a redução só produziria "estagflação", e os administradores das empresas expressavam temores de que as "realizações da reforma seriam destruídas em um dia", o cronograma avançou.[112]

Ao pressionar pela reversão das políticas de Zhao, líderes conservadores seniores voltaram-se especificamente para o envolvimento de Zhao com ideias estrangeiras. Em 8 de outubro, Chen Yun disse enfaticamente: "Em um país socialista como o nosso, estudar os métodos das economias ocidentais de mercado fez com que nossas dificuldades parecessem numerosas" e levou as políticas ao erro. Previsivelmente, Chen exigiu que a contenção afirmasse o papel central no planejamento e no fortalecimento do centro econômico em resposta às "dificuldades atuais." Este tema confirmou muito do cronograma de políticas econômicas da China nos meses subsequentes. Em 24 de outubro de 1988, o Conselho de Estado divulgou um relatório sobre o fortalecimento do "controle estrito" sobre os aumentos nos preços das mercadorias e um influente relatório sobre "Disciplina do Partido", que pedia "unanimidade ideológica" para "limpar o ambiente econômico e melhorar a ordem econômica".[113]

No entanto, Zhao continuou procurando novas ideias e manteve discussões francas com especialistas estrangeiros. Em novembro, ele se encontrou com Stanley Fischer, economista-chefe e vice-presidente de economia do desenvolvimento do Banco Mundial (e atualmente vice-presidente do US Federal Reserve System). Zhao anunciou que falaria com Fischer como "um economista que pesquisou muito sobre o controle da inflação", em vez de estritamente como funcionário do Banco Mundial, e sua conversa rapidamente mudou para os detalhes da política. Depois de uma pergunta de Zhao sobre se os preços deveriam ser liberados rápida ou gradualmente, Fischer respondeu que estava ciente do encontro de Zhao com Milton Friedman em setembro e supôs que Friedman havia defendido uma rápida liberalização. No entanto, olhando para a condição da economia chinesa no final de 1988, Fischer estava convencido de que as mudanças precisavam ser feitas gradualmente. "A China não pode reformar sua economia da noite para o dia", disse ele.[114]

Mesmo assim, Zhao insistiria mais tarde que ele não acreditava que a situação no final de 1988 apresentasse sérios riscos sistêmicos para a economia chinesa. Mas seus pontos de vista não eram mais voltados à política. Apenas alguns dias depois, em 5 de dezembro, Li Peng proferiu um discurso importante na Conferência Nacional de Planejamento, na qual emitiu uma série de pareceres sobre a "nocividade da situação econômica superaquecida e da inflação", alertando os representantes para que não subestimassem o quão difícil e demorado seria salvar a economia. Afirmando que os líderes do PCCh reduziriam a demanda excessiva ao reduzir o investimento e instituir outras medidas administrativas e intervenções diretas, Li restituiu o amplo controle de preços.[115]

Nas comemorações oficiais subsequentes do décimo aniversário do terceiro plenário de 1978, que havia simbolicamente lançado a "reforma e abertura" de Deng, alguns reformistas, como o proeminente teórico Su Shaozhi, tentaram pedir mais reformas. Um Zhiwen escreveu que a lição aprendida nos últimos dez anos foi que "a reforma não deveria ser como 'arroz meio cozido' ou ser adiada indefinidamente." Mas Bo Yibo e outros líderes de alto nível que apoiam a contenção deixaram claro que esses pedidos não se traduziriam em políticas durante o próximo ano.[116] Quando 1988 chegou ao fim, Zhao estava sob ataque de seus críticos e de alguns de seus antigos aliados, que também estavam sob imensa pressão para alinhar-se com a intensificação da contenção.

Como a política econômica no final de 1988 e no início de 1989 passou a reduzir a inflação, alguns economistas chineses importantes refletiram sobre o status das reformas e tentaram formular lições da experiência da China. Como um elemento de tais reflexões, alguns oficiais reformistas e economistas procuraram defender as reformas dos problemas que surgiram em 1988. O *World Economic Herald*, uma publicação corajosamente orientada para a reforma em Xangai, publicou um ensaio de dois pesquisadores políticos de alto nível que concordaram substantivamente com os argumentos de Zhu Jiaming sobre a inflação, dizendo que a taxa de inflação da China, embora alta, não era séria e que a inflação era uma experiência comum entre os países em desenvolvimento com sucesso. Na mesma edição, outro economista sênior usou o exemplo da primeira-ministra britânica Margaret Thatcher para argumentar que Zhao deveria perseverar com seu cronograma de reformas mesmo diante de críticas. Para esses pensadores, a experiência da China era defensável e exemplar. Artigos com títulos como "Ganhar intelectuais é ganhar tudo e perder intelectuais é perder tudo", sugeriu que os pensadores reformistas da China estavam melhor posicionados para ganhar esse caso.[117]

Esses pensadores confiantes também queriam defender as mais novas políticas de reforma cristalizada da China em um cenário global. Em março de 1989 — pouco depois de o presidente dos Estados Unidos George H. W. Bush ter visitado Pequim e se reunido com Deng, Zhao e outros no final de fevereiro[118] — Dong Fureng, que acabara de concluir seu mandato como diretor do Instituto de Economia da CASS, participou de uma Associação Econômica Internacional (IEA) em Moscou sobre "Forças de Mercado em Economias Planificadas". Com János Kornai e Włodzimierz Brus apresentando documentos e Edwin Lim do Banco Mundial participando como observador, Dong tomou uma decisão ousada: ele informaria os participantes ocidentais sobre a China sem mencionar quaisquer economistas internacionais ou ideias econômicas —

uma decisão incomum nas publicações econômicas chinesas naquele momento, especialmente em uma publicação que visava engajar audiências internacionais.[119] (Em contraste, o artigo de Wu Jinglian e Zhao Renwei em coautoria para o *Journal of Comparative Economics* em 1987 fez referência às reformas de preços tchecas, citou Brus, aludindo a Kornai, e citou o economista norte-americano Gene Tidrick.)[120] Embora Dong tivesse se referido a Kornai e repetidamente invocado a experiência húngara em um importante artigo de 1988 sobre a reforma da propriedade empresarial e do sistema econômico, neste ele não mencionou a absorção chinesa de ideias internacionais, esforçando-se para evitar termos ainda amplamente utilizados, como "escassez" e "restrição orçamentária".[121]

Nesse cenário, por que Dong tomou essa decisão? Talvez, participando como apresentador em um nível igual ao de figuras de alta estatura na China como Kornai e Brus, Dong percebeu que os economistas internacionais estavam começando a considerar a reforma da China como se possuísse o tipo de valor emulativo que a China tinha visto na Europa Oriental. Talvez ele pensasse que evitar a expressão idiomática das opiniões de Kornai na presença do economista húngaro ajudaria a reforçar a boa aparência das conquistas da China. Ou talvez Dong acreditasse que a China divergira substancialmente das ideias internacionais que ajudaram os reformistas chineses a defender sua posição na década de 1980 e pensava que essas ideias já haviam recebido crédito suficiente. De qualquer maneira, a decisão de Dong de omitir quaisquer referências a ideias internacionais marcou uma mudança na forma como economistas chineses discutiram as reformas de seu país no cenário global.

Ao mesmo tempo, os intercâmbios intelectuais internacionais continuavam, à medida que economistas chineses viajavam para colher novos conhecimentos que pudessem ser aplicados à economia inflacionária da China e ajudar os reformistas a colocar seu cronograma de políticas de volta nos trilhos. "Por meio do intercâmbio internacional, podemos superar as dificuldades e promover o desenvolvimento", disse Zhao Ziyang na primavera. "O desenvolvimento da década passada comprovou esse ponto."[122] Gregory Chow, de Princeton, organizou um raro encontro: uma reunião entre líderes da RPC e autoridades econômicas de Taiwan, realizada em Hong Kong em março de 1989. A reunião foi realizada em segredo, com a Comissão de Reforma do Sistema, o líder An Zhiwen, o vice-presidente do banco central, Liu Hongru, e outros reformistas que passaram vários dias com economistas seniores de Taiwan, incluindo Sho--Chieh Tsiang, um renomado consultor sênior do governo de Taiwan. Tsiang propôs que os economistas chineses "aumentassem a taxa de juros para garantir um retorno real positivo aos depósitos bancários", como recordou Chow, uma estratégia usada por Taiwan nos anos 1950.[123] An e Liu caracterizaram os economistas de Taiwan como críticos da política monetária expansionista keynesiana e afirmaram que a política do governo deveria "na medida do possível, estar alinhada com as forças do mercado". A taxa de inflação da RPC, de 18,5%, era um problema, mas não "muito sério", escreveram eles, observando que a inflação em Taiwan havia sido significativamente maior nos anos 50. Os economistas de Taiwan também pediram que a China avançasse com uma ousada reforma de preços.[124] Imediatamente após a conferência, os participantes chineses enviaram um relatório diretamente a Zhao Ziyang e Li Peng descrevendo suas impressões. Alguns dos conteúdos podem ter refletido o forte interesse de Liu Hongru nos monetaristas norte-americanos (ele havia escrito várias cartas a Friedman durante a década de 1980)[125] — mas, acima de tudo, o relatório refletia a aparente consistência de opiniões entre especialistas internacionais de que o ambiente inflacionário chinês poderia ser resfriado se a liderança promulgasse novas reformas de mercado. Endereçado a ambos os PCCHs: principais reformistas e principais defensores da redução de gastos, o relatório desafiou a liderança implicitamente a não se acovardar diante da inflação e, em vez disso, a continuar com as reformas de mercado. Depois de ler o relatório, Zhao enviou-o para Deng Xiaoping e deu ordens à Comissão de Reforma do Sistema para conduzir pesquisas adicionais.[126]

Outros economistas chineses orientados pela reforma se basearam diretamente na decisão de 1987 para formular algumas das propostas mais ousadas até o momento. A influência de Kornai e da Conferência de Bashan permaneceu proeminente nesses argumentos. Um economista que participou da conferência, Guo Shuqing, citou Kornai para propor um afastamento dos controles administrativos de qualquer tipo, argumentando que arrastar a dependência de controles administrativos indiretos sobre grandes áreas da economia e por um longo período só faria com que fosse mais difícil transformar a economia em coordenação de mercado. "Controles administrativos indiretos são uma armadilha", escreveu Guo.[127]

Mais notavelmente, alguns economistas começaram a defender abertamente as reformas políticas. Ao fazer isso, eles estavam respondendo a sinais de bastante apoio, incluindo comentários que Deng Xiaoping havia feito em 1986, encorajando as reformas políticas. O relatório de Zhao ao XIII Congresso do Partido defendeu uma maior separação entre o Partido e o governo, ampliando mecanismos democráticos intrapartidários, criando um judiciário independente e reformando o tratamento de questões de pessoal dentro do Partido, entre outras reformas. Bao Tong, o secretário de Zhao (chefe de gabinete), evidentemente escreveu essas propostas.[128] Trabalhando com muitos indivíduos que tinham trabalhado duro na reforma econômica, Zhao criou um Escritório de Reforma Política, organizado por Bao e com membros da equipe, incluindo Chen Yizi.[129] Outras autoridades, incluindo membros seniores da Comissão de Reforma do Sistema e do Centro de Pesquisa para o Desenvolvimento, discutiram a necessidade de reformar a estrutura política para que as reformas econômicas pudessem avançar no próximo estágio.[130]

A literatura sobre os sucessos e fracassos da reforma política chinesa na era Deng é vasta. Aqui, concentro-me nos economistas que escreveram sobre a reforma política na conjuntura crítica de 1988-1989. Eles frequentemente faziam críticas à corrupção e à busca da renda que emergiram sob o sistema dualista — fenômenos em que fatores políticos e econômicos se tornaram inextricáveis como forma de apresentar suas propostas.[131] As reformas políticas defendidas por pessoas que trabalham no sistema foram cautelosas e, como escreveu Andrew Nathan, certamente não representaram "qualquer desafio ao monopólio do poder pelo Partido".[132] Zhao e seus principais assessores argumentaram que a reforma política era necessária para alcançar o progresso econômico contínuo — uma conexão essencial que foi uma contribuição importante para os debates chineses sobre a reforma como um todo. No entanto, no início dos anos 1990, após o incidente em Tiananmen, o PCCh mudaria sua linha e garantiria que a reforma econômica e a reforma política fossem conceitualmente separadas.

Nesse contexto, as experiências da Hungria, Polônia e Tchecoslováquia nas terras natais de Kornai, Brus e Šik forneceram dados para a elaboração dos apelos dos economistas por reformas políticas.[133] Em um artigo de abril de 1989 na *Economic Research*, Zhao Renwei e dois coautores avaliaram a mudança na relação do "estado" com a "empresa" como "reforma mercantilizadora", citando várias obras de Kornai, incluindo seu artigo de 1986 sobre sua viagem à China.[134] Eles concluíram com uma simples declaração de inevitabilidade da reforma política. "As reformas orientadas pelo mercado estão fadadas a mudar alguns fatores não econômicos, e estão especialmente ligadas à reforma do sistema político", eles escreveram.[135] Em abril de 1989, ficou claro que a crença entre muitos economistas reformistas importantes era de que a reforma política era uma necessidade urgente com origem, mesmo que parcial, na leitura do trabalho de pensadores como Kornai. A mudança é particularmente notável porque Kornai e outros estudiosos da transição socialista foram vistos como grandes defensores da reforma política em seu país natal, apesar de não terem defendido essas visões na China. Os crescentes pedidos de reformas políticas por parte de economistas chineses mostraram sua crescente conscientização sobre os tipos de argumentos que estavam sendo apresentados por colegas no exterior, incluindo alguns dos parceiros e modelos que eles mais admiravam, bem como das profundas e persistentes desigualdades no sistema político da China.[136]

Todos esses desenvolvimentos — o documento de Dong, outros intercâmbios internacionais e debates internos revelaram a extensão da nova concepção das relações entre Estado e mercado, que enfatizava a orientação de mercado das empresas com o Estado que orienta o mercado por meio da regulação macroeconômica indireta, que se cristalizara entre as elites da China orientadas pela reforma. Mesmo em um ambiente de retração política e retrocessos conservadores, esses pensadores demonstraram uma firme convicção de que a reforma deveria continuar na direção que Zhao havia estabelecido em 1987.

No entanto, eventos que iam muito além dos frágeis alcances de organizações de pesquisa e institutos de políticas derrubariam os planos dos reformistas chineses. Após sofrer um colapso decorrente de um ataque cardíaco em uma reunião de Politburo, Hu Yaobang faleceu em 15 de abril de 1989. A repentina morte do simpático Hu Reut, um reformista popular destituído de seu poder, fez com que houvesse manifestações de pesar entre estudantes universitários de todo o país. Na noite de 17 de abril, três mil estudantes marcharam da Universidade de Pequim para a Praça Tiananmen, no centro de Pequim, onde acamparam durante a noite. Na data programada para o funeral de Hu em 22 de abril, o número de estudantes aumentou supostamente para cem mil. A crise se intensificou, com os estudantes clamando por uma reforma política democrática abrangente.[137] As causas, a tragédia e as consequências do movimento democrático estudantil da primavera de 1989 receberam e continuariam a receber tratamento a fundo. Aqui eu forneço apenas um relato resumido deste evento assombroso e momento de reviravolta política para mostrar como a tragédia de Tiananmen foi uma importante conjuntura na forma como as narrativas subsequentes do PCCh tratariam dois assuntos-chave: as políticas de reforma de Zhao e as influências ocidentais na China.[138]

O movimento estudantil tinha antecedentes claros. Como observado anteriormente, os protestos estudantis de menor escala levaram ao expurgo de Hu no início de 1987. Nos primeiros meses de 1989, a sociedade urbana fervia com salões democráticos e movimentos de petições liberais, incluindo um pedindo a libertação de prisioneiros políticos, mais proeminentemente Wei Jingsheng, famoso pela "Quinta Modernização". Ao mesmo tempo, as críticas às políticas de contenção implementadas após a tentativa fracassada de reforma de preços em 1988 vinham de muitos setores, incluindo gestores furiosos cujas empresas estavam sofrendo com a desaceleração do crescimento após a adoção da nova política industrial estatal em março.[139] Encontrando-se com líderes estrangeiros em 23 de março, Deng reconheceu que os problemas da China com a inflação continuaram apesar das estritas políticas de contenção.[140]

Enquanto as ruas de Pequim se enchiam de estudantes em abril de 1989, a combinação de protestos estudantis, inflação persistente e grupos de interesse enfurecidos voltaram os pensamentos de Deng ao caso polonês, que ele observara com grande interesse e preocupação.[141] Em 4 de abril de 1989, a solidariedade que surgiu na Polônia como um sindicato no verão de 1980 sobreviveu às tentativas de repressão do Partido Comunista Polonês e o forçou à fazer negociações depois que as greves dos trabalhadores em 1988 resultaram na denominada Mesa Redonda, que efetivamente dissolveu a posição do secretário-geral do Partido Comunista e preparou o palco para uma vitória eleitoral em larga escala para sua coalizão nas eleições nacionais seguintes. Os dias do Partido Comunista Polonês estavam contados.[142] Em 6 de abril, Zhao Ziyang disse: "Alguns lugares estão passando por problemas muito claros de ordem pública. Devemos dar a devida importância a isso." Os líderes do PCCh estavam determinados a não ter o mesmo destino que seus colegas

AS MARGENS DO RIO

poloneses; a lição que Deng aprendeu foi que as "concessões" fracassariam e uma resposta vigorosa seria necessária.[143] Um alto representante chinês disse a Egon Krenz, o segundo oficial na Alemanha Oriental, que a liderança chinesa acreditava que "legalizar a oposição seria o começo do fim do socialismo na China" por causa da experiência polonesa com a Solidariedade. Como Mary Sarotte argumentou, além de acompanhar de perto eventos como a liberalização polonesa (e húngara), os líderes chineses "queriam evitar que um movimento similar ocorresse em seu território" e estavam preparados para tomar medidas extremas para o frear.[144]

Essa crença na necessidade de uma resposta vigorosa tomou várias formas. À medida que os protestos estudantis começaram a tomar Pequim, a facção do primeiro-ministro Li Peng solidificou sua ascensão quando um Deng angustiado autorizou a publicação do infame "Editorial 26 de abril" na primeira página do *People's Daily*, pedindo uma "posição clara em relação às perturbações", com o intuito de intimidar os estudantes.[145] Os líderes dos protestos não recuaram; em vez disso, reagiram firmando seu posicionamento e intensificando suas críticas a Li e Deng, com uma nova onda de protestos ocorrendo no dia seguinte.[146] Tanto no editorial quanto em reuniões internas, altos funcionários sugeriram que "mãos negras" estrangeiras e "provocadores" domésticos estariam por trás das manifestações, voltando sua atenção para os pensadores que, de acordo com eles, manipulavam os manifestantes estudantis.[147]

Autoridades de alto escalão, portanto, colocam uma imensa pressão sobre pensadores, escritores e publicações reformistas para apoiar a liderança do PCCh. Em Xangai, o *World Economic Herald*, um documento que os líderes reformistas, incluindo Zhao Ziyang, liam e referenciavam desde o início dos anos 80, foi o foco dessa pressão. Em 1989, o *Herald* publicava uma série de artigos que criticavam líderes seniores conservadores pelo nome — incluindo um artigo de 3 de abril de 1989 que criticava "os maiores erros de Li Peng em ignorar a importância e a urgência da reforma política" e organizou conferências sobre "Democracia, Ciência e Modernização" e "Hu Yaobang vive em nossos corações", que se alinhava com as alegações dos estudantes que protestavam.[148] No final de abril, Jiang Zemin, secretário do Partido de Xangai, decidiu que o jornal também fora longe demais. Ele suspendeu o editor-chefe do jornal e, apesar de uma declaração irada de "atitudes e exigências" do conselho editorial do *World Economic Herald* em 1º de maio, encerrou as atividades do jornal.[149]

Nas semanas seguintes, o *World Economic Herald* seria visto como parte de uma "conspiração" com os estudantes e até mesmo como a "trombeta" de uma "cantata" internacional de forças aliadas contra o Partido e o socialismo.[150]

Outro campo de batalha para as autoridades foi o septuagésimo aniversário do Movimento de Quatro de Maio de 1919, um movimento estudantil que criticou o imperialismo, pediu por uma China mais forte e destacou o valor da ciência e da democracia no rejuvenescimento da nação chinesa. Os pensadores que haviam desempenhado um papel no movimento de 4 de maio fundaram o PCCh pouco depois, em 1921; intelectuais chineses de mentalidade independente na década de 1980 olharam para o movimento de 4 de maio como fonte de inspiração. As comemorações oficiais em 1989, lideradas por Li Peng, destacaram o patriotismo do movimento. Reformistas e pensadores, no entanto, destacaram as ideias científicas e democráticas dos manifestantes estudantis de 1919; Fang Lizhi chegou a ponto de criticar o patriotismo e a ênfase constante do governo em "características chinesas", dizendo: "Você não pode pisar em ovos o tempo todo por medo de desafiar qualquer coisa que seja rotulada como 'chinesa'... A verdade não distingue entre localidades."[151] Os assuntos vieram à tona depois que Zhao Ziyang proferiu vários discursos que percorreram cuidadosamente a linha entre esses dois cargos, incluindo um discurso em 4 de maio de 1989, em uma reunião do Banco Asiático de Desenvolvimento, onde seu tom era nitidamente mais acalorado para com os estudantes do que o de Li Peng nos dias anteriores. Zhao foi imediatamente atacado por Li, pelo prefeito de Pequim, Chen Xitong, e outros por divulgar mensagens e por usar uma jurisdição internacional para pressionar seus colegas do PCCh.[152] A divisão entre intelectuais reformistas e a liderança do Partido era clara e crescente — como uma rixa dentro da liderança do Partido.

Nos próximos dias, Zhao, cada vez mais isolado, pediu a Deng para se retirar do editorial de 26 de abril, aprofundando o abismo entre os dois homens e fazendo com que Deng procurasse por recomendações de Li Peng com mais frequência. Em 13 de maio, dois dias antes de o presidente soviético Mikhail Gorbachev chegar a Pequim para uma reunião que fora bastante antecipada, a primeira cúpula sino-soviética desde 1959, os estudantes iniciaram uma greve de fome. Como Deng deixou claro para Zhao que ele não se retrataria do editorial de 26 de abril e que a alta liderança decidiu declarar a lei marcial, Zhao repetidamente tentou renunciar ao cargo de secretário-geral. No entanto, foi um erro de Zhao que, finalmente, custou-lhe a sua posição com Deng. Em seu encontro com Gorbachev em 16 de maio, Zhao teria feito um comentário explicitamente confirmando que Deng continuava sendo o líder supremo, com a palavra final em todas as decisões; esse comentário enfureceu Deng, que evidentemente considerou inadequado compartilhar tal informação com estrangeiros e achou que isso poderia levá-lo a um confronto direto com os manifestantes.[153] Zhao escreveu uma carta, tentando explicar freneticamente que não pretendia transferir a culpa para Deng, mas não obteve resposta.[154]

Em 18 de maio, último dia da visita de Gorbachev a Pequim, 1,2 milhão de pessoas haviam se reunido na Praça Tiananmen, segundo uma estimativa do Ministério de Segurança do Estado.[155] Nesse mesmo dia, líderes dos protestos estudantis e das greves de fome, incluindo Wu'er Kaixi e Wang Dan, reuniram-se com Li Peng, Chen Xitong e outras figuras de autoridade do Grande Salão do Povo, com Wu'er Kaixi interrompendo as observações preparadas de Li Peng para criticar a liderança da China antes de desmaiar repentinamente em sua cadeira.[156]

Quando os líderes do Partido começaram a implementar a decisão de Deng de impor a lei marcial para reprimir os protestos, Zhao finalmente decidiu renunciar, independentemente de Deng querer ou não. Zhao se recusou a ver as tropas entrarem em Pequim sob sua responsabilidade. No início da manhã de 19 de maio, Zhao caminhou até a praça para falar diretamente com os alunos. Pedindo para que cancelassem a greve de fome, pela saúde dos próprios estudantes, Zhao — com a voz cheia de emoção enquanto segurava um pequeno megafone — disse aos estudantes: "Nós falhamos com vocês."[157] No dia seguinte, em 20 de maio, a imposição da lei marcial começou. Li Peng leu o decreto anunciando que a China havia entrado em estado de emergência e na tribuna onde estavam os membros do Comitê Permanente do Politburo, a cadeira de Zhao permaneceu vazia.

Porém, enquanto as tropas tentavam entrar na cidade, os moradores de Pequim uniram forças para impedi-los de avançar, impedindo-os de chegar no centro da cidade por pelo menos cinquenta horas; então, na manhã de 22 de maio, as tropas receberam ordens de se retirar. Reanimados, os trabalhadores começaram a se juntar aos estudantes na praça, expressando sua raiva com relação a questões econômicas e autoridades corruptas, embora não endossando a democracia e outros ideais liberais que pareciam motivar os intelectuais e estudantes que protestavam desde abril.[158] A participação dos trabalhadores urbanos foi, para Deng e outros membros do Partido, um eco assustador dos acontecimentos na Polônia e em outros lugares da Europa Oriental. Igualmente ameaçadora era a natureza de suas queixas, que criticavam o pragmatismo de Deng como insuficiente. "Não é o suficiente dizer que você está sentindo as pedras para atravessar o rio", disse um trabalhador na ocasião. "E aqueles de nós que caem e se afogam?"[159]

Após a retirada das tropas, Deng, Li e seus aliados prepararam uma resposta militar ainda mais forte que seria capaz de subjugar qualquer tentativa de impedir que as tropas entrassem em Pequim. Em 28 de maio, Zhao foi formalmente colocado em prisão domiciliar, onde permaneceria pelo resto de sua vida.[160] Na noite seguinte, os estudantes da praça revelaram uma estátua chamada Deusa da Democracia, posicionada para olhar diretamente para o retrato de Mao pairando sobre o portão da paz celestial. Embora o número de estudantes estivesse evidentemente diminuindo, um grande grupo continuava comprometido a permanecer na praça.[161] Para justificar a decisão de reprimir o movimento estudantil, relatórios internos procuravam retratar os protestos como uma ameaça que visava destituir o regime comunista. Em 1º de junho, o Ministério da Segurança do Estado teria apresentado um documento ao Politburo justificando sua crença de que a "infiltração ideológica e política" dos "países capitalistas ocidentais" avançou a ponto de representar imenso perigo para "o grande país socialista da China". O relatório alegou relações entre a Agência Central de Inteligência dos EUA (CIA) e os funcionários da Comissão de Reforma do Sistema. Pintando um quadro aterrorizante da "intenção assassina" de "capitalistas monopolistas internacionais e forças estrangeiras hostis e reacionárias", o ministério argumentou que o movimento estudantil representava uma luta de vida ou morte com inimigos que procuravam "aniquilar" o PCCh.[162] Reagindo a este documento, Li Xiannian supostamente ligou essa explicação à "turbulência na União Soviética e em todos os países socialistas da Europa Oriental", à qual Deng respondeu: "O camarada Xiannian está correto."[163] Parecia que o pesadelo deles, a reprodução do cenário polonês, estava prestes a se desdobrar — levando a liderança a decidir o momento em que a praça seria limpa.

Enquanto isso, cerca de 150 mil soldados começaram a entrar na cidade em pequenos grupos camuflados, movendo-se gradualmente para Pequim, para que não pudessem mais ser bloqueados pela multidão. O exército também preparou armas, incluindo tanques e veículos blindados. Na noite de 3 de junho, as tropas receberam ordens de se reunir em Pequim e marchar em direção à praça.[164] Sentado no pátio do que se tornara sua casa e sua prisão, Zhao podia ouvir tiros.[165]

10

No Delta

NA MANHÃ DE 4 de junho de 1989, Tiananmen, a Praça da Paz Celestial, foi esvaziada dos estudantes que ali acamparam por semanas. Deixaram para trás apenas algumas manchas de sangue nas pedras, recém-marcadas pelas trilhas dos tanques. Na cidade imperial que se espalhava abaixo do olhar vazio do retrato oficial de Mao, um número desconhecido de pessoas fora morto e ferido. O evacuamento da praça levou menos de doze horas.[1]

Devido à abertura da China ao exterior, nos anos 1980, a mídia internacional (já em Pequim para a visita de Gorbachev) documentou esse episódio extraordinário — o movimento estudantil febricitante e a violência autoritária que o encerrou — em tempo real e com grandes detalhes, concentrando a atenção do mundo em Pequim. O governo dos EUA, sob o mandato do então presidente George H. W. Bush, acompanhou o tumulto de perto.[2] Mesmo para os estrangeiros que observavam o governo, estava claro que a repressão afetaria diretamente os economistas reformistas que impulsionaram a inovação intelectual da China sob o regime de Zhao Ziyang. Um telegrama recentemente desconsiderado, enviado em 4 de junho, citava que o Instituto Chen Yizi para a Reforma Estrutural Econômica Chinesa escreveu uma "declaração de apoio aos estudantes", encomendada pela Sociedade de Jovens Economistas de Pequim, entre outras organizações econômicas — e o telegrama antecipara que a liderança do Partido Comunista Chinês reprimiria a pesquisa econômica. "Os pesquisadores disseram para não deixar o país", alertou o embaixador dos EUA na China.[3]

Alguns desses "pesquisadores", incluindo Chen Yizi, conseguiram fugir do país.[4] Mas outros tiveram problemas — o mais proeminente entre eles, Fang Lizhi, pediu asilo na embaixada dos EUA quando as prisões em massa começaram. "Não tivemos escolha senão aceitá-lo", escreveu Bush em seu diário, "mas será como desafiar os chineses". Fang e sua esposa permaneceriam na embaixada por mais de um ano antes de serem autorizados a deixar a China, em meio a um impasse diplomático que acarretou intensa atenção global para a posição precária e às vezes cativa dos intelectuais chineses após a repressão em Tiananmen.[5]

No entanto, nos dias após Deng Xiaoping ter autorizado a violenta repressão do movimento estudantil, ele tentou sinalizar internamente que seu compromisso com a reforma econômica continuava sendo primordial. Em 9 de junho, fez sua primeira aparição desde a repressão, encontrando-se com oficiais militares — cuja lealdade a Deng continuava necessária e permitiria a supressão dos protestos. Deng afirmou seu compromisso com o relatório de trabalho do XIII Congresso do Partido, apesar de Zhao Ziyang, na época secretário-geral, ter sido marginalizado. "Nem mesmo um detalhe pode ser alterado", declarou Deng. "Devemos nos ater a uma combinação de economia planejada e economia de mercado", disse ele, usando a formulação associada aos pensadores reformistas de Zhao. No entanto, como Hu Yaobang estava morto e Zhao, em prisão domiciliar, os conservadores dominaram a liderança mais antiga que restava do Partido após o incidente em Tiananmen. Quando os comentários de Deng foram publicados, no início de julho, sua frase "economia de mercado" (*shichang jing ji*) foi alterada para "economia de mercado regulada" (*shichang tiaojie jing ji*). O substancial rebaixamento de status apresentou o mercado como menos importante do que a "economia planificada", contrariando suas intenções originais.[6]

Uma semana depois, em 16 de junho, Deng reafirmou publicamente que "a reforma e a abertura ao mundo exterior não iriam mudar".[7] No entanto, Chen Yun, Li Peng e outros conservadores que se sobressaíram no envio de tropas, asseguraram que as políticas de contenção de 1988 seriam aprofundadas. Com a permissão de Deng, a liderança chinesa implementou um novo e amplo programa de contenção econômica de 39 pontos, programado para durar três anos, cujo objetivo era recentralizar o planejamento, implementar austeridade macroeconômica e fortalecer a posição das empresas industriais estatais. Impulsionar o consumo interno e o investimento foi particularmente importante para Li Peng e seus aliados porque, diante das sanções internacionais e embargos ao crédito externo, o déficit comercial da China (anteriormente autorizado a crescer para lidar com o aumento da inflação, em 1988) teria aumentado rapidamente se a demanda não tivesse sido derrubada.[8]

Na quarta plenária do Décimo Terceiro Comitê Central, que se reuniu em 23 e 24 de junho de 1989, a liderança do Partido Comunista Chinês não apenas solidificou suas políticas de contenção como também encerrou um mês de incertezas sobre Zhao e seu cargo de secretário-geral.[9] Zhao foi formalmente demitido, junto com seu aliado Hu Qili. O Comitê Permanente do Politburo levou vários novos membros sob a liderança de Jiang Zemin, que foi promovido de secretário do Partido de Xangai para secretário-geral do PCCh.

Zhao, que participou da reunião, mas foi interrompido quando tentou se defender, sendo atacado pelo que foi apresentado como sua traição política. "Ele cometeu o erro de apoiar a turbulência e dividir o Partido, e tem uma responsabilidade inegável pela formação e desenvolvimento da turbulência", declarou Li Peng, enquanto dizia que Zhao "acomodou, encorajou e apoiou a liberalização burguesa".[10] O veterano do Partido, Peng Zhen, acusou Zhao de "tentar derrubar o Partido Comunista e causar estragos no sistema socialista, em parceria com poderes hostis no país e no exterior."[11] Outro veterano supostamente atacara Zhao como tendo "transformado o socialismo em algo que ninguém poderia definir".[12] Yao Yilin, enquanto isso, teria convocado uma "saída da influência política de Zhao Ziyang" e atacou diretamente o princípio do congresso do Partido de 1987: "O Estado administra o mercado e o mercado guia as empresas."[13] Dessa forma, os conservadores conseguiram incluir os interesses reformistas de Zhao como parte e parcela de seu suposto objetivo de minar o socialismo e a autoridade do Partido. Embora Deng tenha pedido ao Comitê Central para evitar "abrir algum tipo de discussão sobre ideologia" no quarto plenário, os ataques sobre Zhao mostraram que o conselho de Deng fora ignorado.[14]

Os conservadores indiciaram Zhao diretamente por seu envolvimento com os economistas ocidentais, tendo como um componente de seu ataque sua relação mais ampla com "poderes hostis em casa e no exterior". O então prefeito de Pequim, Chen Xitong, leu seu relatório sobre a "contenção dos distúrbios contrarrevolucionários" na reunião do Comitê Permanente do Sétimo Congresso Nacional do Povo (NPC), em 30 de junho de 1989, alegando que Zhao tentara derrubar a ordem socialista na China e a substituir por um sistema liberal capitalista. No entanto, a evidência para essas acusações era contestável. "Nada especialmente valia a pena", escreveu Chen, "é que no ano passado, em 19 de setembro, o camarada Zhao Ziyang se encontrou com um 'economista norte-americano extremamente liberal'", declarou assombradamente o relatório.[15] O dia 19 de setembro de 1988 foi a data do encontro de Zhao com Milton Friedman.

A mensagem antiocidental era clara. O que o relatório chamava de *"Brain Trust"*[16], de Zhao, fazia uma descrição de que o mesmo estava fascinado com as ideias de muitos economistas ocidentais, e a "estratégia de longo prazo" desses estrangeiros era insidiosa: forçar a China a abandonar o socialismo, um esforço letal encorajado por Zhao.[17] Nessa visão conservadora, a disseminação tóxica de ideias estrangeiras, especialmente a influência perniciosa de Friedman, enfraquecia o Partido por instigação de Zhao — e era emblemático, da insidiosa tendência intelectual, buscar economistas estrangeiros que permitissem que ideias perigosas "liberais" se infiltrassem na China.

Quase tão rapidamente, o status de parcerias com economistas estrangeiros, alguns dos quais foram identificados como a fonte da poluição ideológica que havia corrompido Zhao e seu *"Brain Trust"*, passou de precário para pior. Friedman, por exemplo, tornou-se *persona non grata*. Os planos para uma edição chinesa de sua Teoria dos Preços — já traduzida no verão de 1989, com um prefácio especial escrito pelo próprio Friedman — foram repentinamente interrompidos. Ao mesmo tempo, Friedman recebeu uma enxurrada de pedidos de ajuda de jovens economistas que se tornaram alvos na esteira da repressão e que agora viam Friedman como um símbolo do futuro que havia sido vigorosamente evitado na China. Um jovem chamado Fan Di (um estudante de doutorado da época do regime de Li Yining) escreveu com temor: "Fui informado de que fui colocado em uma lista negra pelo governo da China desde que me tornei membro executivo da Associação dos Jovens Economistas de Pequim, a qual acreditam ser leal a Zhao Ziyang e foi anunciada como uma organização contrarrevolucionária." Ele implorou a Friedman que o aceitasse como estudante, "para fazer mais estudos aprofundados, assim como sobreviver".[18] Não é claro qual é o papel que Friedman, que não tinha nenhum estudante ativo de graduação dentro da Instituição Hoover, na Universidade de Stanford, desempenhou para ajudar Fan Di — mas, dentro de alguns meses, Fan era um acadêmico visitante na Universidade da Califórnia, em Berkeley, ajudando a fundar o Instituto de 1990, dedicado a programas colaborativos entre Estados Unidos e China.[19]

No entanto, o otimismo sobre o futuro da China, que Friedman expressara apenas alguns meses antes, desapareceu com Zhao. Friedman escreveu em 1990: "A tragédia não mudou as realidades econômicas subjacentes que a China enfrenta, mas tornou muito mais difícil a tarefa de alcançar uma transição bem-sucedida."[20] Para Friedman, que argumentou, em seu *Capitalismo e Liberdade*, que a liberdade econômica e a liberdade política estavam inextricavelmente conectadas, a tragédia da Praça Tiananmen demonstrou o perigo de conduzir reformas econômicas sem a concomitante abertura do sistema político.

Nos próximos dias e semanas, o trauma político e social da Praça Tiananmen seria acompanhado por um retrocesso adicional das políticas de reforma, bem como a introdução de novas políticas de contenção econômica. Mas, como veremos, quando a influência da ala "linha-dura" enfraqueceu e os reformistas retornaram ao poder, no início dos anos 1990, continuidades notáveis na política surgiriam. Algumas mudanças não eram negociáveis: Zhao havia sido expurgado em 1989, de modo que as contas oficiais omitiriam de maneira fastidiosa sua influência e o papel de seus assessores ocidentais. No entanto, após esse período de recuo, os reformistas trariam de volta muitas das políticas substanciais que defenderam para a economia chinesa na década de 1980 e pelas quais eles e seus *"Brain Trust"*, influenciados pelo ocidente, haviam sido atacados — embora sem pleno reconhecimento de suas origens supostamente traiçoeiras.

À medida que as consequências da repressão na Praça Tiananmen se ampliaram dos ataques contra Zhao, os líderes chineses consistentemente culpavam a infiltração e a interferência estrangeira nos assuntos internos chineses, com um foco particular nos Estados Unidos. Friedman se encaixou nessa narrativa, mas se estendeu muito além dele. Mesmo quando a administração de George H. W. Bush fez aberturas secretas ao regime chinês, Deng e outros altos oficiais do Partido Comunista Chinês pintaram o Ocidente como um antagonista que desempenhou um papel de liderança ao provocar a "rebelião" dos estudantes. Friedman se encaixou nessa narrativa que se estendeu muito além dele. Em 2 de julho de 1989, Brent Scowcroft, conselheiro de segurança nacional dos EUA, e o secretário adjunto de estado, Lawrence Eagleburger viajaram para Pequim, apesar da posição pública da administração de não se envolver com a China, e se encontraram com Deng.[21] Scowcroft e Eagleburger haviam voado clandestinamente em um avião de carga militar, aterrissando em uma base chinesa e furtivamente se apressando para a reunião na casa estatal de hospedes de Diaoyutai. Lá, Scowcroft recordou que Deng disse que os Estados Unidos "em grande escala, se chocaram com os interesses chineses (...). Cabe aos Estados Unidos deixar de adicionar combustível ao fogo".[22] Mesmo nos níveis mais altos de interações secretas entre os dois países, a liderança chinesa adotou essa atitude e rejeitou as propostas ocidentais.

Assim, dentro dos resultados do verão de 1989, a linha oficial da liderança do Partido Comunista Chinês se tornou, de certa forma, mais firmemente antiocidental do que havia sido desde a era Mao. É importante ressaltar que, ao contrário da Campanha de Combate à Poluição Espiritual, em 1983, o alvo dessa atitude antiocidental cobria agora uma gama mais abrangente de interações com o Ocidente — política, ideológica, econômica e intelectual — que, juntas, fomentaram um movimento popular que promoveu valores "ocidentais" como um meio de criticar a liderança autoritária da China.

O desenvolvimento global incrementou essa interpretação. O contágio anticomunista que se espalhou por toda a Europa Oriental e que teve uma poderosa resposta de Deng aos protestos estudantis de junho continuou a proliferar. A turbulência que logo englobou a União Soviética e os estados comunistas da Europa Oriental garantiu que os líderes chineses conservadores mantivessem um controle rígido sobre a política econômica e ideológica. A "estabilidade" tornou-se a principal prioridade, tanto na economia quanto na política.[23]

Essa ênfase na estabilidade ocorreu justamente quando uma importante mudança de liderança estava em andamento: Deng disse a um pequeno grupo de veteranos do Partido em Beidaihe, em meados de agosto de 1989, que transferiria sua última posição oficial restante, a presidência da Comissão Militar Central, para Jiang Zemin, assim, se aposentando e permitindo que Jiang o sucedesse completamente. Determinado a evitar desestabilizar o cuidadoso equilíbrio que havia construído, Deng planejou formalizar sua retirada em novembro de 1989, durante o quinto plenário.[24]

Nessa busca por estabilidade, a linha fortemente antiocidental e anticapitalista que se tornou proeminente depois de 4 de junho persistiu. Em 7 de novembro, o ideólogo Deng Liqun — novamente empoderado após a queda de Zhao — realizou uma reunião que culpou abertamente as reformas pela "desordem" de junho. Já em outubro de 1986, dissera abertamente a Deng Xiaoping que acreditava que Zhao era um "valentão arrogante" que gostava de "sofismas" e "tinha lido poucas das obras de Marx e Lenin" — e, o que seria o pior de tudo, Zhao estava "obcecado em transplantar o capitalismo ocidental" para a China.[25] Embora, na época, Deng Xiaoping o repreendesse severamente por causa dessa língua ferina, em novembro de 1989, Deng Liqun encontrou o circo armado.

O principal argumento de Deng Liqun era que as reformas sob Zhao e Hu Yaobang possuíam uma "orientação capitalista", buscando eliminar o planejamento e suplantá-lo com o mercado, em vez de uma "orientação socialista". Como resultado dessa "orientação capitalista ocidental", Deng Liqun postulou que as reformas levaram a China à beira do caos. O quinto plenário divulgou um documento que criticava implicitamente as políticas de Zhao e elogiava a visão de Chen Yun para a economia chinesa.[26] Naquele inverno, outros ideólogos conservadores fizeram discursos e publicaram artigos com a mesma orientação, indicando um grande esforço conservador para definir o projeto reformista dos anos 1980 como inerentemente "capitalista" por natureza e perigoso para a China.[27]

No entanto, a liderança chinesa também estava disposta a receber aberturas de governos ocidentais, instituições internacionais e economistas que tentavam retomar a relação que havia sido interrompida pelo furor público da repressão na Praça Tiananmen. Já em 23 de agosto de 1989, os economistas norte-americanos Gregory Chow, Dwight Perkins e Lawrence Lau viajaram para Pequim para "avaliar o impacto dos eventos recentes no ambiente acadêmico das universidades chinesas". A Academia Nacional de Ciências (ANC) havia suspendido seus negócios com a China, mas, de acordo com um memorando, Perkins e vários outros membros do Comitê de Pesquisa e Educação Econômica da ANC na China, pensavam que "os benefícios de continuar nossos programas na China superam os potenciais custos políticos".[28] Em Pequim, os economistas norte-americanos estavam evidentemente satisfeitos com o que seus interlocutores chineses lhes disseram: "Apesar dos eventos políticos infelizes de junho, a educação econômica chinesa e os intercâmbios econômicos com países estrangeiros permaneceram essencialmente inalterados", afirmou Chow, deixando claro que ele pretendia continuar seu trabalho na China.[29]

A nível diplomático, Deng Xiaoping se reuniu com o ex-secretário de Estado Henry Kissinger, em 10 de novembro, e recebeu uma visita pública do conselheiro de segurança nacional, Brent Scowcroft, no início de dezembro.[30] Em um banquete reluzente em sua homenagem, acima do brilho suave à luz de velas, Scowcroft fez um brinde pedindo "novo ímpeto e vigor" no relacionamento EUA–China, ridicularizando "irritações no relacionamento" e afirmando: "É importante que não nos cansemos de atribuir a culpa pelos problemas que existem", que podem ser "isolados" e tratados com "outro tempo".[31] Da mesma forma, Shahid Javed Burki, que serviu como chefe do Departamento da China no Banco Mundial de 1987 a 1994, voou para Pequim logo após a repressão. Enquanto esteve lá, decidiu que o banco deveria permanecer na China. "Meus esforços para manter o programa do Banco funcionando", escreveu ele, "criaram uma enorme quantidade de confiança para mim, assim como para o Banco, em Pequim".[32] A visita dos economistas norte-americanos, o brinde de Scowcroft e o trabalho de Burki funcionaram como pedidos e promessas: se a China retomasse as negociações e suavizasse sua linha antiocidental, o governo Bush poderia parar de "culpar" a tragédia de junho de 1989 e o Banco Mundial continuaria seu trabalho na China.

No entanto, eventos dramáticos na Europa Oriental interromperam os planos de Scowcroft. As ansiedades do Partido Comunista Chinês sobre o colapso do comunismo na Europa Oriental, começando com a Polônia e a Hungria, atingiram um ponto mais alto com a queda do Muro de Berlim em novembro e a Revolução de Veludo, na Tchecoslováquia. O ponto mais crítico foi a revolução romena — e a execução de Nicolae Ceaucescu em 25 de dezembro de 1989 — que particularmente chocou os líderes do Partido Comunista Chinês. Após a repressão na Praça Tiananmen, o embaixador romeno na China foi um dos poucos oficiais internacionais que criticaram publicamente os manifestantes estudantis e apoiaram o PCCh.[33] O líder do Partido Popular, Qiao Shi, visitou a Romênia em agosto e final de novembro daquele ano, e o *People's*

Daily havia publicado anteriormente comentários de Ceaucescu de que a cooperação entre o PCCh e o regime romeno era "extremamente importante".[34] Após uma reunião de crise em 20 de dezembro, os líderes do Partido lançaram uma saraivada de ataques contra Mikhail Gorbachev e o revisionismo soviético como as causas profundas das mudanças que varreram a Europa Oriental. Esses comentários foram, talvez, um pouco confusos para o público chinês, porque a queda do Muro de Berlim não havia sido divulgada nos principais pontos do Partido — mas, como Li Peng disse a Scowcroft em sua reunião de dezembro, a liderança chinesa viu uma conexão direta entre o que Li Peng chamava de "as medidas resolutas de 4 de junho" e a capacidade do Partido Comunista Chinês de evitar o mesmo destino dos governantes comunistas na Europa Oriental. Embora as reuniões entre Scowcroft e os líderes chineses tivessem sido positivas e deixado a delegação norte-americana otimista sobre as perspectivas de renormalizar as relações, Scowcroft acreditava que a queda de Ceaucescu fez a liderança da China "entrar em pânico" e se tornar "absolutamente inflexível". A possibilidade de normalizar as relações entre os EUA e a China de repente desapareceram.[35]

O efeito da queda de Ceaucescu no engajamento chinês com o resto do mundo foi similarmente imediato. "Toda a imagem mudou por causa da Romênia", disse um estudioso chinês na época. Um estudante liberal acrescentou: "Estávamos muito felizes com a Romênia. Mas quem se atreve a sair nas ruas, com a lei marcial ainda em vigor? Não podemos demonstrar nossa alegria."[36] As ramificações eram claras para os observadores ao redor do mundo, como bradou uma manchete da *Tribuna de Chicago*: "A China perde seu arquétipo socialista favorito."[37] Uma era estava chegando ao fim na Europa Oriental, e os líderes da China — que há muito tempo procuraram os líderes do Partido e os mais ardentes reformistas nesses países — mantiveram o controle rígido sobre as alavancas do poder em Pequim.

Ansiosos por assegurar uma transmissão mais direta da ideologia sancionada pelo Estado tanto às universidades como para intelectuais chineses que haviam liderado o movimento estudantil de 1989, líderes conservadores na China lançaram uma nova Campanha de Educação Patriótica, que provou ser um sucesso notável — graças em parte, e sem dúvida, à continuação da lei marcial. O Departamento de Propaganda divulgou imagens retratando um Ocidente moralmente decadente que atacava hipocritamente a China, uma estratégia que, como mostrou Geremie Barmé, produziu com sucesso reações antiocidentais indignadas até mesmo de liberais chineses.[38] Livros como *Wind on the Plains*, de Yuan Hongbing (1990), que criticava a busca de "soluções ocidentais para os problemas da China" (embora em um estilo incendiário e com ideias radicais e não palatáveis para o PCCh), tornaram-se populares nos mesmos *campos* universitários em que os protestos de 1989 haviam começado.[39] Em contraste com a visão de mundo apresentada no *River Elegy*, esses textos — e a Campanha de Educação Patriótica que ajudou a reforçar seu sucesso — focaram a glória das tradições chinesas e vislumbraram um futuro para a China no qual o Ocidente desempenhou, no máximo, um papel auxiliar. Em um ambiente que combinava um estrito controle político com incentivos econômicos para aqueles que cumpriam as restrições do governo, fica fácil imaginar como a campanha foi bem-sucedida.

Fora da China, muitos dos economistas que tinham feito parceria com seus pares chineses nos anos 1980 expressaram ira e decepção. A sobrevivência do Partido Comunista Chinês, após o colapso dos Partidos comunistas em toda a Europa Oriental, também causou mudanças nos escritos de alguns desses economistas. János Kornai foi o exemplo mais claro. No mundo transformado após a queda do Muro de Berlim, ele tentou unificar o que descreveu como "duas faces" na Hungria e na China, e encaixar o sistema chinês em seus argumentos gerais sobre o destino do socialismo e os objetivos de "uma mudança real do sistema". Escrevendo que a China não era uma "exceção" em sua análise crítica do sistema misto de "mercado socialista" no caminho para a transição, Kornai argumentou que esse modo de organização social, política e econômica era fundamentalmente instável e previu que suas contradições internas causariam um colapso, chamando o sistema pós-incidente da Praça Tiananmen na China de "incoerente".[40] Essas visões foram difundidas depois de 1989, através de variadas figuras como as de Alec Cairncross a Milton Friedman, os quais sugeriram que o sistema socialista na China teria entrado em seu estágio final.[41]

Em Pequim, o recém-empossado secretário-geral Jiang Zemin permitiu que a reforma continuasse em pequenas formas, ao mesmo tempo em que enfatizava a "estabilidade" e um afastamento do Ocidente. Economistas chineses foram autorizados a continuar seu trabalho, desde que o fizessem em silêncio.

Nós "podemos ser menos animados do que antes da tempestade de junho", escreveu um reformista, "mas nós ainda estamos pensando".[42] Aqueles que publicaram — como Xue Muqiao, aos 85 anos — fizeram-no, em grande parte, em ambientes altamente regulamentados, como o *People's Daily*, e se aproximaram da linha oficial sobre a necessidade de retificação e "consolidação" (*zhengdun*) sob o controle central do governo.[43] Mesmo depois que Li Peng levantou a lei marcial em Pequim, em 10 de janeiro de 1990, o tema dominante dos primeiros anos de Jiang Zemin seguiu a ênfase na "educação patriótica" e na "consolidação". Uma Comissão de Produção sob a Comissão de Planejamento do Estado (CPE) foi criada em janeiro de 1990, envolvendo mais uma vez o Estado pesadamente nos assuntos de centenas de "empresas-chave", incluindo alocação de materiais, estabelecimento de metas de produção e orçamento.[44] Comemorando o aniversário do movimento de 4 de maio, em 1990, Jiang fez um discurso para um público de 3 mil estudantes no Grande Salão do Povo. A distância que a China percorreu desde o discurso de Zhao Ziyang, em 1989, até o mesmo aniversário do discurso de Jiang, em 1990, estava extraordinariamente clara. Jiang definiu o "patriotismo" como a "missão" dos intelectuais chineses, acrescentando: "Porque negligenciamos o trabalho ideológico e político e nossas excelentes tradições educacionais, alguns jovens intelectuais foram, em diferentes graus, influenciados pelo sistema de valores da vida burguesa ocidental."[45] Uma matéria de capa do *People's Daily*, de 2 de junho de 1990, no aniversário da Guerra do Ópio, a qual marcou o início do "século de humilhação" da China, insistiu com o mesmo tema, declarando: "Não podemos defender a total ocidentalização e devemos resistir à pressão do Ocidente". Os canais de televisão chinesas foram autorizados a transmitir cenas de caos na Europa Oriental, como evidência visual do que aconteceria quando o controle central de um Partido Comunista ruísse.[46] As conexões eram inconfundíveis: os intelectuais recebiam influência do Ocidente, minando o controle do "patriótico" Partido Comunista, que, por sua vez, direcionava-se ao completo desastre.

No entanto, os reformistas, embora tenham conflitado, decidiram revidar novamente no verão de 1990. Como as relações da China com o resto do mundo se aqueceram — com o presidente George H. W. Bush renovando o status da China como nação mais favorecida, em maio de 1990, apesar de manter sanções[47]

—, uma janela estreita parecia se abrir para os reformistas criarem força contra os conservadores que controlavam as rédeas do poder em Pequim. Naquele mês, Xue Muqiao enviou uma carta à SPCo que argumentava: "Seja um país capitalista ou um país socialista, se você quer desenvolver uma economia de commodities, a estratégia de controlar moeda e liberar preços é uma lei objetiva para o bom funcionamento do mecanismo de mercado que deve ser observado."[48] Foi um sinal sutil do economista mais ilustre da China de que os reformistas ainda tinham força para lutar em batalhas futuras.

Eles também aproveitaram a oportunidade apresentada pelas aberturas amigáveis de Gregory Chow e outros durante o ano anterior. Em junho de 1990, a Academia Chinesa de Ciências Sociais (CAAS) fez uma parceria com a Fundação Ford e o Programa das Nações Unidas para o Desenvolvimento, a fim de organizar uma conferência comemorativa do décimo aniversário do workshop sobre econometria que Lawrence Klein ministrou no Palácio de Verão, em 1980. De 24 a 28 de junho, quase exatamente um ano após o expurgo formal de Zhao, Chow, Klein, Lawrence Lau, Albert Ando e vários outros economistas viajaram para a China para a comemoração organizada por Liu Guoguang e a liderança do Instituto de Economia e Técnica Quantitativa da CASS.[49] Chow escreveu uma atualização exultante para seus colegas ao retornar aos Estados Unidos, reiterando sua mensagem de que as parcerias intelectuais da China com os estrangeiros continuavam no caminho certo. Mas nem todos concordaram. "Sinto falta de algum relato" sobre Tiananmen, escreveu o Nobel Kenneth Arrow, propondo que "observações críticas, se apropriadas, não causariam nenhum problema em futuras relações".[50] No entanto, mesmo que Chow pudesse ter sido mais "crítico", a conferência de junho de 1990 ajudou a ressuscitar a ênfase na economia e emprestou pelo menos um mínimo de apoio aos economistas chineses que haviam sido marginalizados desde a repressão.

Os reformistas logo tiveram outras oportunidades para demonstrar sua energia renovada. Em 5 de julho de 1990, em uma reunião convocada por Deng Liqun, três economistas — Wu Jinglian, Xue Muqiao e Liu Guoguang — representaram a posição reformadora contra Deng Liqun e outro ideólogo conservador.[51] Wu argumentou que os indivíduos que queriam recentralizar e realizar o reajuste estrutural, sob rígidos controles administrativos, realmente "sentem que a reforma teve uma orientação equivocada desde o início". Wu declarou que tais visões estavam erradas: "Inferências teóricas e a experiência internacional provam que uma economia de commodities, com alocação de mercado como mecanismo operacional básico, é um sistema apropriado para produção em larga escala, que garante crescimento efetivo" — e, acima de tudo, foi "uma maré histórica a que não se pode retornar", em que os conservadores viam veneno ideológico, Wu via a possibilidade de "uma nova forma de empreendimento socialista" que produzisse um sistema que pudesse evitar "a dor e o sacrifício de uma "terapia de choque" e, com o tempo, em que "as forças do mercado pudessem criar estabilidade e uma economia próspera".[52]

Qual é a vantagem que Wu viu ao fazer afirmações tão fortes nesse cenário? Talvez ele simplesmente tenha tentado persuadir — ou talvez ele estivesse usando uma estratégia adequadamente mais anticonvencional para um período de restrição, em que ele e os outros reformistas poderiam apenas fazer afirmações bruscas o suficiente para forçar os conservadores a parar de tolher suas iniciativas na linguagem sobre "patriotismo" e "estabilidade" e cair abertamente contra as políticas de "reforma e abertura" de Deng Xiaoping. Se esse era o plano, porém, os conservadores não morderam a isca. Em vez de refutar diretamente as acusações que eles acreditavam "a reforma teve uma orientação equivocada desde o início", ou de criticar abertamente Deng, eles defenderam um antigo patrono da idolatria: Chen Yun. Naquele verão, embora Chen estivesse com sua saúde bem debilitada, ele permanecia astuto, e desafiou Deng de várias maneiras pequenas, mas significativas. Em particular, Chen criticou as duas escolhas malsucedidas de Deng para o cargo secretário-geral do PCCh — tanto Hu Yaobang quanto Zhao Ziyang — talvez como um meio de lançar mais difamações sobre o juízo de Deng.[53] Chen parecia estar se distanciando ativamente de seu colega de longa data e, às vezes rivalizava e, nesse processo, tornava-se um símbolo de um caminho alternativo que a China poderia ter adotado nos anos 1980. Os aliados de Chen foram rápidos em apoiar o ressurgimento de seu patrono. Naquele outono, Deng Liqun e Liu Guoguang elogiaram a "presciência" e as "contribuições teóricas" de Chen, que também foram objeto de uma série de eventos naquele verão e outono.[54] Em outubro, o primeiro-ministro Li Peng marginalizava a crença de Deng em afirmar e priorizar a reforma, incluindo referências a Chen Yun, que o planejamento central e o crescimento lento e equilibrado precisavam continuar sendo as prioridades econômicas da China. Segundo relatos, Li Peng chegou a criticar várias políticas importantes do Congresso do Partido de 1987, incluindo a formulação da economia chinesa de Zhao como aquela em que "o estado gerencia o mercado e esse guia as empresas".[55]

Essa tentativa parece ter sido em função de reverter as reformas para além do avanço de 1987, que levou Deng a entrar em ação. Talvez ele estivesse disposto a permitir que a contenção de 1988 continuasse por mais tempo do que o esperado por causa das crises de 1989, mas, no final das contas, ele não estava disposto a perder terreno além do que havia sido conquistado no final de 1987. Em setembro, quando surgiu um desentendimento entre representantes de províncias pró-reforma e os conservadores centristas, em uma conferência de trabalho econômico, Deng enviou uma mensagem aos líderes regionais, Ye Xuanping (filho do marechal Ye Jianying) na província de Guangdong e Zhu Rongji, em Xangai na qual ele apoiou o ponto de vista deles, em vez daquele de Li.[56] Os economistas reformistas também deram sinais de que o ambiente se aquecia: em 10 de outubro, Xue Muqiao fez um discurso em que criticava as políticas que "abandonaram a lei do valor" e causaram preços distorcidos, um passo público cauteloso para reviver uma ideologia reformista.[57] Deng disse que o avanço com a reforma havia sido "adiado" por muito tempo: "Não podemos mais ter uma atitude de esperar para ver."[58]

Para cumprir essas declarações, Deng procurou Zhu Rongji, que, como prefeito de Xangai, conseguiu dar continuidade às reformas, mesmo sob o olhar atento de Chen Yun. Uma vez rotulado como direitista, em 1957, o autoconfiante Zhu — com suas sobrancelhas arqueadas, maçãs do rosto salientes e modos públicos afáveis — se tornaria uma figura central durante o próximo estágio das reformas chinesas, eventualmente servindo como primeiro-ministro. Zhu era um tecnocrata bem versado em economia moderna e nas políticas de reforma de Zhao, dos anos 1980. Antes de subir nas fileiras oficiais a partir de 1979, ele havia sido diretor adjunto do Instituto de Economia Industrial da CAAS. Ele também trabalhou intensamente com o Banco Mundial, servindo como parte da equipe chinesa que fez parceria com a equipe do banco na China em seu relatório inicial, o qual Zhao havia elogiado muito.[59]

Zhu tinha um talento para decisões dramáticas que deixavam suas intenções reformistas extremamente claras. Em 19 de dezembro de 1990, ele anunciou o lançamento da Bolsa de Valores de Xangai, um desenvolvimento com valor simbólico potente — embora dois anos depois, o governo ainda detivesse pelo menos 62% do valor de todas as ações ordinárias, com muito dos restantes detidos por empresas públicas.[60]

Em 24 de dezembro, cinco dias após o anúncio de Zhu Rongji da abertura da bolsa de valores, Deng realizou uma reunião em sua casa com o secretário-geral Jiang, o primeiro-ministro Li Peng e o presidente Yang Shangkun — as maiores lideranças chinesas —, para discutir sua satisfação com a bolsa de valores e a necessidade de mais iniciativas orientadas para o mercado. Deng repetiu um de seus principais pontos de junção da era da reforma: "O socialismo também envolve uma economia de mercado, assim como o capitalismo não elimina o planejamento do governo. Adotar alguns princípios de mercado não equivale a abraçar o capitalismo."[61] Com efeito, ele deixava claro que se recusava a ficar de fora, mesmo durante um período de retração e ascendência conservadora. Viajando para Xangai e se reunindo com Zhu Rongji, em fevereiro daquele mesmo ano, Deng reiterou esses comentários, enfatizando a importância das finanças em uma economia moderna.[62] Pouco depois, em 1991, Deng designou Zhu como funcionário sênior que lideraria a reestruturação econômica da China, nomeando-o vice-primeiro-ministro e o levando para Pequim, onde estaria melhor capacitado para servir como defensor da reforma no governo central.[63] Deng diria mais tarde: "Os atuais líderes não conhecem economia. Zhu Rongji é o único que entende de economia."[64]

Esse direcionamento para Zhu mostrou o senso de urgência de Deng. Vários meses depois, citando gráficos de crescimento lento, Deng realizou outra reunião com Jiang e outros altos membros do Politburo, no qual ele enquadrou o desafio de maneira nua e crua. "Muitas nações neste mundo caíram, e a causa raiz sempre foi um desempenho econômico ruim", disse ele, acrescentando que uma taxa de crescimento acima de 5% seria necessária para preservar o domínio do Partido — e para a China atingir essa taxa de crescimento seria necessário dar mais importância ao mercado.[65] Em 1990, o produto interno bruto (PIB) cresceu apenas 3,9%; as perdas líquidas anuais nas empresas estatais aumentaram em impressionantes 57%, e o tamanho das perdas totais nas empresas industriais estatais ultrapassou 2% do PIB.[66] Zhu claramente teria muitas dificuldades em completar seu trabalho. Com a promoção de Zhu e as fortes declarações de Deng, economistas e intelectuais de ambos os lados conservadores e reformistas entraram em ação. No início de 1991, uma série de editoriais, sob o pseudônimo de Huangfu Ping, surgiram afirmando ousadamente que os mercados não eram inerentemente capitalistas; essas colocações foram publicadas com a autorização de Deng e editadas por sua filha, Deng Nan, e Zhu Rongji.[67] Um relatório interno divulgado pela Comissão de Reforma do Sistema aprofundou esses pontos de vista, afirmando que os mecanismos chineses de desenvolvimento de gestão macroeconômica (*tiaokong*) "seguiriam em grande medida o caminho que muitos países de economia de mercado adotaram e estão atualmente adotando".[68] Enquanto isso, um pensador conservador contradizia diretamente Deng, no *People's Daily*, retratando o socialismo e o capitalismo como opostos maniqueístas lutando pela supremacia e afirmando categoricamente: "Uma economia de mercado significa eliminar a propriedade pública e isso é efetivamente capitalismo, o qual nega a liderança do Partido Comunista Chinês e todo o sistema socialista."[69] Uma batalha sobre o significado fundamental da ideologia-guia da China alcançou um novo estágio, com a autoridade de Deng e o destino do mercado na China na corda bamba.

No verão e no outono de 1991 Jiang abordou cuidadosamente a negociação entre Chen Yun e Deng Xiaoping.[70] Comemorando o septuagésimo aniversário da fundação do PCCh em julho, Jiang usou ideias que os veteranos haviam endossado — a tese da "fase inicial do socialismo" equilibrando o papel "suplementar" da economia privada e a necessidade de "animar" a propriedade estatal, equilibrando seu compromisso com a "estabilidade" e a "retificação". Embora os artigos que informavam sobre o discurso de Jiang não fizessem nenhuma menção explícita ao mercado, um comentário mostrou sua contínua abertura ao envolvimento com o resto do mundo e aprendendo com o ocidente capitalista. Elogiando a "reforma e a abertura", Jiang usou uma expressão clássica chinesa: "Pedras de outras colinas podem ser usadas para esculpir jade." Em outras palavras, explicou Jiang, ideias do exterior "permitem que nosso desenvolvimento seja mais rápido".[71] (Jiang teve experiência de aprendizado no exterior, tendo estudado na União Soviética nos anos 1950. Ele também teve experiências de uma variedade mais humilde: no início dos anos 1980, Jiang era oficial de nível intermediário e estudou o sistema de saneamento e obras públicas em Chicago. A fim de resolver um desafio tão grande quanto o "problema da melancia cheia de cascas", lembrou Jiang em tom autodepreciativo anos mais tarde.)[72] Mesmo quando Jiang equilibrou os interesses concorrentes de Deng Xiaoping e Chen Yun, ele sinalizou seu compromisso de incorporar ideias do exterior às reformas da China.

Embora o então ministro das Relações Exteriores, Qian Qichen, tenha visitado a Hungria em março — sua primeira viagem à Europa Oriental desde o colapso do comunismo em 1989 — os eventos políticos na União Soviética lembraram aos veteranos do PCCh que a turbulência na região não havia desaparecido completamente e que a divisão entre os líderes tinha seus riscos.[73] Em agosto de 1991, uma tentativa de golpe por parte dos extremistas do Partido Comunista da União Soviética contra o reformador Gorbachev levou à dissolução da URSS, um acontecimento que abalou o mundo e causou arrepios entre os líderes do PCCh, forçando-os a confrontar, em termos severos, os riscos de reformas malsucedidas e conflitos faccionais. O aviso de Deng no início do ano deve ter ecoado nos ouvidos de Jiang: "Muitas nações neste mundo caíram e a causa raiz sempre foi um desempenho econômico ruim". Outros líderes da China viram uma oportunidade. Três altos funcionários reformistas, expurgados depois do incidente na Praça Tiananmen — Hu Qili, Rui Xingwen e Yan Mingfu — foram recontratados como vice-ministros naquele verão, e um grupo de "príncipes" (filhos de líderes do PCCh) fizeram campanha por uma agenda "neoconservadora".[74] Liderados pelo filho de Chen Yun, Chen Yuan, esse grupo neoconservador permitiu algum papel para os mercados, mas criticou as reformas pré-1989 como perigosamente descentralizadoras e ressaltou a importância da centralização contínua da política econômica.[75]

Acima de tudo, Zhu Rongji aproveitou esse momento para afirmar seu papel como um czar econômico com as habilidades para substituir Chen Yun e com credenciais reformadoras para agradar a Deng. Em 3 de setembro de 1991, Zhu discursou em uma conferência sobre a limpeza da "dívida triangular", situação que surgiu quando os fabricantes permaneceram sem pagamento por seus produtos, tornando-os incapazes de pagar seus fornecedores, que, por sua vez, não puderam pagar seus próprios fornecedores. Esse problema complexo foi a primeira tarefa desafiadora de Li Peng para Zhu, que alguns analistas afirmam ser uma evidência de que Li estava preparando Zhu para o fracasso.[76] Em seu discurso, Zhu demonstrou ambição e perícia, endossando o mecanismo do mercado, mas afirmando que combateria fogo com fogo: "Precisa haver intervenção administrativa — devemos ordenar empresas estatais devedoras a tomar emprestado" dos bancos para pagar suas dívidas, criando um efeito multiplicador em toda a economia, à medida que esses fornecedores, por sua vez, paguem seus próprios fornecedores.[77] Um ano depois, Zhu implantou essa "intervenção administrativa" com grande efeito, reduzindo a dívida líquida das empresas estatais chinesas em 300 bilhões de RMB.[78]

"Sinto que a dívida triangular realmente toca em todos os aspectos das profundas contradições", disse Zhu em seu discurso de setembro de 1991, e a resolução, sugeriu, permitiria um grande avanço.[79] Sua notável e rápida resolução desse problema anteriormente intratável foi, sem dúvida, auxiliada por seus estudos sobre a economia ocidental.[80] Como James Tobin havia discutido na Conferência de Bashan em 1985, o efeito multiplicador era um princípio fundamental da formulação de políticas macroeconômicas modernas e um conceito fundamental no Banco Central. Mas, como Tobin e outros economistas ocidentais enfatizaram ao longo de suas interações com suas contrapartes chinesas, um marcador de um moderno tecnocrata econômico é o conhecimento de quando a intervenção administrativa é necessária e valiosa — quando isso pode, como disse Zhu, começar a resolver as profundas contradições" e levar a um avanço que permitirá o mercado florescer. Zhu aprendera bem essas lições.

Quando os conservadores viram os esforços orientados para os resultados dos reformistas, eles aumentaram suas reivindicações ideológicas. Naquele mês de outubro, tanto Deng Liqun quanto Bo Yibo proferiram discursos atacando a reforma, continuando a chamar a "estrada reformista" de "estrada capitalista".[81] Deng Liqun, em particular, pareceu sentir que seus esforços para condenar as reformas orientadas para o mercado a uma posição de ignomínia estavam à beira de um fracasso permanente. "Intelectuais que se engajam na liberalização", supostamente gritara em tom ameaçador, "devem ser sufocados até a morte!"[82]

Tal nível de fanatismo parece ter surgido da percepção dos conservadores de que o comprometimento ideológico da liderança do Partido estava mais uma vez enfraquecendo. Em 23 de outubro de 1991, Deng Liqun publicou um artigo no *People's Daily* que pedia a resolução das contradições no sistema da China, afastando-se do "Ocidente anticomunista".[83] A decisão, em última análise, recairia sobre Jiang Zemin, que vacilou entre as linhas reformistas e conservadoras desde sua ascensão ao cargo de secretário-geral.

Nos meses seguintes, Jiang Zemin tomou uma decisão significativa que teria o efeito de fortalecer a mão dos reformistas. Ele elaborou onze discussões sobre três tópicos claramente definidos: "Por que o sistema capitalista mostrou vitalidade renovada em vez de colapsar? Quais foram as razões para a dissolução do sistema na União Soviética e na Europa Oriental? Diante do exposto, como devemos proceder com nossas reformas econômicas daqui para frente?"[84] Ele também se dedicou a estudar textos econômicos ocidentais de Adam Smith, procurando "entender como o mercado funciona".[85] Enquanto Jiang consolidava seu poder, seu foco em uma gama diversa de economias e teorias econômicas oferecia uma oportunidade significativa para avaliar as perspectivas da reforma econômica da China e, com isso, um retorno explícito às contribuições que os economistas ocidentais haviam feito e poderiam continuar a fazer para o pensamento chinês sobre o seu desenvolvimento econômico.

Esses 11 encontros reuniram o conjunto de economistas reformistas mais ousados da China que estavam "pensando" em silêncio desde a repressão da Praça Tiananmen, em 1989 (incluindo Liu Guoguang, Wu Jinglian, Zhou Xiaochuan, Justin Yifu Lin e Guo Shuqing).[86] Dadas as restrições políticas rígidas em discussões abertas, Zhou Xiaochuan lembrou que todos os economistas prepararam declarações escritas extremamente cautelosas, mas as perguntas investigativas de Jiang os levaram a falar mais abertamente e a fazer propostas mais ousadas.[87] Wu Jinglian pediu "uma clarificação da expressão autorizada de uma 'combinação de economia planificada e ajuste de mercado'", que Deng havia usado em 9 de junho de 1989, e havia sido objeto de consideráveis controvérsias desde então.[88] Wu defendeu uma interpretação da formulação de Deng de 9 de junho mais orientada para o mercado, argumentando que os países ocidentais tinham realmente atingido o objetivo muito discutido da "estabilidade", abraçando o mercado e não retornando ao planejamento por atacado. "Ao contrário de uma visão popular na China de hoje, não é o caso que a economia capitalista do pós-guerra ficou estável porque a intervenção do governo substituiu o mecanismo de mercado", disse Wu. "Até mesmo a expansão do planejamento", continuou ele, "foi direcionada para melhorar o funcionamento do mecanismo de mercado", incluindo a adoção de políticas de livre comércio, mercados globais para ambos os fatores de produção e produtos, intensificação da desmonopolização e progresso tecnológico levou a entrada de muitos novos concorrentes — todas as políticas que ele defendeu para a China. O socialismo na Europa Oriental e na União Soviética havia fracassado por causa de "objetivos pouco claros e métodos errados" na implementação de reformas; a China deveria aprender com esses erros na elaboração de seus próprios planos de reforma.[89] Guo Shuqing, enquanto isso, atacou diretamente os países do bloco soviético, que, segundo ele, continuaram por muito tempo "meditando assuntos econômicos" sob reformas com "visões dogmáticas da propriedade pública", enquanto Zhou Xiaochuan descreveu profundamente como o mercado forneceria incentivos e alocar recursos de maneira eficiente. Jiang Zemin respondeu às apresentações definindo um objetivo importante: "O XIV Congresso do Partido deveria articular muito claramente o conteúdo de uma 'economia planificada de commodities'." No decorrer da discussão, Zhou lembrou que uma ideia surgiu repetidamente: esclarecer esses "conteúdos" como uma "economia socialista de mercado". Este termo, "economia socialista de mercado", era uma forma de expressar um papel maior para o "mercado" (em vez de relações eufemísticas de "commodities"), mas sem prejudicar a primazia do sistema "socialista". Não ficou claro, no entanto, se esse termo em particular ganhou alguma força.[90]

Jiang Zemin parecia aberto a um momento de reavaliação ideológica. Ele ficou evidentemente satisfeito com o que aprendeu nessas onze reuniões internas, e as transcrições das discussões foram distribuídas entre os quadros partidários em todo o país.[91] Entre outubro e dezembro, quando Jiang se familiarizou com os detalhes do que uma economia de mercado realmente implicava, ele também construiu relações com reformistas que tinham sido associados a Zhao Ziyang e não tinham ouvido os principais líderes da China desde a queda de Zhao.

Devido a tais desenvolvimentos e vendo que a mentalidade de Jiang se tornara mais aberta à reforma, Deng Xiaoping decidiu que era a hora certa para uma aposta dramática. Em 17 de janeiro de 1992, ele viajou para o sul da China para o que supostamente seriam férias em família. Colocando toda a sua credibilidade acumulada na linha de frente, Deng, agora com oitenta e oito anos de idade,

NO DELTA

261

proferiu uma série de discursos informais e inesperados que pediam a retomada de reformas intensas.[92] Embora reconhecendo o risco da "direita", Deng declarou que o risco "primário" na China era a "esquerda". Ele acrescentou: "A proporção de planejamento para as forças de mercado não é a diferença essencial entre socialismo e capitalismo (...). Uma economia planificada não é equivalente ao socialismo, porque também há planejamento sob o capitalismo; uma economia de mercado não é o capitalismo, porque também existem mercados sob o socialismo."[93] Para ilustrar esses comentários, Deng retornou a uma metáfora vívida que vinha usando desde o início dos anos 1960: "Não importa se um gato é preto ou branco, desde que pegue o rato."[94] "Quem for contra a reforma deve deixar o cargo". Enquanto andava em seu carro, Deng denunciou seus oponentes conservadores em Pequim, expressando esperança de que esta viagem, a qual ficou conhecida como sua turnê sulista (*nanxun*), pudesse forçá-los a saírem de cena.[95] Na viagem pelo sul, Deng deu um sinal definitivo de que acreditava que o período de contenção precisava terminar.

A ousada jogada de Deng logo desencadeou a resposta que ele esperava em Pequim. Em uma reunião do Politburo, em 12 de fevereiro de 1992, como indicação de apoio, Jiang Zemin retransmitiu os comentários de Deng.[96] (Havia razões para acreditar que Deng poderia ter tentado substituir Jiang se ele não tivesse apoiado a incursão sulista; além dos comentários sobre os opositores da reforma que precisavam "deixar o cargo", Deng aparentemente deu um "soco" na tentativa lenta e hesitante de Jiang, quando disse: "Não devemos agir como mulheres com os pés atados.")[97] Em março, o Politburo endossou uma iniciativa para se opor ao "esquerdismo", e Jiang fez uma autocrítica por sua "passividade" nos anos anteriores, no avanço da agenda de reformas.[98] Deng venceu sua aposta.

Apenas alguns dias após a autocrítica de Jiang, um grande grupo de importantes economistas e formuladores de políticas econômicas se reuniu em Pequim em uma conferência patrocinada pela revista *Reform*, onde exigiram um rápido retorno às políticas de crescimento orientadas para o mercado. Esforços conservadores para reverter o planejamento central "sacrificaram a reforma em nome da estabilidade", segundo um participante, que acrescentou: "As palavras de Deng salvaram a vida da China." De acordo com reportagens de jornais da época, "aplausos entusiasmados eclodiram" quando os economistas promoveram a ideia de que a China deveria "herdar e aproveitar criticamente a experiência do capitalismo".[99] Essas ideias estavam voltando à moda, recebendo apoio em um editorial de um professor da Universidade de Renmin que pediu a absorção de teorias econômicas "capitalistas" para permitir que a China crescesse.[100] Wu Jinglian deixou claro que acreditava que os reformistas chineses haviam chegado a um momento decisivo crucial: "Não acho que os esquerdistas sejam capazes de obstruir reformas, especialmente nos próximos meses", disse ele ao *Monitor de Ciência Cristã*. "Nos próximos anos, se não cometermos erros, acho que as mudanças avançarão."[101]

Como esses encontros mostraram, a viagem de Deng pelo Sul permitiu que os pensadores chineses, forçados a ficarem quietos nos anos seguintes à repressão na Praça Tiananmen, voltassem à cena. Mesmo no nível político de elite, as autoridades reformistas agiram rapidamente para usar as observações de Deng para promover os próprios interesses. No dia 25 de março, em uma reunião do sétimo NPC, Zhu Rongji fez um discurso que ele mesmo caracterizou como suas lições "pessoais" das palestras de Deng na turnê pelo sul. "As condições internacionais atuais são favoráveis para nós", disse Zhu, e "nossa economia nacional está se movendo em uma direção verdadeiramente positiva", a direção da reforma. Preocupar-se se algo é "capitalista" ou "socialista" estava no passado, de acordo com Zhu. Por exemplo, a bolsa de valores de Xangai — que Zhu ajudou a lançar, reforçando sua ascensão meteórica — era "socialista" e não "capitalista". (Essa inclinação, em particular para os mercados de ações "não capitalistas", também foi um gesto protetor do novo czar econômico da China, chegando em um momento em que esses jovens mercados estavam claramente superaquecendo.) Apesar da "direção verdadeiramente positiva" em que Zhu estivesse defendendo políticas envolvidas há muito tempo discutidas por economistas reformadores, ele estava disposto a dar o crédito aos últimos discursos de Deng para promover ideias de mercado. "As conversas de Deng Xiaoping nos fizeram ver a luz repentinamente", disse Zhu. "Temos que enxertar as coisas boas dos países capitalistas em nosso sistema socialista"[102] Em abril, Zhu retornou a esses temas em um discurso em que ele reforçou ainda mais seu endosso ao mercado, afirmando que se a China quisesse reformar empresas e melhorar a qualidade de seus produtos, seus líderes deveriam "combinar mecanismos de mercado com maior supervisão do governo" e "em primeiro lugar e acima de tudo confiar na concorrência de mercado".[103] Após anos de enrolação, Zhu e uma falange de reformadores chineses finalmente louvariam o mercado de todo coração e publicamente.

Mesmo os pensadores relativamente conservadores sentiram-se habilitados para escrever em um estilo mais descontraído, que às vezes incluía referências diretas aos economistas ocidentais. Em um artigo, na primavera de 1992, Chen Yuan — que havia se tornado o porta-estandarte da agenda centralizadora tolerante ao mercado, conhecida como "neoconservadorismo" — publicou um ensaio sobre a agenda econômica e de pesquisa econômica da China, que começou discutindo a Conferência de Bashan, em 1985.[104] Chen tinha sido aluno de graduação da CASS sob o regime de Ma Hong (na mesma época que Zhu),[105] mas rompeu com a interpretação dominante dos participantes da conferência, erroneamente citando a apresentação de Kornai, exemplificando as opiniões daqueles que acreditavam que o planejamento e o mercado eram irreconciliáveis. (Essas visões e argumentos foram o "rosto" de Kornai em Budapeste, não sua "face" em Pequim; Kornai tornou-se um defensor internacional desses pontos de vista ainda mais feroz depois de 1989, mas Chen os atribui incorretamente ao Relatório de Bashan.) "Quanto ao nosso país", continuou ele, reformulando o significado das ideias de Kornai, "não existem modelos puramente planificados ou puramente de mercado"; em vez disso, a relação entre os dois é "simbiótica".[106]

No entanto, na seção final do ensaio de Chen, intitulado "A Revelação da Economia Ocidental", ele elogiou John Maynard Keynes como "uma revelação" por "mostrar claramente que a condução da gestão macroeconômica não pode depender apenas do mercado, mas só pode ser realizada pelo Estado". Reformadores chineses que afirmavam que "o estado deveria ser expulso da economia para apenas desempenhar um papel de "árbitro" passivo" estavam ambos em descompasso com as "condições nacionais" da China e "desatualizados" com os desenvolvimentos na economia ocidental. Chen continuou dizendo que Milton Friedman e outros da "escola monetarista" tinham ideias úteis para a China sobre "estabilidade cambial, mantendo a demanda agregada baixa e a oferta crescente", mas eram perigosos porque alguns acólitos chineses admiravam "sua filosofia de *laissez-faire* mais do que essas posições políticas. Se pudermos corrigir esses erros", escreveu Chen, "descobriremos que podemos usar a economia ocidental para a nossa construção do socialismo". Uma habilidosa implantação da economia ocidental, juntamente com uma cuidadosa atenção às "condições nacionais" da China, permitiria o surgimento de uma política fiscal equilibrada, uma política monetária prudente e uma intervenção estatal efetiva para alcançar a estabilidade cambial — criando assim o melhor ambiente macroeconômico para as reformas. "Isso é comprovado pela história chinesa e estrangeira", concluiu Chen.[107] Os dois critérios — "chinês" e "estrangeiro" — estavam de volta à mesa. Mesmo para o filho de Chen Yun, o objetivo de tornar a China rica permitiu que os líderes chineses mais uma vez "usassem a economia ocidental para a nossa construção do socialismo".

Como resultado da imensa reabertura permitida pela viagem de Deng ao sul, os principais economistas começaram a exigir um endosso permanente e oficial do papel do mercado na economia chinesa. Embora a formulação de Zhao Ziyang em 1987 tivesse dado ao mercado uma posição central, esses pontos de vista — e políticas como a estratégia do desenvolvimento costeiro, que eram estreitamente associadas a Zhao — haviam se tornado um território desconfortável e incerto desde seu expurgo. Antecipando o XIV Congresso do Partido, marcado para outubro de 1992, os reformistas viram uma janela de oportunidade para transformar as declarações de Deng em uma ideologia oficial.

No início da primavera, Wu Jinglian enviou um memorando político ao Politburo que pedia que o XIV Congresso do Partido "adotasse formalmente uma expressão autorizada clara e bem definida [*tifa*] para o nosso sistema econômico", o que redefiniria a economia chinesa para refletir as afirmações do discurso de Deng. Wu acreditava que a China tinha apenas duas opções: uma "economia socialista de commodities" (usando o sinônimo soviete para as forças de mercado que eram aceitáveis na China, desde pelo menos 1984) ou uma "economia socialista de mercado". O segundo termo apareceu no relatório de 1987 para descrever setores específicos (como um "sistema de mercado socialista"), mas não havia sido previamente aceito como uma descrição de toda a economia. Wu considerou o termo "economia de commodities", usado principalmente em russo, "confuso demais", e que considerava preferível chamar a China de "uma economia socialista de mercado".[108]

O avanço da turnê sulista também permitiu a implementação de reformas concretas. O Conselho de Estado emitiu um conjunto de Regulamentos sobre a Transformação dos Mecanismos Operacionais das Empresas Industriais de

Capital Aberto, marcando um passo substancial na expansão da autonomia das empresas estatais, concedendo mais direitos aos gestores. A liderança também aprovou a construção da Zona de Desenvolvimento de Pudong, em Xangai, e outras atividades relacionadas, incluindo o recebimento de um grande aumento de investimento estrangeiro. A reforma de preços, que causou uma crise em 1988, recomeçou sem turbulências: 16 províncias lançaram programas piloto para desregulamentar os preços dos grãos e, em 1º de julho de 1992, o governo central elevou os preços de transporte ferroviário, carvão e gás natural e desregulamentou os materiais de produção "em uma medida considerável", de tal forma que o número de categorias de bens de produção e transporte, sob o controle de preços do estado, foi reduzido de 737 para 89. O ímpeto estava crescendo e a aposta de Deng estava tendo efeitos tangíveis rápidos na economia chinesa.[109] Esse processo continuaria nos próximos anos e, em 1999, 95% das mercadorias de varejo e aproximadamente 85% dos produtos agrícolas e de produtos agrícolas seriam vendidas a preço de mercado.[110]

Quando essas políticas entraram em vigor, Jiang Zemin começou a construir um consenso em torno da redefinição da ideologia norteadora da economia chinesa no XIV Congresso do Partido. No dia 1º de abril, ele telefonou para Chen Jinhua, que havia assumido o posto mais alto na Comissão de Reforma do Sistema, e teria dito a ele: "A reforma e a abertura atingiram um ponto de virada crucial, e todos estão esperando ansiosamente. Eles querem saber qual será o próximo passo (...). Quero que a comissão pesquise esse assunto e faça uma proposta ao Comitê Central". Chen encarregou seu vice Lou Jiwei — um tecnocrata em rápida ascensão que participou da Conferência de Bashan, em 1985, e havia se tornado uma voz ativa nos debates de Zhao Ziyang — de organizar uma conferência interna sobre o assunto e apresentar a proposta que Jiang solicitava. Após essa conferência, a comissão escreveu um relatório enviado diretamente a Jiang, que promoveu o objetivo de "estabelecer uma economia de mercado socialista". Usando esse endosso burocrático do conceito de "economia de mercado socialista", Jiang procurou Zhu Rongji, e confirmou seu apoio. Pouco depois, em um discurso em 9 de junho na Escola Central do Partido, Jiang reconheceu publicamente seu apoio ao termo, que ele elogiou como "nítido" e "explícito", embora admitisse que um debate interno continuasse sobre o exato texto que seria endossado no XIV Congresso do Partido.[111]

Em 12 de junho de 1992, Jiang fez seu teste final ao termo: perguntou a Deng Xiaoping se ele havia gostado. Deng disse que sim, acrescentando: "Na verdade, é exatamente isso que estamos fazendo. Shenzhen tem uma economia de mercado socialista."[112] O enfermo Chen Yun, com quase 90 anos, não fez uma luta significativa, apesar do que ele poderia ter pensado da adoção do mercado pela China; em um discurso em julho, Chen, reconhecendo que nunca havia visitado uma zona econômica especial, sugeriu seu apoio a Zhu Rongji e admitiu: "Muitas medidas efetivas no passado não são mais apropriadas."[113] Dentro de poucos meses, a "economia de mercado socialista" passou de uma heresia impensável para uma frase prestes a se tornar a designação oficial da economia em expansão da China.

* * *

O XIV Congresso do Partido, aberto em 12 de outubro de 1992, foi um evento de grande alarde. Ele se duplicou como uma estreia de Jiang e sua nova ideologia reformista e uma despedida de Deng.[114] O relatório de Jiang ao congresso confirmou que o período de contenção conservadora havia acabado. Citando o estágio inicial da tese do socialismo, Jiang declarou: "O que queremos estabelecer é um sistema econômico socialista de mercado." Ele elaborou o que uma "economia de mercado socialista" envolveria:

> As forças de mercado, sob a gestão macroeconômica [*hongguan tiaokong*] do estado, servindo como o meio básico de regular a alocação de recursos; para submeter a atividade econômica (...) às mudanças nas relações entre oferta e demanda; e utilizar os preços e a concorrência para distribuir recursos às empresas que geram bons retornos econômicos (...) para que os eficientes prosperem e os ineficientes sejam eliminados.

A visão dos reformistas, durante os anos 1980 — um sistema no qual as forças de mercado seriam os "meios básicos" de administrar a economia da China, e o Estado se engajaria na "gestão macroeconômica" indireta da economia —, finalmente recebeu um endosso completo que apontou diretamente para uma reforma radical das empresas e do sistema de preços.

Como a China continuou a "dar uma força total às forças do mercado", seria necessário continuar com todo o espectro de políticas que ajudaram a economia da China a crescer, inclusive aprendendo com parcerias improváveis. "Para obter superioridade sobre os países capitalistas, os países socialistas não devem hesitar em adotar ideias do exterior, inclusive dos países capitalistas desenvolvidos", declarou Jiang — uma articulação direta do novo líder chinês no papel das influências internacionais no desenvolvimento do "socialismo com características chinesas".[115]

O congresso também endossou as visões pragmáticas de Deng orientadas para o desenvolvimento, como uma contribuição ideológica rotulada como "Teoria de Deng Xiaoping", chamando Deng de "arquiteto-chefe de nossa reforma socialista", Jiang repetidamente adiou as ideias do estadista anterior e elogiou a turnê pelo sul como um "grande avanço". Como Ezra Vogel argumentou, embora Deng não fosse um teórico, "para Jiang Zemin, elevar as visões de Deng a uma teoria reforçou sua importância, tornando-as comparáveis ao 'Pensamento de Mao Tsé-Tung", facilitando focar as Quatro Modernizações como um fazer revolucionário".[116] No entanto, é importante ressaltar que algumas das supostas contribuições ideológicas de Deng foram tomadas por atacado do expurgado Zhao. Por exemplo, Deng recebeu crédito pela tese da "fase inicial do socialismo" que Zhao havia defendido. Cinco anos após o relatório de Zhao, de 1987, ao XIII Congresso do Partido, Jiang demonstrou a relevância duradoura de muitas das ideias de Zhao, do "mercado socialista" ao "estágio inicial do socialismo", embora não tivessem qualquer referência quanto a suas origens. Fundamentalmente, o interesse de Jiang em "elevar as visões de Deng ao nível de uma teoria" ressaltou o papel crucial que Jiang acreditava que a ideologia continuaria a desempenhar nos debates sobre o futuro econômico da China. Enquanto limpava a ideologia da China das máculas do legado de Zhao, Jiang ao mesmo tempo afiava as armas que ele e seus oficiais reformistas usariam nas batalhas que estavam por vir. Muitos de seus funcionários subiram ao palco quando, no final do congresso, um novo Comitê Permanente do Politburo foi nomeado, incluindo Zhu Rongji, que estava rapidamente se tornando um líder econômico indispensável do país.[117]

Os aliados reformistas de Jiang começaram a delinear seus próximos passos logo após o encerramento do congresso. Em 20 de outubro, Zhu fez comentários sobre "a atual situação econômica" para um grande grupo de autoridades centrais e provinciais. Destacando o "crescimento muito rápido" em investimento e produção, Zhu citou "organizações financeiras internacionais, institutos de pesquisa de autoridade mundial, economistas conhecidos e empresários" para afirmar que "a economia chinesa já estava superaquecendo e as pressões inflacionárias aumentando". Para resolver esses problemas, Zhu detalhou uma agenda centrada no fortalecimento do controle macroeconômico sobre investimento e crédito, o que seria necessário antes que a reforma de preços pudesse se acelerar e os investimentos pudessem se concretizar. Admitindo que estava usando "principalmente medidas administrativas", Zhu defendeu suas decisões como necessárias, porque "seria muito difícil para as medidas econômicas produzirem resultados oportunos" e, o mais importante, "mesmo em países desenvolvidos com uma economia de mercado, o uso de medidas administrativas quando necessário não é impedido".[118] Zhu argumentou que intervir com firmeza para acalmar a economia da China era um passo necessário para alcançar as metas mais amplas de mercado de sua administração.

Como a invocação de Zhu sobre as "organizações financeiras internacionais, institutos de pesquisa, autoridades globais" e "famosos economistas reconhecidos", os reformistas chineses também renovaram seu compromisso de aprender com especialistas econômicos estrangeiros — embora em estilo menos divulgado do que durante os anos 1980. A Fundação Ford retomou suas doações substanciais à China, fornecendo ao Instituto de Economia e Técnica Quantitativa da CAAS US$178 mil em 1991.[119] Naquele mesmo ano, Franco Modigliani, especialista em comportamento doméstico e de empresas, que venceu o Prêmio Nobel em 1985, realizou seminários no Banco Popular da China (PBOC), com a participação de Chen Yuan.[120] No ano seguinte, Lawrence Klein tornou-se "consultor técnico" da SPCo, o tipo de posição que Zhao esperava que Ota Šik ocupasse uma década antes.[121] Sir Alec Cairncross também retornou à China, dessa vez a convite da reativada Comissão de Reforma do Sistema. Além de viajar para o oeste da China, Cairncross realizou reuniões em Pequim. Seus diários de viagem, de 1992, mostram a rapidez com que os reformadores chineses retornaram ao seu trabalho após a turnê sulista de Deng. Significativamente, Cairncross encontrou um tremendo otimismo sobre as perspectivas de crescimento da China, com Guo Shuqing — cuja paixão pela economia era autodescrita como uma "obsessão" e que Cairncross trouxera para Oxford após a conferência a bordo do S.S. *Bashan* — citando com entusiasmo os relatórios

NO DELTA

nos jornais ingleses *Independent* e *Guardian* "prevendo que até 2020 a China seria o pivô da economia mundial", como Cairncross recordou.[122]

O preço continuou sendo uma questão central para os líderes chineses resolverem, mas eles continuaram seu progresso rápido sem desencadear o tipo de crise que prejudicou as tentativas anteriores de reforma de preços. Os planos estatais, cortados ao longo de 1992, deixaram de cobrir os preços de muitas commodities industriais importantes em uma transição que o economista Barry Naughton chamou de "incrivelmente suave": mais de 200 milhões de toneladas de carvão foram vendidas a preços de mercado em 1992, e apenas 20% da produção da maior produtora de aço da China foi vendida sob controle de preços em 1993, contra 80% no ano anterior.[123] Embora os preços para o consumidor tenham aumentado 15,7% em 35 grandes cidades entre janeiro e março de 1993, Jiang e Zhu continuaram a pressionar seus interesses reformistas e evitaram outro episódio importante de compra impensada.[124]

As políticas de Zhu, conforme delineadas no ano anterior, foram projetadas para controlar a inflação sem precisar recorrer ao atacado ou minar a "vitalidade do mercado" em longo prazo. Ao mesmo tempo, as alterações nos preços foram ligadas aos sinais de que Zhu, de fato, pretendia pessoalmente resolver problemas de longa data na reforma das empresas estatais, apelando à "separação genuína do governo e das empresas".[125] Sua ascensão ao longo de poucos anos foi prova da necessidade de uma liderança tecnocrática hábil nos altos escalões do aparato do Partido. Uma combinação de idade e conflito eliminou os papéis de muitos dos líderes econômicos experientes da China, de Chen Yun a Zhao Ziyang, e Zhu Rongji estava funcionalmente se tornando seu sucessor. Devido à promoção de Zhu, ele também foi capaz de recrutar uma equipe de economistas que ele havia conhecido durante a década de 1980, incluindo Zhou Xiaochuan, Wu Jinglian, Lou Jiwei, Guo Shuqing e Wang Qishan (o genro reformista de Yao Yilin). Quando Li Peng inesperadamente teve um ataque cardíaco, na primavera de 1993, e se retirou para convalescer, Zhu Rongji tornou-se o primeiro-ministro em exercício — completando sua surpreendente ascensão ao topo.[126]

Em um passo com grande significado ideológico, o conceito de uma "economia de mercado socialista" foi codificado na oitava NPC no final de março de 1993. Os reformistas aproveitaram a oportunidade para consolidar seus ganhos, substituindo uma "economia planificada sobre as bases da propriedade pública socialista" com o novo conceito. A justificativa para essa mudança veio de outra emenda, afirmando que a China estava no "estágio inicial do socialismo". Além disso, essa nova "economia socialista de mercado" foi formalmente definida como em exigência de "gerenciamento macroeconômico" (*hongguan tiaokong*), um termo cunhado na Conferência de Bashan em 1985. Esses conceitos estavam intrinsecamente ligados, e agora eles foram esculpidos na pedra fundamental do Estado chinês. Foi uma longa jornada desde os dias no rio, em 1985, até a inclusão de uma nova linguagem que redefiniu o sistema chinês em 1993.[127]

Zhu rapidamente se moveu para fortalecer ainda mais o controle do governo central sobre o ambiente econômico inflacionário. Na manhã de 9 de junho, ele se reuniu com economistas seniores do Banco Mundial e do Fundo Monetário Internacional, e mais tarde, naquele mesmo dia, presidiu uma reunião do Conselho de Estado, ouvindo apresentações do SPCo e da Comissão de Reforma do Sistema. Na conclusão da reunião, ele propôs uma minuta de treze medidas (outras três seriam adicionadas posteriormente pelo SPCo, produzindo o Documento nº 6, muitas vezes referido como os "Dezesseis Artigos"; veja a seguir). Zhu pediu aos líderes chineses que parassem de "discutir" e enfrentassem "os duros fatos": a China precisava impor uma política de austeridade sofisticada — incluindo a restrição da emissão de moeda, a limitação de empréstimos bancários e a imposição de ordem nos investimentos caóticos de pedidos a investimentos "caóticos". Mas, em contraste com o recuo de 1988, Zhu estava convencido de que "aprofundando as reformas" — em vez de revertê-las — poderia alcançar esses objetivos e esfriar a economia superaquecida da China. Essas "medidas de emergência" foram definidas para a revisão final, mais tarde naquele verão.[128]

As políticas receberam elogios dos economistas chineses reincorporados, Wu Jinglian e Zhou Xiaochuan — ambos os conselheiros políticos de Zhu —, coautores de uma declaração importante de seus objetivos para a economia chinesa na revista *Reform*. Eles pediram por um banco central mais poderoso que fortalecesse seu controle sobre a economia por meio de instrumentos indiretos e que gradualmente passasse a conduzir operações de mercado aberto. Eles também propuseram reformas fiscais ordenadas pelo Estado, incluindo a introdução de um imposto sobre o valor agregado, transformando empresas estatais em corporações de ações conjuntas "legalmente definidas", completando a reforma de preços. Essas ideias, desenvolvidas em conjunto com as "medidas de emergência" de Zhu, ajudaram a adequar essas medidas a um plano de reforma mais amplo. Ao mesmo tempo, eles reconheceram claras "influências" de outras economias de mercado, incluindo "a economia de mercado no estilo alemão", a japonesa, e a "economia de mercado de estilo anglo-americana". Ao elaborar a política reformista, Wu e Zhou escreveram: "Devemos fazer uma escolha consciente entre os modelos e projetar um sistema de economia de mercado com características chinesas."[129]

Zhu, assim como Zhao Ziyang antes dele, estava ansioso para procurar análises de especialistas econômicos estrangeiros sobre seus planos. Ele deu ordens para que a Comissão de Reforma do Sistema, o Ministério das Finanças e o Banco Mundial organizassem uma conferência para pensar as questões urgentes nas reformas econômicas da China, particularmente o superaquecimento da economia que havia retornado com a flexibilização de algumas das políticas de contenção de 1988–1989. A conferência, realizada em meados de junho na cidade nordestina de Dalian, trouxe para a China vários economistas de renome internacional, incluindo Kwoh-Ting Li, o oficial taiwanês que liderou a transformação econômica da ilha de 1965 a 1976; o professor de Stanford, Lawrence Lau; o especialista norte-americano em economia chinesa Nicholas Lardy; e Nicholas Stern, um estudioso britânico de economia do desenvolvimento, que tinha uma estreita relação de trabalho com o Banco Mundial.[130] Os participantes chineses incluíram várias autoridades em economia que haviam participado de importantes intercâmbios durante a década de 1980 — incluindo Guo Shuqing, Gao Shangquan e Zhou Xiaochuan — assim como uma série de novos rostos promovidos nos anos após o incidente na Praça Tiananmen. As reformas propostas para a governança dos bancos chineses e os planos de Zhu para a formulação de políticas macroeconômicas foram intensamente discutidas, com economistas chineses apresentando trabalhos sobre os quais os economistas estrangeiros comentariam. Essa estrutura era uma indicação de quanto a sofisticação e a confiança dos economistas da China haviam crescido desde 1985; antes ouvintes, em grande parte passivos que só ofereciam comentários, agora apresentavam pesquisas originais. Os economistas estrangeiros recomendaram que a China aumentasse as taxas de depósitos bancários e empréstimos, ao mesmo tempo em que limitassem os empréstimos bancários. Eles também aconselharam que o governo retomasse seus planos, suspensos em 1988, para liberalizar os controles de preços, enquanto também fortalecesse seu Banco Central e tomassem medidas para se juntar ao Fundo Monetário Internacional.[131] No encerramento do evento, o documento final da conferência foi enviado diretamente ao escritório de Zhu.[132]

As ideias dos especialistas chineses e internacionais ajudaram Zhu a promover uma agenda agressiva para esfriar a economia, reformar o sistema tributário e fortalecer os controles macroeconômicos. No calor do verão, Zhu deu uma série de passos dramáticos que não deixaram dúvidas sobre suas intenções. Ele nomeou a si mesmo governador do PBOC, adquirindo um tremendo controle pessoal sobre as reformas que ele esperava promulgar.[133] Ao mesmo tempo, revelou um plano de austeridade de dezesseis pontos — ampliado e desenvolvido a partir do esboço de junho, valendo-se fortemente do conceito de "tributação sobre o lucro" (*li gai shui*) de Zhao — para esfriar a economia e criar um novo sistema de impostos. Os "dezesseis artigos" funcionaram rapidamente: em outubro, a taxa de crescimento da oferta monetária (M1) havia caído em mais da metade e a taxa de crescimento do investimento no setor estatal havia caído dos 74% para 58%.[134] Ao recuperar o controle sobre a oferta de dinheiro e impor disciplina ao sistema financeiro da China, Zhu deixou claro que tinha grandes expectativas para seus economistas, e prometeu que a China estava próxima de um avanço na criação de uma economia de mercado socialista.[135] O Partido Comunista Chinês implementou uma série de novas políticas destinadas a incentivar o crescimento de empresas privadas, eliminando restrições e reformando os sistemas de registro e contabilidade — levando a um surto no aparecimento de negócios privados que ajudou a manter a economia em crescimento. Em 1993, o crescimento industrial real aumentou mais de 20% e o PIB, 13,4%.[136]

Até mesmo o "economista liberal extremo" que havia sido citado no relatório de 1989, atacando Zhao Ziyang e sua relação com "poderes hostis no país e no exterior", foi recebido de volta à China. Uma tradução chinesa de *Capitalismo e Liberdade* de Milton Friedman foi publicada em 1993 e, nesse mesmo ano, Friedman recebeu e aceitou um convite formal da Comissão de Reforma do Sistema para visitar a China mais uma vez. Ele viajou para Xangai e Pequim em outubro e ficou surpreso com o ritmo acelerado de desenvolvimento. Ele se reuniu com autoridades e líderes empresariais de empresas estatais, privadas e empreendimentos conjuntos, muitos dos quais disseram que estavam tentando "seguir o rumo que Zhao [Ziyang] recomendara".[137]

Reunindo-se com autoridades econômicas, Friedman lançou um desafio que refletia sua animação e fascínio: "O economista que for capaz de fornecer uma análise do desenvolvimento econômico e da reforma da China está qualificado para um Prêmio Nobel". No final de sua viagem, ele foi convocado ao Grande Salão do Povo para se encontrar com Jiang. Ele repetiu seus argumentos sobre a necessidade de mercados privados absolutamente livres.[138] Mas, ao contrário de Zhao, Jiang não se envolveu com Friedman; em vez disso, entregou o que Friedman percebeu como um discurso pró-forma sobre os sucessos e desafios da administração do PCCh na economia chinesa. "Conjecturo que Jiang realmente não queria ouvir o que tínhamos a dizer", escreveu Friedman após a reunião.[139]

A resposta pública para a reunião foi silenciada. Um pequeno artigo no *People's Daily* descreveu como Jiang havia "introduzido a reforma do sistema econômico da China" para Friedman que "recebeu bem" sua "pesquisa".[140] Nesse fórum oficial, era como se a lembrança do papel tumultuado de Friedman na década de 1980 tivesse sido apagada da história.

No entanto, ao rever a série de decisões importantes tomadas nos meses e anos após a retomada da reforma, duas dinâmicas cruciais se tornam visíveis. Primeiro, esses novos líderes estavam comprometidos com a retomada das consultas com assessores econômicos ocidentais. Em segundo lugar, Zhu, Jiang e outros líderes econômicos estavam claramente retornando a um manual anterior a 1989 sem identificá-lo como tal, baseando-se em ideias, estratégias e políticas desenvolvidas sob Zhao Ziyang. Muitas delas eram o tipo de propostas orientadas para o mercado e influenciadas pelo Ocidente, pelas quais Zhao havia sido criticado em junho de 1989. Enquanto estava em prisão domiciliar, Zhao refletiu sobre esse fato: "A estratégia já não era mencionada pelo nome, mas na realidade continuou", escreveu sobre a estratégia de desenvolvimento costeiro, um comentário que também pode ser aplicado a muitas outras políticas de reforma.[141] Juntas, essas duas dinâmicas revelam uma continuidade substancial entre a era Zhao e o início dos anos 1990, mesmo quando quaisquer referências explícitas à influência de Zhao e dos economistas ocidentais foram apagadas ou subestimadas.

De fato, a liderança da China mudou para definir a nova ideologia e políticas econômicas que devessem suas origens às iniciativas de Zhao. Em meados de novembro de 1993, o terceiro plenário do Comitê Central do Partido foi convocado com o objetivo de estabelecer uma série de decisões e passos políticos sobre o estabelecimento da "economia de mercado socialista" que Jiang Zemin havia endossado em outubro do ano anterior. A decisão emitida no plenário reiterou muitos dos principais conceitos do discurso de Jiang — abraçar o mercado, promovendo a reforma das empresas, transformando a administração governamental da economia em um sistema de gerenciamento macroeconômico indireto —, mas isso foi inovador quando ofereceu um plano completo e operacional para concretizar esses objetivos.

Nos debates internos, entre os formuladores de políticas encarregados de redigir essa "Decisão", foi precisamente no consubstanciamento dos objetivos de Jiang, no ano anterior, que surgiram questões controversas. Como havia sido o caso nos anos 80, as disputas sobre como interpretar um slogan ou frase eram frequentemente tão intensas quanto o armamento forte e necessário para angariar consenso oficial para endossar esse slogan ou frase em primeiro lugar. De acordo com os participantes, nos debates de 1993, o compromisso de Jiang em revitalizar a propriedade pública foi um assunto particularmente controverso. Jiang pediu repetidamente à sua equipe que apresentasse propostas para a criação de uma estrutura de governança corporativa, que pudesse integrar a propriedade pública e um sistema de mercado. Wu Jinglian e Qian Yingyi, um estudante chinês de doutorado em economia em Harvard, formularam um plano para a transição de empresas estatais "não corporativas" para "entidades jurídicas corporativas" que Jiang aprovou. Mas isso não foi suficiente, porque a decisão mais ampla sobre como definir o sistema de empresas da China permaneceu sem solução — até que, depois de mais debate, os líderes do Partido decidiram nomear a "transparência na propriedade de ativos, as responsabilidades claras de gerenciamento, o gerenciamento econômico científico e a separação entre a política partidária e a gestão empresarial" como critérios-chave.[142] Esses itens, assim como a ideia de Wu e Qian, apareceram na seção da Decisão sobre reforma das empresas, que afirmava que a conquista desses objetivos permitiria "um sistema empresarial moderno que atende os requisitos da economia de mercado" — requisitos que envolviam que o mercado se tornasse "unificado, aberto, competitivo e previsível".[143] Eram objetivos grandiosos, mas que não haviam sido previamente articulados com vigor ou clareza em um documento com o peso de uma Decisão.

O objetivo de tornar a "economia de mercado socialista" uma realidade funcional está subjacente à Decisão de 1993. A Decisão identificou áreas específicas que precisavam mudar para que o progresso ocorresse. "É necessário, por um lado, herdar nossas belas tradições e, por outro, romper com convenções antiquadas", dizia a Decisão. Um alvo "fora de moda" era o controverso sistema dual de preços; a Decisão exigia que se mudasse totalmente para "um sistema no qual o mercado fixasse os preços" — um processo que já estava em andamento. No geral, a Decisão denominou "cinco pilares" do novo sistema econômico de mercado socialista: governança corporativa, dando total atenção às forças de mercado, gerenciamento macroeconômico, um sistema de alocação de recursos baseado no mercado (incluindo trabalho, terra e capital) e compromisso com o bem-estar social. A Decisão concluiu com um apelo para "superar" as "contradições e problemas" no processo de reforma da China, que ocorreram "devido às deficiências do sistema antigo e ao fato de que o novo sistema ainda não está completamente formado". As falhas do "sistema antigo" — e a importância do agora claramente definido "novo sistema" — não estavam mais em debate.[144]

Os economistas ocidentais não foram diretamente reconhecidos ou abordados nesse modelo requerido, embora tivessem desempenhado um papel crucial na definição de seus objetivos e conteúdo. Papel que às vezes tomava a forma de influência direta em políticas específicas, mas, frequentemente era indireta — moldando as ideias e estratégias dos economistas e formuladores de políticas importantes do Partido Comunista Chinês e fornecendo uma crescente tropa de especialistas chineses com técnicas e inspiração. Sem a participação dos economistas estrangeiros, a China não teria se reformado de maneira tão rápida, inovadora e bem-sucedida.

No final de 1993, com um projeto convincente e com Jiang e Zhu na liderança, a China estava pronta para começar uma nova era de reformas econômicas abrangentes. Não havia como voltar atrás.

Conclusão: Chegadas e Partidas

A IMPORTÂNCIA DESSA HISTÓRIA vai além do ponto-final a que acaba de chegar — de fato, sua importância se estende até hoje e avança para o futuro. Após as cruciais decisões de 1992 e 1993, uma nova geração de líderes sob a égide de Jiang Zemin colocou em prática o cristalizado conceito de "economia de mercado socialista" — e essa base conceitual persiste. A economia global da China, hoje, demonstra a notável continuidade de duas dualidades de enquadramento: estado e mercado, chineses e estrangeiros. No entanto, embora o passado e o presente sejam contínuos, as narrativas dominantes da era da reforma na China atual marginalizam os intercâmbios intelectuais internacionais no âmago deste livro. De fato, "influências estrangeiras", de todos os tipos, são vistas com declarada desconfiança e, às vezes, até hostilidade. Essa distorção do passado não só está errada, mas também ignora uma lição importante: a China se fortaleceu, sob os próprios termos, quando recebeu e reconheceu a influência estrangeira.

Nos meses e anos após a Decisão de novembro de 1993, a nova geração de líderes orientados para a reforma que Deng Xiaoping havia ajudado a instalar no poder — incluindo Jiang Zemin, Zhu Rongji e seus assessores econômicos — fez grandes progressos na consecução de seus objetivos. No Ano-novo de 1994, uma extensa lista de reformas entrou em vigor, criando um novo sistema fiscal e tributário da noite para o dia. Essa "reforma geral" visava resolver os problemas do sistema de responsabilidade fiscal que falhava e era, na avaliação dos analistas atuais, uma "necessidade existencial".[1] Em uma ação dramática, Zhu e seus oficiais criaram um novo sistema fiscal unificado, que por sua vez, dividiu a autoridade entre os governos central e local e estabeleceu uma estrutura tributária mais simples, incluindo um imposto sobre valor agregado para produtos manufaturados que aumentaria substancialmente as receitas do governo central e imporia políticas projetadas designadas para controlar o déficit fiscal, usando títulos do governo de curto e longo prazo.[2] Ao mesmo tempo, a liderança chinesa reformulou o sistema cambial do país, desvalorizou o renminbi, eliminou o sistema de certificados que anteriormente regia o câmbio estrangeiro, trazendo todas as receitas e despesas cambiais estrangeiras sob o controle dos bancos estatais que Zhu trabalhava para fortalecer.[3] O novo sistema tributário, escreve o economista Barry Naughton, "assemelha-se ao sistema ocidental de várias maneiras".[4] Em 1994, as receitas do governo central mais que dobrariam.[5]

Como uma espécie de atestado do papel da perícia estrangeira a ser continuado na elaboração das políticas de reforma da China, Zhu recebeu uma delegação de economistas vindos do exterior para Pequim no final de agosto de 1994. A conferência sobre as "Próximas Etapas na Reforma do Sistema Econômico da China" colocou foco sobre as reformas microeconômicas, que não ousaram avançar junto com as reformas fiscais. Os participantes incluíram o especialista em China, Nicholas Lardy, e os economistas de Stanford, Lawrence Lau, Ronald McKinnon e Masahiko Aoki. No lado chinês, autoridades econômicas e conselheiros presentes incluíram Wu Jinglian e Zhou Xiaochuan (que foram colideranças da força-tarefa sobre o Projeto Geral da Reforma do Sistema Econômico) e Lou Jiwei (que liderava a força-tarefa para a Reforma das Finanças Públicas da China e Sistema Tributário). Os economistas visitantes argumentaram que as empresas estatais da China deveriam ser reformadas para tornarem-se empresas modernas com múltiplas participações, e que a China deveria implementar uma estrutura de governança corporativa mais forte. Eles também enfatizaram esses pontos em seu encontro com Zhu Rongji, além de oferecer sugestões sobre como lidar com a grande carga de dívidas que muitas empresas, mesmo as lucrativas, continuaram a carregar.[6]

Em 1999, a quarta sessão plenária do XV Congresso do Partido emitiu uma "Decisão sobre Várias Questões Importantes Relativas à Reforma e ao Desenvolvimento de Empresas Públicas", as quais enfatizava a governança corporativa e determinava que as empresas estatais fossem transformadas em múltiplas entidades de participação acionária para acabar com seus monopólios. No ano seguinte, a Bolsa de Xangai emitiu a primeira orientação de governança corporativa da China, que Wu Jinglian descreveu como baseada em "expe-

CONCLUSÃO: CHEGADAS E PARTIDAS

riências de outros países", especialmente o "modelo anglo-americano (...) para aumentar o valor dos acionistas e fortalecer o controle da empresa", e, em janeiro de 2002, a Comissão Regulatória de Valores Mobiliários da China tornou esses princípios uma exigência legal da economia de mercado socialista do país.[7]

Nesse mesmo período, os formuladores de políticas econômicas da China começaram a desenvolver instituições que permitiriam que a liderança central fizesse intervenções efetivas na política macroeconômica de economia — o tipo de sistema que tinha sido um objetivo desde que James Tobin o apresentou aos participantes da Conferência de Bashan em 1985, mas que há muito tempo parecia fora de alcance. Em janeiro de 1996, como resultado de recomendações de economistas, incluindo a força-tarefa de Wu Jinglian e Zhou Xiaochuan, a China criou um mercado unificado de empréstimos interbancários e, em abril, começou a realizar testes de operações de mercado aberto. Em 1997, foi criado o Comitê de Política Monetária para fornecer orientação política, à medida que os líderes da China desenvolviam essas instituições.[8]

Uma série de promoções no ano seguinte confirmou o compromisso da China com essas políticas. Em 7 de março de 1998, Zhu Rongji — que já administrava a economia através de vários cargos durante cinco anos, inclusive como membro do Comitê Permanente do Politburo — tornou-se o primeiro-ministro do país, completando sua ascensão ao topo. Ele trouxe consigo seus formuladores de política econômica favoritos: Lou Jiwei foi promovido a vice-ministro das finanças e Zhou Xiaochuan e Guo Shuqing foram nomeados vice-governadores do Banco Central da China, o Banco Popular da China (PBOC). Essas decisões, garantiram que os tecnocratas que haviam estudado e ajudado a projetar esses sistemas, desde o início, também os executassem.[9]

Aqueles anos também viram a passagem de alguns dos últimos membros da geração que ajudaram a liderar a República Popular da China desde sua fundação. Yao Yilin morreu em dezembro de 1994, seguido pouco depois por seu aliado e mentor Chen Yun, em abril de 1995.[10] Suas vidas abarcavam as vastas transformações em sua terra natal no tumultuado século XX. Chen, que nasceu durante os últimos anos da dinastia Qing, lutou na revolução comunista que tomou o poder em 1949, foi denunciado durante a Revolução Cultural e discutiu com Deng sobre a direção das reformas da China, viveu para ver o PIB da China ultrapassar a casa de meio trilhão de dólares.

O próprio Deng Xiaoping morreu em 19 de fevereiro de 1997, após anos sem uma aparição pública. Saudando como um "grande marxista e o verdadeiro arquiteto da modernização e das reformas socialistas da China", as notícias apontaram que sua morte não perturbou as rotinas dos cidadãos de Pequim — um forte contraste com a morte de Mao, 20 anos antes. Opondo-se à transformação histórica depois da morte de Mao, a morte de Deng pressagiava a continuidade: a continuação das políticas de "reforma e abertura" e do estrondoso crescimento econômico orientado para o mercado chinês, sob domínio do PCCh.[11]

Quando o Partido Comunista Chinês realizou o funeral oficial para Deng, uma semana depois, dez mil oficiais vestidos de preto compareceram. Jiang Zemin chorou ao proferir uma elegia de uma hora de duração, no Grande Salão do Povo, adornado apenas com austeras coroas de flores cipreste e sempre-viva. O discurso elogiou o "legado mais precioso" de Deng, a "economia de mercado socialista", e apontou para a continuação da reforma. As cinzas de Deng descansavam em uma urna coberta com a foice e o martelo da bandeira do PCCh. Pessoas em toda a China também acompanhavam o funeral pela televisão. Uma jovem moça, que não tinha idade suficiente para ter vivido na China antes de Deng — e que agora trabalha na Bolsa de Valores de Pequim, um lugar inimaginável antes da "reforma e abertura" —, enxugou uma lágrima de seus olhos que câmeras de notícias filmavam.[12]

Em setembro de 1997, sete meses após a morte de Deng, Jiang presidiu o XV Congresso do Partido. Foi um ano de mudanças históricas: além da morte de Deng, Hong Kong havia retornado à República Popular da China em 1º de julho, evento que não apenas teve enormes benefícios práticos e financeiros, mas também simbolizou o ressurgimento da China sobre uma antiga ameaça imperialista. O relatório de Jiang ao congresso, reafirmou o compromisso do Partido com a Teoria de Deng Xiaoping e a "construção do socialismo com características chinesas". Jiang pedia para "manter a propriedade pública como o sustentáculo da economia", e encorajou "diversas formas de desenvolvimento de propriedades", e declarou: "Mesmo se o setor estatal for responsável por uma proporção menor da economia, isso não afeta a natureza socialista do nosso país". Uma era de negócios privados em expansão havia chegado, e Jiang, com Zhu Rongji a seu lado, estava disposto a afirmar que "os setores não públicos são componentes orgânicos de uma economia de mercado socialista", uma afirmação que pretendia legitimar o status do setor privado e foi codificada como uma emenda à constituição chinesa no ano seguinte.[13]

Ainda que uma crise financeira tenha se espalhado por toda a Ásia, no segundo semestre de 1997, fazendo com que a demanda por produtos chineses

CONCLUSÃO: CHEGADAS E PARTIDAS

caísse, Zhu Rongji e seus assessores determinaram que eles tinham uma oportunidade gravemente importante para desenvolver políticas macroeconômicas que aumentassem a demanda agregada. Essas políticas entraram em vigor a partir do início de 1998. Embora o crescimento do PIB tenha desacelerado em 1998 e 1999, a crise financeira asiática foi mais um alerta (o que Nicholas Lardy havia chamado de "despertador") do que um desastre para a China. A crise na Ásia foi precipitada em grande parte por sistemas bancários frágeis e investimentos industriais altamente alavancados nos países onde ela se originou. Isso incentivou a liderança a priorizar a limpeza e melhoria do sistema bancário chinês e fazer progressos com a reforma industrial — questões persistentes que a crise de 1997-1998 demonstrou que poderiam minar os grandes avanços que a China fez nos últimos vinte anos.[14]

Nos anos seguintes, a economia da China tornou-se verdadeiramente a superpotência global que Deng, Zhao Ziyang e seus colegas haviam trabalhado para criar. Uma das realizações mais significativas do mandato de Zhu ocorreu em novembro de 2001, quando a China celebrou sua adesão à Organização Mundial do Comércio (OMC). Zhao Ziyang havia liderado o pedido da China para regressar ao Acordo Geral sobre Tarifas e Comércio, em 1986. Na década de 1990, Zhu adotou barreiras alfandegárias agressivamente, removeu as cotas de importação, abriu os setores bancário e financeiro e reformou o sistema de fiscalização da China, para que o país pudesse atender aos padrões da OMC e, nas palavras de Wu Jinglian: "Ser integrado ao sistema econômico mundial" e aceitar "as regras da globalização até certo ponto". Ao mesmo tempo, Zhu negociou vigorosamente os termos da adesão da China para proteger os interesses de seu país e facilitar a transição.[15] O presidente Bill Clinton definiu essa oportunidade como "uma em uma geração".[16] Zhu também "usou a adesão à OMC para promover reformas internas", nas palavras do estudioso Yang Jiang. A fim de atender aos padrões da OMC e permitir que a China fosse "integrada ao sistema econômico mundial", Zhu derrotou a resistência de vários interesses domésticos e forçou reformas na política financeira chinesa, na avaliação de moeda e no tratamento de estatais.[17]

Assim, a adesão da China à OMC é entendida de duas maneiras: primeiro, trazendo um enorme aumento no comércio e investimento, remodelando a economia chinesa através de fluxos globais de bens e serviços; e, segundo, ingressando em uma instituição internacional que exigia novos padrões para a economia doméstica, traduzindo requisitos globais para dentro das políticas chinesas. Assim como os experientes economistas da era Zhao, mas com uma nova reviravolta, Zhu Rongji usou ideias e normas internacionais para moldar e apoiar seus interesses em casa — mostrando o quão poderosas essas normas continuavam a ponto de os líderes chineses as virem alinhadas com seus próprios objetivos de reforma. No final de 2002, a China ultrapassou os Estados Unidos como o maior mercado de investimento estrangeiro direto (IED) no mundo.[18] Em 2005, durante os primeiros anos do mandato do presidente Hu Jintao e a posse do primeiro-ministro Wen Jiabao, alguns economistas chineses estimavam que o setor privado respondia por até 70% do PIB da China.[19] O crescimento continuou desde então e, em 2015, a China sozinha captou US$126 bilhões em IED. Seu comércio tem crescido: o valor total das exportações e importações em 2015 foi de aproximadamente RMB 24,59 trilhões, ou US$3,8 trilhões — e as flutuações em sua economia são sentidas nos mercados do mundo inteiro.[20] Mesmo enfrentando claras incertezas sobre suas futuras perspectivas de crescimento, a China agora tem uma economia verdadeiramente global e é uma força motriz no sistema econômico mundial.

No meio de todo esse crescimento, em 17 de janeiro de 2005, Zhao Ziyang — uma das principais figuras que tornaram possível essa transformação econômica — morreu depois de mais de quinze anos sob prisão domiciliar. Um breve comunicado oficial se referiu a Zhao apenas como um "camarada", sem mencionar que ele havia servido como primeiro-ministro e secretário-geral do Partido. Nenhuma cobertura adicional de sua morte foi permitida na República Popular da China.[21] Mais tarde, naquele mesmo ano, o PCCh reabilitou Hu Yaobang no que teria sido seu nonagésimo aniversário, apesar de suas supostas "tendências burguesas".[22] Mas nenhuma mudança foi feita no status de Zhao nos dez anos após sua morte, embora sua família tenha anunciado em abril de 2015, que depois de muitos anos de discussões com as autoridades, receberam permissão para enterrar suas cinzas.[23] Zhao não foi reabilitado, apesar do fato de que o Partido e o país desfrutaram dos frutos de seu trabalho para refazer o sistema econômico chinês.

Nestes escritos, apesar das enormes transformações na economia e na sociedade chinesa, as duas dualidades, de estado e mercado, chinês e estrangeiro, permanecem centrais como sempre. Em parte, é claro, isso ocorre porque são temas amplos e duradouros no coração da história moderna da China. Mas é também porque a ideologia que governa o país mais populoso do mundo tem evoluído

CONCLUSÃO: CHEGADAS E PARTIDAS

de maneiras condizentes com o período que vai de 1976 a 1993 — e porque os indivíduos, hoje no centro da ação, continuam a debater e a promulgar essas mesmas dualidades.

Muitos dos figurões deste livro assumiram as rédeas do poder. Zhou Xiaochuan, que foi coautor de inúmeros artigos com Wu Jinglian e defendeu a "reforma coordenada", é governador do Banco Central da China desde 2002 e é amplamente reconhecido pela modernização do sistema de política monetária chinesa e pela manutenção da estabilidade macroeconômica.[24] Lou Jiwei, o jovem defensor das reformas do sistema fiscal chinês, na década de 1980, assumiu posições de destaque no campo financeiro: em 2013, tornou-se ministro das finanças da China, deixando para trás o fundo Soberano da China (o qual dirigia desde 2007) com US$575,2 bilhões em ativos sob sua administração.[25] Guo Shuqing, outro membro do grupo de "reforma coordenada" de Wu Jinglian na década de 1980, atuou como presidente do Banco de Construção da China (o segundo maior banco do mundo em capitalização de mercado) e o principal regulador de valores mobiliários do país, foi posteriormente promovido a governador da província de Sheong (população de quase 100 milhões e PIB de aproximadamente US$ 800 bilhões). Em Sheong, ele avançou em um ambicioso programa experimental de reformas de mercado que uma importante revista chinesa apelidou de *Novo Negócio de Guo*.[26] É particularmente notável lembrar que Lou Jiwei e Guo Shuqing dividiram uma sala a bordo do *S.S. Bashan* em 1985.

Esses economistas preenchem as fileiras do aparato de formulação de políticas do presidente Xi Jinping, levando adiante a relação entre o mercado e o Estado enquanto o mundo assiste a todos os seus movimentos. A transformação da elite tecnocrática do Partido é clara, com uma nova geração de formuladores de políticas no alto escalão do PCCh que foram educados em economia moderna e, em alguns casos, no Ocidente. O primeiro-ministro Li Keqiang e o vice-presidente Li Yuanchao se graduaram em economia, na Universidade de Pequim, sob a supervisão de Li Yining, hábil defensor da reforma empresarial que desempenhou um papel consistente como consultor econômico nos anos 1980.[27] Liu He, que dirige o Grupo Central Principal de Assuntos Financeiros e Econômicos, e é amplamente considerado o conselheiro econômico mais próximo de Xi, recebeu um diploma de graduação em administração pública em Harvard.[28]

Esses líderes chineses consultam economistas estrangeiros regularmente para ajudar na elaboração de novas políticas. Afinal, eles cresceram em uma época em que seus antecessores pregavam "aprender a fazer o trabalho econômico com todos aqueles que sabem, não importa quem eles sejam", e muitos deles continuaram nesse espírito. Por exemplo, o primeiro-ministro Li Keqiang, que ainda era vice-primeiro-ministro, encomendou um relatório ao Banco Mundial, intitulado *China 2030*, em coautoria com o Centro de Pesquisa para o Desenvolvimento do Conselho de Estado. O relatório que estabeleceu metas de desenvolvimento de longo prazo, incluindo evitar cair em uma "armadilha de renda média", recebeu elogios de muitos setores, bem como a reação que marcou muitas das atividades do Banco Mundial na China na década de 1980, com um economista chinês se referindo ao documento como "sobretudo lixo".[29] Edwin Lim, ex-chefe de missão do Banco Mundial em Pequim, fez uma parceria com o ganhador do Prêmio Nobel Michael Spence para criar o Programa de Consultoria e Pesquisa Econômica da China[30]. Outras conferências anuais para fornecer assessoria política a formuladores de políticas da China incluem o Fórum de Bo'ao para a Ásia e o Fórum de Desenvolvimento Chinês, que se tornaram locais institucionalizados para consulta e intercâmbio.

Economistas chineses também se juntaram às fileiras profissionais de seus pares em todo o mundo. Por exemplo, Justin Yifu Lin, que recebeu seu PhD em economia pela Universidade de Chicago, serviu de 2008 a 2012 como o primeiro economista-chefe não ocidental do Banco Mundial, e Qian Yingyi, reitor da Escola de Economia e Administração de Tsinghua, se doutorou em economia, em Harvard, e foi professor da Universidade da Califórnia, em Berkeley.[31] Esses caminhos de carreira representam a culminação de um processo que começou no final dos anos 1970, com pedidos de "observação de leis econômicas objetivas" e posteriormente levou à formação de programas de treinamento em economia moderna liderados por figuras como Lawrence Klein e Gregory Chow. Em um grau notável, os debates atuais sobre a direção futura das reformas econômicas chinesas têm os mesmos pontos centrais dos debates das décadas anteriores. Em 2013, o comunicado do terceiro plenário do XVIII Comitê Central, presidido por Xi Jinping, declarou: "Devemos aprofundar a reforma do sistema econômico, sob centralização no papel decisivo do mercado", que Xi chamou de "principal ponto de vista teórico" na resolução desse plenário.[32] A divulgação deste documento sinalizou a posição perenemente ambígua dos reformistas quando Xi chegou ao poder. A nova palavra "decisiva" (*juedingxing*) foi claramente inserida para sinalizar uma maior ênfase pró-mercado, mas Xi afirmou: "Buscamos consistentemente novas posições científicas preocupadas com a relação entre governo e mercado", e não ficou claro até que ponto o quão longe a liderança

CONCLUSÃO: CHEGADAS E PARTIDAS

vai impulsionar os possíveis significados de "decisivos". Mesmo ao enfatizar a importância central do "papel decisivo" do mercado, Xi apontou para o que ele chamou de "competição global com o capitalismo" e afirmou ainda:

Agora, o sistema econômico socialista de mercado do nosso país foi basicamente estabelecido, e a extensão dos mercados aumentou substancialmente, nossa compreensão das leis de mercado e a capacidade de controlá-las aumenta incessantemente(...). Ainda devemos insistir em dar continuidade às superioridades do sistema socialista de nosso país e reforçar o papel positivo do Partido e do governo. O mercado tem uma função decisiva na alocação de recursos, mas não tem a função total.[33]

Xi também enfatizou o papel contínuo do setor público, incluindo empresas e gestão de ativos, bem como um papel para a "economia não pública", incluindo empresas privadas e empreendimentos conjuntos com estrangeiras, com a economia "pública" e a economia "não pública" como "componentes orgânicos da economia de mercado socialista".[34] Nos próximos anos, o equilíbrio do governo-mercado no sistema chinês certamente será objeto de debate, contestação e mudança de posição.

Dentro dos círculos acadêmicos chineses sobre economia, os debates sobre o estado e o mercado continuam. No verão de 2014, dois importantes economistas — Justin Yifu Lin e Zhang Weiying — discordaram sobre como interpretar o papel "decisivo" do mercado, em uma conferência em Xangai, com Lin exigindo um papel maior do governo e Zhang promovendo mercados mais livres. O *Caijing*, proeminente canal de notícias financeiras, comparou o episódio com "um debate que lembra os confrontos entre John Keynes e Friedrich Hayek que moldaram as principais políticas econômicas dos países desenvolvidos durante a maior parte do século passado".[35] A comparação é um lembrete de que os debates sobre "a relação entre governo e mercado" — na consideração feita por Xi — permanecem como um assunto perpétuo tanto no Ocidente quanto na China.

Para além do campo da economia, é claro, a reforma da China está longe de estar completa, necessitando de um progresso particular no campo da organização política e social. Em 2010, János Kornai questionou insistentemente em uma entrevista à revista chinesa *Caijing*: "Por quanto tempo será possível sustentar, sem mudança ou reforma, um sistema político que garanta a atual situação macroeconômica e a atual proporção de consumo em investimento?"

Ele acrescentou: "A disseminação da propriedade privada, a livre iniciativa e a coordenação de mercado fornecem condições favoráveis para a reforma política, mas isso não garante automaticamente que a reforma será realizada".[36] Os líderes chineses afirmaram que entendem a necessidade de reforma política para melhorar a governança, reduzir a corrupção e levar em conta a opinião pública, mas suas ideias sobre democracia e direitos políticos são contestadas por muitos dentro e fora da China, e com razão. O estilo político de Xi Jinping parece fundamentalmente autoritário, pois concentrou títulos e poder em sua pessoa, desenvolve sua imagem pública como "Papa Xi", e suas ações demonstram uma baixa tolerância ao dissenso político e um papel ampliado do Estado na vida cotidiana.[37]

Quaisquer que sejam as mudanças que estão por vir, parece prudente tentar entender a evolução da relação estado-mercado nos termos da própria linhagem. No campo econômico, a evolução do significado de "economia de mercado socialista" provavelmente refletirá as mesmas contradições geradoras que moldaram toda a história do período de reforma: a crescente compreensão das forças de mercado envolvidas com a crescente capacidade de controlá-las e um papel "decisivo", mas não "total", para o mercado dentro de um "sistema socialista". No futuro, é claro, é possível que o conceito chinês de uma "economia de mercado socialista" possa se transformar em uma genuína "economia de mercado" com várias restrições "sociais" sobre o mercado, como redes de seguridade social, considerável regulamentação governamental, políticas de redistribuição econômica impostas pelo governo e até mesmo alguma propriedade governamental — isto é, algo mais parecido com o sistema misto de mercados e governo que caracteriza muitas economias ao redor do mundo que são consideradas "sistemas de mercado". Em outras palavras, a expressão "economia de mercado socialista" é tremendamente maleável em termos das dimensões "socialista" e "mercado". Enquanto o Partido Comunista Chinês permanecer no poder, a relação entre o Estado socialista e o mercado competitivo continuará a ser a dualidade essencial e o perpétuo fundamento de contestação sobre novas reformas.

Uma dinâmica relacionada, igualmente importante, mas menos certa, é como essas ideias econômicas e as práticas resultantes farão com que a China global de hoje interaja com o Ocidente e com a ordem internacional. Os Estados Unidos têm a maior economia do mundo em termos de PIB nominal, com a China aparecendo em segundo lugar.[38] Em 2013, a OMC classificou a China como o maior exportador mundial de bens e o segundo maior importador, sen-

CONCLUSÃO: CHEGADAS E PARTIDAS

do que seu volume total de importações e exportações fez dela o maior país comercial do mundo, tendo com a União Europeia e os Estados Unidos como seus maiores parceiros comerciais.[39] As reservas cambiais estrangeiras chinesas aumentaram de US$610 bilhões em 2006 para US$3,23 trilhões em fevereiro de 2016, as maiores participações de qualquer país do mundo.[40] É claro que, no âmbito do comércio e investimento, a China e outras economias continuarão a competir por vantagens — e isso é um fato.

Porém além dessas atividades econômicas competitivas regulares, o então presidente Xi também se referiu à "competição com o capitalismo", como vimos — e também "a natureza prolongada da disputa sobre a ordem internacional". Em um importante discurso sobre política externa, no final de 2014, ele desta-cou: "A tendência crescente em direção a um mundo multipolar não mudará".[41] Tais declarações implicam que a China ainda se considera oposta ao Ocidente de maneiras mais fundamentais: no campo das ideias econômicas e modelos políticos e na ordem internacional em desenvolvimento, incluindo organiza-ções econômicas, assim como nos mais amplos arranjos regionais, geopolíticos e militares. Ao considerar essas perspectivas, no entanto, os temas permanecem notavelmente persistentes, girando em torno das duas dualidades de estado e mercado, chinês e estrangeiro. É claro que, nas próximas décadas, essas questões também continuarão a evoluir. A China ingressará em uma ordem global que acredita que os países capitalistas ocidentais construíram? Será que vai buscar ajustes nessa ordem? Será que vai tentar anular essa ordem?

O prosseguimento entre os debates que este livro registrou e os do presente são claros. Por que importa contar essas histórias? E por que ela foi marginalizada na narrativa dominante da transformação da China?

Uma das grandes realizações dos reformistas dentro e em torno da liderança chinesa foi a disposição de engajar-se com economistas e ideias internacionais e de aplicá-los às reformas da China — uma abordagem que iden-tificou as ideias mais relevantes, como limalhas de ferro em serragem, usando o ímã das "condições nacionais" e necessidades da China. Em outras palavras, os re-formistas chineses demonstraram considerável habilidade em explorar, aprender, interpretar, aplicar e apresentar essas ideias estrangeiras para o público chinês, e essas habilidades foram uma das razões para o sucesso da transição da China do socialismo, em comparação com as experiências de muitos outros países que não obtiveram êxito. O engajamento não foi um sinal de fracasso ou submissão à hegemonia estrangeira, mas sim uma conquista marcante que ajudou a definir uma "idade de ouro" de abertura e flexibilidade intelectual na China.

No entanto, essas histórias de comprometimento internacional são um terreno desconfortável para a liderança chinesa, principalmente porque sua narrativa dominante identifica a "economia de mercado socialista" da China como a principal inovação ideológica pós-Mao do PCCh, um produto totalmente chinês da liderança do Partido que levou o país a uma posição de poder global. Os governantes chineses justificaram e explicaram a transformação do país sob a ideologia da "economia de mercado socialista" — que, nas palavras do ministro de Relações Exteriores Wang Yi, "cresceu no solo da China". Em contraste com uma história de humilhação nas mãos de potências imperiais estrangeiras, o enorme sucesso econômico da China é um componente crítico do "rejuvenescimento" (*fuxing*) da nação chinesa. Diante dessa narrativa patriótica, isso poderia ser visto como uma leve iluminação sobre o papel das ideias e dos indivíduos estrangeiros. Na verdade, os órgãos oficiais chineses enfatizam as "características chinesas" e expressam maior resistência às ideias e influências das "potências estrangeiras hostis".[42] No início de 2015, após uma série de anúncios sobre a necessidade de enfatizar a pureza ideológica nos campi universitários chineses, o Ministro da Educação Yuan Guiren publicou um conjunto de regras para eliminar a influência dos "valores ocidentais" do sistema educacional, começando com os livros didáticos traduzidos: "De maneira alguma permitiremos materiais didáticos que disseminem valores ocidentais em nossas salas de aula". A pungente ironia dessas decisões de modo algum reside apenas na influência de Marx e Lenin sobre a China revolucionária de Mao. Tão central é a realidade que as teorias que guiaram as políticas econômicas da China pós-Mao foram frequentemente desenvolvidas após a consulta de ideias a parceiros estrangeiros influentes. A ironia se torna ainda maior quando se lembra que o atual primeiro-ministro, Li Keqiang, não apenas era um estudante de doutorado sob Li Yining, mas dedicou uma parte substancial de seus estudos de pós-graduação em economia e direito à tradução e estudo de textos estrangeiros. ("Deveríamos convocar uma conferência para estudar como o primeiro-ministro Li Keqiang disseminou as teorias jurídicas ocidentais", disse o controverso professor de direito liberal He Weifang ao *New York Times*, com mais que uma pitada de sarcasmo.)[43] Líderes que governam um país que cresceu, em parte, devido ao envolvimento intelectual com o Ocidente, agora procuram tanto marginalizar esses acontecimentos históricos quanto reprimir sua continuação no presente.

CONCLUSÃO: CHEGADAS E PARTIDAS

O Partido Comunista Chinês, sem dúvida, merece crédito por sua decisão de embarcar na "reforma e abertura" da China. As políticas têm reduzido a pobreza e produziram uma prosperidade muito maior para o povo chinês e, através do comércio, inúmeras outras ao redor do mundo. Mas temos a obrigação de contar a história mais completa. O PCCh tem investido muito esforço para manter uma identidade para o "socialismo com características chinesas" que está de acordo com o que o Partido quer hoje. Assim como Zhao Ziyang foi apagado da história das reformas que liderou, por causa de sua suposta "traição ao Partido", também as parcerias entre os especialistas ocidentais e os políticos chineses foram marginalizadas com muita frequência. Esse desnível também foi lamentável para os que procuravam dar crédito ao sucesso dos reformistas chineses na liderança do PCCh, porque se não reconhecem essa história não podem sequer elogiar a liderança chinesa por levar as melhores ideias do mundo para a China, negociando entre complexos pontos de vista conflitantes e desenvolvendo um sistema que funcionaria na China.

Esse desnível entre o real papel histórico dos consultores estrangeiros e as denúncias atuais da "influência ocidental" também é preocupante por razões muito mais amplas. A China avança mais rapidamente e se torna mais bem-sucedida quando está aberta ao mundo exterior. Essa abertura, com certeza traz riscos e desafios, mas tem sido um guia consistente para o desenvolvimento positivo do sistema chinês desde 1976. A economia da China floresceu através da parceria com estrangeiros.

O presidente Xi Jinping e o primeiro-ministro Li Keqiang realmente acreditam que as influências estrangeiras foram "hostis" à conquista de riqueza e poder da China em escala global? Se o fizerem, eles estão, paradoxalmente, solapando o potente e difundido tema da agência chinesa na formulação e reformulação de influências estrangeiras ao longo de toda a era da reforma. E eles estão interpretando mal a história recente do país que governam. A escolha não é entre a importação por atacado e a recusa total. O processo de influência não é de "infiltração" ou rejeição. Todo o espectro das dinâmicas de parceria — escolher, colher, reformular, tampar e disfarçar a influência — permanece aberto às lideranças chinesas, e o sucesso de uma geração anterior de líderes, que viram o valor dessas formas de abertura e engajamento deve guiar os líderes chineses de hoje.

Os episódios neste livro raramente são discutidos no Ocidente, o que também merece explicação. Uma razão pode ser que eles questionem as premissas recebidas sobre como os países ocidentais influenciam o mundo em desenvolvimento — e, de fato, como ocorre o desenvolvimento econômico. Em vez de uma teleologia inevitável em direção ao "desenvolvimento" definido pelo Ocidente, essas histórias mostram a aceitação negociada de ideias de mercado e normas globais — por líderes chineses, em termos chineses. Enquanto países do mundo inteiro, da Hungria a Cuba e à África do Sul, elogiam abertamente o sistema chinês como uma alternativa aparentemente viável ao modelo capitalista liberal de muitos países ocidentais — e à medida que a China "se torna global" e tenta espalhar sua influência[44]— é fundamental que nossos formuladores de políticas e líderes de opinião repensem o que eles dão por certo sobre o que a "influência ocidental" pode e não pode fazer em outros países. É especialmente importante fazê-lo quando, como no caso da China, o país em questão rejeita a importação por atacado de propostas estrangeiras e se vê como um parceiro igual na interpretação e implementação de ideias econômicas do exterior e na formação de novas ideias.[45]

No entanto, como sempre, a escolha sobre como ver essa história e, optar por continuar com essas parcerias vai acabar com os chineses. Será profundamente lamentável se a atual liderança continuar marginalizando os compromissos internacionais como uma das conquistas marcantes da era da reforma chinesa. E será realmente preocupante se esses líderes e seus assessores políticos se voltarem para dentro e romperem com a tradição da abertura benéfica, que Deng Xiaoping — o "principal arquiteto da reforma e abertura socialista da China", como Xi Jinping o chamou em um importante discurso, em 2014[46] — abraçou durante todo o seu mandato e que teve um histórico comprovado de sucesso no período de 1976–1993 e posterior. Enquanto o aparato da propaganda chinesa entra em ação promovendo o "Sonho Chinês", de Xi, pelo futuro de seu país, mesmo ao declarar que o Presidente Xi é o "novo arquiteto" das reformas da China, devemos esperar que uma das inovações do novo arquiteto não seja fechar o portão para ideias estrangeiras que Deng abriu para uma geração anterior.[47] A abertura para o mundo exterior serviu bem à China por mais de três décadas, e ainda pode ajudá-la a enfrentar os grandes problemas que enfrenta hoje.

Por todas essas razões, é minha esperança que o tema da parceria explorado neste livro se torne uma parte central da narrativa da contínua transformação econômica da China. Esta mudança está muito atrasada — e deve acontecer para construir um futuro mais positivo para as relações da China com os países ocidentais.

O que enfatizamos sobre o passado molda o que provavelmente faremos no presente. Em um momento em que a "desconfiança estratégica" entre os

CONCLUSÃO: CHEGADAS E PARTIDAS

países ocidentais (especialmente os Estados Unidos) e a China está em alta, as maneiras que escolhemos para conceber nossa história compartilhada são mais importantes do que nunca.[48] O *Wall Street Journal* publicou em junho de 2015: "À medida que as tensões com a China aumentam, os pensadores da política externa dos EUA tiram a poeira das ideias da Guerra Fria — e questionam o consenso de longa data de envolvimento com Pequim".[49] À medida que a China sobe e projeta sua nova energia na Ásia e no mundo, assumir uma postura mais resoluta em relação a Pequim muitas vezes será necessário. Mas essa é outra área, onde os historiadores podem oferecer uma perspectiva mais ampla. Se enfatizarmos os conflitos entre os sistemas ocidentais de organização econômica e os da China, esses exemplos de conflito provavelmente produzirão mais do mesmo. Mas, se pudermos nos concentrar nas histórias de parceria e intercâmbio entre a China e o resto do mundo, poderemos conter as lamentações chinesas sobre "influências estrangeiras hostis" e as advertências norte-americanas sobre a "ameaça" absoluta da "influência" da China ao redor do planeta.[50]

O mesmo vale para ajudar a promover a causa dos reformadores na China hoje, que querem tornar a sociedade chinesa mais livre, mais justa e mais sustentável. Nos últimos anos, Wu Jinglian escreveu: "Está claro que a reforma está longe de estar completa" na República Popular da China, e ele pediu aos economistas internacionais que façam "esforços conjuntos" com seus pares chineses "para construir um mundo melhor".[51] O espírito de cooperação e parceria é parte da história compartilhada da China com o resto do mundo, certamente em questões como o desenvolvimento de seu sistema econômico, mas também em desafios em muitas outras frentes, e devemos esperar que nossos especialistas e líderes se ocupem dos desafios com esse espírito em mente.

O desenvolvimento econômico é um processo mais complexo de interações transnacionais do que se supõe frequentemente. Este livro concentrou-se principalmente nas interações transnacionais que ocorrem no campo das ideias. Como essas ideias tiveram consequências no mundo real, algumas atenções também foram dadas às interações transnacionais que ocorrem no terreno prático da atividade econômica, como as relações comerciais entre a China e o resto do mundo. Mas outro elemento também merece menção: as relações de pessoa para pessoa que criam teias complexas de relações pessoais entre milhões de indivíduos comuns entre os países.[52] De fato, a história pode ser cada vez mais produzida pelas interações pessoais de milhões de indivíduos comuns que se conectam com os outros através das fronteiras nacionais, através de viagens, trabalho, internet e assim por diante. No caso dos Estados Unidos e da China, uma mudança generalizada está ocorrendo nessa frente. Centenas de milhares de chineses estudam nos Estados Unidos a cada ano, e o número cresce. Em um desenvolvimento mais recente, dezenas de milhares de alunos de escolas secundárias e universitários norte-americanos estudam ou trabalham na China, expandindo seus conhecimentos sobre a China e os chineses em uma escala sem precedentes e em um estágio mais profundo.[53] A dinâmica dessas interações de pessoa a pessoa é tão complexa quanto a do campo das ideias econômicas que tenho discutido — com linhas transversais, em ambas as direções, de influência, curiosidade, resistência e toda a gama de outras dinâmicas que fazem relações humanas. Por enquanto, é suficiente dizer que essas relações não são simplesmente parte das histórias pessoais dos indivíduos. Cumulativamente, elas de fato moldam, expressam e até encenam a história pública do mundo.

Hoje, um sistema de mercado socialista governa a segunda maior economia do mundo, com um PIB de mais de US$10 trilhões a partir de 2016. E embora suas histórias e "esforços conjuntos" sejam dificilmente reconhecidos na China ou no Ocidente, as conquistas dos parceiros cujas histórias são contadas neste livro têm durado, assim como as relações construídas nesse processo. Em janeiro de 2008, o ano em que as Olimpíadas de Pequim celebraram a ascensão da China a um nível verdadeiramente global, Wu Jinglian e János Kornai comemoraram seus aniversários juntos em Pequim, com apenas alguns dias de intervalo. Apesar do frio do inverno, a cidade estava movimentada e em expansão, um testemunho do crescimento da China. Kornai tinha ido à China para palestrar, mas se certificou, como sempre, de encontrar seu "querido amigo" Wu. Cercados por admiradores, Kornai e Wu passaram a festa relembrando os velhos tempos e discutindo o estado atual das reformas da China. Os quentes dias de setembro a bordo do *S.S. Bashan* devem ter parecido um mundo à parte. Um bolo de aniversário foi trazido enquanto a dupla sorria. Os dois homens se levantaram de suas cadeiras, como se quisessem fazer um discurso. Então, juntos, apagaram as velas.[54]

Siglas nas Notas

CYNP	Zhu Jiamu 朱佳木, ed., 陈云年谱: 一九〇五——一九九五 [*Cronologia de Chen Yun: 1905–1995*], 3 vols. (Pequim: Zhongyang wenxian chubanshe, 2000).
DXPNP	Leng Rong 冷溶, ed., 邓小平年谱 *1975–1997* [*Cronologia de Deng Xiaoping, 1975–1997*], 2 vols. (Pequim: Zhongyang wenxian chubanshe, 2004).
GSJTL	Comitê dos Manuscritos Históricos da República Popular da China 中国人民共和国史稿委员会, ed., 邓力群国 史讲谈录 [*Registro das Conversas de Deng Liqun sobre a História do País*], manuscrito privado (7 volumes, 2000–2002).
JJYJ	经济研究 (*Pesquisa Econômica*), jornal.
LXNNP	李先念年谱 [*Cronologia de Li Xiannian*], 6 vols. (Pequim: Zhongyang wenxian chubanshe, 2011).
RMRB	人民日报 (*People's Daily*), jornal.
SWDXP	*Obras Selecionadas de Deng Xiaoping, 1975–1982* (Pequim: Foreign Languages Press, 1984).
SWDXP-3	*Obras Selecionadas de Deng Xiaoping, Vol. III* (Pequim: Foreign Languages Press, 1994).
XMQHYL	薛暮桥回忆录 [*Memórias de Xue Muqiao*] (Tianjin: Tianjin renmin chubanshe, 1996).

XMQNP · 薛暮橋年谱 [*Cronologia de Xue Muqiao*], documento não publicado, sem paginação.

ZFLZQJ · Fang Weizhong 房维中, ed., 在风浪中前进:中国发展与改革编年记事 [Avançando na Tempestade: Cronologia da Reforma e Desenvolvimento da China, 1977–1989], documento de 2004 não publicado. Disponível na Fairbank Collection, Fung Library, Harvard.

ZZYWJ · 赵紫阳文集 *1980–1989* [*Obras Coletadas de Zhao Ziyang, 1980–1989*], 4 vols. (Hong Kong: Editora da Universidade da China, 2016).

ZZYYZZGG · Wu Guoguang 吴国光, 赵紫阳与政治改革 [*Zhao Ziyang e Reforma Política*] (Hong Kong: Taipingyang shiji chubanshe, 1997).

Notas

Introdução

1.	Gabinete Nacional de Estatísticas, 中国统计年鉴 2009 [*Anuário Estatístico da China de 2009*] (Pequim: Zhongguo tongji chubanshe, 2009).

2.	Deng Xiaoping, "Uphold the Four Cardinal Principles" (30 de março de 1979), *Obras Selecionadas de Deng Xiaoping, 1975–1982* (Pequim: Foreign Languages Press, 1984) (citado daqui em diante como SWDXP), 174.

3.	Veja também: Chen Yun 陈云, "经济形势与经验教训" [A situação econômica e nossas experiências e Lições] (Dezembro 16, 1980), em 陈云文选 [*Obras Selecionadas de Chen Yun*] (Pequim: Renmin chubanshe, 1995), 3:279.

4.	Zhao Ziyang, *Prisoner of the State: The Secret Journal of Zhao Ziyang* (Nova York: Simon & Schuster, 2009), 113.

5.	Chen Yizi 陈一谘, 陈一谘回忆录 [*Memórias de Chen Yizi*] (Hong Kong: Xin shi-ji chuban ji chuanmei youxian gongsi, 2013), 312; Zhang Weiying 张维迎 [Shaan Ren 陕仁], "中国的经济改革与经济学家" [A Reforma Econômica Chinesa e os Economistas], 知识分子 [*The Chinese Intellectual*] 3, nº. 2 (Inverno de 1987): 23–28.

6.	Deng Xiaoping 邓小平, "实行开放政策, 学习世界先进科学技术" [Implementar a Reforma e Abertura, Estudar a Ciência e Tecnologia Avançada do Mundo] (10 de outubro de 1978), 邓小平文选 [*Obras Selecionadas de Deng Xiaoping*] (Pequim: Renmin chubanshe, 2a ed., 1994), 132–133.

7.	Gu Mu 谷牧, "小平同志领导我们抓对外开放" [O camarada Xiaoping nos levou a buscar a abertura para o mundo exterior], 回忆邓小平 [*Remembering Deng Xiaoping*], ed. Centro de Pesquisa de Literatura do Partido Central da China 中国中央文献 研究室 (Pequim: Zhongyang wenxian chubanshe, 1998), 1:155–156.

8.	Hu Yaobang, "Speech at the Second National Congress of the Chinese Scientific and Technical Association (Excerpts)", *Beijing Review*, nº. 15 (14 de abril de 1980): 13–16.

9.	Deng Xiaoping, "There Is No Fundamental Contradiction between Socialism and a Market Economy" (23 de outubro de 1985), *Obras Selecionadas de Deng Xiaoping, Vol. III* (Pequim: Foreign Languages Press, 1994) (citado daqui em diante como SWDXP-3), 152. A conexão entre "mercados" e "capitalismo" é um elemento controverso do socialismo reformador. Embora esteja fundamentado nos escritos de Karl Marx e Friedrich Engels, alguns comentaristas, discutindo "os amplos mercados em muitas sociedades pré-capitalistas e o forte elemento de monopólio e interferência estatal nos mercados ao longo da história do capitalismo", reivindicaram que essa "equação familiar" não tem "base histórica ou teórica". Veja também: Benjamin Kunkel, "Paupers and Richlings", *London Review of Books* 36, nº. 13 (3 de julho de 2014): 17–20.

10. Li Lanqing, *Breaking Through: The Birth of China's Opening-Up Policy* (Oxford: Oxford University Press, 2009), 5.

11. Mao Tsé-Tung, "We Must Learn to Do Economic Work" (10 de janeiro de 1945), *Obras Selecionadas de Mao Tsé-tung* (Peking: Foreign Languages Press, 1965), 3:191. Veja também: Stuart Schram, *The Thought of Mao Tse-tung* (Cambridge: Cambridge University Press, 1989), 92–93; Alexander V. Pantsov e Steven I. Levine, *Mao: The Real Story* (Nova York: Simon & Schuster, 2012).

12. Constituição da República Popular da China (adaptado em 4 de dezembro de 1982 com emenda de 29 março de 1993), Artigo 7, acesso em: 1 de março de 2013, disponível em: http://english.peopledaily.com.cn/constitution/constitution.html.

13. Eu defino a ideologia como um sistema de crenças que as pessoas defendem para motivar a ação política ou, para usar uma metáfora, "a ideologia toma um campo visual indiferenciado e o coloca em foco para que os objetos apareçam em uma relação predeterminada". (Mark Lilla, "Our Libertarian Age", *The New Republic* [17 de junho de 2014], disponível em: https://newrepublic.com/Artigo/118043/our-libertarian-age-dogma-democracy-dogma-decline.)

14. Uso o termo "ocidental" para me referir a figuras da Europa Oriental, bem como da Europa Ocidental e da América do Norte, onde ambos os lados da Cortina de Ferro são frequentemente agrupados. Eu notei isso, quando o material de origem faz uma distinção. O uso do termo não se destina a ser redutivo ou procrusteano; o espectro de identidades que o termo "ocidental" poderia abranger era variado, mas era central e difundido nos escritos de importantes políticos e economistas chineses.

15. Veja também: Joseph Fewsmith, *Dilemmas of Reform in China: Political Conflict and Economic Debate* (Armonk, NY: M.E. Sharpe, 1994), 169; Ezra Vogel, *Deng Xiaoping and the Transformation of China* (Cambridge: Belknap Press of Harvard University Press, 2011), 461; Harold K. Jacobson e Michel Oksenberg, *China's Participation in the IMF, the World Bank, and GATT* (Ann Arbor: University of Michigan Press, 1990), 141. Tratamento da Conferência de Bashan, em 1985, com a duração de uma semana e participação dos principais economistas chineses e um grupo extraordinário de importantes economistas estrangeiros demonstram essa tendência. Fewsmith dá um parágrafo, chamando a conferência de "o ponto de virada", mas falando pouco mais. Como seu projeto é essencialmente político e biográfico, Vogel dedica três parágrafos sugerindo a importância da Conferência de Bashan, mas ele não fornece contexto intelectual para essa afirmação. O estudo de Jacobson e Oksenberg faz apenas menção depreciativa das influências intelectuais do Banco Mundial. Muitos outros trabalhos que abordam esse período ignoram inteiramente a Conferência de Bashan.

16. Veja também: Wu Jinglian, "Economics and China's Economic Rise", em *The Chinese Economy: A New Transition,* ed. Masahiko Aoki e Jinglian Wu (Nova York: Palgrave Macmillan,

NOTAS

2012), 13–33; Zhao Renwei 赵人伟, "1985 年巴山轮会议' 的回顾与思考" [Lembrando e Refletindo sobre a "Conferência de Bashan", de 1985], 经济研究 [*Economic Research*] (citado daqui em diante como JJYJ), no. 12 (2008): 17–28. Um estudo que faz uso de algumas dessas conexões, enfocando o neoliberalismo e a reforma previdenciária, é Aiqin Hu: "A propagação global do neoliberalismo e a reforma da previdência da China desde 1978", *Journal of World History* 23, nº. 3 (2012): 609–638.

17. Daniel H. Bays, *China Enters the Twentieth Century: Chang Chih-tung and the Issues of a New Age, 1895–1909* (Ann Arbor: University of Michigan Press, 1978); William Ayers, *Chang Chih-tung and Education Reform in China* (Cambridge: Harvard University Press, 1971); Paul Trescott, *Jing ji Xue: The History of the Introduction of Western Economic Ideas into China, 1850–1950* (Hong Kong: Chinese University Press, 2007); Y. C. Wang, *Chinese Intellectuals and the West, 1872–1949* (Chapel Hill: University of North Carolina Press, 1966); Benjamin Schwartz, *In Search of Wealth and Power: Yen Fu and the West* (Cambridge: Belknap Press of Harvard University Press, 1964).

18. Benjamin I. Schwartz, *Chinese Communism and the Rise of Mao* (Cambridge: Harvard University Press, 1951); Rana Mitter, *A Bitter Revolution: China's Struggle with the Modern World* (Oxford: Oxford University Press, 2004), 135–137, 143–145; Tony Saich, "The Chinese Communist Party during the Era of the Comintern (1919–1943)", preparado para Juergen Rojahn, "Comintern and National Communist Parties Project", Instituto Internacional de História Social, Amsterdã, 5–6.

19. Veja também: Timothy Cheek, ed., *A Critical Introduction to Mao* (Nova York: Cambridge University Press, 2010); Stuart Schram, *The Political Thought of Mao Tsetung* (Nova York: Praeger, 1963), 70. Essa dinâmica — uma espécie de "ansiedade de influência" (Harold Bloom, *The Anxiety of Influence: A Theory of Poetry* [Oxford: Oxford University Press, 1973]) — aparece em muitos desses casos. Por exemplo, durante a década de Nanjing, as experiências de Chiang Kai-shek com o fascismo estavam diretamente ligadas às ideias ocidentais, mas seus Camisas Azuis eram autoconscientes para não serem vistos como simplesmente cópias de ideias fascistas ocidentais, e escreveu: "Muitos camaradas acreditam que nossa organização foi fundada justamente no momento em que o fascismo europeu estava em ascensão (...) e que nossa ideologia, portanto, é fascista", uma acusação que veementemente negaram. Veja Frederic Wakeman Jr, "Uma visão revisionista da década de Nanquim: o fascismo confucionista", China Quarterly, nº. 150 (junho de 1997): 395–432. Mesmo durante o período de isolamento sob Mao, vários exemplos bem documentados podem ser encontrados. Estudiosos mostraram que as revoltas na Europa Oriental nos anos 1950 influenciaram o lançamento do movimento antidireitista de 1957, o qual Deng supervisionou; Mao referenciou a revolução húngara de 1956 em várias ocasiões; veja Zhu Dandan, 1956: A China de Mao e a Crise Húngara. Veja também: Zhu Dean, *1956: Mao's China and the Hungarian Crisis* (Ithaca, NY: East Asia Program, Cornell University, 2013).

20. Jonathan Spence, *To Change China: Western Advisers in China, 1620–1960* (Nova York: Penguin, 1980). Na última página do livro, Spence especula se os conselheiros ocidentais ainda poderiam tentar "mudar a China": "Os chineses, por sua vez, agora parecem fortes o suficiente para garantir que, se os ocidentais vierem à China como assessores, eles o façam em termos estritamente chineses e não insinuarão valores indesejados na busca de objetivos extrínsecos." (293).

21. Rong Jingben 荣敬本, "忆改革开放三十年中的一段往事" [Lembrando Um Episódio nos Trinta Anos de Reforma e Abertura], 经济学家茶座 [*Teahouse for Economists*], nº. 37 (2008): 45–46.

22. W. W. Rostow, *The Stages of Economic Growth: A Non-Communist Manifesto* (Cambridge: Cambridge University Press, 2nd ed., 1971), xlvii, 6; John Williamson, "What Washington Means by Policy Reform", *Latin American Adjustment: How Much Has Happened?* ed. John Williamson (Washington, DC: Institute for International Economics, 1990); James C. Scott, *Seeing Like a State: How Certain Schemes to Improve the Human Condition Have Failed* (New Haven: Yale University Press, 1998).

23. Matthew Hilton e Rana Mitter, "Introduction", *Past and Present* 218, Supplement 8 (2013): 25; Odd Arne Westad, *The Global Cold War: Third World Interventions and the Making of Our Times* (Cambridge: Cambridge University Press, 2005).

24. Os trabalhos que produziram a minha compreensão do processo de recepção de ideias, tanto na China quanto em outros países, tendem a enfocar o processo de tradução e não a interpretação de políticas. Estes incluem Schwartz, *In Search of Wealth and Power*; Lydia Liu, ed., *Tokens of Exchange: The Problem of Translation in Global Circulations* (Chapel Hill: Duke University Press, 1999); Sophus A. Reinert, *Translating Empire: Emulation and the Origins of Political Economy* (Cambridge: Harvard University Press, 2011). A ênfase de Liu sobre "confrontos" entre textos, idiomas e tradições é importante para dar maior agilidade aos tradutores e leitores chineses. Mas usar a linguagem do "confronto" em si, pressupõe uma postura por parte dos leitores que não é totalmente verdadeira quando os leitores em questão são figuras como os economistas chineses Wu Jinglian e Zhao Renwei, que eram fluentes em inglês e desempenharam um papel crucial de mediadores entre os textos ocidentais e o público chinês. Em particular, o foco no "confronto" textual enfraquece a sua intensa fome de buscar elementos valiosos dentro dos textos e apropriar-se deles para o contexto chinês.

25. Este livro baseia-se nas *Obras Coletadas de Zhao Ziyang, 1980–1989* (赵紫阳文集 *1980–1989*, 4 vols. [Hong Kong: Chinese University Press, 2016]), uma coleção histórica de quatro volumes de documentos internos que foram contrabandeados para fora da China e publicados em Hong Kong pela Chinese University Press, em julho de 2016. Levará anos aos estudiosos para analisar e refletir sobre esses quatro volumes. Por enquanto, é suficiente dizer que esta publicação, assim como outras fontes citadas neste livro, ajudará a reconduzir Zhao Ziyang a seu devido lugar no centro da história da era da reforma chinesa. Esses documentos oferecem informações importantes sobre as reformas políticas do final da década de 1980, a evolução das reformas econômicas, os diversos interesses e iniciativas políticas e a dinâmica de liderança de Zhao Ziyang. Muitos desses documentos já estavam disponíveis em compilações internas não publicadas, como os doze volumes editados por Fang Weizhong, mas muitos são novos — e graças a esta nova publicação, todos estão agora mais acessíveis do que nunca.

As lacunas a preencher são numerosas. Veja também: Contemporary China Research Office 当代中国研究所, ed., 中华人民共和国史稿 1976–1984 [*History of the People's Republic of China, 1976–1984*] (Pequim: Renmin chubanshe, 2012), que omite o papel de Zhao (sem mencioná-lo mesmo quando elogiadas as reformas implementadas quando ele foi secretário do Partido na província de Sichuan, enquanto Wan Li, o igualmente reformador líder da província de Anhui, é mencionado na p. 127), exceto por uma menção de Zhao quando se torna premier em 1980 em seu apêndice da cronologia (p. 368) e Wu Guoyou 伍国友, ed., 中华人民共和国史 1977–1991 [*History of the People's Republic of China, 1977–1991*] (Pequim: Renmin chubanshe, 2010), que mal menciona ou credita a Zhao Ziyang qualquer iniciativa; por duas exceções, veja as páginas 354 e 408. Noticiários ocidentais relataram, por exemplo, quando "uma revista chinesa publicou um livro de memórias elogiando o líder do Partido Comunista expulso, Zhao Ziyang, fazendo uma rara ruptura com o tabu oficial sobre o líder afastado nas revoltas sangrentas e ainda sensíveis de 1989 (…) recontando o tempo de Zhao como chefe do Partido na província de Sichuan no final dos anos 1970, quando Zhao foi um dos primeiros líderes provinciais a experimentar a liberalização econômica (…) sem mencionar a carreira de Zhao como líder central ou o tumulto de 1989. Esse tempo continua muito sensível para abordar". Veja também: "Chinese Magazine Breaks Zhao Taboo", Reuters, 8 de julho de 2010, disponível em: http://www.smh.com.au/business/world-business/chinese-magazine-breaks-zhao-taboo-20100708-1022g.html.

26. Mesmo os comentaristas internacionais que publicam na China sofrem com essas restrições. Por exemplo, a introdução de Edwin Lim (林重庚), "中国改革开放过程中的对外思想开放" [A expansão do pensamento para o mundo exterior no processo de "reforma e abertura" da China], a 中国经济: 50 人看三十年: 回顾与分析 [*China's Economy: Fifty People on Thirty Years: Reflections and Analysis*], ed. Wu Jinglian 吴敬琏, et al. (Pequim: Zhongguo jingji chubanshe, 2008), refere-se a Zhao Ziyang apenas uma vez, não por seu nome, mas através de um de seus títulos menos conhecidos, diretor da Comissão de Reforma do Sistema. (Este fato foi trazido à minha atenção por Edwin Lim em nossa entrevista, Barnstable, Massachusetts, 14 de setembro de 2012.)

27. "王毅部长在第二届世界和平论坛午餐会上的演讲" [Discurso do Ministro Wang Yi no Segundo Fórum Mundial da Paz], 27 de junho de 2013, disponível em: www.mfa.gov.cn/mfa_chn/zyxw_602251/t1053901.shtml; Zeng Peiyan 曾培炎, "伟大的历程、辉煌的成就、宝贵的经验" [Grande Processo, Conquistas Gloriosas, Experiência Preciosa], 求是 [*Seeking Truth*], n°. 11 (Junho, 2012): 10–14.

28. Alguns comentaristas descreveram esse objetivo — "desenvolver, manter e defender um sistema capitalista de estado", enquanto "explicitamente rejeitar o modelo liberal capitalista do Ocidente" — como um dos "principais interesses nacionais" da China. Veja também: Kevin Rudd, "An Address at the Launch of the Zbigniew K. Brzezinski Institute Convened by the Center for Strategic e International Studies", 1 de outubro de 2014, disponível em: https://www.yumpu.com/en/document/view/36137215/kevin-rudd-brzezinski-address-bi-lingual-2014-10-1.

29. Quarta Plenária da Décima Oitava Reunião do Comitê Central do Partido 中国共产党第十八届中央委员会第四次全体会议, "中共中央关于全面推进依法治国若" [Decisão do Comitê Central do PCCh sobre as Principais Questões Relativas à Promoção Abrangente do Estado de Direito], Xinhua News Agency, 23 de outubro de 2014, disponível em: http://news.xinhuanet.com/politics/2014-10/23/c_1112953884.htm.

30. Nicholas Dynon, "China's Ideological 'Soft War': Offense is the Best Defense", *China Brief* 14, n°. 4 (20 de fevereiro de 2014), disponível em: http://www.jamestown.org/programs/chinabrief/single/?tx_tt news[tt _ news] = 41985 & tx _ttnews[back Pid] =25&cHash =7cc753436d0a57b3a9216e66c39da3e0 #.U69FiaiH-EM/; Chris Buckley, "China Takes Aim at Western Ideas", *New York Times*, 19 de agosto de 2013, A1, a 13/08/20/world/asia/chinas-new-leadership-takes-hard-line-in-secret-memo.html?_r=0.

300 PARCEIROS IMPROVÁVEIS

31. "Documento 9: Uma Tradução de Arquivos da China: Qual o custo de uma diretriz partidária linha dura que molda o atual clima político da China?" *ChinaFile*, 8 de novembro de 2013, disponível em: http://www.chinafile.com/document-9-chinafile-translation/.

32. Peter Ford, "China Targets 'Hostile Foreign Forces' Crescendo of Accusations", *Christian Science Monitor*, 9 de novembro de 2014, disponível em: http://www.csmonitor.com/World/Asia-Pacific/2014/1109/China-targets-hostile-foreign-forces-in-crescendo-of-accusations/.

Capítulo Um   *O Grande Timoneiro Parte*

1. N.T. The Great Helmsman, "O Grande Timoneiro", em tradução livre, é uma antonomásia comumente utilizada para se referir a Mao Zedong, como uma alusão a sua forte representatividade na história econômica e política da China.

2. "化悲痛为力量继承毛主席遗志把无产阶级革命事业进行到底" [Transforme o Sofrimento em Força, Realize os Comandos do Presidente Mao e leve a Causa Revolucionária Proletária até o Fim] (Shanghai: Shanghai renmin chubanshe, September 1977), disponível em: http://chineseposters.net/gallery/pc-1976-l-001.php.

3. A reputação de Hua Guofeng tem sido objeto de uma reavaliação acadêmica substancial nos últimos anos. A narrativa predominante na política oficial do Partido Comunista Chinês geralmente reduz Hua a seu slogan dos dois "qualquer que seja" e sustenta o triunfo de Deng sobre ele na época do terceiro plenário de dezembro de 1978, como o início da era da "reforma e abertura". O interregno de Hua é, em muitos aspectos, visto como um tempo perdido. No entanto, uma biografia publicada em 2010 e escrita por Robert Weatherley (*Mao's Forgotten Successor: The Political Career of Hua Guofeng* [Basingstoke, UK: Palgrave MacMillan, 2010]) mostra como Lowell Dittmer escreveu em uma revisão, onde Hua aparece como "um verdadeiro radical", durante o Período de Mao, mas, como sucessor do mesmo, "ele não era um polemizador ideológico, como a Gangue dos Quatro, mas um generalista de política com experiência em política agrícola e científica". Dittmer elogia: "Sua prisão da gangue, cessação de campanhas incessantes, redirecionamento sobre a economia — seu legado maoísta ainda não permitiu uma ruptura com seu passado, tornando-se uma figura transitória quase trágica (se menor)." (Lowell Dittmer, *China Quarterly*, n°. 205 [Março, 2011]: 174–176). No entanto, a alegação de que Hua era "menor" e "transitório" logo ficou sob escrutínio, com o historiador australiano Warren Sun e cientista político Frederick Teiwes argumentando "em todas as dimensões-chave — o impulso ambicioso para o crescimento, uma política expansiva de abertura para fora do mundo, e passos limitados em direção à reforma gerencial — Hua e Deng estavam em acordo básico", e reabilitando a reputação de Hua do que eles chamam de "distorção sistemática" de suas ideias e realizações. Veja também: Frederick C. Teiwes e Warren Sun, "China's New Economic Policy under Hua Guofeng: Party Consensus and Party Myths", *China Journal*, n°. 66 (Julho, 2011): 1–23.

4. "Chinese Mourning Mao Tsé-Tung's Death in 1976", chinaSMACK, última modificação em 21 de dezembro de 2011, disponível em: http://www.chinasmack.com/2011/pictures/chinese-mourning-mao-Tsé-Tungs-death-in-1976.html; S.L. James, "China: Communist History through Film", Arquivo da internet, última modificação em 2 de agosto de 2010, disponível em: https://archive.org/details/china-communist-history/.

5. Hua Guofeng, "Speech by Hua Guofeng, Premier and Acting Chairman of the CPC at the Memorial Rally in Tian'anmen Square in Beijing on 18 Sep- tember 1976", *China Report* 31, no. 1 (Janeiro–Março, 1995): 170.

NOTAS

6.   Jiang Qing tentou manter os documentos pessoais de Mao em sua posse, mas acabou cedendo-os a Hua. Ela também convocou uma reunião do Comitê Permanente do Politburo para discutir os documentos, os quais os estudiosos acreditam que ela pretendia alterar em apoio à sua proposta de líder do Partido, mas seus esforços não tiveram sucesso. Vogel, *Deng Xiaoping and the Transformation of China* (Cambridge: Belknap Press of Harvard University Press, 2011), 176–177. Veja também: Fan Shuo 范硕, 叶剑英在关键时刻 [*Ye Jianying at the Crucial Moment*] (Shenyang: Liaoning renmin chubanshe, 2001), 363–370.

7.   "Telegrama Secreto nº 3239/III — De Moscou a Varsóvia", 24 de setembro de 1976, Arquivo Digital do Programa de História e Políticas Públicas, Arquivos do Ministério das Relações Exteriores da Polônia (AMSZ), s-Depesze, Moscow, 1976, trad. para o Projeto de História Internacional da Guerra Fria, de Malgorzata K. Gnoinska, disponível em: http://digitalarchive.wilsoncenter.org/document/113570.

8.   N.T. Politburo é um acrônimo derivado do russo transliterado Politítcheskoe Byurô, contraído para Politbyurô, dando origem à palavra alemã Politbüro. Trata-se de um comitê executivo de numerosos partidos políticos, designadamente os antigos partidos comunistas do Leste Europeu e o Partido Comunista de Cuba. Fonte: Wikipédia.

9.   Alexander C. Cook, "Unsettling Accounts: The Trial of the 'Gang of Four': Narratives of Justice and Humanity in the Aftermath of China's Cultural Revolution" (Tese de Doutorado, Columbia University, 2007), 36–37. Veja também: Zhang Gensheng 张根生, "华国锋谈粉碎四人帮" [Hua Guofeng fala sobre destruir a "Gangue dos Quatro"], 炎黄春秋 [*Anais Chineses*], no. 7 (2004): 1–5.

10.   Fan, *Ye Jianying at the Crucial Moment*, 377–383; Cook, "Unsettling Accounts", 40–42; Vogel, *Deng Xiaoping*, 178–180.

11.   Richard Baum, *Burying Mao: Chinese Politics in the Age of Deng Xiaoping* (Princeton: Princeton University Press, 1994), 42, citando o relato da testemunha ocular Tony Saich; Vogel, *Deng Xiaoping*, 180. Cook, "Unsettling Accounts", cita Li Kuaicai 李魁彩, ed., 文革秘档 [*Secret Files of the Cultural Revolution*] (Hong Kong: Hong Kong Chinese Culture Press, 2003), 6:2023–2025.

12.   Baum, *Burying Mao*, 28.

13.   Lowell Dittmer, *China's Continuous Revolution: The Post-Liberation Epoch, 1949–1981* (Berkeley: University of California Press, 1987), 134; Baum, *Burying Mao*, 38.

14.   Veja também: Wu Guoguang, "'Documentary Politics': Hypotheses, Process, and Case Studies", em *Decision-Making in Deng's China: Perspectives from Insiders*, ed. Carol Lee Hamrin e Suisheng Zhao (Armonk, NY: M. E. Sharpe, 1995).

15.   Mao Tsé-Tung, "On the Ten Major Relationships" (25 de abril de 1956), em *Obras Selecionadas Trabalhos de Mao Tse-tung*, vol. 5 (Pequim: Foreign Languages Press, 1977), 284–307.

16.   Veja também: Hua Guofeng, *Continue the Revolution under the Dictatorship of the Proletariat to the End: A Study of Volume V of the Selected Works of Mao Tsé-Tung* (Pequim: Foreign Languages Press, 1977).

17.   "愤怒声讨 '四人帮' 反党集团篡党夺权的滔天罪行!" [Denúncia colérica do monstruoso crime de usurpar o poder do Partido pela "Gangue dos Quatro" da facção antipartido!] (Shanghai: Shanghai renmin chubanshe, October 1976), disponível em: http://chineseposters.net/posters/g2-34.php.

18.   Barry Naughton, *Growing out of the Plan: Chinese Economic Reform, 1978–1993* (Nova York: Cambridge University Press, 1995), 42–50.

19. David Granick, *Chinese State Enterprises: A Regional Property Rights Analysis* (Chicago: University of Chicago Press, 1990), 117–123.

20. Teiwes e Sun, "China's New Economic Policy under Hua Guofeng", 7; Huang Yibing 黄一兵, 转折: 改革开放启动实录 [*Turning Point: The True Record of the Beginning of Reform and Opening*] (Fuzhou: Fujian renmin chubanshe, 2009), 22; Para o discurso de Hua em 25 de dezembro de 1976, veja também: *Peking Review* 20, nº. 1 (1 de janeiro de 1977): 41–42.

21. Cyril Chihren Lin, "The Reinstatement of Economics in China Today", *China Quarterly*, nº. 85 (Março, 1981): 39.

22. Alexander Pantsov e Steven Levine, *Deng Xiaoping: A Revolutionary Life* (Oxford: Oxford University Press, 2015), 222–223, sobre o "gato preto, gato amarelo", e 296–298, sobre a reabilitaão de Deng, em 1976.

23. Leng Rong 冷溶, ed., 邓小平年谱 *1975–1997* [*Cronologia de Deng Xiaoping 1975–1997*], 2 vols. (Pequim: Zhongyang wenxian chubanshe, 2004) (citado daqui em diante como DXPNP), 141–144.

24. Baum, *Burying Mao*, 27–39.

25. Vogel, *Deng Xiaoping*, 192.

26. Meng Kui e Xiao Lin, "Sobre a Posição Política Reacionária e o Programa Econômico de Sun Yefang", 红旗 [*Red Flag*], nº. 10 (1966), em *The People's Republic of China: A Documentary Survey, 1949–1979*, ed. Harold C. Hinton (Wilmington, DE: Scholarly Resources, 1980), 3:1372.

27. Xue Muqiao 薛暮桥, 社会主义经济问题: 告读者 (打印稿) [Problemas Econômicos do Socialismo: Para o Leitor (Versão impressa)] (Janeiro, 1977), citado como 薛暮桥年谱 [*Cronologia de Xue Muqiao*], não publicado, sem paginação (citado daqui em diante como XMQNP). Sobre a experiência de Xue, veja também: Naughton, *Growing out of the Plan*, 100.

28. Eu defini essas "gerações" para refletir tanto as datas de nascimento quanto os níveis de antiguidade antes e depois da Revolução Cultural. A geração mais velha nasceu entre 1900 e 1920; a geração média, entre 1920 e 1940; e a geração mais jovem nasceu em 1940 ou mais tarde (Veja também: Liu Hong 柳红, 八〇年代: 中国经济学人的光荣与梦想 [*A Década de 1980: Glórias e Sonhos dos Economistas Chineses*] [Guilin: Guangxi shifan daxue chubanshe, 2010]).

29. N.T. É um termo coloquial russo que designa um funcionário em tempo integral do Partido Comunista da União Soviética ou dos governos liderados por este partido, ou seja, um agente do "aparato" governamental ou partidário que ocupa qualquer cargo de responsabilidade burocrática ou política. Fonte: Wikipédia.

30. Ma Ya 马雅, 大风起兮: 马洪传 [*A Great Wind Blows! A Biografia de Ma Hong*] (Hong Kong: Mirror Books, 2014). Ma Ya é a filha de Ma Hong. Veja também: Ma Hong, *Obras Coletadas de Ma Hong*, ed. China Development Research Foundation (London: Routledge, 2014), xii–xiii. O presidente da Comissão de Planejamento do Estado de 1952 a 1954 foi Gao Gang.

31. Geremie Barmé, "History for the Masses", em *Using the Past to Serve the Present: Historiography and Politics in Contemporary China,* ed. Jonathan Unger (Armonk, NY: M. E. Sharpe, 1993), 264.

32. As diferenças entre Mao e Liu Shaoqi eram claramente ideológicas e também pessoais; um pôster da Revolução Cultural mostrava as pontas afiadas de canetas mergulhando em uma cópia surrada do ensaio de Liu "Como ser um bom comunista". "彻底批判大毒草《修养》" [Crítica Exacerbada à Grande Erva Daninha de "Como Ser um Bom Comunista"] (Shanghai: Shanghai renmin chubanshe, April 1967), disponível em: http://chineseposters.net/posters/pc-1967-008.php.

NOTAS

33. Lawrence R. Sullivan, *Historical Dictionary of the Chinese Communist Party* (Lanham, MD: Scarecrow Press, 2011), 81–82. Veja também: Liu Shaoqi, "How to Be a Good Communist" (Julho, 1939), em *Obras Selecionadas de Liu Shaoqi* (Pequim: Foreign Languages Press, 1984), 1:107–168.

34. Deng Jiarong 邓加荣, 中国经济学杰出贡献奖获得者: 刘国光 [*Liu Guogang: Awarded the Chinese Economics Prize for Exemplary Contributions*] (Pequim: Zhongguo jinrong chubanshe, 2008), 85–100, 163–177; "Liu Guoguang entrevista com Heng Ling", Academia Chinesa de Ciências Sociais, 2007, disponível em: http://casseng.cssn.cn/experts/experts_1st_group_cass_members/201402/t20140221_969619.html.

35. Catherine H. Keyser, *Professionalizing Research in Post-Mao China: The System Reform Institute and Policymaking* (Armonk, NY: M. E. Sharpe, 2003), 27.

36. N.T. A política do "two whatevers" (aqui traduzido como "qualquer que seja") foi uma declaração do Partido Comunista Chinês publicada no *People's Daily*, no Jornal *Red Flag* e no *Liberation Army Daily*, em 7 de fevereiro de 1977, sobre manter de forma resoluta todas as decisões políticas tomadas por Mao, assim como seguir de qualquer forma suas instruções.

37. "学好文件抓住纲" [Estude Bem os Documentos e Entenda os Pontos Cruciais], 人民日报 (*Renmin Ribao*) (citado daqui em diante como RMRB), 7 de fevereiro de 1977. Veja também: Zhu Jiamu 朱佳木, ed., 陈云年谱: 一九〇五——一九九五 [*Cronologia de Chen Yun: 1905–1995*], 3 vols. (Pequim: Zhongyang wenxian chubanshe, 2000) (citado daqui em diante como CYNP), 3:206.

38. CYNP, 3:207. Deng Xiaoping enviaria uma carta prometendo apoio ao centro do Partido em 10 de abril, que circulou em 3 de maio. Veja também: Vogel, *Deng Xiaoping*, 192–195.

39. Fan, *Ye Jianying at the Crucial Moment*, 386–387.

40. Yu Guangyuan, "Speech at the Opening Ceremony of the Fourth Symposium on Theory of Distribution According to Work" (Outubro, 1978), em Yu Guangyuan, *Chinese Economists on Economic Reform: Collected Works of Yu Guangyuan*, ed. China Development Research Foundation (London: Routledge, 2014), 1–10.

41. Xue Muqiao, "A Letter to Comrades Deng Xiaoping and Li Xiannian" (18 de abril de 1977), em Xue Muqiao, *Chinese Economists on Economic Reform: Collected Works of Xue Muqiao*, ed. China Development Research Foundation (London: Routledge, 2011), 16–21.

42. Roderick MacFarquhar, "The Succession to Mao and the End of Maoism, 1969–1982", em *The Politics of China: The Eras of Mao and Deng*, ed. Roderick MacFarquhar (Cambridge: Cambridge University Press, 1997), 248.

43. Ma Hong 马洪 e Sun Shangqing 孙尚清, eds., 中国经济结构问题研究 [*Research into the Problems of China's Economic Structure*] (Pequim: Renmin chubanshe, 1981), 3. Eles estimam que isso levou a uma perda de 75 bilhões de RMB na produção.

44. Teiwes e Sun, "China's New Economic Policy under Hua Guofeng", 8, citando RMRB, 19 de abril de 1977, 1.

45. Fang Weizhong 房维中, ed., 在风浪中前进: 中国发展与改革编年纪事, 1977–1989 [Forward in the Storm: Chronology of China's Reform and Development, 1977–1989], não publicado, 2004. Disponível em: Fairbank Collection, Fung Library, Harvard University (citado daqui em diante como ZFLZQ J), 1977–1978, 28–31.

46. "毛主席论反对经济主义" [O Presidente Mao discute a Antieconomia], 光明日报 [*Guangming Daily*], 18 de janeiro de 1967.

47. "Long Live the Great Proletarian Cultural Revolution", 红旗 [*Red Flag*], nº. 8 (Junho, 1966), citado em *The People's Republic of China*, ed. Hinton, 3:1304.

48. Su Shaozhi, "The Structure of the Chinese Academy of Social Sciences and Two Decisions to Abolish Its Marxism-Leninism-Mao Tsé-Tung Thought Institute", em *Decision-Making in Deng's China: Perspectives from Insiders*, ed. Hamrin e Zhao, 114. Veja também: Vogel, *Deng Xiaoping*, 209; Joseph Fewsmith, *Dilemmas of Reform in China: Political Conflict and Economic Debate* (Armonk, NY: M. E. Sharpe, 1994), 60; e Lin, "Reinstatement of Economics", 39.

49. Ma, *Chinese Economists on Economic Reform: Collected Works of Ma Hong*, ed. China Development Research Foundation, xiii.

50. Su, "The Structure of the Chinese Academy of Social Sciences", 114–115.

51. Meng e Lin, "On Sun Yefang's Reactionary Political Position", 3:1372; Barry Naughton, "Sun Yefang: Toward a Reconstruction of Socialist Economics", em *China's Establishment Intellectuals*, ed. Carol Lee Hamrin e Timothy Cheek (Armonk, NY: M. E. Sharpe, 1986), 147.

52. Lin, "Reinstatement of Economics", 40.

53. Yao Yilin 姚依林, "同心协力做好经济改革的调查研究" [Trabalhar Juntos para Conduzir uma Pesquisa Bem-sucedida sobre a Reforma Econômica], 金融研究动态 [*Jornal de Pesquisa Financeira*], nº. 13 (1986): 1–8; Xue Muqiao 薛暮桥, 薛暮桥回忆录 [*Memórias de Xue Muqiao*] (Tianjin: Tianjin renmin chubanshe, 1996) (citado daqui em diante como XMQHYL), 360–363. Susan Shirk fornece uma argumentação persuasiva sobre o papel das instituições e das redes na determinação do sucesso das políticas de reforma (*The Political Logic of Economic Reform in China* [Berkeley: University of California Press, 1993], 7–11).

54. Zhang Jun 张军, "于光远与科尔奈的不同际遇" [As Diferentes Acolhidas de Yu Guagyuan e Kornai], 东方日报 [*Eastern Daily*], 12 de novembro de 2013.

55. Zhang Zhanbin 张湛彬, 改革初期的复杂局势与中央高层决策 [*The Complex Situation in the Early Reform Period and Policy Making in the Top Ranks of the Central Government*] (Pequim: Zhongguo guanli kexue yanjiuyuan bianji chuban yanjiusuo, 2008), 1:399.

56. "把经济理论展现解批四人帮的斗争径行到底" [Exposição e Crítica da "Gangue dos Quatro" sobre a Frente de Teoria Econômica], 经济研究 [*Economic Research*] (citado daqui em diante como JJYJ), no. 1 (1978): 2. Em novembro de 1977, Xue Muqiao levaria as páginas da *Red Flag* — a mesma revista que criticou veementemente a "linha negra nos círculos econômicos" uma década antes — a condenar a Gangue dos Quatro como "política impostoras" que alegavam ser "teóricos marxistas" com visões econômicas coerentes. Xue Muqiao 薛暮桥, "批判四人帮'在资产阶级法权问题上提反动谬论" [Crítica da Teoria Reacionária da "Gangue dos Quatro" sobre a Questão dos Direitos Burgueses], 红旗 [*Red Flag*], no. 11 (1977)]: 8.

57. Shen Baoyang, "Lecture Notes: July 4, 1977", em XMQNP.

NOTAS

58. Para diferentes classificações das vertentes do pensamento econômico chinês durante essa era, veja também: Lin, "Reinstatement of Economics", 6, e Robert C. Hsu, *Economic Theories in China, 1979–1988* (Cambridge: Cambridge University Press, 1991), 7.

59. DXPNP, 159–161; Deng Xiaoping, "A política do 'qualquer que seja' não corresponde ao marxismo" (24 de março de 1977), *Beijing Review* 26, nº. 33 (15 de agosto de 1983): 14–15.

60. DXPNP, 162–163; Vogel, *Deng Xiaoping*, 199, 205–207; Joel Ereas, *Rise of the Red Engineers: The Cultural Revolution and the Origins of China's New Class* (Stanford: Stanford University Press, 2009), 224–226.

61. "认真组织好出国考察工作，主义出国人员的政治条件和技术水平，要派熟悉业" [Organizar as Delegações com seriedade, preocupar-se com os antecedentes políticos e da proficiência técnica das delegações, enviar os que estão familiarizados com o trabalho], em ZFLZQJ, 1977–1978, 33. As viagens anteriores aos Estados Unidos e aos países capitalistas não haviam sido tão investigativas em espírito. Quando viajou para Nova York em 1974, para falar nas Nações Unidas, ele voltou com o que Vogel descreve como "uma boneca que poderia chorar, mamar e fazer xixi", que provou ser "um grande sucesso" com seus colegas (Vogel, *Deng Xiaoping*, 86).

62. "学习外国经验与探索中国自己的建设道路: 访袁宝华同志 (三)" [Aprendendo com a Experiência Estrangeira e Explorando o Próprio Caminho para a Construção da China: Entrevista com o Camarada Yuan Baohua, Parte 3], 百年潮 [*Hundred Year Tide*], nº. 11 (2002): 11–19; He Yaomin 贺耀敏, "扩权让利: 国企改革的突破口: 访袁宝华同志" [Expandindo os direitos e gerando lucros: Avanços na reforma das empresas estatais: Entrevista com o Camarada Yuan Baohua], 百年潮 [*Hundred Year Tide*], nº. 8 (2003): 4–11.

63. Teiwes e Sun, "China's New Economic Policy under Hua Guofeng", 14.

64. Veja também: a discussão na Introdução.

65. DXPNP, 181–182; ZFLZQJ, 1977–1978, 37–38. Veja também: Fewsmith, *Dilemmas of Reform*, 90–96. A frase "Seeking Truth From Facts" (实事求是) no discurso do CCP de Mao em 14 de outubro de 1938 "中国共产党在民族战争中的地位" [O Papel do Partido Comunista Chinês nas Lutas Étnicas], disponível em: https://www.marxists.org/chinese/maozedong/marxist.org--chinese-mao-19381014. htm. Reapareceu em "Reformar nosso modo de aprender", em maio de 1941, durante a campanha de retificação do Partido Comunista. Originou-se inicialmente na clássica história do Han, a partir de 111 d. C.]

66. Mao Tsé-Tung, "Speeches at the Second Session of the Eighth Party Congress, 8–23 May, 1958", em *Miscellany of Mao Tse-tung Thought (1949–1968)* (Arlington, VA: Joint Publications Research Service, JPRS, 61269-1, 20 de fevereiro de 1974), 91–118; "The Soviet Leading Clique Is a Mere Dust Heap" (25 de outubro de 1966), em *Obras Selecionadas de Mao Tse-tung*, vol. 9 (Secunderabad, India: Kranti Publication, 1981), disponível em: https://www.marxists. org/reference/archive/mao/works/1966/leadcliq.htm#1. (Nota: Esses volumes contêm muitos documentos publicados pela Guarda Vermelha e outras fontes. Embora o material não tenha sido oficialmente publicado pelo Partido Comunista Chinês, ele tem um significado histórico importante). No entanto, mesmo durante o período de Mao, houve interesse em entender a Iugoslávia por parte dos formuladores de políticas econômicas da China, conforme demonstrado pelos registros internos de uma série de reuniões econômicas de alto nível em 1958 e 1959.

Veja também: "经济问题座谈会第九次会谈情况" [O Estado da Nona Reunião da Conferência sobre Problemas Econômicos] e "经济问题座谈 会三十二次以记录" [Registro da Nona Reunião da Conferência sobre Problemas Econômicos], em 五十年代经济问题座谈会 [Conferências sobre Problemas Econômicos na década de 1950], incluindo comentários de Yao Yilin, Xue Muqiao, Yu Guangyuan e outros. Não publicado. Disponível em Fairbank Collection, Fung Library, Harvard University.

67. Zhu Liang 朱良, "铁托与华国锋互访: 对改革开放带来启迪的外事活动" [Os Encontros de Tito e Hua Guofeng: Atividades Diplomáticas que Trouxeram Inspiração à Reforma Econômica], 炎黄春秋 [*Anais Chineses*], nº. 8 (2008): 8–10, citado como Liu Hong 柳红 "探索与选择: 对南斯拉夫、匈牙利的历史性考察" [Exploração e Escolha: Observações Históricas da Iugoslávia e Hungria], 经济观 察报 [*Economic Observer*], 7 de junho 7 de 2010.

68. *Beijing Review*, nº. 20 (19 de maio de 1980): 4.

69. Lin, "Reinstatement of Economics", 41.

70. CYNP, 3:215. Veja também: Li Honglin 李洪林, "按劳分配是社会主义原则还是资本主义原则"[A distribuição segundo o trabalho é um princípio socialista ou capitalista?], RMRB, 27 de setembro de 1977; Chen Yun 陈云, "坚持实事求是的革命 作风" [Defende Firmemente o Estilo Revolucionário de Buscar a Verdade dos Fatos], RMRB, 28 de setembro de 1977.

71. Lin, "Reinstatement of Economics", 42.

72. Escritório do Instituto de Pesquisa Histórica da CASS 中国社会科学院历史研究所, 中国社会科学院编年简史 (1977–2007) [*Breve Cronologia da Academia Chinesa de Ciências Sociais (1977–2007)*] (Pequim: Shehui kexue wenxian chubanshe, 2007), 6; "薛暮桥同志在世界经济讨论会上的讲话" [Discurso do camarada Xue Muqiao na Conferência sobre a Economia Mundial] (Dezembro 5, 1977), em XMQNP.

73. A linha vem de: *Nosso Programa* de 1899 de V.I. Lênin. "薛暮桥同志在世界经济讨论会上的讲话" [Discurso do camarada Xue Muqiao na Conferência sobre a Economia Mundial] (5 de dezembro de 1977), em XMQNP. A tradução da citação que Xue usou foi "社会主义者如果不愿意落后于实际生活, 就应当在各 方面把这门科学推向前进".

74. ZFLZQJ, 1977–1978, 55–56.

75. Michael Schoenhals, "A controvérsia do critério da verdade de 1978", *China Quarterly*, nº. 126 (Junho, 1991): 243–268, citando Wu Jiang 吴江, "关于实践标准问题讨论的情况" [Fatos que Cercam o Debate sobre o Critério em sua Prática], em 真理标准问题讨论文集 [*Artigos coletados do Debate sobre o Critério da Verdade*], ed. Unidade de Investigação Teórica da Escola do Partido Comunista Central 中共中央党校理论研究室 (Pequim: Zhongyang dangxiao chubanshe, 1982), 165.

76. Tan Zongji 谭宗级 e Ye Xinyu 叶心瑜, 中华人民共和国史录 [*Registro Histórico da República Popular da China*], vol. 4, part 1: 5, citado em Teiwes e Sun, "China's New Economic Policy under Hua Guofeng", 10–11.

77. Ibid., 13.

78. Fewsmith, *Dilemmas of Reform*, 57–58. Fewsmith observa que, sob a proteção de Deng, entre 1973 e 1976, o "Grupo Petrolífero" defendeu políticas similares.

79. Hua Guofeng, "Unite and Strive to Build a Modern, Powerful Socialist Country", *Beijing Review* 21, nº. 10 (10 de março de 1982): 7–40; Chris Bramall, *Chinese Economic Development* (London: Routledge, 2009), 167–168.

NOTAS

80. Wu Jinglian, *Understeing and Interpreting Chinese Economic Reform* (Mason, OH: Thomson/South-Western, 2005), 3, 293.

81. Xue Muqiao, em suas memórias, lembra alguns de seus colegas se perguntando: "Isso não está novamente produzindo o Grande Salto Adiante?" (Veja também: XMQHYL, 263.) Vogel reconhece que Hua, e não Deng, iniciou e defendeu em voz alta o envolvimento da China com as economias ocidentais (Veja também: Vogel, *Deng Xiaoping*, 190).

82. "É Imperativo Fazer a Pesquisa em Ciências Sociais Prosperar como nunca antes", RMRB, 11 de março de 1978, e "Cientistas Sociais Formulam o Plano de Desenvolvimento na Universidade de Pequim", trad.; em: Serviço de Informações de Transmissão Estrangeira (FBIS), 8 de novembro de 1978, E10, citado como Keyser, *Professionalizing Research in Post-Mao China*, 41.

83. DXPNP, 288–289; ZFLZQ J, 1977–1978, 1:91–93.

84. Referência de "薛暮桥在 1978' 解说词" [Nota explicativa de "Xue Muqiao em 1978"], no programa de televisão 大家 [*Todo Mundo*], CCTV, Dezembro, 2015.

85. "前往南斯拉夫,罗马尼亚进行访问李一氓同志率党的工作者访问团离京耿飚同志等到机场送行" [Dirigindo-se à Iugoslávia e à Romênia para conduzir as entrevistas, o camarada Li Yimang lidera a delegação partidária e parte de Pequim; o camarada Geng Biao acompanha e os envia ao aeroporto], Agência de Notícias de Xinhua, 11 de março de 1978; Rong Jingben, entrevista com o autor, Pequim, China, 3 de setembro de 2013.

86. Yu Guangyuan, "Eu Retorno de uma Visita à Iugoslávia", em Yu, *Chinese Economists on Economic Reform: Collected Works of Yu Guangyuan*, ed. China Development Research Foundation, 11–18.

87. From Teiwes e Sun, "China's New Economic Policy under Hua Guofeng": Yu Guangyuan 于光远, 我亲历的那次历史转折 [*That Historical Turnaround That I Personally Experienced*] (Pequim: Zhongyang bianyi chubanshe, 1998), 69.

88. *Beijing Review*, nº. 20 (May 19, 1980): 5. Sun Yefang e a delegação, organizada pela ACCS, estiveram na Iugoslávia de novembro de 1978 a janeiro de 1979. Também parou na Romênia, o mesmo itinerário da delegação de Yu Guangyuan. Vários estudiosos iugoslavos disseram que leram as obras de Sun e elogiaram suas contribuições.

89. "薛暮桥同志在全国职工思想政治工作座谈会上的讲话" [O camarada Xue Muqiao Discursa no Seminário de Pensamento Político dos Trabalhadores Nacionais] (25 de julho de 1980), em XMQNP.

90. Otto Juhász, ex-embaixador da Hungria na China, observou: "Durante um período, tratamos uns aos outros como parceiros de reforma." O comentário de Otto Juhász é citado em Xiaoyuan Liu e Vojtech Mastny, eds., *China and Eastern Europe, 1960s–1980s: Proceedings of the International Symposium Reviewing the History of Chinese–East European Relations from the 1960s to the 1980s* (Zürich: ETH Zürich, 2004), 115.

91. Desde que Xi Jinping chegou ao poder, dedicou tempo substancial à veneração oficial das realizações de seu pai. No centenário do nascimento de Xi Zhongxun, em 2013, uma série de seis episódios de televisão, estátuas em sua cidade natal e uma nova coleção de selos postais celebravam o ex-líder de Guangdong (Barbara Demick, "Chinese President's Father Is Getting a Postmortem Revival", *Los Angeles Times,* 15 de outubro de 2013, disponível em: http://artigos.latimes.com/2013/oct/15/world/la-fg-china-xi-father-20131016; Chris Buckley, "China Venerates a Revolutionary, the Father of Its New Leader", *New York Times,* Sinosphere Blog, 15 de outubro de 2013, disponível em: http://sinosphere.blogs.nytimes.com/2013/10/15/china--venerates-a-revolutionary-the-father-of-its-new-leader/). Veja também: Vogel, *Deng Xiaoping,* 395–399.

92. "实践是检验真理的唯一标准" [A prática é o único critério da verdade], 光明日报 [*Guangming Daily*], 11 de maio de 1978. O editor era Wu Lengxi 吴冷西. De acordo com Deng Liqun, na Academia Chinesa de Ciências Sociais, algumas pessoas se perguntavam se "a prática como o único critério" significava que a China não mais tomaria o marxismo como sua teoria fundamental. Veja também: Comitê sobre Manuscritos Históricos da República Popular da China 中国人民共和国史稿委员会, ed., 邓力群国史讲谈录 [*Um Registro das Conversas de Deng Liqun sobre a História do País*], manuscrito interno (7 volumes, 2000–2002) (citado daqui em diante como GS-JTL), 3:352. Veja também: Schoenhals, "Truth Criterion", 245, 259–262, citando Tao Kai 陶铠, Zhang Yide 张义德, e Dai Qing 戴晴, 走出现代迷信: 真理标准讨论始末 [*Deixando Para Trás a Superstição Moderna: O Começo e o Fim do Debate do Critério da Verdade*] (Changsha: Hunan renmin chubanshe, 1988), 3:18–19; e Vogel, *Deng Xiaoping,* 211.

93. Schoenhals, "Truth Criterion", 269, citando "分清两条思想路线 坚持四项 基本原则" [Distinguindo as Duas Linhas Ideológicas, Adesão aos Quatro Princípios Cardeais], RMRB, 11 de maio de 1979.

94. Schoenhals, "Truth Criterion", 263–265; Li Lanqing, *Breaking Through: The Birth of China's Opening-Up Policy* (Oxford: Oxford University Press, 2009), 34–35.

95. DXPNP, 305; Gu Mu 谷牧, "小平同志领导我们抓对外开放" [Camarada Xiaoping nos levou a buscar a abertura para o mundo exterior], em [Lembranças sobre Deng Xiaoping], em 回忆邓小平 [*Lembranças de Deng Xiaoping*], ed. . Centro de Pesquisa de Literatura do Partido Central da China 中国中央文献研究室 (Pequim: Zhongyang wenxian chubanshe, 1998), 1:155–156; Zhang, *Complex Situation,* 1:157. Veja também: Vogel, *Deng Xiaoping,* 221–226, para sua análise da viagem de Gu Mu.

96. Gu Mu 谷牧, 谷牧回忆录 [*Memoirs of Gu Mu*] (Pequim: Zhongyang wenxian chubanshe, 2009), 293–294.

97. 李先念年谱, 6 vols. [*Cronologia de Li Xiannian*] (Pequim: Zhongyang wenxian chubanshe, 2011) (citado daqui em diante como LXNNP), 5:621–622; Gu, *Memoirs of Gu Mu*, 295–296; ZFLZQ J, 1977–1978, 121–130.

98. Gu, *Memoirs of Gu Mu*, 305; ZFLZQ J, 1977–1978, 126; Centro de Pesquisa para a China Contemporânea 当代中国研究所, ed., 中华人民共和国史稿 *1976–1984* [História da República Popular da China, 1976–1984] (Pequim: Renmin chubanshe, 2012), 43–44.

99. Teiwes e Sun, "China's New Economic Policy under Hua Guofeng", 15–16; 赵紫阳文集 *1980–1989* [*Obras Coletadas de Zhao Ziyang, 1980–1989*] (Hong Kong: Chinese University Press, 2016) (citado daqui em diante como ZZYWJ), 1:200. O funcionário era Duan Yun, vice-presidente do SPCo, em 1984. De acordo com a cronologia de Chen Yun, ele não compareceu ao encontro com Gu Mu — sua ausência talvez alimentasse sua oposição posterior às SEZs (CCY, 3: 221) — e, pouco depois, ele ridicularizou o nome de Gu Mu por trazer de volta as ideias er-

NOTAS

radas do exterior (CCY 3: 223; veja mais sobre essa crítica no Capítulo 2. Veja também: George T. Crane, "'Special Things in Special Ways': National Economic Identity and China's Special Economic Zones", *Australian Journal of Chinese Affairs*, nº. 32 (Julho, 1994): 77, em que Crane escreve que as SEZs foram "modeladas livremente em zonas de processamento de exportação em outros países em desenvolvimento".

100. GSJTL 4:146.

101. Teiwes e Sun, "A Nova Política Econômica da China sob o mandato de Hua Guofeng", 18.

102. Hu Qiaomu 胡乔木, "按照经济规律办事" [Ato em Conformidade com Leis Econômicas] (proferido em 28 de julho de 1978), RMRB, 6 de outubro de 1978, trad. Foreign Broadcast Information Service, FBIS-CHI-78-197, 11 de outubro de 1978, E1–E23.

103. Xue Muqiao 薛暮桥, "再接再厉 乘胜前进: 关于价值规律作用问题讨论会闭 幕词" [Persevere com o vigor, avance com a vitória: considerações finais na conferência sobre a questão da aplicação da lei do valor] (1978), em 社会主义经济中计划与市场的关系 [*A relação entre planejamento e mercado em uma economia socialista*], ed. Escritório Físico do Instituto de Pesquisa Econômica do CASS 中国社会科学院经济研究资料室, Escritório Físico de Pesquisa da Comissão de Planejamento Estatal 国家计划委员会资料室, e Departamento de Pesquisa em Filosofia e Ciências Sociais da Província de Jiangsu 江苏省哲学社会科学界联合会资料室 (Pequim: Zhongguo shehui kexue chubanshe, 1980), 10; Xue Muqiao 薛暮桥, "就当前需要研究的经济理论问题给胡乔木的信" [Carta a Hu Qiaomu sobre os problemas da teoria econômica que precisam ser estudados atualmente] (1978), em 薛暮桥文集 [*Obras de Xue Muqiao*] (Pequim: Zhongguo jinrong chubanshe, 2011), 7:48. Veja também: XMQNP.

104. Teiwes e Sun, "China's New Economic Policy under Hua Guofeng", 14. A citação vem de V. I. Lenin, "The Importance of Gold Now and after the Complete Victory of Socialism", *Pravda* 251 (6–7 de novembro de 1921).

105. DXPNP, 339–340; Vogel, *Deng Xiaoping*, 322.

Capítulo 2   *Longe da Costa*

1. Frederick C. Teiwes e Warren Sun, "China's New Economic Policy under Hua Guofeng: Party Consensus and Party Myths", *China Journal*, nº. 66 (Julho, 2011): 9.

2. Joseph Fewsmith, *Dilemmas of Reform in China: Political Conflict and Economic Debate* (Armonk, NY: M. E. Sharpe, 1994), 58.

3. "Nota da Conversa com o Membro do Politburo do CC CPS, Ministro das Relações Exteriores da URSS, Camarada Andrei Gromyko", Setembro, 1978, Arquivo Digital do Programa de História e Políticas Públicas, Arquivo de Registro Modernos, Varsóvia (AAN), KC PZPR, XIA/598, traduzida para o Cold War International History Project by Malgorzata K. Gnoinska, disponível em: http://digitalarchive.wilsoncenter.org/document/113249/.

4. Teiwes e Sun, "China's New Economic Policy under Hua Guofeng", 19–20, citando a "well-placed former State Planning Commission official". Veja também: Yang Rùdai 楊汝岱, "中国改革初 期 的四川探索" [Explorações de Sichuan durante o período inicial da reforma da China], 炎黄春秋 [*China Annals*], nº. 7 (2010): 25. Muitas das ideias do primeiro plano quinquenal foram elas mesmas importadas, como Deborah A. Kaple mostrou: "Os comunistas chineses conscientemente estudaram e tentaram adotar o modelo de recuperação de Stalin do imediato período pós-guerra, 1946 para 1950 (*Dream of a Red Factory: The Legacy of High Stalinism in China*

[Oxford: Oxford University Press, 1994], 5). Kaple escreve que esse modelo era, na visão chinesa, "idealizado" (vii) e "otimista" (ix) porque os chineses extraíam o que sabiam em grande parte da propaganda "campanhas, slogans e competições de trabalhadores" (10).

5. David L. Shambaugh, *The Making of a Premier: Zhao Ziyang"s Provincial Career* (Boulder, CO: Westview Press, 1984), 90.

6. Fang Weizhong 房维中, ed., 在风浪中前进:中国发展与改革编年记事 [Avançado na Tempestade: Cronologia da Reforma e Desenvolvimento da China, 1977–1989], não publicado, 2004. Disponível em the Fairbank Collection, Fung Library, Harvard University (citado daqui em diante como ZFLZQJ), 1977–1978, 155–156.

7. Xiao Donglian 肖冬连, "中国改革初期对国外经验的系统考察和借鉴" [Observações e Referências a Sistemas Econômicos Estrangeiros durante o Período de Reforma Antecipada na China], 中共党史研究 [*Pesquisa de História do Partido Comunista Chinês*], n°. 4 (2006): 23; Comitê sobre Manuscritos Históricos da República Popular da China 中国人民共和国史稿委员会, ed., 邓力群国史讲谈录 [*Um Registro das Conversas de Deng Liqun sobre a História do País*], manuscrito interno (7 volumes, 2000–2002) (citado daqui em diante como GSJTL), 1:398.

8. Vogel discute ostensivamente a "abertura ao Japão" de Deng (Ezra Vogel, *Deng Xiaoping and the Transformation of China* [Cambridge: Belknap Press of Harvard University Press, 2011], 294–311). Durante esse período, os economistas continuaram a pressionar por decisões baseadas em "leis objetivas econômicas" como a "lei do valor" anteriormente proibida. Em 19 de outubro, no mesmo dia em que Deng partiu para o Japão, Xue Muqiao fez um relatório intitulado "Use a Lei do Valor para Servir a Construção Econômica", na qual ele pediu o uso de menos métodos administrativos e métodos mais econômicos para administrar empresas: "Devemos aprender a usar a lei do valor e mecanismos de mercado (薛暮橋年谱 [*Cronologia de Xue Muqiao*], não publicado, sem paginação (citado daqui em diante como XMQNP).

9. Shang-Jin Wei, "Foreign Direct Investment in China: Sources and Consequences", em *Financial Deregulation and Integration in East Asia,* ed. Takatoshi Ito and Anne O. Krueger (Chicago: University of Chicago Press, 1996), 81; Ezra Vogel, *Japan as Number One: Lessons for America* (Cambridge: Harvard University Press, 1979).

10. Para uma perspectiva sobre as contribuições do Japão aos planos de Deng, veja também: Vogel, *Deng Xiaoping,* 462–463.

11. Leng Rong 冷溶, ed., 邓小平年谱 *1975–1997* [*Cronologia de Deng Xiaoping, 1975–1997*], 2 vols. (Pequim: Zhongyang wenxian chubanshe, 2004) (citado daqui em diante como DXPNP), 450–452. Para uma análise mais detalhada, veja também: Vogel, *Deng Xiaoping,* 241–245.

12. Deng Xiaoping, "Emancipate the Mind, Seek Truth from Facts, and Unite as One in Looking to the Future" (13 de dezembro de 1978), em *Obras Selecionadas de Deng Xiaoping, 1975–1982* (Pequim: Foreign Languages Press, 1984) (citado daqui em diante como SWDXP), 156–163; ZFLZQJ, 1977–1978, 157–168. "Muitas práticas empresariais que são comuns hoje em dia eram inteiramente novas para nós nos primeiros dias de abertura", lembrou o ex-vice--primeiro-ministro Li Lanqing (*Breaking Through: The Birth of China's Opening-Up Policy* [Oxford: Oxford University Press, 2009], 386).

13. Zhu Jiamu 朱佳木, ed., 陈云年谱:一九〇五——一九九五 [*Cronologia de Chen Yun: 1905–1995*], 3 vols. (Pequim: Zhongyang wenxian chubanshe, 2000) (citado daqui em diante como CYNP), 3:230–232; DXPNP, 454–456.

NOTAS   311

14. Chen Yizi 陈一咨, 中国: 十年改革与八九民运 [*China: Dez Anos de Reforma e o movimento Pró-Democracia de 1989*] (Taipei: Lianjing chuban shiye gongsi, 1990), 1–15.

15. Teiwes e Sun, "China's New Economic Policy under Hua Guofeng", 17; Yu Guangyuan 于光远, "我亲历的那次历史转折"[Essa reviravolta histórica que eu pessoalmente vivenciei] (Pequim: Zhongguo bianyi chubanshe, 1998), 71–72, 272.

16. Zhao Ziyang, *Prisoner of the State: The Secret Journal of Zhao Ziyang* (Nova York: Simon & Schuster, 2009), 113.

17. Chen Yun 陈云, "经济形势与经验教训" [A situação econômica e nossas experiências e Lições] (16 de dezembro de 1980), em 陈云文选 [*Obras Selecionadas de Chen Yun*] (Pequim: Renmin chubanshe, 1995), 3:279.

18. "East German Report on the Tenth Interkit Meeting in Havana, December 1978", particularmente o item III.3 (pp. 7–8), Arquivo Digital do Programa de História e Políticas Públicas, incluído no documento leitor da conferência internacional "China and the Warsaw Pact in the 1970–1980s", realizado pelo Projeto de História Internacional da Guerra Fria e o Projeto de História Paralela em Pequim, Março, 2004, disponível em: http://digitalarchive.wilsoncenter.org/document/118520/. Veja também: "Evaluation of Chinese Policies toward Eastern Europe by the Central Committee of the Communist Party of the Soviet Union", 10 de março de 1980, Arquivo Digital do Programa de Políticas Públicas e História, incluído no leitor de documentos para a mesma conferência, disponível em: http://digitalarchive.wilsoncenter.org/document/114834/.

19. "Joint Communiqué of the United States of America and the People's Republic of China", 1 de janeiro de 1979, lançado em 15 de dezembro de 1978. Veja também: https://history.state.gov/milestones/1977-1980/china-policy/.

20. Vogel, *Deng Xiaoping*, 396–397.

21. DXPNP, 475–486; "Teng Hsiao-Ping, Man of the Year", *Time*, 1 de janeiro de 1979, disponível em: http://content.time.com/time/covers/0,16641,19790101,00.html; Odd Arne Westad, "The Great Transformation: China in the Long 1970s", em *The Shock of the Global: The 1970s in Perspective*, ed. Niall Ferguson, et al. (Cambridge: Belknap Press of Harvard University Press, 2011), 77; Vogel, *Deng Xiaoping*, 333–348; citado em Vogel, *Deng Xiaoping*, 347.

22. Merle Goldman, "Hu Yaobang"s Intellectual Network and the Theory Conference of 1979", *China Quarterly*, n°. 126 (Junho, 1991): 230, 232. Sobre a questão das influências internacionais, Goldman observa que esses intelectuais "não foram tão influenciados pelas ideias ocidentais, neste momento, como pelas ideias sobre reformas e revisões do marxismo sendo debatidas na Europa Oriental, particularmente Iugoslávia, Hungria e Polônia", embora ela não desenvolva substancialmente essa afirmação (ibid., 219).

23. Su Shaozhi 苏绍智 e Feng Lanrui 冯兰瑞, "无产阶级取得政权后的社会 发展阶段问题" [A questão dos estágios do desenvolvimento social após o proletariado chegar ao poder], 经济研究 [*Economic Research*] (citado daqui em diante como JJYJ), n°. 5 (1979): 14–19; Veja também: Goldman, "Hu Yaobang"s Intellectual Network", 234.

24. Kwok-sing Li, comp., *A Glossary of Political Terms of the People's Republic of China* (Hong Kong: Chinese University Press, 1995), 400. Veja também a discussão desse termo no Capítulo 8.

25. A descrição de Deng Liqun é dada por Zhao, *Prisoner of the State*, 9.

26. Goldman, "Hu Yaobang1s Intellectual Network", 230–231. O memorável discurso de Sun Ye-fang na conferência chamada para "reabilitar a palavra "crítica", de sua sessão de conflito "contaminada" durante a Revolução Cultural; em vez de pensar a "crítica" como um

processo unidirecional de ataque e aceitação, Sun elogiou o uso do termo "europeu ocidental" (ou seja, para significar o chamado pensamento crítico) e estimulou seus colegas a avançar para tal entendimento sobre "críticas". Veja também: Sun Yefang 孙冶方, "在理论工作务虚会上的发言" [Discurso na Conferência do Trabalho Teórico], 炎黄春秋 [*Anais Chineses*], nº. 3 (2011): 86–88, disponível em: www.21ccom.net/Artigos/lsjd/jwxd/Artigo_2011032732331.html.

27. Yihong Pan, *Tempered in the Revolutionary Furnace: China's Youth in the Rustication Movement* (Lanham, MD: Lexington Books, 2002), 53, 230; Goldman, "Hu Yaobang's Intellectual Network", 228.

28. ZFLZQ J, 1977–1978, 11–13; Chen Yun, *Obras Selecionadas de Chen Yun, Vol. III (1956–1994)* (Pequim: Foreign Languages Press, 1999), 244–247; CYNP, 3:238.

29. 李先念年谱 [*Cronologia de Li Xiannian*], 6 vols. (Pequim: Zhongyang wenxian chubanshe, 2011) (citado daqui em diante como LXNNP), 2:538–539 e 6:21–22.

30. Teiwes e Sun, "China's New Economic Policy under Hua Guofeng", 22; a citação original, que está em CYNP, 3:223, vem de comentários que Chen fez para Li Xiannian em 31 de julho de 1978.

31. CYNP, 3:240; Zhang Zhanbin 张湛彬, 改革初期的复杂局势与中央高层 决策[*A Situação Complexa no Período da Reforma Antecipada e Formulação de Políticas nos Principais Quadros do Governo Central*] (Pequim: Zhongguo guanli kexue yanjiuyuan bianji chuban yanjiusuo, 2008), 2:414–415.

32. Xiao Donglian 肖冬连, 中华人民共和国史, 第 10 卷: 歷史的轉軌 從撥亂反 正到改革開放, 1979–1981 [*História da República Popular da China, vol. 10: O Ponto de Virada da História: Da Condução da Ordem para Fora do Caos à Reforma e Abertura, 1979–1981*] (Hong Kong: Dangdai Zhongguo wenhua yanjiu zhongxin, Zhongwen daxue, 2008), 474, citado em Frederick C. Teiwes e Warren Sun, "China's Economic Reorientation after the Third Plenum: Conflict Surrounding 'Chen Yun's' Readjustment Program, 1979–80", *China Journal*, nº. 70 (Julho, 2013): 169.

33. Nicholas R. Lardy e Kenneth Lieberthal, eds., *Chen Yun"s Strategy for China's Development: A Non-Maoist Alternative* (Armonk, NY: M. E. Sharpe, 1983), 3–23.

34. Chen Yun 陈云, "计划与市场问题"[Problemas Relativos a Planejamento e Mercado] (8 de março de 1979), em 陈云文选 [*Obras Selecionadas de Chen Yun*] (Pequim: Renmin chubanshe, 1995), 3:220–223.

35. Fewsmith, *Dilemmas of Reform*, 11–12.

36. Ibid.

37. David M. Bachman, "Differing Visions of China's Post-Mao Economy: The Ideas of Chen Yun, Deng Xiaoping, e Zhao Ziyang", *Asian Survey* 26, nº. 3 (Março, 1986): 292–321; Barry Naughton, *Growing out of the Plan: Chinese Economic Reform, 1978–1993* (Nova York: Cambridge University Press, 1995), 75; Susan L. Shirk, *The Political Logic of Economic Reform in China* (Berkeley: University of California Press, 1993), 224–226.

38. CYNP, 3:253.

39. GSJTL 1:259 (palestra de 3 de fevereiro de 1994).

40. Yao Jin 姚锦, 姚依林百夕谈 [*Conversando com Yao Yilin durante Cem Noites*] (Pequim: Zhonggong dangshi chubanshe, 2008), 183–187, 219–228; Cyril Chihren Lin, "The Reinstatement of Economics in China Today". *China Quarterly*, n°. 85 (Março, 1981): 38, citando 红旗 [*Red Flag*], n°. 9 (Setembro, 1970): 26–33, e n°. 2 (Fevereiro, 1971): 39–47.

41. David M. Bachman, *Chen Yun and the Chinese Political System* (Berkeley: Institute of East Asian Studies, University of California, 1985), viii, 33–34. Vogel escreveu um artigo sobre a carreira de Chen Yun: Veja também: Ezra Vogel, "Chen Yun: His Life", *Journal of Contemporary China* 14, n°. 45 (Novembro, 2005): 741–759.

42. Xue Muqiao, "A Practice-Based Review of More Than Two Decades of Economic Work" (Março, 1979), em Xue Muqiao, *Chinese Economists on Economic Reform: Collected Works of Xue Muqiao*, ed. China Development Research Foundation (London: Routledge, 2011), 36.

43. Xue Muqiao 薛暮桥, 经济工作必须掌握经济发展规律 [*Economic Work Must Master the Laws of Economic Development*] (Pequim: Xuexi cankao ziliao, 1979), manuscrito. Disponível em Fairbank Collection, Fung Library, Harvard University. Esses comentários foram publicados em forma editada como Xue Muqiao 薛暮桥, "经济工作必须掌握经济发展规律" (Relatório sobre o Seminário de Gestão Empresarial da Economia Estatal, 14 de março de 1979) [O trabalho econômico deve dominar as leis do desenvolvimento econômico], em 当前我国经济若干问题 [Problemas Atuais na Economia de Nosso País] (Pequim: Renmin chubanshe, 1980), 3–29. Xue falou contra a continuidade de cópia e imitação do modelo de economia soviética nos anos 1950; sobre as delegações à Iugoslávia, disse ele: "思想却是解放了, 但南斯拉夫的情况和我们距离比较远, 很难照抄照变" [o pensamento é liberado, mas o caso iugoslavo é bem diferente do nosso, e muito difícil de ser simplesmente imitado]. O precedente foi eliminado da versão publicada abertamente.

44. Xue, "A Practice-Based Review of More Than Two Decades of Economic Work", 34. Durante o mesmo período, o economista da ACCS, Liu Guo-guang, publicou um artigo atacando o sistema de gestão econômica "excessivamente centralizado" e "descoordenado" da China, e argumentou que a taxa de acumulação era muito alta, de forma que a China precisava "manter a construção do capital sob controle", implementar a redução e "aumentar o retorno sobre o investimento". Veja também: Liu Guoguang 刘国光, "关于国民经济综合平衡的一些问题" [Alguns problemas de síntese e equilíbrio na economia nacional], JJYJ, n°. 3 (1979): 36–44.

45. Deng Xiaoping, "Uphold the Four Cardinal Principles" (30 de março de 1979), em SWDXP, 174, 177, 188; DXPNP, 501–503.

46. Xue Muqiao 薛暮桥, "坚持百家争鸣, 坚持理论联系实际" [Defesa de Cem Escolas de Pensamento, defende a ligação da teoria com a realidade], em 社会主义经济中计划与市场的关系 [*A Relação entre o Planejamento e o Marketing na Economia Socialista*] (Pequim: Zhongguo shehui kexue chubanshe, 1980), 1–14. "Cem escolas de Pensamento em Disputa" é uma frase clássica chinesa para o debate intelectual; "Ligar a teoria com a realidade" está ligado ao princípio de Deng de "buscar a verdade nos fatos". Veja também: He Jianzheng 何建章, "我国全民所有制经济计划管理体制存在的问题和改革方向" [Problemas no Sistema de Propriedade Pública e Gestão Econômica Planejada da China e a Direção da Reforma], JJYJ, n°. 5 (1979): 35–37. Veja também: ZFLZQ J, 1977–1978, 54–58; Fewsmith, *Dilemmas of Reform*, 62–68.

47. Liu Guoguang 刘国光 e Zhao Renwei 赵人伟, "论社会主义经济中计划" [Sobre a relação entre Planejamento e Mercado em uma Economia Socialista], JJYJ, nº. 5 (1979): 46–49.

48. CYNP, 3:243. Veja também: Deng Liqun 邓力群, "正确处理计划经济和市场调节之间的关系" [O Correto Tratamento da Relação entre a Economia Planejada e a Regulação do Mercado], 经济学周报 [*Economics Weekly*] (22 de fevereiro de 1982): 79. Essas mudanças, segundo Deng Liqun, seriam implementadas através da "integração entre o ajuste planejado e o ajuste do mercado, sendo o ajuste planejado o primário, mas simultaneamente dando peso total ao papel da regulação do mercado". Nesta formulação socialista, é importante notar que o mercado é o *mecanismo* de regulação, não o alvo da regulação como é em uma economia de mercado.

49. GSJTL, 1:419.

50. Teiwes e Sun, "China's New Economic Policy under Hua Guofeng", 1, 23, citando [Li] Shengping, ed., 胡耀邦思想年谱 1975–1989 [*Cronologia de Hu Yaobang Thought 1975–1989*] 2 vols. (Hong Kong: Taide shidai chubanshe, 2007) 1:355–356. Sobre a especialização econômica de forma mais geral, veja: Andrew Watson, "Pesquisa em Ciências Sociais e Formulação de Políticas Econômicas: o lado acadêmico da reforma econômica", em *New Directions in the Social Sciences and Humanities in China,* ed. Michael B. Yahuda (London: Macmillan, 1987), 79.

51. LXNNP, 6:49 e ZFLZQ J, 1979, 80–132, particularmente 122. Veja também: Fewsmith, *Dilemmas of Reform,* 70–74; e 经济问题研究资料 [*Materiais de Pesquisa sobe Problemas Econômicos*] (Pequim: Zhonggong zhongyang shujichu yanjiushi jingjizu, 1979), vol. 4.

52. Xiao, "Observations", 30.

53. Ibid., 24; Yao Yilin 姚依林, "同心协力做好经济改革的调查研究" [Cooperar para Completar a Pesquisa sobre Reforma Econômica], 金融研究 [*Pesquisa Financeira*], nº. 13 (1979): 1–8.

54. LXNNP, 6:49. Fang Weizhong, Liao Jili e Liu Mingfu foram os outros adjuntos.

55. Os palestrantes foram Bo Yibo e Li Xiannian; XMQNP, citando: Escritório de Pesquisa do Escritório-geral do Comitê Central do Partido Comunista Chinês 中共中央办公厅研究所, ed., 经济问题研究资料 [*Materiais de Pesquisa sobe Problemas Econômicos*], nº. 4 (3 de agosto de 1979) e 薛暮桥工作笔记 [*Notas de Trabalhos de Xue Muqiao*], fornecidas pelas CASS, entre outros documentos.

56. David Barboza, "Interviews with Wu Jinglian, Shelley Wu and Wu's Biographer", *New York Times,* 26 de setembro de 2009, disponível em: www.nytimes.com/2009/09/27/business/global/27spy-text.html.

57. Mary Jingyu Wu, *Indelible Red: Memories of Life in the Mao Era* (Singapore: Lingwei Guan, 2013), 283, 329.

58. Barboza, "Interviews"; Wu Jinglian 吴敬琏, "顾准之死" [A morte de Gu Zhun],em Wu Xiaobo 吴晓波, 吴敬琏传: 一个中国经济学家的肖像 [*Biografia de Wu Jinglian: Retrato de um Economista Chinês*] (Pequim: Zhongxin chubanshe, 2010); Wu Xiaolian 吴晓莲, 我和爸爸吴敬琏 [*Eu e Meu Pai Wu Jinglian*] (Pequim: Zhongguo dangdai chubanshe, 2007), 80–84, 92–95.

NOTAS

59. Xu Jing'an 徐景安, "我所经历的经济体制改革决策过程" [Minha Experiência no Processo de Formulação de Políticas da Reforma Econômica] (2008), 改革开放口述史[*História Oral sobre a Reforma e Abertura*], ed. Ouyang Song 欧阳淞, Gao Yongzhong 高永中, et al. (Pequim: Renmin daxue chubanshe, 2014), 306–316.

60. Arquivos do Escritório de F. X. Sutton, Divisão Internacional, Box 58, Folder 12, Ford Foundation Archives, Rockefeller Archive Center, Sleepy Hollow, Nova York.

61. Comissão do Estado de Reforma do Sistema Econômico 国家经济 体制改革委员会, ed., 经济体制改革文件汇编: 1977–1983 [*Documentos Coletados sobre a Reforma do Sistema Econômico: 1977-1983*] (Pequim: Zhongguo caizheng jingji chubanshe, 1984), 182–188.

62. No final de 1979, as empresas que implementaram as reformas constituíam 60% da produção e 70% do lucro das "fábricas estatais sob o orçamento do Estado" (Naughton, *Growing out of the Plan,* 100; Shirk, *The Political Logic of Economic Reform in China,* 200–204). A retenção de lucros nas empresas industriais estatais se expandiria ainda mais em setembro de 1980. Uma razão, foi o que essa política realmente implicou, como demonstrado pela equação usada de retenção de lucro surpreendentemente simples: R= aP$_{t-1}$ + b(P$_t$-P$_{t-1}$), onde R era lucro retido pela empresa, Pt era lucro no ano corrente, o Pt-1 foi o lucro do ano anterior, e os coeficientes a e b foram calculados com base no desempenho do ano anterior (geralmente definido de modo que a fosse igual à b, para minimizar quaisquer efeitos catraca). Como observou Naughton, essa decisão significava que a retenção marginal equivalia à retenção média, aumentando assim os problemas de incentivo: em 1980, a retenção média de empresas industriais dentro do orçamento era de 12,6%, significando que "uma empresa que aumentasse seus lucros em um dólar poderia apenas reter um adicional de 12,6 centavos em média" (Naughton, *Growing out of the Plan,* 103).

63. Ma Hong, "'China-Style' Socialist Modernization and Issues of Economic Restructuring" (Agosto, 1979 e 1980), em Ma Hong, *Chinese Economists on Economic Reform: Collected Works of Ma Hong,* ed. China Development Research Foundation (London: Routledge, 2014), 11.

64. "Chinese Society of Quantitative Economics Founded", Xinhua News Agency, 27 de julho de 1979, trad. Foreign Broadcast Information Service, China Daily Report (FBIS-CHI), 27 de julho de 1979, L16, citado como Catherine H. Keyser, *Professionalizing Research in Post-Mao China: The System Reform Institute and Policymaking* (Armonk, NY: M. E. Sharpe, 2003), 187.

65. Xiao, "Observations", 25.

66. Lin, "The Reinstatement of Economics", 48. Veja também: Zhou Shulian 周叔莲, Wu Jinglian 吴敬琏, e Ma Shufang 马树方, "关于作为政治经济学对象的 生产关系问题的讨论" [Discussões sobre as relações de produção como o objeto da economia política], JJYJ, n°. 12 (1979): 67–69.

67. Xinhua General Overseas News Service, 30 de setembro de 1979, 1–22; Fan Shuo 范硕, 叶剑英在关键时刻 [*Ye Jianying no Momento Crucial*] (Shenyang: Liaoning renmin chubanshe, 2001), 398–399. Veja também: DXPNP, 554–555, 558, 562–563; Vogel, *Deng Xiaoping,* 355–357. Sobre as tentativas do PCCh de controlar os parâmetros de reversão de veredictos e reabilitação, veja também: Geremie Barmé, "History for the Masses", em *Using the Past to Serve the Present: Historiography and Politics in Contemporary China,* ed. Jonathan Unger (Armonk, NY: M. E. Sharpe, 1993), 261.

68. *"Guangming Daily* Reports Pequim Economic Discussion", 光明日报 [*Diário de Guangming*], 21 de outubro de 1979, trad. Foreign Broadcast Information Service, FBIS, 14 de novembro de 1979, 7, citado como Keyser, *Professionalizing Research in Post-Mao China,* 40.

69. Song Yangyan, "A Discussion on the Starting Point and Main Basis for the Reform of the Economic Structure", *Chinese Economic Studies* 14, n°. 4 (Verão de 1981): 30–37.

70. Ibid., 36.

71. Wang Zheng, "Some Questions on Right and Wrong in Statistics Work Must Be Clarified", *Chinese Economic Studies* 15, n°. 1 (Outono de 1981): 60.

72. Richard Baum, *Burying Mao: Chinese Politics in the Age of Deng Xiaoping* (Princeton, NJ: Princeton University Press, 1994), 68–69; Shambaugh, *The Making of a Premier,* xv.

73. Hua Sheng, Xuejin Zhang, e Xiaopeng Luo, *China: From Revolution to Reform* (Basingstoke, UK: Macmillan, 1993), 38–53; Naughton, *Growing out of the Plan,* 76–77, 144–148.

74. Fewsmith, *Dilemmas of Reform,* 20–25.

75. Hua, Zhang, e Luo, *China: From Revolution to Reform,* 45–46.

76. Shirk, *The Political Logic of Economic Reform,* 35; Shambaugh, *The Making of a Premier,* 75–76.

77. Obituary: Zhao Ziyang, BBC News, 25 de janeiro de 2005, disponível em: http://news.bbc.co.uk/1/hi/world/asia-pacific/2989335.stm.

78. Veja também: Frederick C. Teiwes e Warren Sun, *Paradoxes of Post-Mao Rural Reform: Initial Steps toward a New Chinese Countryside, 1976–1981* (London: Routledge, 2016); Jean Oi, *Rural China Takes Off: Institutional Foundations of Economic Reform* (Berkeley: University of California Press, 1999); Yasheng Huang, *Capitalism with Chinese Characteristics: Entrepreneurship and the State* (Cambridge: Cambridge University Press, 2008); Dali L. Yang, *Calamity and Reform in China: State, Rural Society, and Institutional Change Since the Great Leap Famine* (Stanford: Stanford University Press, 1996). Para uma nova e valiosa seleção de escritos traduzidos por Du Runsheng, um dos principais assessores econômicos que supervisionou a reforma rural, veja também: Du Runsheng, *Chinese Economists on Economic Reform: Collected Works of Du Runsheng,* ed. China Development Research Foundation (London: Routledge, 2014).

79. Essa afirmação é citada em Fewsmith, *Dilemmas of Reform,* 29.

80. O grupo foi chamado de 中国农村发展问题研究组 [Unidade de Pesquisas em Questões de Desenvolvimento na China Rural]. Veja também: Chen Yizi 陈一咨, 陈一咨回忆录 [*Memórias de Chen Yizi*] (Hong Kong: Xin shiji chuban ji chuanmei youxian gongsi, 2013), 192–196, 236–239; Liu Hong 柳红, 八〇年代: 中国经济学人的光荣 与梦想[*A Década de 1980: Glórias e Sonhos dos Economistas Chineses*] (Guilin: Guangxi shifan daxue chubanshe, 2010), 177–182.

81. Fewsmith, *Dilemmas of Reform,* 41–42.

82. "Chinese State Visits to the U.S.", BBC News, 18 de janeiro de 2011, disponível em: www.bbc.co.uk/news/world-asia-pacific-12172292/.

83. Joan Robinson, "Reminiscences" (1957), em *Reports from China: 1953–1976* (London: Anglo-Chinese Educational Institute, 1977), 39. Robinson foi a convidada de dois propagandistas educados no Ocidente, Ji Chaoding e Solomon Adler. Ela gostou do que chamou de "magnífica turnê" da China com Ji e Adler, ambos os economistas treinados que, mais tarde, seriam revelados como tendo servido como agentes secretos da inteligência para o PCCh. Veja também: John Earl Haynes e Harvey Klehr, *Venona: Decoding Soviet Espionage in America* (New Haven, CT: Yale University Press, 1999), 144.

NOTAS

317

84. Joan Robinson, *Letters from a Visitor to China* (Cambridge: Students' Bookshops, 1954), 7–8, 13, 32; George R. Feiwel, ed., *Joan Robinson and Modern Economic Theory* (London: Macmillan, 1989), xxxvi–xxxvii; Prue Kerr e Geoffrey Colin Harcourt, eds., *Joan Robinson: Critical Assessments of Leading Economists* (London: Routledge, 2002), 1:76–77.

85. Robinson, *Letters from a Visitor to China*, 32, 35; Feiwel, *Joan Robinson and Modern Economic Theory*, 868. As campanhas dos "três-antis" e "cinco-antis" visavam eliminar o comportamento capitalista e a oposição ao regime do PCCh (os "três- antis" eram anticorrupção, antidesperdício e antiburocratismo, os "cinco-antis" concentraram-se em suborno, evasão fiscal e atividades de negócios privados. De acordo com uma estimativa, essas campanhas levaram centenas de milhares ao suicídio coagido e voluntário (Philip Short, *Mao: A Life* [London: Holt, 2001], 437).

86. Estimativas oficiais do PCCh, afirmam que a fome causou a morte de 17 milhões de pessoas. Estimativas proeminentes incluem 36 milhões de mortes por fome (Yang Jisheng), 43 milhões a 46 milhões (Chen Yizi) e 45 milhões (Frank Dikötter). Yang Jisheng 杨继绳, 墓碑: 中国六十年代大饥荒纪实 [*Lápide: A História Real sobre a Grande Fome na China nos anos 1960*], 2 vols. (Hong Kong: Tiei tushu youxian gongsi, 2008); Yang Jisheng, *Tombstone: The Great Chinese Famine, 1958–1962*, trad. Stacy Mosher e Guo Jian (Nova York: Farrar Straus, e Giroux, 2012), especially 406–430; Frank Dikötter, *Mao's Great Famine: The History of China's Most Devastating Catastrophe, 1958–1962* (Nova York: Walker, 2010). A estimativa de Chen Yizi, lembrada em uma entrevista com Jasper Becker, baseia-se em uma pesquisa de 1979 da China rural, na qual ele participou a pedido de Zhao Ziyang. Veja também: Jasper Becker, *Hungry Ghosts: Mao's Secret Famine* (Nova York: Free Press, 1996), 271–272.

87. Joan Robinson, *Notes from China* (Oxford: Blackwell, 1964), 3, 26–27.

88. Roderick MacFarquhar e Michael Schoenhals, *Mao's Last Revolution* (Cambridge: Belknap Press of Harvard University Press, 2006), 251–252, 262; Erew G. Walder e Yang Su, "The Cultural Revolution in the Countryside: Scope, Timing, and Human Impact", *China Quarterly*, n°. 173 (Março, 2003): 95–96.

89. Joan Robinson, *The Cultural Revolution in China* (Middlesex, UK: Penguin, 1969), 24, 28; Joan Robinson, "Cantab 2 Shorthe Book 1972", JVR xi/9.3, e "For Shorthe Notebook", JVR xi/6.2. Documentos da professora Joan Violet Robinson, King's College Archive Centre, Universidade de Cambridge, Reino Unido. Entre os esquerdistas britânicos, Robinson estava longe de estar sozinha em seu apoio ao regime de Mao. O colega de Robinson em Cambridge, Joseph Needham, um historiador da ciência chinesa, dirigiu a Sociedade de Entendimento Anglo--Chinês e se posicionou abertamente com a China contra a União Soviética em 1963, sendo ridicularizado por muitos outros marxistas britânicos. Em parceria com sua amiga Joan, Needham continuou liderando os esforços de intercâmbio para a China, escrevendo em dezembro de 1967 que estava "preparado para aprovar" a Revolução Cultural, mas, como um amante da cultura tradicional chinesa, acrescentou que tinha "reservas". Veja também: Tom Buchanan, *East Wind: China and the British Left, 1925–1976* (Oxford: Oxford University Press, 2012), 144, 164, 176, 197. Needham também foi um ator central em um episódio anterior, durante a Guerra da Coreia, quando apoiou as alegações, desde então desacreditadas, feitas por cientistas chineses sob pressão do PCCh, de que as forças armadas norte-americanas haviam praticado "guerra bacteriológica" na China durante o conflito. Veja também: Ruth Rogaski, "Nature, Annihilation, and Modernity: China's Korean War Germ-Warfare Experience Reconsidered", *Journal of Asian Studies* 61, n°. 2 (Maio, 2002): 381–415.

90. O apoio de Kim Il-sung a Mao e à Coreia do Norte, "pode lhe ter custado o Prêmio Nobel", escreve George R. Feiwel; Veja também: Feiwel, *Joan Robinson and Modern Economic Theory*, xxxv–xxxvi. Veja também: "Joan Violet Robinson", em *The Concise Encyclopedia of Economics,* ed. David R. Henderson, Library of Economics and Liberty, disponível em: http://www.econlib.org/library/Enc/bios/Robinson.html.

91. Sobre Joan Robinson na China, uma nova ironia surge. Um dos economistas mais brilhantes da China, Gu Zhun, havia sido expurgado durante a campanha antidireitista, mas, graças ao patrocínio de seu amigo Sun Yefang, voltou a trabalhar em 1962, dando início a uma série de traduções incluindo uma tradução para o chinês de vários dos ensaios mais conhecidos de Joan Robinson. Mas como a Revolução Cultural decolou em 1965–1966, Gu foi mais uma vez rotulado de "reacionário" e ferozmente perseguido. Sua esposa cometeu suicídio meses depois. No ano anterior à morte de Gu pela "reeducação", em 1974, ele registrou em seu diário, em março de 1973, que continuava a ler os primeiros trabalhos de Joan Robinson. Veja também: Wu, *Biografia de Wu Jinglian*; Luo Yinsheng 罗银胜, 顾准传 [*Biografia de Gu Zhun*] (Pequim: Tuanjie chubanshe, 1999), 450, 455. Sua tradução mais significativa foi o tratado de 1942 de Joseph, Schumpeter intitulado *Capitalism, Socialism, and Democracy*; Gu Zhun, 顾准日记 [*Diário de Gu Zhun*], ed. Chen Minzhi 陈敏之 e Ding Dong 丁东 (Pequim: Jingji ribao chubanshe, 1997), 290, 436.

92. Xue, "Economic Work Must Master the Laws of Economic Development". Os comentários sobre as estatísticas do Grande Salto para a Frente são omitidos deste texto final publicado abertamente. Veja também: Deng Liqun 邓力群, 我为少奇同志说些话 [*Minhas palavras a favor do camarada Shaoqi*] (Pequim: Dangdai Zhongguo chubanshe, 1998), 107–108; Wang Guangmei 王光美, Liu Yuan 刘源, et al., 你所不知道的刘少奇[*O Desconhecido Liu Shaoqi*] (Zhengzhou: Henan renmin chubanshe, 2000), 90; Yang, *Tombstone,* 15.

93. Joan Robinson, *Aspects of Development and Underdevelopment* (Cambridge: Cambridge University Press, 1979), 141–142; Joan Robinson, "Mao Tsetung on Soviet Economics", JVR/ii/53, Artigos do professor Joan Violet Robinson, King's College Archive Centre, University of Cambridge, Cambridge, UK.

94. Yang Deming 杨德明, "琼·罗宾逊谈西方资产阶级经济学和资本主义经济危机" [Joan Robinson Discute a Economia Burguesa Ocidental e a Crise das Economias Capitalistas], 世界经济 [*Economia Mundial*] (Fevereiro, 1978): 75–77. Esses comentários foram coerentes com um discurso propagandístico na China que ridicularizava as economias capitalistas como "tumultuadas": "Pessoas comuns e suas famílias são assombradas diariamente pela inflação", que é uma "doença incurável na sociedade capitalista", escreveu um propagandista chinês. Na China, entretanto, não houve "inflação". Veja também: Peng Kuang-hsi, *Why China Has No Inflation* (Pequim: Foreign Languages Press, 1976).

NOTAS   319

95. "China 1978", JVR/ii/55, Papers of Professor Joan Violet Robinson. Veja também: Marjorie S. Turner, *Joan Robinson and the Americans* (Armonk, NY: M. E. Sharpe, 1989), 87.

96. Deng Xiaoping, "The Working Class Should Make Outsteing Contributions to the Four Modernizations" (11 de outubro de 1978), em SWDXP, 145–150.

97. "China Exchange" Folder, Box 8, Kenneth J. Arrow Papers, David M. Rubenstein Rare Book & Manuscript Library, Duke University.

98. "谷牧副总理会见美国经济代表团" [O vice-primeiro-ministro Gu Mu se encontra com a Delegação Norte-americana de Economia], Xinhua News Agency (14 de outubro de 1979); Lawrence R. Klein, "Autobiography" Nobelprize.org, disponível em: http://www.nobelprize. org/nobel_prizes/economic-sciences/laureates/1980/klein-bio.html.

99. Liu, *The Eighties,* 268.

100.Comitê de Comunicação Científica com a República Popular da China (CSCPRC), *Report of the CSCPRC Economics Delegation to the People's Republic of China (Outubro, 1979)* (Washington, DC: National Academy of Sciences, 1980), 3–7, 35–36, 44–45.

101. Kenneth Arrow, "China Trip Diary 1979", Box 2, Kenneth J. Arrow Papers, David M. Rubenstein Rare Book & Manuscript Library, Duke University.

102.Lawrence R. Klein, "The Sustainability of China's Economic Performance at the Turn of the Century", *International Journal of Business* 11, no. 3 (Verão de 2006): 283–293, 318.

103. Margaret Thatcher Archives, 31 de outubro de 1979, "Record of a Discussion between the Prime Minister and the Federal Chancellor in the Federal Chancellery, Bonn" (arquivos de Margaret Thatcher estão disponíveis em: www.margaretthatcher.org).

104."China: Visit by Premier Hua Guofeng", arquivos de Margaret Thatcher, 14 de agosto de 1979.

105. "Premier Hua Guofeng's Visit: Objectives and Briefing", arquivos de Margaret Thatcher, 18 de setembro de 1979.

106.Zhao, *Prisoner of the State,* 134.

107. Bo Yibo 薄一波, 薄一波书信集 [*Cartas de Bo Yibo*] (Pequim: Zhonggong dangshi chubanshe, 2009), 2:624.

108.O grupo também incluía He Jianzhang, Jiang Yiwei e Zhou Shulian, bem como Sun Hongzhi (secretário do Partido na Angang Steel Company). Xiao Donglian escreve que, de 5 de novembro a 6 de dezembro, outra delegação, liderada por Yuan Baohua e Deng Liqun, visitou os Estados Unidos para estudar administração empresarial, visitando a Ford Motor Company, a General Electric, a Corporação Lockheed de Aeronaves, a Coca-Cola e outras grandes empresas, assim como algumas pequenas e médias empresas e alguns departamentos governamentais (Xiao, "Observations", 26). Em 31 de dezembro de 1979, a visita de estudo dos Estados Unidos dirigida por Yuan Baohua, apresentou seu relatório ao Conselho de Estado, no qual destacou a "administração científica", fazendo ajustes regulares para planos e uso de mecanismos de previsão técnica mais avançados. "Embora isso não mude radicalmente a anarquia da produção capitalista, ela reduz a cegueira (da competição) na produção" (ibid., 28–29). O relatório foi elogiado por Bo Yibo (Bo, *Letters,* 2: 629).

109. Xue Muqiao 薛暮桥, "出访美国期间的两封家信" [Duas Cartas sobre a Visita aos Estados Unidos] (1979), em 薛暮桥文集 [*Obras Coletadas de Xue Muqiao*] (Beijing: Zhongguo jinrong chubanshe, 2011), 7:260.

110. 薛暮桥访美笔记 [*Notas de Xue Muqiao sobre a visita aos Estados Unidos*] (1979), em XMQNP; Ma Hong 马洪, "美国经济与管理教育" [A Economia Americana e a Educação em Administração], 经济研究参考资料 [*Materiais de Referência para Estudos Econômicos*], nº. 84 (1980), citado em Xiao, "Observations", 26; Xue Muqiao 薛暮桥, " 访美观感" [Reflexões sobre a visita aos Estados Unidos], em 薛暮桥文集 [*Obras Coletadas de Xue Muqiao*], 7:285–293.

111. Xiao, "Observations", 26; Ma, "The American Economy and Management Education"; National Delegation to the USA 国家经委访美代表团, "美国经济管理考察报告" [Relatório de Gestão Econômica Americana], 经济研究参考 资料 [*Materiais de Referência para Estudos Econômicos*], no. 52 (1980), citado em Xiao, "Observations", 26; Ma Hong 马洪, "在北京市委党校作的访美报告" [Relatório sobre a minha visita aos Estados Unidos na Escola do Partido em Pequim], 经济研究参考资料 [*Materiais de Referência para Estudos Econômicos*], nº. 84 (1980): 31; 薛暮桥回忆录 [*Memórias de Xue Muqiao*] (Tianjin: Tianjin renmin chubanshe, 1996), 332.

112. *Notas sobre a viagem aos EUA*; veja também: Xue Muqiao 薛暮桥, "从宏观经济来看怎样提高经济效果" [Como Aumentar a Eficiência Econômica a Partir de uma Perspectiva Macroeconômica] (1981), em 薛暮桥文集 [*Obras Coletadas de Xue Muqiao*], 9:60.

113. "于光远同志在全国经济学团体联合会筹备会上的讲话" [Discurso do camarada Yu Guangyuan na reunião do Comitê Preparatório de Toda a Federação de Sociedades Econômicas da China], em Keyser, *Professionalizing Research in Post-Mao China*, 45–46.

114. "Academy of Sciences Seeks Social Science Researchers", Xinhua News Agency, 6 de dezembro de 1979, trad. Foreign Broadcast Information Service, FBIS, 16 de dezembro de 1979, L13, citado como Keyser, *Professionalizing Research in Post-Mao China*, 41.

115. DXPNP, 580–581; Deng Xiaoping, "We Can Develop a Market Economy under Socialism", 26 de novembro de 1979, disponível em: http://www.china.org.cn/english/features/dengxiaoping/103388.htm.

116. Deng, "We Can Develop a Market Economy under Socialism".

117. Xiaoyuan Liu e Vojtech Mastny, eds., *Proceedings of the International Symposium: Reviewing the History of Chinese–East European Relations from the 1960s to the 1980s* (Zürich: ETH Zürich, 2004), 115.

118. Xiao "Observations", 31. A delegação também incluiu Huang Hai e Chen Guoyan. Yu divulgou seu relatório, intitulado 匈牙利经济体制考察报告 [Relatório sobre uma investigação do sistema econômico da Hungria], para os quadros dirigentes.

119. GSJTL, 5:448.

120. Liu e Mastny, eds., *Proceedings of the International Symposium*, 162. O comentário foi feito por Liu Qibao 刘琪宝.

NOTAS

Capítulo 3   *Um Barco Mais Veloz*

1.   Zhao Renwei, entrevista com o autor, Pequim, China, 22 de junho de 2012. Veja também: Edwin Lim 林重庚, "中国改革开放过程中的对外思想开放" [A Abertura do Pensamento para o Mundo Exterior no Processo de Reforma e Abertura da China], 中国经济: 50; 人看三十年: 回顾与分析[*Economia da China: Cinquenta Pessoas em Trinta Anos: Reflexões e Análises*], ed. Wu Jinglian 吴敬琏 (Pequim: Zhongguo jingji chubanshe, 2008), 29–30; Liu Hong 柳红, 八〇年代 : 中国经济学人的光荣与梦想 [*Os anos 1980: A Glória e os Sonhos dos Economistas Chineses*] (Guilin: Guangxi shifan daxue chubanshe, 2010), 280–285.

2.   Włodzimierz Brus escreveu: "A teoria de um mecanismo de mercado regulado — fortemente atacado por motivos doutrinários — em si não contém nada que o torne estranho ao socialismo ou basicamente inconsistente com as premissas de uma economia socialista" (*The Market in a Socialist Economy* [London: Routledge, 1972], 138). Outros defensores das formas de "socialismo de mercado" — alguns dos quais não receberam bem o termo — também visitaram a China, incluindo Alexander Nove, em 1979. "Ao visitar a China em 1979, fiquei impressionado com o fato de as propostas discutidas pelos chineses para reformar sua economia centralizada foram bem parecidas com as propostas que tinham sido debatidas na União Soviética nos últimos vinte anos. (Eu disse exatamente isso em Pequim, na presença de um especialista soviético em 'China', o qual acenou com a cabeça, vigorosamente de acordo!)" (Alec Nove, *The Economics of Feasible Socialism Revisited*, 2nd ed. [London: HarperCollins, 1991], 143, 168).

3.   Brus, *The Market in a Socialist Economy*, 138–141. 4.

4.   Ibid., 143–147.

5.   Brus manteve a convicção de que o mercado que ele descreveu em seu trabalho deveria ser visto como um mercado "real". "Sem dúvida, esse é um mercado peculiar no qual a capacidade produtiva e a estrutura de produção, assim como a demanda agregada e os elementos básicos de sua estrutura, são determinados por decisões centrais de planejamento", escreveu ele. "Apesar dessas limitações, é um mercado real o suficiente para divulgar taxas detalhadas de substituição no âmbito das decisões centrais de planejamento. Existem vendedores e compradores dos meios de produção que tomam decisões independentes com base no seu cálculo de rentabilidade. Os preços, quando comparados com os resultados esperados de um meio específico de produção, figuram no equilíbrio entre oferta e demanda de bens de produção (...) o preço influencia a escolha." (ibid., 181).

6.   Jan Toporowski, "Obituary: Włodzimierz Brus", *The Guardian,* 12 de novembro de 2007; idem, "Obituary: Włodzimierz Brus", *Royal Economic Society Newsletter,* nº. 139 (Outubro, 2007), disponível em: www.res.org.uk/Primavera deboardWebApp/userfiles/res/file/obituaries/brus.pdf.

7.   Helena Wolinska ganhava a vida servindo como promotora militar, um papel no qual ela teria supostamente encenado espetáculos em julgamentos e assinado os mandados de morte de muitos dos chamados "inimigos do estado". Ela deixou de ser uma vítima da perseguição nazista para, de acordo com o governo polonês (que emitiu uma ordem para sua prisão anos depois), se tornar uma perseguidora de vítimas do stalinismo. Veja também: Anne Applebaum, "The Three Lives of Helena Brus", *Sunday Telegraph,* 6 de dezembro de 1998, disponível em: http://www.anneapplebaum.com/1998/12/06/the-three-lives-of-helena-brus/.

8. Toporowski, "Obituary: Włodzimierz Brus".

9. Ibid.

10. Liu, *The Eighties*, 280.

11. Xue Yongying 薛永应, 董辅礽评传 [*Biografia Crítica de Dong Fureng*] (Wuhan: Wuhan daxue chubanshe, 2000), iv.

12. "Obituary: Włodzimierz Brus", *Royal Economic Society Newsletter*, nº. 139 (Outubro, 2007); Xue, *Biografia Crítica de Dong Fureng*, 50–54.

13. Liu, *The Eighties*, 280–281.

14. Os autores de 薛暮桥年谱 [*Cronologia de Xue Muqiao*], não publicado, sem paginação (citado daqui em diante como XMQNP), analisam várias cartas e materiais impressos para determinar que o livro, publicado pela Renmin Publishing House, deve ter sido lançado após 22 de dezembro. Veja também: Ji Lu 季路, "人民出版社等七家出版社明年出书设想" [Planos de Publicação da Imprensa Popular e Sete dessas Imprensas], 出版工作 [*Publication Work*], nº. 12 (1979): 19–22; "Letter from Xue Muqiao to Martha Avery", 22 de dezembro de 1979, Box 188, Folder 7, Milton Friedman Papers, Hoover Institution Archives, Stanford, California.

15. Veja também: Joseph Fewsmith, *Dilemmas of Reform in China: Political Conflict and Economic Debate* (Armonk, NY: M. E. Sharpe, 1994), 68–70.

16. Frederick Teiwes e Warren Sun, "China's Economic Reorientation after the Third Plenum: Conflict Surrounding "Chen Yun's' Readjustment Program, 1979–80", *China Journal*, nº. 70 (Julho, 2013): 176.

17. Xue Muqiao 薛暮桥, 中国社会主义经济问题研究 [*Pesquisa sobre Questões acerca da Economia Socialista da China*] (Pequim: Renmin chubanshe, 1979). Veja também: idem, 薛暮桥文集 [*Trabalhos de Xue Muqiao*] (Pequim: Zhongguo jinrong chubanshe, 2011), 19:204–205.

18. Tao Ying 陶膺 e Zhang Huan 张环, "一本印数近一千万册的经济著作" [Um Trabalho Econômico Impresso Dez Milhões de Vezes], 出版史料 [*Informações sobre o Histórico de Publicações*], nº. 2 (2006): 57. Com o sucesso do livro, Xue tornou-se talvez o economista mais famoso da China. Zhao e outros líderes de alto escalão prestaram atenção aos seus escritos — e em seu octogésimo aniversário, em 1984, Xue recebeu uma nota de congratulações do próprio Zhao, elogiando o "meio século" de contribuições de Xue para a política econômica. Veja também: 赵紫阳文集 *1980–1989* [*Obras Coletadas de Zhao Ziyang, 1980–1989*] (Hong Kong: Chinese University Press, 2016) (citado daqui em diante como ZZYWJ), 2:196 e 2:542.

19. Zhao Renwei, "Lecture 44", em 外国经济学讲座 [*Palestras sobre Economias Estrangeiras*], ed. 外国经济学说研究会 [Grupo de Pesquisa em Economias Estrangeiras] (Pequim: Zhongguo shehui kexue chubanshe, 1980–1981), 3:316.

20. Zhao Renwei 赵人韦, "就经济改革问题向布鲁斯教授提出几个问题" (30 de dezembro de 1979) [Algumas Perguntas para o Professor Brus sobre os Problemas de Reforma Econômica] em Liu, *The Eighties*, 281–282.

21. Rong Jingben 荣敬本 e Wu Jinglian 吴敬琏, "布鲁斯和锡克的经济模 式述评" [Comentários sobre os Modelos Econômicos de Brus e Šik], em 吴敬连选集 [*Obras Selecionadas de Wu Jinglian*] (Taiyuan: Shanxi jingji chubanshe, 1989), 562–563.

22. Ibid., 563.

23. Lim, "The Opening of Thinking to the Outside World", 30.

24. Zhao, "Lecture 44", 325–328; Rong e Wu, "Commentary on Brus's and Šik's Economic Models", 565.

25. Liu, *The Eighties*, 284.

NOTAS

26. Rong Jingben, entrevista com o autor, Pequim, China, 3 de setembro de 2013; Zhao Renwei, entrevista com o autor, Pequim, China, 22 de junho de 2012; Wu Jinglian, entrevista com o autor, Pequim, China, 8 de agosto de 2012 e 7 de setembro de 2013.

27. Veja também: e.g., Sun Yefang 孙冶方, "论价值" [Sobre o Mérito], 经济研究 [*Pesquisa Econômica*] (citado daqui em diante como JJYJ), nº. 9 (Setembro, 1959): 42–46.

28. Meng Kui e Xiao Lin, "On Sun Yefang's Reactionary Political Position and Economic Program", 红旗 [*Red Flag*], nº. 10 (1966), em *The People's Republic of China: A Documentary Survey, 1949–1979*, ed. Harold C. Hinton (Wilmington, DE: Scholarly Resources, 1980), 3:1372.

29. "Obituary: Sun Yefang Dies at 75; Top Chinese Economist", *New York Times,* 24 de fevereiro de 1983, A24, disponível em: http://www.nytimes.com/1983/02/24/obituaries/sun--yefang-dies-at-75-top-chinese-economist.html.

30. Wu Jinglian, "The Evolution of Socialist Economic Theories and the Strategic Options of Reform in China" em *The Evolution of the Economic System: Essays in Honour of Ota Šik*, ed. Kurt Dopfer e Karl-Friedrich Raible (London: Macmillan, 1990), 269.

31. Sun Yefang 孙冶方, Diary of Sun Yefang, 2 de janeiro de 1980, em Zhang Jianqing 张建清 Collection, citado como XMQNP.

32. Cyril Lin, entrevista com o autor, Oxford, Engle, 24 de junho de 2014; Wu Jinglian, entrevista com o autor, Pequim, China, 18 de agosto de 2012 e 7 de setembro de 2013.

33. De uma perspectiva historiográfica, a harmonia entre as ideias de Sun do início dos anos 1960 e as ideias dos socialistas do mercado europeu nas décadas de 1950 e 1960 (que Brus apresentou em sua visita) enfatiza a necessidade de avançar uma história verdadeiramente global do pensamento econômico socialista no século XX. Como Barry Naughton argumentou em *Growing out of the Plan: Chinese Economic Reform, 1978–1983* (Nova York: Cambridge University Press, 1995), Sun se sentiu em diálogo com esses pensadores, e a futura convergência dessas ideias em influenciar as reformas chinesas no início dos anos 1980 indica a importância de dar atenção adequada às conexões anteriores também.

34. Xiao Donglian 肖冬连, "中国改革初期对国外经验的系统考察和借鉴" [Observações de Referência aos Sistemas Econômicos Estrangeiros Durante o Começo da Reforma da China], 中共党史研究 [*Pesquisa Histórica do Partido Comunista Chinês*], nº. 4 (2006): 32. O discurso, proferido na conferência de trabalho da Escola do Partido Central, foi intitulado "关于经济工作的几个问题" [Algumas Questões sobre Trabalho Econômico]. Para detalhes sobre o histórico de Bo, veja também: John Gittings, "Obituary: Bo Yibo", *The Guardian*, 23 de janeiro de 2007, disponível em: http://www.theguardian.com/news/2007/jan/24/guardianobituaries.obituaries1.

35. Ezra Vogel, *Deng Xiaoping and the Transformation of China* (Cambridge: Belknap Press of Harvard University Press, 2011), 359.

36. Leng Rong 冷溶, ed., 邓小平年谱 *1975–1997* [*Cronologia de Deng Xiaoping 1975–1997*], 2 vols. (Pequim: Zhongyang wenxian chubanshe, 2004) (citado daqui em diante como DXPNP), 592–594; Deng Xiaoping, "The Present Situation and the Tasks Before Us" (16 de janeiro de 1980), em *Obras Selecionadas de Deng Xiaoping, 1975–1982* (Pequim: Foreign Languages Press, 1984) (citado daqui em diante como SWDXP), 231.

37. SWDXP, 230.

38. SWDXP, 235–236.

39. Mao Tsé-Tung, "关于红专问题的提示" [Sobre a Questão de "Vermelho e Especializado"] (31 de janeiro de 1958), em 毛泽东思想万岁 [*Vida Longa ao Pensamento de Mao Tsé-Tung*] (Red Guard Publication, Abril, 1967), 17. Disponível em Fairbank Collection, Fung Library,

Harvard University. Veja também: John K. Fairbank, "'Red' or 'Expert'?" *Nova York Review of Books,* 2 de dezembro de 1982, disponível em: http://www.nybooks.com/Artigos/1982/12/02/red-or-expert/.

40. SWDXP, 247.

41. Zhu Jiamu 朱佳木, ed., 陈云年谱: 一九 o 五 — 一九九五 [*Cronologia de Chen Yun: 1905–1995*], 3 vols. (Pequim: Zhongyang wenxian chubanshe, 2000) (citado daqui em diante como CYNP), 3:255; Vogel, *Deng Xiaoping*, 363; ZZYWJ, 1:89. Em 17 de março de 1980, Zhao Ziyang assumiu o Pequeno Grupo Central de Finanças e Economia de Chen Yun (CYNP, 3:257).

42. Hu Yaobang, "Speech at the Second National Congress of the Chinese Scientific and Technical Association (Excerpts)", *Beijing Review,* no. 15 (14 de abril de 1980): 13–16.

43. Xiao, "Observations", 26.

44. Anônimo, "Betr.: China", *Der Spiegel,* 1 de dezembro de 1980; Armin Gutowski, Wolfgang Klenner, e Kurt Wiesegart, *Situation und Perspektiven der chinesischen Wirtschaft. Verschuldungsnotwendigkeit und Finanzierungsspielraum* [*Situação e Perspectivas da Economia Chinesa: Emprestando as Necessidades e as Capacidades Financeiras*] (Hamburg: Institut für Wirtschaftsforschung, 1979); Yan Shou, "西德古托夫斯基教授对我国财政金融问题提出的建议" [As Sugestões do Professor Gutowski da Alemanha Ocidental sobre Nossos Problemas Financeiros Nacionais], 金融研究 [*Pesquisa Financeira*], nº. 2 (1982): 64–65; Li Lanqing, *Breaking Through: The Birth of China's Opening-Up Policy* (Oxford: Oxford University Press, 2009), 387–388.

45. Ma Hong 马洪, "在北京市委党校作的访美报告" [Relatório da Escola do Partido de Pequim sobre Minha Visita aos Estados Unidos] (27 de dezembro de 1979), 经济研究 参考资料 [*Materiais de Referência para os Estudos Econômicos*], nº. 84 (1980): 31.

46. Fewsmith, *Dilemmas of Reform,* 116.

47. Liu Guoguang 刘国光, "略论计划调节与市场调节的几个问题" [Um breve comentário sobre vários problemas com ajustes planejados e ajustes de mercado], JJYJ, nº. 10 (1980): 3–11; Dong Fureng 董辅初, "关于我国社会主义所有制形式问题" [Sobre a Questão das Formas da Propriedade Socialista da China], JJYJ, nº. 1 (1979): 21–28; Jiang Yiwei 蒋一苇, " "企业本位论" 争议: 试论社会主义 制度下企业的性质及国家与企业的关系" [Contestações sobre "Padrões Empresariais": Características e Relações entre Empresas e o Estado em um Sistema Socialista], 经济管理[*Gestão Econômica*], nº. 6 (14 de julho de 1980): 20–27.

48. Comissão de Reforma do Sistema Econômico Nacional 国家经济体制改革委 员会, ed., 中国经济体制改革规划集: 1979 年–1987 年 [*Obras Selecionadas sobre O Plano de Reforma Estrutural Econômica da China, 1979–1987*] ([Pequim]: Zhongguo zhongyang dangxiao chubanshe, 1988), 1–36.

49. Deng Xiaoping, Agosto, 1980, citado em Barry Naughton, "Deng Xiaoping: The Economist", *China Quarterly,* nº. 135 (Setembro, 1993): 503.

50. Em 17 de março de 1980, o Conselho de Estado nomeou esse grupo como o Pequeno Grupo Central de Liderança Financeira e Econômica (中央财经领导小组) e aumentou sua autoridade formal. Sobre esses e outros importantes economistas da China durante esse período, Andrew Watson argumentou de forma persuasiva: "É impossível distinguir entre seus papéis como acadêmicos, como teóricos do Partido e como membros de órgãos governamentais de formulação de políticas (...). São estudiosos como esses que estabelecem a estrutura para grande parte das discussões que estão ocorrendo e estimulam o trabalho nos níveis mais baixos." Veja também: Erew Watson, "Social Science Research e Economic Policy Formulation: The Academic Side of Economic Reform", em *New Directions in the Social Sciences and Humanities in China,* ed. Michael B. Yahuda (London: Macmillan, 1987), 68.

NOTAS

51. Xue Muqiao 薛暮桥, 薛暮桥回忆录 [*Memórias de Xue Muqiao*] (Tianjin: Tianjin renmin chubanshe, 2006), 272, 278.

52. Meng e Xiao, "On Sun Yefang"s Reactionary Political Position and Economic Program", 3:1372.

53. Edwin Lim, entrevista com William Becker e Marie Zenni (World Bank Group, Oral History Program, Washington, DC, October 30–31, 2002), 19–20. Para uma discussão mais aprofundada, veja também: Harold K. Jacobson e Michel Oksenberg, *China's Participation in the IMF, the World Bank, and GATT* (Ann Arbor: University of Michigan Press, 1990), 59–60.

54. Chen Yixin 陈以新, ""世界银行" 在美国侵略亚洲中的作用" [O Papel do "Banco Mundial" na Agressão Americana na Ásia], 人民日报 [*People's Daily*] (citado daqui em diante como RMRB), 27 de setembro de 1962.

55. Lim, entrevista com Becker e Zenni, 2. 56.

56. Ibid., 18–19.

57. "世界银行行长麦克纳马拉抵京" [Presidente do Banco Mundial McNamara chega a Pequim], RMRB, 12 de abril de 1980; "谷牧会见世界银行行长麦克纳马拉" [Gu Mu se reúne com MacNamara, Presidente do Banco Mundial, RMRB, 15 de abril de 1980; DXPNP, 620–621; Liqun Jin e Chi-kuo Wu, eds., 回顾与展望: 纪念中国与世界银行合作 十五周年 [*Passado e Futuro: Quinze Anos de Cooperação entre China e o Banco Mundial*] (Pequim: Ministry of Finance and Xinhua News Agency, 1995), 4–5.

58. Jin e Wu, *Past and Future*, 25.

59. "世界银行决定恢复我代表权" [Banco Mundial decide restaurar a Representação da China], RMRB, 17 de maio de 1980.

60. Jacobson e Oksenberg, *China's Participation in the IMF, the World Bank, and GATT*, 109–110; ZZYWJ, 1:48–49.

61. Lim, entrevista com Becker e Zenni, 20.

62. Entrevista do autor com Edwin Lim, Barnstable, Massachusetts, 14 de setembro de 2012.

63. Edwin Lim, "Learning and Working with the Giants", em *At the Frontlines of Development: Reflections from the World Bank,* ed. Indermit S. Gill e Todd Pugatch (Washington, DC: World Bank, 2005), 106; Veja também: World Bank, *China: Socialist Economic Development*, 3 vols. (Washington, DC: World Bank, 1983).

64. Teiwes e Sun, "China's Economic Reorientation after the Third Plenum", 165–166. O primeiro plano quinquenal não era, em sua forma inicial, uma boa ilustração de "equilíbrio": ele enfatizava a rápida industrialização e permitia que a agricultura ficasse para trás. Mas Chen e Zhou revisaram o plano repetidamente e o resultado final foi visto de forma muito positiva. Zhao Ziyang mais tarde reclamaria que Chen Yun continuava a "defender" a opinião de que o primeiro plano quinquenal deveria guiar a política econômica da China (Zhao Ziyang, *Prisoner of the State: The Secret Journal of Zhao Ziyang* [Nova York: Simon & Schuster, 2009], ch. 1).

65. Sou grato a um revisor anônimo por essa elaboração útil do conceito de "economia de commodities".

66. Susan Sontag, Noam Chomsky, Gabriel Kolko, Richard Poirier, e Arno J. Mayer, et al., "The Mandel Case", *Nova York Review of Books,* November 20, 1969, disponível em: http://www.nybooks.com/Artigos/1969/11/20/the-meel-case/; *Ernest Mandel: A Life for the Revolution,* documentário de Chris Den Hond, 90 minutos, 2005, disponível em: https://www.youtube.com/watch?v=LXFFcJQSLrk. O Supremo Tribunal confirmou a decisão do Departamento de Justiça de impedir a entrada de Mandel nos Estados Unidos. O juiz Thurgood Marshall escreveu que ficou "atordoado" em uma memorável opinião divergente: "Estou convencido de que não se pode negar aos americanos a oportunidade de ouvir pessoalmente as opiniões do Dr. Mandel porque seu governo desaprova suas ideias (…). Para aqueles que não têm certeza de que alcançaram a verdade final e absoluta, todas as ideias, mesmo as que são vigorosamente impostas, são uma contribuição para o diálogo político em andamento (…). O progresso do conhecimento é um empreendimento internacional", veja também: *Kleindienst v. Mandel* 408 U.S. 753 (1972).

67. Ernest Mandel 曼德尔, 论马克思主义经济学 [*Sobre a Economia Marxista*] (Pequim: Shangwu yinshuguan, 1979).

68. Yang Jisheng 杨继绳, 中国改革年代的政治斗争 [*Batalhas Políticas durante o Período de Reforma Chinesa*] (Hong Kong: Tiei tushu youxian gongsi, 2004), 148–150.

69. Zhao Renwei 赵人韦, "对改革初期 '曼德尔旋风' 的回忆与思考" [Memórias e reflexões sobre a "Tempestade de Mandel" durante o período inicial da reforma], 经济学家茶座 [*Encontro de Economistas*], nº. 2 (2004): 135.

70. Ibid., 136. Sua crítica também foi publicada como um livro de revisão dos três capítulos do livro de Mandel que Hu Qiaomu havia circulado. Veja também: "简评曼德尔〈论马克思主义经济学〉第十五至十七章" [Breve comentário sobre os Capítulos 15, 16 e 17 de Mandel sobre economia marxista], em 经济学动态 [*Atualidades na Economia*], nº. 11 (1980), citado em Yang Jisheng, *Political Battles during the Chinese Reform Period*, 156.

71. Yang, *Political Battles during the Chinese Reform Period,* 150.

72. Ibid.

73. Lawrence Lau, "A Giant, Mentor, Master", *China Daily,* 4 de novembro de 2013, disponível em: http://www.chinadailyasia.com/opinion/2013-11/04/content_15096156.html.

74. "China Exchange", Box 8, Kenneth J. Arrow Papers, David M. Rubenstein Rare Book & Manuscript Library, Duke University.

75. Office Files of David Bell, Box 2, Folder 21, International Division, Ford Foundation Archives, Rockefeller Archive Center, Sleepy Hollow, Nova York.

76. Lawrence Klein, "Econometrics Lecture", Box 31, Lawrence Klein Papers, David M. Rubenstein Rare Book & Manuscript Library, Duke University.

77. Heng Ling, entrevista com Liu Guoguang, 2007, disponível em: http://casseng.cssn.cn/experts/experts_1st_group_cass_members/201402/t20140221_969619.html.

78. Lau, "A Giant, Mentor, Master"; Lawrence R. Klein, "The Sustainability of China's Economic Performance at the Turn of the Century", *International Journal of Business* 11, nº. 3, (Verão de 2006): 283–318.

NOTAS 327

79. Office Files of F. X. Sutton, Box 58, Folder 12, International Division, Ford Foundation Archives; "China Exchange", Box 8, Kenneth J. Arrow Papers, David M. Rubenstein Rare Book & Manuscript Library, Duke University; Gregory Chow, *Understeing China's Economy* (Singapore: World Scientific, 1994), 61–71.

80. "Editors' Introduction", em *Lectures on Foreign Economics*, ed. Foreign Economics Research Group, 1:1.

81. Liu, *The Eighties*, 268.

82. "Editors' Introduction", em *Lectures on Foreign Economics*, ed. Foreign Economics Research Group 1:1.

83. Ibid., 1:2. Esses "elementos" úteis seriam tópicos abordados em palestras subsequentes.

84. Li Yining 厉以宁, ed., 宏观经济学和微观经济学: 现代国外经济学论文选 [*Macroeconomia e Microeconomia: Artigos Selecionados de Economia Estrangeira Moderna*] (Pequim: Shangwu yinshuguan, 1981).

85. Gao Hongye 高鸿业, entrevista com Han Tianyu 韩天雨 e Mao Zengyu 毛增余, em 与中国著名经济学家对话 [*Diálogos com Economistas Famosos da China*], ed. Han Tianyu 韩天雨 e Mao Zengyu 毛增雨 (Pequim: Zhongguo jingji chubanshe, 1999), 2:123.

86. Nicholas Kristof, "'Mr. Stock Market': Selling China on a 'Public' Privatization", *New York Times*, 8 de janeiro de 1989, F8, disponível em: http://www.nytimes.com/1989/01/08/business/mr-stock-market-li-yining-selling-china-on-a-public-privatization.html?pagewanted=all.

87. Teiwes e Sun, "China's Economic Reorientation after the Third Plenum", 182.

88. Fang Weizhong 房维中, ed., 风浪中前进: 中国发展与改革编年记事 [*Adiante na Tormenta: Cronologia da Reforma e do Desenvolvimento da China, 1977–1989*], não publicado 2004. Disponível em the Fairbank Collection, Fung Library, Harvard University (citado daqui em diante como ZFLZQ J), 1980, 195.

89. Ibid., 1980, 196–199.

90. Teiwes e Sun, "China's Economic Reorientation after the Third Plenum", 182.

91. Ruan Ming 阮铭, 邓小平帝国 [*Deng Xiaoping Empire*] (Taipei: Yushanshe chuban shiye gufen youxian gongsi, 2009), 103, 106–108; CYNP, 3:262.

Capítulo 4 *Nadando Contra a Corrente*

1. Yu Guangyuan, *A Talk with Yu Guangyuan*, ed. Aant Elzinga (Lund, Sweden: Research Policy Institute, 1981), 14.

2. Esta visita foi organizada pela Comissão de Comunicação Científica em conjunto com a República Popular da China, fundada em 1966 para promover intercâmbios acadêmicos. Veja também: Comitê de Comunicação Escolar em conjunto com a República Popular da China, "Índice de caixas armazenadas do WRLC, acesso em: 4 de janeiro de 2013, disponível em: https://library.gwu.edu/sites/default/files/grc/CSCPRC.pdf; Milton e Rose D. Friedman, *Two Lucky People: Memoirs* (Chicago: University of Chicgo Press, 1998), 518.

3. "Will There Be a Recession? Economist Milton Friedman", *Time,* 19 de dezembro de 1969 (matéria de capa).

4. Milton Friedman, *Capitalism and Freedom* (Chicago: University of Chicago Press, 1962), viii, 15.

5. Erik Lundberg, "The Prize in Economics 1976: Presentation Speech", Nobelprize. org, disponível em: www.nobelprize.org/nobel_prizes/economics/laureates/1976/presentation-speech.html.

6. "Appearance on 'The Phil Donahue Show'" Box 102, Milton Friedman Papers, Hoover Institution Archives, Stanford University, Palo Alto, CA (citado daqui em diante como "Friedman Papers").

7. "Letter from Lewis Branscomb to Milton Friedman", Friedman Papers, Box 114, Folder 14.

8. Friedman Papers, Box 189, Folders 1 e 7.

9. Li Yining 厉以宁, "现代资产阶级经济学消费行为理论述评" [A Teoria do Comportamento do Consumidor na Moderna Economia Burguesa], 北京大学学报 (哲学 社会科学版) [*Jornal da Universidade de Pequim (Edição de Filosofia e Estudos Sociais)*], no. 2 (1979): 54–70, especialmente 56.

10. Yang Peixin 杨培新, " 关于当前经济金融研究的几个问题" [Algumas Questões Concernentes à Pesquisa Financeira e Econômica Contemporânea], 广东金融研究 [*Guangdong Pesquisa Financeira*], n°. 26 (Junho, 1980): 2.

11. Para uma declaração clara de como as economias capitalistas são "assombradas" pela inflação, veja também: Peng Kuang-hsi, *Why China Has No Inflation* (Pequim: Foreign Languages Press, 1976), i.

12. Friedman Papers, Box 190, Folder 1.

13. Friedman Papers, Box 189, Folder 8.

14. Friedman e Friedman, *Two Lucky People,* 520–523.

15. Milton Friedman, *Friedman in China* (Hong Kong: Center for Economic Research, Chinese University Press, 1990), 4, 39. O livro é uma coleção de palestras ocorridas na China.

16. Ibid., 75.

17. Ibid., 3.

18. Friedman e Friedman, *Two Lucky People,* 522.

19. Ibid., 531.

20. Yang, "Questions Concerning Contemporary Economic and Financial Research", 2–3.

21. Zhao Renwei, entrevista com o autor, Pequim, China, 22 de junho de 2012.

22. Frederick Teiwes e Warren Sun, "China's Economic Reorientation after the Third Plenum: Conflict Surrounding "Chen Yun's" Readjustment Program, 1979–80", *China Journal,* n°. 70 (Julho, 2013): 183–185; 赵紫阳文集 1980–1989 [*Obras Coletadas de Zhao Ziyang, 1980–1989*] (Hong Kong: Chinese University Press, 2016) (citado daqui em diante como ZZYWJ), 1:126. Veja também: 李先念年谱 [*Cronologia de Li Xiannian*], 6 vols. (Pequim: Zhongyang wenxian chubanshe, 2011) (citado daqui em diante como LXNNP), 6:129–132 e ZZYWJ, 1:129–142.

23. Chen Yun, 陈云文选, *1956–1985* [*Obras Selecionadas de Chen Yun, 1956–1985*] (Pequim: Renmin chubanshe, 1986), 251; Zhu Jiamu 朱佳木, ed., 陈云年谱: 一九〇五 — 一九九五 [*Cronologia de Chen Yun: 1905–1995*], 3 vols. (Pequim: Zhongyang wenxian chubanshe, 2000) (citado daqui em diante como CYNP), 3:263–266.

NOTAS

24. CYNP, 3:264.

25. Xiao Donglian 肖冬连, "中国改革初期对国外经验的系统考察和借鉴" [Observações e Referências a Sistemas Econômicos Estrangeiros durante o Período de Reforma Antecipada na China], 中共党史研究 [*Pesquisa Histórica do Partido Comunista Chinês*], n°. 4 (2006): 29–30.

26. Ota Šik, "Lebenslauf und Verzeichnis der wichtigsten wissenschaftlichen Arbeiten" [Curriculum vitae e lista de trabalhos científicos primários] (1974), Papers of Ota Šik, Professor Universität St. Gallen und Zürich, 1984–1999 (Dossier) ZDA 2/2.19.0088, e "Wichtigste Daten des Lebenslaufes von Herrn Professor Dr. Ota Šik" [Fatos Principais do Curriculum Vitae do Professor Dr. Ota Šik] (2000), Artigos de Ota Šik, Professor Universität St. Gallen und Zürich, 1984–1999 (Dossier) ZDA 2/2.19.0088.

27. Kurt Dopfer, "Emeritierung von Professor Dr. Ota Šik Wirtschaftssysteme", *Hochschule St. Gallen Information* (Junho, 1989): 2, Papers of Ota Šik, Professor Universität St. Gallen und Zürich, 1984–1999 (Dossier) ZDA 2/2.19.0088.

28. Friedrich A. Hayek, "The Use of Knowledge in Society", *American Economic Review* 35, n°. 4 (1945): 519–530; Murray N. Rothbard, "The End of Socialism and the Calculation Debate Revisited", *Review of Austrian Economics* 5, n°. 2 (1991): 51–76.

29. Oskar Lange, "The Computer and the Market", em *Socialist Economics*, ed. Alec Nove e D. M. Nuti (Harmondsworth. UK: Penguin Books, 1972), 401–402.

30. Jeremi Suri, "The Promise and Failure of 'Developed Socialism': The Soviet 'Thaw' and the Crucible of the Prague Spring, 1964–1972", *Contemporary European History* 15, n°. 2 (2006): 133–158.

31. Rong Jingben 荣敬本, "Lecture 45", em 外国经济学讲座 [*Palestras sobre Economia Estrangeira*], ed. Foreign Economics Research Group 外国经济学说研究会 (Pequim: Zhongguo shehui kexue chubanshe, 1980–1981), 3:336.

32. Rong Jingben, entrevista com o autor, Pequim, China, 3 de setembro de 2013.

33. Ota Šik, *Plan and Market under Socialism*, trad. Eleanor Wheeler (White Plains, NY: International Arts and Sciences Press, 1967), 219.

34. Ibid., 170.

35. Ibid., 272.

36. Ibid., 167.

37. Ibid., 279, 295–296.

38. Ota Šik, *The Third Way: Marxist-Leninist Theory and Modern Industrial Society*, trad. Marian Sling (White Plains, NY: International Arts and Sciences Press, 1976), 405.

39. Dwight H. Perkins, "Reforming China's Economic System", *Journal of Economic Literature* 26, n°. 2 (Junho, 1988): 623.

40. Barry Naughton, *Growing out of the Plan: Chinese Economic Reform, 1978–1993* (Nova York: Cambridge University Press, 1995), 81, 82, 86.

41. Ao'ta Xike [Ota Šik], "论社会主义经济模式" [Sobre o Modelo Econômico Socialista], em 论社会主义经济体制改革 [*Sobre a Reforma do Sistema Econômico Socialista*], comp. Wu Jinglian 吴敬琏, Rong Jingben 荣敬本, et al. (Pequim: Falü chubanshe, 1982), 45–115.

42. Ibid., 46–47.

43. Ibid., 54, 58–59.

44. Ibid., 59, 81, 95–104.

45. Wu Jinglian, "Economics and China's Economic Rise" (artigo apresentado em: Sixteenth World Congress of the International Economic Association, Pequim, China, July 4, 2011), 4; Zhao Renwei, entrevista com o autor, Pequim, China, Junho 22, 2012. Veja também: Šik, "On the Socialist Economic Model", 63–65, 85–86, 96.

46. Šik, "On the Socialist Economic Model", 108. O papel "primário" da reforma de preços relembrou a mesma afirmação em *Plan and Market under Socialism*.

47. Šik, "On the Socialist Economic Model", 115.

48. Ibid., 114.

49. Rong Jingben 荣敬本, "忆改革开放三十年中的一段往事" [Lembrando um Episódio em Trinta Anos de Reforma e Abertura], 经济学家茶座 [*Encontro para Economistas*], n°. 37 (2008): 46–47.

50. Šik, "On the Socialist Economic Model", 112–113.

51. Wu Jinglian, "The Evolution of Socialist Economic Theories and the Strategic Options of Reform in China", em *The Evolution of the Economic System: Essays in Honour of Ota Šik*, ed. Kurt Dopfer e Karl-Friedrich Raible (London: Macmillan, 1990), 271; Wu Jinglian, entrevista com os autores, Pequim, China, 18 de agosto de 2012 e 7 de setembro de 2013.

52. Liu Hong 柳红, 八〇年代: 中国经济学人的光荣与梦想 [*A Década de 1980: Glórias e Sonhos dos Economistas Chineses* (Guilin: Guangxi shifan daxue chubanshe, 2010), 292; Wu Jinglian, entrevista com o autor, Pequim, China, 18 de agosto de 2012 e 7 de setembro de 2013.

53. 薛暮橋年谱 [*Cronologia de Xue Muqiao*], não publicado, sem paginação (citado daqui em diante como XMQNP); Liu, *The Eighties*, 292; Wu Jinglian, entrevista com o autor, Pequim, China, 18 de agosto de 2012 e 7 setembro de 2013.

54. Xue Muqiao 薛暮桥回忆录 [*Memórias de Xue Muqiao*] (Tianjin: Tianjin renmin chubanshe, 2006), 301.

55. Xue Muqiao, 我国国民经济的调整和改革 [*Reforma e Ajuste Econômico Nacional da China*] (Pequim: Renmin chubanshe, 1982), 387; Fang Weizhong 房维中, ed., 在风浪中前进: 中国发展与改革编年记 [*Adiante na Tormenta: Cronologia da Reforma e do Desenvolvimento da China, 1977–1989*], não publicado 2004. Disponível em the Fairbank Collection, Fung Library, Harvard University (citado daqui em diante como ZFLZQ J), 1981, 238; "薛暮桥工作笔记" [Notas de trabalho de Xue Muqiao], citado em XMQNP. Veja também: ZZYWJ, 1:375.

56. Ota Šik, carta, 13 de novembro de 1983, "Korrespondenz Ausle 1980–1983", Schweizerisches Sozialarchiv, Zürich. Veja também: Jiri Skolka, "Use of Input-Output Models in the Preparation of Price Reform in China", *Industry and Development*, n°. 10 (1984): 61–73.

57. Lu Nan e Li Mingzhe, "Use of Input-Output Techniques for Planning the Price Reform", em *Chinese Economic Planning and Input-Output Analysis*, ed. Karen R. Polenske e Chen Xikang (Nova York: Oxford University Press, 1991), 83.

58. A equação consistiu em diversas variáveis: $M = \delta_1 \omega L + \delta_2 K$, em que M é preço, δ_1 é a taxa média de lucro da mão de obra no sistema de preços de dois canais, ω é a soma das matrizes diagonais da taxa de salário dos trabalhadores e dos agricultores, L é a soma dos vetores de coluna de entrada de trabalho por unidade de produto, δ_2 é a taxa média de lucro do capital no sistema de preços de dois canais e K é a coluna vetor de capital. Com base em uma estimativa

NOTAS

estatística, os coeficientes δ_1 e δ_2 são calculados usando a função de produção de Cobb-Douglas. No contexto chinês, as principais características dessa equação não foram apenas a incorporação do trabalho e do capital, mas também o uso de taxas de lucro para calcular os preços.

59. Lu e Li, "Use of Input-Output Techniques", 84–85. Além de usar níveis mais baixos de matemática, às vezes evitando completamente a álgebra linear, as fórmulas convencionais de preços socialistas baseavam-se em insumos do trabalho e geralmente desconsideravam o capital, para não falar em lucro, levando a imensas distorções.

60. Dong Fureng, "China's Price Reform", *Cambridge Journal of Economics* 10, nº. 3 (1986): 297.

61. Lu e Li, "Use of Input-Output Techniques", 83.

62. Wu Jinglian, entrevista com o autor, Pequim, China, 18 de agosto de 2012 e 7 setembro de 2013.

63. Deng Xiaoping, "Answers to the Italian Journalist Oriana Fallaci" (21 e 23 de agosto de 1980), em *Obras Selecionadas de Deng Xiaoping, 1975–1982* (Pequim: Foreign Languages Press, 1984) (citado daqui em diante como SWDXP), 326–329.

64. Ezra Vogel, *Deng Xiaoping and the Transformation of China* (Cambridge: Belknap Press of Harvard University Press, 2011), 366.

65. Committee on Historical Manuscripts of the People's Republic of China 中国人民共和国史稿委员会, ed., 邓力群国史讲谈录 [*Um Registro das Falas de Deng Liqun sobre a História do País*], manuscrito interno (7 volumes, 2000–2002) (citado daqui em diante como GSJTL), 1:303, 308, (palestras em 3 de fevereiro de 1994, em Pequim, China).

66. Zhang Zhanbin 张湛彬, 改革初期的复杂局势与中央高层决策 [*A Situação Complexa no Período Inicial da Reforma e da Política nos Altos Escalões do Governo Central*] (Pequim: Zhongguo guanli kexue yanjiuyuan bianji chuban yanjiusuo, 2008), 2:376; veja também: Geremie Barmé, "History for the Masses", em *Using the Past to Serve the Present: Historiography and Politics in Contemporary China*, ed. Jonathan Unger (Armonk, NY: M.E. Sharpe, 1993), 263.

67. Xiao Donglian 肖冬连, 中华人民共和国史, 第 10 卷: 歷史的轉軌 從撥亂反 正到改革開放, 1979–1981 [*História da República Popular da China, vol. 10: O Ponto da Virada da História: De Trazer Ordem a Partir do Caos até a Reforma e Abertura, 1979–1981*] (Hong Kong: Dangdai Zhongguo wenhua yanjiu zhongxin, Zhongwen daxue, 2008), 249–258; Deng Liqun, 十二个春秋: 邓力群自述 [*Doze Primaveras e Outonos: Uma Autobiografia de Deng Liqun*] (Hong Kong: Bozhi chubanshe, 2006), 103–104, 160–162; CYNP, 3:270–272.

68. Vogel, *Deng Xiaoping*, 367–368.

69. Não é coincidência que os aliados de Chen Yun tenham publicado uma onda de artigos buscando reforçar a estatura de Chen como um pensador econômico, cujos trabalhos deveriam ser estudados da mesma maneira que os escritos de Mao Tsé-Tung. Veja também: Deng Liqun, "Seriously Study Chen Yun's Economic Theories" 世界经济导报 [*World Economic Herald*], 15 de junho de 1981, trad. Foreign Broadcast Information Service, FBIS-CHI-81-143, 27 de julho de 1981. K15–K21.

70. CYNP, 3:277; CCP Central Committee, *Resolution on Certain Questions in the History of Our Party since the Founding of the People's Republic of China Adaptado by the Sixth Plenary Session of the Eleventh Central Committee of the Communist Party of China on June 27, 1981* (Pequim: Foreign Languages Press, 1981).

71. Vogel, *Deng Xiaoping*, 368–369.

72. Teiwes e Sun, "China's Economic Reorientation after the Third Plenum", 186.

73. CCP Central Committee, *Resolution*.

74. Ma Hong, entrevista com Han Tianyu 韩天雨 e Mao Zengyu 毛增余, em 与中国著名经济学家对话 [*Diálogos com Economistas Chineses Famosos*], ed. Han Tianyu 韩天雨 e Mao Zengyu 毛增余 (Pequim: Zhongguo jingji chubanshe, 2005), 8:11. Veja também: Yu, *A Talk with Yu Guangyuan*, 13.

75. Liu Hong 柳红, 吴敬琏 [*Wu Jinglian*] (Xi'an: Shaanxi shifan daxue chubanshe, 2002), 173. Biografia não autorizada de Wu. Wu Jinglian, entrevista com o autor, Pequim, China, 18 de agosto de 2012 e 7 de setembro de 2013.

76. Depois de um ano no Instituto de Estudos Avançados de Princeton, Kornai seria nomeado Professor de Pesquisa FW Taussig, em Harvard, em 1984, como visitante, e depois promovido a professor titular, em 1986. Aposentou-se em 2002. (Veja também: János Kornai, "Curriculum Vitae", disponível em: http://www.kornai-janos.hu/full%20CV.html.)

77. János Kornai, *By Force of Thought: Irregular Memórias de an Intellectual Journey* (Cambridge, MA: MIT Press, 2006), 13–14 sobre o pai de Kornai; 25–37 sobre ter se tornado comunista; 78–82 sobre sua ruptura com o marxismo.

78. János Kornai, *Economics of Shortage* (Nova York: North-Holle, 1980), 4, 60–61. "A escassez", na análise de Kornai, fez com que famílias e empresas fizessem substituições forçadas entre substitutos imperfeitos e poupança forçada, porque sua demanda por um bem na escassez, por definição, excedia sua oferta.

79. Ibid., 191, 193.

80. Robert Skidelsky, "Winning a Gamble with Communism", *New York Review of Books* 54, n°. 9 (31 de maio de 2007), com ilustração de David Levine. "O húngaro János Kornai é o economista mais famoso e certamente o mais influente que emergiu da Europa comunista do pós-guerra", escreveu Skidelsky.

81. Kornai, *Economics of Shortage*, 194.

82. János Kornai, "Adjustment to Price and Quantity Signals in a Socialist Economy", em *The Economics of Relative Prices: Proceedings of a Conference Held by the International Economic Association in Athens, Greece*, ed. Béla CšikósNagy, Douglas Hague, e Graham Hall (London: Macmillan, 1984), 61, 67–69, 76.

83. Kornai, *By Force of Thought*, 250.

84. "Discussion of the Paper by Professor Kornai", em *The Economics of Relative Prices*, ed. Cšikós-Nagy, Hague, e Hall, 81.

85. Ibid., 81.

86. János Kornai, "Felicitações de Aniversário" (5 de janeiro de 2010), disponível em: http://www.kornai-janos.hu/news.html.

NOTAS 333

87. "Discussion of the Paper by Professor Kornai", em *The Economics of Relative Prices,* ed. Cšikós-Nagy, Hague, e Hall, 82.

88. Ibid., 82–83.

89. Ibid., 85.

90. O relator, em suas observações, disse: "A conferência testemunhou um evento incomum, uma intervenção em uma conferência da IEA por um economista chinês" ("Final Session", em *The Economics of Relative Prices,* ed. Cšikós-Nagy, Hague, e Hall, 530). Veja também: Kornai, "Birthday Greetings", disponível em: www.kornai-janos.hu.

91. János Kornai, entrevista com o autor, Budapest, Hungary, 30 de maio de 2012.

92. Ibid.

93. "Final Session", em *The Economics of Relative Prices,* ed. Cšikós-Nagy, Hague, e Hall, 539.

94. Wu Jinglian, entrevista com o autor, Pequim, China, 18 de agosto de 2012 e 7 de setembro de 2013.

95. Naughton, *Growing out of the Plan,* 112–116.

96. Ota Šik, Cartas de julho de 1981, 26 de outubro de 1981, 6 de novembro de 1981, "Korrespondenz Ausle 1980–1983", Schweizerisches Sozialarchiv, Zürich.

97. Yu Guangyuan 于光远, "发展经济科学 更好地为社会主义现代化建设服务" [Desenvolver Ciência Econômica para Melhor Servir a Construção da Modernização Socialista], 经济研究 [*Pesquisa Econômica*], nº. 10 (1981):10–13.

98. Ota Šik, carta, 14 de dezembro de 1981, "Korrespondenz Ausle 1980–1983", Schweizerisches Sozialarchiv, Zürich.

Capítulo 5   *Correntezas Traiçoeiras*

1. Robert Lawrence Kuhn, *How China's Leaders Think: The Inside Story of China's Reform and What This Means for the Future* (Singapore: John Wiley & Sons [Asia], 2010), 419.

2. Zhu Jiamu 朱佳木, ed., 陈云年谱: 一九〇五 — 一九九五 [*Cronologia de Chen Yun: 1905–1995*], 3 vols. (Pequim: Zhongyang wenxian chubanshe, 2000) (citado daqui em diante como CYNP), 3:289–290.

3. Fang Weizhong 房维中, ed., 风浪中前进:中国发展与改革编年记事 [Avançando na Tempestade: Cronologia da Reforma e Desenvolvimento da China, 1977–1989], não publicado. Disponível em the Fairbank Collection, Fung Library, Harvard University (citado daqui em diante como ZFLZQJ), 1982, 28–31. A versão publicada desta conversa, que inclui apenas os comentários de Chen, está em Chen Yun 陈云, "加强和改进经济计划工作" [Fortalecer e Aprimorar o Planejamento de Trabalho] (25 de janeiro de 1982), em 陈云文选 1956–1985 [*Chen Yun's Selected Works, 1956–1985*] (Pequim: Renmin chubanshe, 1986), 278–280.

4. Deng Liqun 邓力群, "正确处理计划经济和市场调节之间的的关系" [Abordar Corretamente a Relação entre a Economia Planejada e Ajustes de Mercado], em 计划经济与市场调节文集 [*Ensaios Escolhidos sobre a Economia Planejada e os Ajustes de Mercado*], ed. Hongqi chubanshe bianjibu (Pequim: Hongqi chubanshe, 1982), 1:79–83.

5. Yang Peixin 杨培新, "怎样观测当前的货币流通状况" [Como Respeitar a Situação Atual da Circulação de Dinheiro], 金融研究 [*Finance Research*], nº. 11 (1981): 5.

6. Yu Guangyuan 于光远, "二十三个年头改革的功过是非" [Conquistas e Fracassos em Vinte e Três Anos de Reforma], em 现代化、全球化与中国道路 [*Modernização, Globalização e o Caminho da China*], ed. Cao Tianyu 曹天予 (Pequim: Shehui kexue wenxian chubanshe, 2003), 21–55.

7. Chen Yizi 陈一谘, 陈一谘回忆录 [*Memórias de Chen Yizi*] (Hong Kong: Xin shiji chuban ji chuanmei youxian gongsi, 2013), 314.

8. CYNP, 3:287; 李先念年谱 [*Cronologia de Li Xiannian*], 6 vols. (Pequim: Zhongyang wenxian chubanshe, 2011) (citado daqui em diante como LXNNP), 6:159.

9. China Art Museum 中国美术馆, ed., 中国美术年鉴 1949–1989 [*Anuário de Arte Chinesa 1949–1989*] (Nanning: Guangxi meishu chubanshe, 1993).

10. Zhao Ziyang, *Prisoner of the State* (Nova York: Simon & Schuster, 2009), 103–105; 赵紫阳文集 *1980–1989* [*Obras Selecionadas de Zhao Ziyang, 1980–1989*] (Hong Kong: Chinese University Press, 2016) (citado daqui em diante como ZZYWJ), 2:273.

11. Rong Jingben 荣敬本, "忆改革开放三十年中的一段往事" [Lembrando um Episódio em Trinta Anos de Reforma e Abertura], 经济学家茶座 [*Encontro para Economistas*], nº. 37 (2008): 45–46.

12. O discurso de Yu não fora publicado até aquele verão. Veja também: Yu Guangyuan 于光远, "开展经济体制改革理论问题的讨论" [Realizar Discussões de Questões Teóricas sobre a Reforma do Sistema Econômico], 人民日报 (*People's Daily*) (citado daqui em diante como RMRB), 11 de junho de 1982, 5.

13. Ota Šik, Cartas de 3 de março, outubro e novembro de 1982 e 4 de abril de 1983, "Korrespondenz Ausle 1980–1983", Schweizerisches Sozialarchiv, Zürich.

14. ZZYWJ, 1:453–454.

15. Zhou Chenghua 卓成华, "安志文:中国改革的思考者" [An Zhiwen: A Mentalidade da Reforma da China], 中国老年 [*China's Elderly*], nº. 3 (2010), disponível em: http://www.reformdata. org/index.do?m=wap&a=show&catid=100&typeid=&id=15066.

16. Yu, "Achievements and Failures in Twenty-three Years of Reform", 35–37.

17. Nina Halpern, "Learning from Abroad: Chinese Views of the East European Economic Experience, January 1977–June 1981", *Modern China* 11, nº. 1 (Janeiro, 1985): 97.

18. Liu, *The Eighties,* 204–206.

19. ZFLZQ J, 1982, 64–66.

20. Edwin Lim 林重庚, "中国改革开放过程中的对外思想开放" [A Abertura do Pensamento para o Mundo Exterior no Processo de Reforma e Abertura da China], em 中国经济: 50 人看三十: 回顾与分析 [*Economia Chinesa: Cinquenta Pessoas em Trinta Anos, Reflexões e Análises*], ed. Wu Jinglian 吴敬琏, et al. (Pequim: Zhongguo jingji chubanshe, 2008), 30–31. O título formal da conferência é 苏联东欧经济体制改革座谈会 [Simpósio sobre a Reforma do Sistema Econômico Soviético e do Leste Europeu], e não deve ser confundido com a muito mais famosa Conferência de Moganshan de 1984.

21. 薛暮桥年谱 [*Cronologia de Xue Muqiao*], não publicado, sem paginação (citado daqui em diante como XMQNP).

NOTAS

22. 苏联、东欧经济体制改革座谈会简报，第 I 期 [*Briefing sobre o Simpósio a respeito da Reforma do Sistema Soviético e do Leste Europeu,* vol. 1], o resumo da conferência, apresentado em 11 de julho de 1982, foi obtido de uma fonte que deseja permanecer anônima; ZZYWJ, 1:480–485.

23. XMQNP; Lim, "The Opening of Thinking to the Outside World", 31.

24. *Briefing sobre o Simpósio.*

25. Liao Jili 廖季立, "廖季立在东欧经济体制改革座谈会上的发言" [Discurso de Liao Jili no Simpósio sobre a Reforma do Sistema Econômico Soviético e do Leste Europeu] (Julho, 1982). Documento providenciado pelo autor através de uma fonte que deseja permanecer anônima.

26. Brus encorajou os economistas chineses a lerem *Economics of Shortage*, de János Kornai; na coletiva, os economistas chineses citaram a data de publicação do livro, mas não o nome de Kornai, refletindo que em julho de 1983 eles não estavam familiarizados com seu trabalho (*Briefing sobre o Simpósio,* vol. 10) (18 de julho de 1982).

27. Xue Muqiao 薛暮桥, Liu Zhoufu 刘卓甫 e Liao Jili 廖季立, "关于布鲁斯为首的经济体制考察团来访情况的报告" [Relatório sobre a Visita do Grupo de Estudos do Sistema Econômico liderado por Brus] (10 de agosto de 1982), em 国家体改委重要文件资料 汇编 [*Compilação de Documentos Importantes da Comissão do Estado sobre a Reforma do Sistema*], ed. Important Documentary Materials of the State Commission on System Reform 国家体改委重要文件资料 (Pequim: Gaige chubanshe, 1999), 1–5. Documento providenciado pelo autor através de uma fonte que deseja permanecer anônima.

28. Essa abordagem — que entre julho de 1985 (na Bolívia) e dezembro de 1993 (na Rússia) se tornaria mais sistematicamente desenvolvida, especialmente por Jeffrey Sachs, como "terapia de choque" — estava particularmente associada à Polônia, que implementou uma reforma no estilo "big bang" em 1 de janeiro de 1990. Veja também: Jeffrey Sachs, *Pole's Jump to the Market Economy* (Cambridge: MIT Press, 1993).

29. "林重庚谈中国经济体制改革" [Edwin Lim (Lin Chonggeng) discute a reforma do sistema econômico da China], em *Briefing sobre o Simpósio,* vol. 5 (15 de julho de 1982).

30. Edwin Lim, entrevista com o autor, Barnstable, Massachusetts, 14 de setembro de 2012.

31. XMQNP.

32. Ibid. Sou grato ao Professor Xiaofei Tian e George Yin por sua contribuição em rascunhos anteriores dessa tradução.

33. Xue, Liu, e Liao, "Report on the Visit of the Economic System Study Group", 5.

34. Ibid.

35. CYNP, 3:299–305; Fewsmith, *Dilemmas of Reform,* 114; Lowell Dittmer, "The 12th Congress of the Communist Party of China", *China Quarterly,* n°. 93 (Março, 1983): 108–124.

36. Hu Yaobang, "Report to the Twelfth Party Congress", Xinhua News Agency, 1 de setembro de 1982, trad. Foreign Broadcast Information Service, FBIS-CHI-82-170, 1 de setembro de 1982, K4–K6.

37. "Chen Yun Supports Constitution, Zhao Report", Xinhua News Agency, 2 de dezembro de 1982, trad. Foreign Broadcast Information Service, FBIS-CHI-82-233, 3 de dezembro de 1982, K4–K5: CYNP, 3:312–313.

38. Li Yining 厉以宁, "评美国凯恩斯学派与货币学派之间的论战" [Sobre os conflitos entre a Escola Keynesiana dos EUA e a Escola Monetarista], 经济问题探索 [*Explorando Problemas Econômicos*], nº. 2 (1980): 40–49.

39. Li Yining 厉以宁 e Luo Zhiru 罗志如, 二十世纪的英国经济: "英国病" 研究 [*A Economia Inglesa do Século XX; Pesquisa sobre "A Doença Inglesa"*] (Pequim: Renmin chubanshe, 1982), 2–3. Embora o fenômeno em si fosse mais comumente conhecido como "a doença britânica", o título de Li e Luo tem sido insistentemente traduzido como "a doença inglesa".

40. Ibid., 9.

41. Ibid., 14, 238–239.

42. Nicholas Kristof, "'Mr Stock Market': Li Yining; Selling China on a 'Public' Privatization", *New York Times,* 8 de janeiro de 1989, disponível em: http://www.nytimes.com/1989/01/08/business/mr-stock-market-li-yining-selling-china-on-a-public-privatization.html?pagewanted=all.

43. Li e Luo, *The Twentieth-Century English Economy,* 211, 349.

44. Ibid., 529–532.

45. Artigos da Fundação Ford, Divisão Internacional, Arquivos do Escritório F. X. Sutton, Box 58, Folder 12.

46. Liu Hong 柳红, 吴敬琏 [*Wu Jinglian*] (Xi'an: Shaanxi shifan daxue chubanshe, 2002), 175.

47. Wu Jinglian, entrevista com o autor, Pequim, China, 18 de agosto de 2012 e 7 de setembro de 2013.

48. Wu Jinglian, *Understeing and Interpreting Chinese Economic Reform* (Mason, OH: Thomson/South-Western, 2005), 362. Outras estatísticas foram retiradas de Barry Naughton, *Growing out of the Plan: Chinese Economic Reform, 1978–1993* (Nova York: Cambridge University Press, 1995).

49. Hu Yaobang, 17–18 de janeiro de 1983, em ZFLZQ J, 1983, 9, 38. Veja também: ZZYWJ, 2:19–21.

50. Fewsmith, *Dilemmas of Reform,* 126.

51. Margaret M. Pearson, *Joint Ventures in the People's Republic of China: The Control of Foreign Direct Investment under Socialism* (Princeton: Princeton University Press, 1991), 54.

52. XMQNP; CYNP, 3:321.

53. ZZYWJ, 2:86–111. Para uma tradução em inglês, veja também: Zhao Ziyang, "Report on the Work of the Government", 6 de junho de 1983, trad. Foreign Broadcast Information Service, FBIS-CHI-83-109, 6 de junho de 1983, K8–K16.

54. CYNP, 2:337–338.

55. Xu Jilin, "The Fate of an Enlightenment: Twenty Years in the Intellectual Sphere (1978–98)", trad. Geremie R. Barmé e Gloria Davies, em *Chinese Intellectuals between State and Market,* ed. Edward Gu e Merle Goldman (London: RoutledgeCurzon, 2004), 186. O primeiro uso de "erradicar a poluição espiritual", por Deng Liqun, veio durante um discurso na Escola do Partido Central em 4 de junho de 1983. Comitê sobre os Manuscritos Históricos da República Popular da China 中国人民共和国史稿委员会, ed., 邓力群国史讲谈录 [*Um Registro das Falas de Deng Liqun sobre a História do País*], manuscrito interno (7 volumes, 2000–2002) (citado daqui em diante como GSJTL), 4:446. Veja também: Richard Baum, *Burying Mao: Chinese Politics in the Age of Deng Xiaoping* (Princeton: Princeton University Press, 1994), 427.

NOTAS 337

56. Shi Youxin, "No Spiritual Pollution Is Allowed on the Ideological Front", 红旗 [*Red Flag*], n°. 20 (Outubro, 1983), 35–38, trad. FBIS-CHI-83-224, 18 de novembro de 1983, K5–K9.

57. Naughton, *Growing out of the Plan*, 121.

58. "Strike Less Hard: The Death Penalty", *Economist* 308, n°. 8847 (3 de agosto de 2013).

59. Geremie R. Barmé, "China Blames the West for 'Spiritual Pollution'", *National Times*, Janeiro, 1984, 12.

60. ZZYWJ, 2:249; Fewsmith, *Dilemmas of Reform*, 127–129. Esses ganhos foram devidos, principalmente, às recompensas das reformas rurais, discutidas brevemente no Capítulo 2. As *Obras Coletadas de Zhao Ziyang* mostram que Zhao consistentemente advogava por "limites políticos" (ZZYWJ, 2:275) na Campanha de Combate à Poluição Espiritual. Em maio de 1984, Zhao reconheceu que essa estratégia não havia sido inteiramente bem-sucedida: "Porque não estávamos suficientemente esclarecidos sobre alguns dos limites da política [definida pelas autoridades centrais], práticas inadequadas apareceram em alguns locais e unidades de trabalho. Mas quando elas foram descobertas, foram prontamente corrigidas" (ZZYWJ, 2:382).

61. Chen Daisun 陈岱孙, "现代西方经济学的研究和我国社会主义经济现代化" [Pesquisa sobre a Economia Ocidental Moderna e a Modernização da Economia Socialista Chinesa], RMRB, 16 de novembro de 1983. Este ensaio foi originalmente publicado em 北京大学学报: 哲学社会科学版 [*Jornal da Universidade de Pequim: Filosofia e Ciências Sociais*], n°. 3 (1983): 2–5.

62. Leng Rong 冷溶, ed., 邓小平年谱 *1975–1997* [*Cronologia de Deng Xiaoping 1975–1997*], 2 vols. (Pequim: Zhongyang wenxian chubanshe, 2004). (citado daqui em diante como DXPNP), 954–959; ZFLZQJ, 1984, 11–13. Veja também: Deng Xiaoping, "Make a Success of Special Economic Zones and Open More Cities to the Outside World" (24 de fevereiro de 1984), em *Obras Selecionadas de Deng Xiaoping, Vol. III* (Pequim: Foreign Languages Press, 1994) (citado daqui em diante como SWDXP-3), 61–62.

63. Para mais informações sobre a importância desses "centros comerciais" (termo chinês que hoje geralmente significa simplesmente "shopping"), veja também: Bian Changtai 边长泰, "论贸易中心" [Sobre Centros de Negócios], 财贸经济 [*Finanças e Economia de Comércio*], n°. 4 (1984): 22–25.

64. ZFLZQJ, 1984, 37–52; ZZYWJ, 2:333–345, especially 2:341–343. Veja também: Fewsmith, *Dilemmas of Reform*, 131.

65. "福建省五十五名厂长、经理给省委领导写信: 请给我们 "松绑"", [Cinquenta e Cinco Diretores e Gerentes de Fábrica Escrevem para integrantes do Comitê do Partido Provincial: por Favor, "Desamarre-nos"] RMRB, 30 de março de 1984.

66. "Provisional Regulations of the State Council on Further Expeing the Decision-Making Powers of State-Owned Enterprises", Xinhua News Agency, 11 de maio de 1984, trad. Foreign Broadcast Information Service, FBIS-CHI-84-096, 16 de maio de 1984, K15–K17.

67. Hua Sheng, Xuejun Zhang, e Xiaopeng Luo, *China: From Revolution to Reform* (Basingstoke, UK: Macmillan, 1993), 103.

68. ZFLZQJ, 1984, 73.

69. "State Planning Commission to Conduct Major Reform of Planning System", 经济日报 [*Economic Daily*], 6 de outubro de 1984, trad. Foreign Broadcast Information Service, FBIS-CHI-84-198, 11 de outubro de 1984, K1–K2. Os argumentos de Zhao Ziyang para os funcionários do SPCo sobre essas mudanças estão em ZFLZQJ, 1984, 108–112.

70. Fewsmith, *Dilemmas of Reform,* 132.

71. Hua, Zhang, e Luo, *China: From Revolution to Reform,* 103.

72. Theodore Schultz para Gregory Chow (copiado de Kenneth Arrow), 11 de janeiro de 1982, Kenneth Arrow Papers, "China Exchange" Box.

73. "赵紫阳会见邹至庄教授" [Zhao Ziyang se Encontra com o Professor Gregory Chow], RMRB, 6 de Julho de 1984.

74. 教授情况补充介绍 [Informação Adicional sobre o Professor], Arquivo de Gregory Chown, do Ministério da Educação, 12 de julho de 1984. Consegui esse documento com uma fonte que deseja permanecer anônima.

75. Kenneth Arrow Papers, "China Exchange".

76. Informação Adicional sobre o Professor.

77. Kenneth Arrow Papers, "China Exchange"; Gregory Chow, "中国的经济改革: 一些建议" [Algumas Sugestões à Reforma Econômica da China] (carta manuscrita à Zhao Ziyang), cedida ao autor por Gregory Chow.

78. Gao Shangquan 高尚全, 改革历程, 改革开放三十年 [*The Course of Reform: Thirty Years of Reform and Opening*] (Pequim: Jingji kexue chubanshe, 2008), 9.

79. Chen, *Memórias de Chen Yizi,* 313; David Barboza, "Interviews with Wu Jinglian, Shelley Wu, and Wu's Biographer", *New York Times,* 26 de setembro de 2009, disponível em: www.nytimes.com/2009/09/27/business/global/27spy-text.html. Wu Jinglian, entrevista com o autor, Pequim, China, 18 de agosto de 2012 e 7 de setembro de 2013.

80. XMQNP.

81. Ma Hong 马洪, "关于社会主义制度下我国商品经济的再探索", em ZFLZQJ, 1984, 136–137. O material que eles utilizaram incluiu pesquisas conduzidas por Zhou Shulian 周叔莲 e Zhang Zhouyuan 张卓元.

82. Barboza, "Interviews with Wu Jinglian, Shelley Wu, and Wu's Biographer".

83. World Bank Country Study, *China: The Achievement and Challenge of Price Reform* (Washington, DC: World Bank, 1993), 6, 9.

84. Naughton, *Growing out of the Plan,* 250–251.

85. "李鹏在宴请匈牙利部长会议副主席马尔亚伊时说　中匈两国建设社会主义总目标是一致的" [Li Peng diz durante o banquete com o Vice-primeiro-ministro húngaro József Marjai: China e Hungria compartilham o mesmo objetivo geral de construção do socialismo], RMRB, 21 de agosto de 1984. Veja também: "赵紫阳会见马尔亚伊时希望特别注意发展中匈经济技术合作" [Zhao Ziyang se reúne com Marjai e Particularmente Deseja Desenvolver a Cooperação Econômica e Tecnológica da China e da Hungria], RMRB, 25 de agosto de 1984; e "姚依林会见马尔亚伊" [Yao Yilin Meets Marjai], RMRB, 26 de agosto de 1984.

86. ZZYWJ, 2:131–141; FCO carta Nº. 10 ("Visit by Mr Jozsef Marjai, Hungarian Deputy PM"), PREM19/1271 f154, disponível em: http://www.margaretthatcher.org/document/133802.

87. Hua, Zhang, e Luo, *China: From Revolution to Reform,* 108. Nesse mesmo mês, Li Xiannian liderou uma delegação à Iugoslávia e à Romênia que recebeu muito menos atenção do que a visita de Marjai à China, indicando a crescente importância da Hungria em relação a outros países socialistas reformadores neste momento (LXNNP, 6:265–260).

NOTAS   339

88. Chen Yizi 陈一谘, 中国: 十年改革与八九民运 [*China: Dez Anos de Reforma e o Movimento Pró-Democracia de 1989*] (Taipei: Lianjing chuban shiye gongsi, 1990), 75–77; idem, *Memórias de Chen Yizi*, 309; Liu, *The Eighties*, 204–205.

89. Zhang Jun 张军, "莫干山上论战的价格改革" em 不为公众所知的改革 [*A Reforma Pouco Conhecida ao Público*] (Pequim: Zhongxin chubanshe, 2010); para o número de participantes, veja também: Liu, *The Eighties*, 433. (Liu é esposa de Zhu Jiaming, uma das organizadoras da conferência, e grande parte de seu relato é retirado de seu diário.)

90. Hua Sheng 华生, "双轨制始末", 中国改革 [*China Reform*], nº. 1 (2005): 22–25.

91. Chen, *Memórias de Chen Yizi*, 310–311. A questão sobre se Zhang Weiying, Hua Sheng ou outros merecem crédito por "inventar" o sistema de preços dual continua a ser um assunto controverso entre os economistas chineses, com reivindicações concorrentes de fontes e testemunhas. Eu tenho buscado dar um relato neutro.

92. Hua, Zhang, e Luo, *China: From Revolution to Reform*, 124.

93. Hua, "The Whole Story behind the Dual-Track System".

94. Comissão para a Reforma do Sistema Econômico Chinês 中国经济体制改革委员会, ed., 中国经济体制改革十年 [*Dez Anos de Reforma do Sistema Econômico Chinês*] (Pequim: Jingji guanli chubanshe, 1988), 454. O objetivo aqui era claramente evitar uma situação em que planejadores pudessem ficar para trás com os ganhos em empreendimentos de produção feitos sob os incentivos aumentados do sistema de pista dupla.

95. ZFLZQ J, 1984, 171–174. Naquele mês de setembro, Gao Shangquan organizou uma série de seminários sobre a "economia de commodities" no Xiyuan Hotel (veja também: Liu, *The Eighties*, 194–198).

96. Centro de Pesquisa Literária do Partido Central 中共中央文献研究室, ed., 十二大以来重要文献选编 [*Documentos Importantes deste o XII Congresso do Partido Nacional*] (Pequim: Renmin chubanshe, 1986), 1:533–538; ZZYWJ, 484–488.

97. ZFLZQ J, 1984, 179; DXPNP, 994; ZZYWJ, 2:488.

98. ZFLZQ J, 1984, 179–184; CYNP, 3:360–361; ZZYWJ, 2:488–489.

99. ZFLZQ J, 1984, 181–184.

100. ZZYWJ, 2:490–508. Para uma tradução em inglês, veja também: "Decision of the Central Committee of the CPC on Reform of the Economic Structure", Xinhua News Agency, 20 de outubro de 1984, trad. Foreign Broadcast Information Service, FBIS-CHI-84-205, 22 de outubro de 1984, K1–K19.

101. Zhao, *Prisoner of the State*, 119.

102. DXPNP, 1006–1009; Deng Xiaoping, "Speech at the Third Plenary Session of the Central Advisory Commission of the Communist Party of China", 22 de outubro de 1984, em SWDXP-3, 90–99.

103. Ma Hong, "A Commodity Economy as it Can Exist under a Socialist System" (Novembro, 1984), em Ma Hong, *Chinese Economists on Economic Reform: Collected Works of Ma Hong*, ed. China Development Research Foundation (London: Routledge, 2014), 113; Wu Jinglian, entrevista com o autor, Pequim, China, 18 de agosto de 2012 e 7 de setembro de 2013; Zhao Renwei, entrevista com o autor, Pequim, China, 22 de junho de 2012.

104. Naughton nota, com razão, que Zhao e outros líderes orientados para a reforma provavelmente "usaram propositadamente a imprecisão desses conceitos como um estratagema para superar a resistência à reforma" (*Growing out of the Plan*, 179). No entanto, ele não explica como os economistas encarregados de propor e desenvolver políticas sob a bandeira desses slogans lidaram com os desafios que tal "imprecisão" proposital criou.

105. Zhao Ziyang, "Report on the Work of the Government" (6 de junho de 1983), 1; ZZY-WJ, 3:97–100.

106. Ibid., 262–263, 245–246. Veja também: Edward S. Steinfeld, *Forging Reform in China: The Fate of State-Owned Industry* (Cambridge: Cambridge University Press, 1998), 189.

107. Deng Xiaoping, 建设有中国特色的社会主义：增订本 [*Construindo o Socialismo com Características Chinesas: Edição Revisada*] (Pequim: Renmin chubanshe, 1987), 86.

108. Naughton, *Growing out of the Plan,* 205, 220.

109. Hua, Zhang, e Luo, *China: From Revolution to Reform,* 112, 125.

110. Zhao Ziyang, "Report on the Work of the Government", 27 de março de 1985, trad. Foreign Broadcast Information Service, FBIS-CHI-85-061, 29 de março de 1985, K1–K17. Veja também: ZZYWJ, 3:105–121 e 3:145–153.

111. Zhao, *Prisoner of the State,* 127–128.

112. Sergey Radchenko, *Unwanted Visionaries: The Soviet Failure in Asia at the End of the Cold War* (Oxford: Oxford University Press, 2014), 45.

113. CYNP, 2:370; Zhu Jiamu 朱佳木, "追忆陈云同志与阿尔希波夫交往的一段 往事", 当代中国史研究[*Estudos Históricos da China Contemporânea*], nº. 3 (2007): 97–98; Veja também: Radchenko, *Unwanted Visionaries,* 46.

114. Zhao, *Prisoner of the State,* 120–121.

115. Gilbert Rozman, *The Chinese Debate about Soviet Socialism, 1978–1985* (Princeton: Princeton University Press, 1987), 125.

116. Radchenko, *Unwanted Visionaries,* 47.

117. Vários outros altos funcionários do governo chinês viajaram para o exterior, mesmo no verão de 1985. Para citar apenas alguns: Song Ping foi para as Ilhas Maurício e Madagascar; Gu Mu foi para o Japão; e Li Xiannian e Li Peng (sem parentesco) visitaram os Estados Unidos e o Canadá. Veja também: Library of Congress Research Division, *Current Chinese Leadership Update: A Report Prepared under an Interagency Agreement by the Federal Research Division* (Maio–Agosto, 1985), disponível em: www.dtic.mil/dtic/tr/fulltext/u2/a286876.pdf.

118. Ibid. (relatório de Beth Green), 1–4.

119. Ibid. (relatório de Erea M. Savada), 1–7.

120. Margaret Thatcher, discurso proferido no jantar para o primeiro-ministro chinês (Zhao Ziyang), 3 de junho de 1985, arquivo de Thatcher.

121. Barboza, "Interviews with Wu Jinglian, Shelley Wu, e Wu's Biographer".

122. Veja também: Wu Jinglian 吴敬琏, "经济改革初战阶段的发展方针和 宏观控制问题", RMRB, 11 de fevereiro de 1985.

123. Ibid., 5.

124. Wu Jinglian 吴敬琏, Li Jiange 李剑阁, e Ding Ningning 丁宁宁, "把国民经济的增长速度控制在适度的范围内", RMRB, 17 de maio de 1985.

NOTAS

125. ZFLZQ J,1985, 164–166.

126. Guo Shuqing, *Chinese Economists on Economic Reform: Collected Works of Guo Shuqing*, ed. China Development Research Foundation (London: Routledge, 2012), xix.

127. Guo Shuqing, Liu Jirui, e Qiu Shufang, "Comprehensive Reform Is in Urgent Need of Overall Planning" (Abril, 1985), em ibid., 28–36.

128. Zhu Jiaming 朱嘉明 e Liu Suli 刘苏里, "走世界, 看中国: 朱嘉明与刘苏 里谈话录", 领导者 [*Líderes*], n°. 43 (2011): 120–130.

129. Zhu Jiaming 朱嘉明, "论我国正经历的经济发展阶段", 中青年经济论坛 [*Fórum de Jovens Economistas*], n°. 2 (Abril, 1985): 20; Susan Shirk, *The Political Logic of Economic Reform in China* (Berkeley: University of California Press, 1993), 284.

130. Zhu, "On China's Current Stage of Economic Development", 22.

131. Zhu Jiaming 朱嘉明, "中国改革的道路", disponível em: http://www.21ccom.net/Artigos/zgyj/ggcx/Artigo_2012110370279_2.html.

132. Veja também: Victor C. Shih, *Factions and Finance in China: Elite Conflict and I flation* (Cambridge: Cambridge University Press, 2008); Naughton, *Growing out of the Plan*. Sou grato a um revisor anônimo por sugerir o acréscimo desta seção.

133. Peng Kuang-hsi, *Why China Has No Inflation* (Pequim: Foreign Languages Press, 1976).

134. Guo Shuqing 郭树清, Liu Jirui 刘吉瑞 e Qiu Shufang 丘淑芳, "国民经 济不能强行起飞", 中青年经 济论坛 [*Fórum de Jovens Economistas*], n°. 3 (1985): 74–76. Veja também: Wu Jian 吴健 e Weng Zhixing 翁志兴, "关于我国经济发展战略与世界经济发展趋势的几点认 识", 世界经济 [*Economia Mundial*], n°. 6 (1985): 45–52.

135. Edwin Lim, Adrian Wood, et al., *China: Long-Term Development Issues and Options* (Baltimore: Johns Hopkins University Press, 1985).

136. Wu Jinglian, "Economics and China's Economic Rise" (artigo apresentado em: Sixteenth World Congress of the International Economic Association, Pequim, China, 4 de julho de 2011), em *The Chinese Economy: A New Transition*, ed. Masahiko Aoki e Jinglian Wu (Nova York: Palgrave Macmillan, 2012), 13–31.

137. Wu Jinglian, entrevista com o autor, Pequim, China, 18 de agosto de 2012 e 7 de setembro de 2013.

138. Lim, "The Opening of Thinking to the Outside World", 36.

139. Fewsmith, *Dilemmas of Reform*, 150; Hua, Zhang, e Luo, *China: From Revolution to Reform*, 112.

140. Xu Yi 许毅, "论建立综合财政的宏观协调平衡体系", 财政研究 [*Pesquisa Financeira*], n°. 5 (1985): 1–17.

Capítulo 6   *No Curso do Rio*

1. Liu Hong 柳红, 八〇年代: 中国经济学人的光荣与梦想 [*Os anos1980: Glória e Sonhos dos Economistas Chineses*] (Guilin: Guangxi shifan daxue chubanshe, 2010), 302.

2. Zhao Renwei, entrevista com o autor, Pequim, China, 22 de junho de 2012.

3. János Kornai, *Economics of Shortage* (Nova York: North-Holle, 1980), 1:60–61. Essa teoria orçamentária foi apresentada em János Kornai, "Resource v. Deme-Constrained Systems", *Econometrica* 47, n°. 4 (Julho, 1979): 801–819.

4. Mary Cairncross, anotação no diário de 29 de agosto de 1985; dado ao autor por Frances Cairncross.

5. Wu Jinglian, entrevista com o autor, Pequim, China, 18 de agosto de 2012 e 7 de setembro de 2013. Veja também: Liu Hong 柳红, 吴敬琏 [*Wu Jinglian*] (Xi'an: Shaanxi shifan daxue chubanshe, 2002), 175.

6. Wu Jinglian, entrevista com o autor, Pequim, China, 18 de agosto de 2012 e 7 de setembro de 2013.

7. Béla Cšikós-Nagy, Douglas Hague, e Graham Hall, eds., *The Economics of Relative Prices: Proceedings of a Conference Held by the International Economic Association in Athens, Greece* (London: Macmillan, 1984), 82.

8. Zhao Ziyang, *China's Economy and Development Principles: A Report* (Pequim: Foreign Languages Press, 1982), 47.

9. James Tobin para Don Brown, 6 de junho de 1985, em "Correspondence, Miscellaneous, 1983–1988", Box 2, James Tobin Papers, Yale University Library Manuscripts and Archives, New Haven, CT.

10. Mary Cairncross, entrada no diário de 29 de agosto de 1985.

11. Yang Jigang 杨继刚 e Shi Xiaofan 史晓帆, "赵紫阳对参加 '宏观经济管 理国际讨论会' 的中外代表说中国经济改革的目标坚定不移" [Ao se encontrar com representantes chineses e estrangeiros para a "Conferência Internacional sobre Gestão Macroeconômica" Zhao Ziyang diz que os objetivos da reforma econômica da China são inabaláveis], 人民日报 [*People's Daily*] (citado daqui em diante como RMRB), 1 de setembro de 1985.

12. Alexander Cairncross, "Pequim, 1985", DC106 2/14, Artigos de Sir Alexander Cairncross, Arquivos da Universidade de Glasgow, Glasgow, Scotle, UK.

13. Edwin Lim 林重庚, "中国改革开放过程中的对外思想开放", em 中国经济: 50 人看三十: 回顾与分析 [*Economia da China: Cinquenta Pessoas em Trinta Anos: Reflexões e Análises*], ed. Wu Jinglian 吴敬琏, et al. (Pequim: Zhongguo jingji chubanshe, 2008), 36.

14. "Decision of the Central Committee of the CPC on Reform of the Economic Structure", Xinhua News Agency, 20 de outubro de 1984, trad. Foreign Broadcast Information Service, FBIS-CHI-84-205, 22 de outubro de 1984, K1–K19.

15. Chen Yun 陈云, "经济形势与经验教训" [A situação econômica e nossas experiências e Lições], 16 de dezembro de 1980, em 陈云文选: 第三卷 [*Obras Selecionadas de Chen Yun: Volume 3*] (Pequim: Renmin chubanshe, 1995), 279.

16. Susan L. Shirk, *The Political Logic of Economic Reform in China* (Berkeley: University of California Press, 1993), 282–285. Veja também: Wu Jinglian 吴敬琏, "经济改革初战阶段的发展方针和宏观控制问题", RMRB, 11 de fevereiro de 1985; Guo Shuqing 郭树清, Liu Jirui 刘吉瑞, e Qiu Shufang 丘淑芳, "国民经济不能强行起飞", 中青年经济论坛, n°. 3 (1985): 74–76; Xu Yi 许毅, "论建立综合财政的宏观协调平衡体系", 财政研究 [*Pesquisa Financeira*], n°. 5 (May 1985): 1–17.

17. Wu Jinglian, *Understeing and Interpreting Chinese Economic Reform* (Mason, OH: Thomson/South-Western, 2005), 66.

NOTAS

18. Joseph Fewsmith, *Dilemmas of Reform in China: Political Conflict and Economic Debate* (Armonk, NY: M. E. Sharpe, 1994), 150.

19. Edwin Lim, "Learning and Working with the Giants", em *At the Frontlines of Development: Reflections from the World Bank,* ed. Indermit S. Gill e Todd Pugatch (Washington, DC: World Bank, 2005), 107. Nos meses que antecederam a conferência, Zhao referiu-se aos escritos e opiniões de Lim em deliberações internas sobre o Sétimo Plano Quinquenal e a política de reforma, enfatizando ainda mais o importante papel do Banco Mundial e do próprio Lim neste momento. Veja também: 赵紫阳文集 *1980–1989* [*Obras Selecionadas de Zhao Ziyang, 1980–1989*] (Hong Kong: Chinese University Press, 2016) (citado daqui em diante como ZZYWJ), 3:151.

20. Conforme mostrado no Capítulo 3, a visita anterior de Brus havia sido muito discutida na China. Veja também: Zhao Renwei 赵人伟, "Palestra 44", em 外国经济学讲座 [*Palestras sobre Economia Internacional*], ed. Foreign Economics Research Group 外国经济学说研究 会 (Pequim: Zhongguo shehui kexue chubanshe, 1980–1981), 3:316; e Rong Jingben 荣敬本 e Wu Jinglian 吴敬琏, "布鲁斯和锡克的经济模式述评" [Comentários sobre os Modelos Econômicos de Brus e Šik], em 吴敬连选集 [*Obras Selecionadas de Wu Jinglian*] (Taiyuan: Shanxi renmin chubanshe, 1989), 562–563.

21. Lim, "The Opening of Thinking to the Outside World", 37–38.

22. "Preliminary Proposal for an Economic Development Institute", 24 de fevereiro de 1953, WB-IBRD/IDA-045, Registros do Banco Mundial, World Bank Group Archives, Washington, DC; Alec Cairncross, entrevista com Charles Ziegler, 10 de janeiro de 1985, 2, em World Bank Oral History Project, World Bank/IFC Archives, World Bank Group Archives, Washington, DC.

23. Alec Cairncross, *Living with the Century* (London: Lynx Press, 1998), 282–284. Veja também: Anônimo, "英国学术院代表团来访" [English Academic Delegation Visits], 社会科学 [*Social Science*], nº. 4 (1979): 118.

24. "Obituary: Sir Alec Cairncross", *Economist,* 29 de outubro de 1998, 121. Esse era um tipo que Cairncross identificaria e elogiaria na biografia que fez de seu amigo Austin Robinson. Veja também: Alec Cairncross, *Austin Robinson: Life of an Economic Adviser* (London: Palgrave Macmillan, 1993).

25. Cairncross, *Living with the Century,* 47, 294.

26. Cairncross entrevista com Charles Ziegler, 10 de janeiro de 1985, 2, 11.

27. Cairncross, *Living with the Century,* 500–501.

28. Cairncross, "Pequim. 29.8.85", DC106 2/14, Artigos de Sir Alexander Cairncross, Arquivos da Universidade de Glasgow, Glasgow, Scotle, UK.

29. Lim, "The Opening of Thinking to the Outside World", 37–38. Para detalhes sobre Barre, veja também: entrevista com o autor, Edwin Lim, Barnstable, Massachusetts, 14 de setembro de 2012.

30. Lim, "The Opening of Thinking to the Outside World", 37.

31. Zhao Renwei 赵人伟, "1985 年 巴山轮会议' 的回顾与思考", 经济研究 [*Pesquisa Econômica*] (citado daqui em diante como JJYJ), nº. 12 (2008): 19; "Name and Room Numbers in the Ship", em 参加经济计划与宏观整理国际讨论会外宾名单及简介. Obtive este documento de uma fonte que deseja permanecer anônima.

32. Para um exemplo de colaboração com o grupo, veja também: Liu Guoguang 刘国光 e Zhao Renwei 赵人伟, "论社会主义经济中计划与市场的关系", JJYJ, n°. 5 (1979): 46–55. Em 1982, vários dos mesmos economistas, incluindo Xue Muqiao, Wu Jinglian e Zhao Renwei, haviam participado de uma conferência menor do Banco Mundial com economistas do Centro-leste Europeu na cidade turística de Moganshan.

33. Wu Jinglian, "Economics and China's Economic Rise" (artigo apresentado em: the Sixteenth World Congress of the International Economic Association, Pequim, China, 4 de julho de 2011), 9.

34. Wu Jinglian 吴敬琏, "从匈牙利的经验看我国当前的改革", 经济社会体制比较 [*Sistemas Sociais e Economia Comparativos*], n°. 3 (1985): 1.

35. János Kornai, "The Dual Dependence of the State-Owned Firm in Hungary", em *China's Industrial Reform*, ed. Gene Tidrick e Chen Jiyuan (Nova York: Oxford University Press, 1987), 317–338.

36. Wu, "Viewing China's Present Reform from the Perspective of the Hungarian Experience", 1.

37. Josephine Woo (World Bank) para James Tobin, 17 de julho de 1985, "China 1985", Box 13, Tobin Papers Collection, Yale University Library Manuscripts and Archives, New Haven, CT. Veja também: Edwin Lim, entrevista com William Becker e Marie Zenni (World Bank Group, Oral History Program, Washington, DC, October 30–31, 2002), 28.

38. Edwin Lim, "Supplementary List of Topics That Could Be Added to the Presentations Given by Scholars from Abroad", em "China 1985", Box 13, Tobin Papers Collection, Yale University Library Manuscripts and Archives, New Haven, CT.

39. János Kornai, entrevista com o autor, Budapest, Hungary, 30 de maio de 2012.

40. John F. Burns, "In China, 'Capitalist Roaders' Can Now Cruise in Cadillacs", *New York Times,* 29 de junho de 1985, A1.

41. János Kornai, *By Force of Thought: Irregular Memórias de an Intellectual Journey* (Cambridge: MIT Press, 2006), 323.

42. Ibid., 323; János Kornai, entrevista com o autor, Budapest, Hungary, 30 de maio de 2012; James Tobin, "Suggestions for Chinese", 2 de setembro de 1985, "China 1985", Box 13, James Tobin Papers, Yale University Library Manuscripts and Archives, New Haven, CT; Alexander Cairncross, "Pequim. 29.8.85", DC106 2/14, Artigos de Sir Alexander Cairncross, Arquivos da Universidade de Glasgow, Glasgow, Scotle, UK.

43. Anthony Lewis, "Where Does It Stop?" *New York Times,* 29 de agosto de 1985, A25.

44. "Yangtse River Cruising" (publicidade), *Cruise Travel* (Novembro/Dezembro 1985): 32.

45. Entrevista com o autor, Edwin Lim, Barnstable, Massachusetts, 14 de setembro de 2012.

46. Xue Muqiao 薛暮桥, "开幕词" [Discurso de Abertura], em 宏观经济的管理和 改革: 宏观经济管理国际讨论会言论选编 [*Gestão Macroeconômica e Reforma: Observações Selecionadas da Conferência Internacional sobre Gestão*], ed. 中国经济体制改革研究会 (Pequim: Jingji ribao chubanshe, 1986), 58–60.

NOTAS

47. Edwin Lim, "International Seminar on Economic Planning and Macromanagement: Tentative Program", em "China 1985", Box 13, James Tobin Papers, Yale University Library Manuscripts and Archives, New Haven, CT.

48. Wu, "Economics and China's Economic Rise", 9.

49. Em Herman Wouk, *The Caine Mutiny* (Garden City, NY: Doubleday, 1951), um personagem baseado estreitamente em Tobin é descrito da seguinte forma: "discurso calmo e medido e uma mente como uma esponja (...), à frente do campo" por um percentual espaçoso. Wouk e Tobin eram colegas da Reserva Naval; O personagem do romance vencedor do Prêmio Pulitzer, chamado "Tobit", foi explicitamente criado de acordo com Tobin (Ed Crooks, "Obituary: James Tobin Left a Legacy of Advances", *Financial Times*, 19 de março de 2002).

50. James Tobin, "The Economy of China: A Tourist's View", *Challenge* 16, n°. 1 (Março–Abril, 1973): 20.

51. Ibid., 30.

52. James Tobin, "Suggestions for Chinese", 2 de setembro de 1985, "China 1985", Box 13, Tobin Papers Collection, Yale University Library Manuscripts and Archives, New Haven, CT. Para um resumo em chinês dessa parte de sua apresentação, veja também: Liu Guoguang 刘国光, et al., "经济体制改革与宏观经济管理:'宏观经济管理国际讨论会' 评述", JJYJ, n°. 12 (1985): 11.

53. Tobin, "Suggestions". Veja também: Liu, et al., "Economic System Reform and Macroeconomic Management", 12–13.

54. Tobin, "Sugestões". Veja também: Liu, et al., "Economic System Reform and Macroeconomic Management", 11.

55. Tobin, "Suggestions". Veja também: Liu, et al., "Economic System Reform and Macroeconomic Management", 12–13.

56. Zhao, "Remembering and Reflecting on the 1985 Bashan Conference", 2.

57. Zhang Zhouyuan 张卓元, "我们当代缺少国际经验", 时代人物周报 [*As Pessoas da Era*], 16 de agosto de 2005, disponível em: http://finance.sina.com.cn/economist/pingyixueren/20050816/11021890746.shtml.

58. Zhu Jiaming 朱嘉明, "论我国正经历的经济发展阶段", 中青年经济论坛 [*Fórum de Jovens Economistas*], n°. 2 (1985): 13–23. Para uma perspectiva oposta, veja também: Guo, Liu, e Qi, "The National Economy Cannot Break into Flight", 74–76.

59. Wu Jinglian, entrevista com o autor, Pequim, China, 18 de agosto de 2012 e 7 de setembro de 2013.

60. Entrevista com o autor, Edwin Lim, Barnstable, Massachusetts, 14 de setembro de 2012; Wu Jinglian, entrevista com o autor, Pequim, China, 18 de agosto de 2012 e 7 de setembro de 2013.

61. Wu Jinglian 吴敬琏, "再论保持经济改革的良好经济环境", JJYJ, n°. 5 (1985): 4. Veja também: Wu Jinglian 吴敬琏, "科学社会主义同非科学的社会主义的斗争", JJYJ, n°. 4 (1981): 23.

62. Lim, "The Opening of Thinking to the Outside World", 39.

63. Lim, "International Seminar on Economic Planning and Macromanagement".

64. Kornai, *By Force of Thought*, 323.

65. János Kornai, entrevista com o autor, Budapest, Hungary, 30 de maio de 2012.

66. János Kornai, "Macropolicy and Reform: Hungarian Reform", "China 1985", Box 13, Tobin Papers Collection, Yale University Library Manuscripts and Archives, New Haven, CT. Para um resumo da China, veja também: Liu, et al., "Economic System Reform and Macroeconomic Management", 3. Para mais detalhes sobre os manuscritos, veja também: János Kornai, entrevista com o autor, Budapest, Hungary, 30 de maio de 2012.

67. Wu Jinglian, entrevista com o autor, Pequim, China, 18 de agosto de 2012 e 7 de setembro de 2013.

68. Kornai, "Macropolicy and Reform: Hungarian Reform"; Liu, et al., "Economic System Reform and Macroeconomic Management", 4.

69. Kornai, "Macropolicy and Reform: Hungarian Reform".

70. Lim, "The Opening of Thinking to the Outside World", 38–39.

71. Kornai, "Macropolicy and Reform: Hungarian Reform". Para um resumo da China, veja também: Liu, et al., "Economic System Reform and Macroeconomic Management", 3.

72. Ibid. Esse ponto é enfatizado ainda mais claramente em Liu, et al., "Economic System Reform and Macroeconomic Management", 4, 5.

73. Guo Shuqing 郭树清, "国际知名学者和专家谈中国经济改革", 经济社会 体制比较 [*Comparativo Econômico e Ciências Sociais*], nº. 3 (1985): 7; Liu, et al., "Economic System Reform and Macroeconomic Management", 10–11.

74. Kornai, *By Force of Thought*, 323.

75. James Tobin, "Discussion after Kornai" (notas manuscritas), "China 1985", Box 13, James Tobin Papers, Yale University Library Manuscripts and Archives, New Haven, CT.

76. Zhao, "Remembering and Reflecting on the 1985 Bashan Conference", 12.

77. Yang Qi 杨启, citado em Liu, *The Eighties*, 350.

78. Wu, "Economics and China's Economic Rise", 9.

79. Kornai, *By Force of Thought*, 324.

80. János Kornai, entrevista com o autor, Budapest, Hungary, 30 de maio de 2012.

81. Peter Nolan, *China's Rise, Russia's Fall: Politics, Economics and Planning in the Transition from Stalinism* (Nova York: St. Martin"s Press, 1995), 75–76.

82. János Kornai, entrevista com o autor, Budapeste, Hungria, 30 de maio de 2012.

83. James Tobin, "China, Sept. 3, p.m.", em "China 1985", Box 13, James Tobin Papers, Yale University Library Manuscripts and Archives, New Haven, CT.

84. Zhao "Remembering and Reflecting on the 1985 Bashan Conference", 5; Guo, "Famous International Scholars and Experts Discuss China's Economic Reform", 9.

85. James Tobin, "China Sept. 4 p.m".", em "China 1985", Box 13, James Tobin Papers, Yale University Library Manuscripts and Archives, New Haven, CT.

86. Michel Albert, "Conference lecture", em "China 1985", Box 13, James Tobin Papers, Yale University Library Manuscripts and Archives, New Haven, CT; Liu, et al., "Economic System Reform and Macroeconomic Management", 5.

NOTAS

87. Wu Jinglian, entrevista com o autor, Pequim, China, 19 de agosto de 2012 e 7 de setembro de 2013.

88. Lou Jiwei 楼继伟, "吸取南斯拉夫经验, 避免强化地方分权" [Aproveitar a experiência da Iugoslávia e evitar o reforço de uma divisão de poder entre as localidades], 经济社会体制比较 [*Comparativo Econômico e Ciências Sociais*], nº. 1 (1986): 3.

89. János Kornai, entrevista com o autor, Budapest, Hungary, 30 de maio de 2012. Veja também: Liu, et al., "Economic System Reform and Macroeconomic Management", 7.

90. Alexander Cairncross, "Friday 6 Sept. 2 p.m"., DC106 2/14, Artigos de Sir Alexander Cairncross, Arquivos da Universidade de Glasgow, Glasgow, Scotle, UK.

91. Mary Cairncross, registro no diário de 29 de agosto de 1985.

92. Alexander Cairncross, "Wednesday, 4.9.85" e "Hangchow 6:30 a.m"., DC106 2/14, Artigos de Sir Alexander Cairncross, Arquivos da Universidade de Glasgow, Glasgow, Scotle; Lim, "The Opening of Thinking to the Outside World", 36.

93. Liu Jiexiu 刘洁修, ed., 汉语成语考释词典 [*Dicionário Explicativo das Expressões Idiomáticas Chinesas*] (Shanghai: Shangwu yinshuguan, 1989), 848.

94. Fotografia de grupo na Conferência de Bashan, Yangtze River, Setembro, 1985. Cedido ao autor por Edwin Lim.

95. James Tobin, "Final Remarks", Box 13, James Tobin Papers, Yale University Library Manuscripts and Archives, New Haven, CT.

96. Ma Hong 马洪, "稳定经济, 推进改革" [Estabilizar a Economia, Avançar as Reformas], [Sistemas Econômicos e Sociais Comparados], 经济社会体制比较 [*Comparativo Econômico e Ciências Sociais*], nº. 1 (1986): 1–2.

97. Kornai, *By Force of Thought*, 324.

98. Meryl Gordon, "A Keynesian Who Refuses to Quit", *New York Times*, 13 de outubro de 1985, F28, disponível em: http://www.nytimes.com/1985/10/13/business/a-keynesian-who--refuses-to-quit.html?pagewanted=all.

99. An Zhiwen 安志文, "宏观经济管理国际讨论会对我国改革有参考价值的几 点意见" [Várias sugestões relevantes para a reforma da China da Conferência Internacional sobre Gestão Macroeconômica]. Obtive esse documento de uma fonte que deseja permanecer anônima.

100. Wu Jinglian, entrevista com o autor, Pequim, China, 18 de agosto de 2012 e 7 de setembro de 2013.

101. Essa designação incomum havia sido usada apenas algumas vezes antes na história do Partido Comunista Chinês (PCCh), mais notavelmente em março de 1955, para discutir a remoção de Gao Gang, o líder da Comissão de Planejamento do Estado no início dos anos 1950, que foi expurgado e cometeu suicídio depois de supostamente tramar um golpe. Veja também: David S. G. Goodman, "The National CCP Conference of September 1985 and China's Leadership Changes", *China Quarterly*, nº. 105 (Março, 1986): 123–130.

102. Chen Yun, "We Must Correct the Tendency to Neglect Furthering Culture and Ideology" (24 de setembro de 1985), em *Obras Selecionadas de Chen Yun: Volume III (1956–1994)*] (Pequim: Foreign Languages Press, 1999), 349–353; Zhu Jiamu 朱佳木, ed., 陈云年谱: 一九 ○ 五 —一九九五 [*Cronologia de Chen Yun: 1905–1995*], 3 vols. (Pequim: Zhongyang wenxian chubanshe, 2000), 3:383–385.

103. Chen Yun, "Combating Corrosive Ideology", *Beijing Review* 28, nº. 41 (14 de outubro de 1985): 15–16.

104. "Proposal of the Central Committee of the Chinese Communist Party for the Seventh Five-Year Plan for National, Economic and Social Development", Xinhua News Agency, 25 de setembro de 1985, trad. Foreign Broadcast Information Service, FBIS-CHI-85-187, 26 de setembro de 1985, K2–K3; Veja também: Wu, "Economics and China's Economic Rise", 10.

105. "Proposal of the Central Committee of the Chinese Communist Party for the Seventh Five-Year Plan for National, Economic and Social Development".

106. "13.9.85", DC106 2/14. Artigos de Sir Alexander Cairncross, Arquivos da Universidade de Glasgow, Glasgow, Scotle, UK.

Capítulo 7   *No Transcurso*

1. 赵紫阳文集 *1980–1989* [*Obras Coletadas de Zhao Ziyang, 1980–1989*] (Hong Kong: Chinese University Press, 2016) (citado daqui em diante como ZZYWJ), 3:189; Fang Weizhong 房维中, ed., 在风浪中前进: 中国发展与改革编年记事 [Avançando na Tempestade: Cronologia da Reforma e Desenvolvimento da China, 1977–1989], não publicado 2004. Disponível em the Fairbank Collection, Fung Library, Harvard University (citado daqui em diante como ZFLZQJ), 1985, 227, 235–236. Fang Weizhong, o editor deste compêndio interno do Partido, observa que Zhao deixou suas observações preparadas e acrescentou esses pensamentos na página 234.

2. ZFLZQJ, 1985, 235–236.

3. Ibid.

4. ZZYWJ, 3:189; ZFLZQJ, 1985, 227, 235–236.
Liu Guoguang 刘国光, et al., "经济体制改革与宏观经济管理: '宏观经济管 理国际讨论会' 评述" [Reforma do Sistema Econômico e Gestão Macroeconômica: Um Comentário sobre a "Conferência Internacional de Gestão Macroeconômica"], 经济研究 [*Economic Research*] (citado daqui em diante como JJYJ), no. 12 (1985): 3–19; "经济体制模式的选择与转换: '宏观经济管理国际讨论会' 评述之一" [Seleção e Transformação de um Modelo de sistema Econômico: Um Comentário sobre a "Conferência Internacional sobre Gestão Macroeconômica" Parte I], 人民日报 [*People's Daily*] (citado daqui em diante como RMRB), 27 de dezembro de 1985; 经济体制改革与宏观经济管理: '宏观经济管理国际讨论会' 评述之二 [Reforma do Sistema Econômico e Gestão Macroeconômica: Um Comentário sobre a "Conferência Internacional de Gestão Macroeconômica", Parte II], RMRB, 30 de dezembro de 1985. O mesmo documento foi publicado em formas ligeiramente diferentes; cito a versão da *Economic Research*.

5. Liu Guoguang 刘国光, et al., "经济体制改革与宏观经济管理: '宏观经济管 理国际讨论会' 评述 [Reforma do Sistema Econômico e Gestão Macroeconômica: Um Comentário sobre a "Conferência Internacional sobre Gestão Macroeconômica"], 经济研究 [*Pesquisa Econômica*] (citado daqui em diante como JJYJ), nº. 12 (1985): 3–19; "经济体制模式的选择与转换: '宏观经济管理国际讨论会' 评述之一" [A Seleção e Transformação de um Modelo de Sistema Econômico: Um Comentário sobre a "Conferência Internacional sobre Gestão Macroeconômica"

NOTAS

Parte I], 人民日报 [*People's Daily*] (citado daqui em diante como RMRB), 27 de dezembro de 1985; 经济体制改革与宏观经济管理: '宏观经济管理国际讨论会' 评述之二" [Reforma do Sistema Econômico e Gestão Macroeconômica: Um Comentário sobre a "Conferência Internacional sobre Gestão Macroeconômica", Parte II], RMRB, 30 de dezembro de 1985. O mesmo documento foi publicado de formas levemente diferentes; faço as citações a partir da versão do *Economic Research*.

6. Liu, et al., "Economic System Reform and Macroeconomic Management", 3.

7. Ibid., 17–18.

8. Ibid., 6, 8; ZZYWJ, 3:265.

9. ZFLZQJ, 1985, 242, 245.

10. Chen Yizi, et al., "Reform: Results and Lessons from the 1985 CESRRI Survey", *Journal of Comparative Economics* 11, nº. 3 (1987): 462–478.

11. ZFLZQJ, 1985, 272.

12. Esse termo é usado em Zhao Renwei 赵人伟, "1985 年巴山轮会议的回顾与思考" [Lembranças e Reflexões sobre a Conferência de 1985 em Bashan], JJYJ, nº. 12 (2008): 17–28; os usos do termo foram numerosos, por exemplo, Ai Zhigang 袁志刚, "也谈科尔奈"非瓦尔拉均衡论": 与朱嘉明同志商榷" [Discutindo a "Teoria do Equilíbrio Não Walrasiano" de Kornai: Uma Discussão com o Camarada Zhu Jiaming], JJYJ, nº. 1 (1988): 61. Durante o mesmo período, várias outras "febres" intelectuais — menos consequentes, mas conceitualmente análogas — varreram os círculos acadêmicos chineses, incluindo uma "febre de Sartre" existencialista nos departamentos de filosofia e uma futurista "febre de Toffler" nos departamentos de ciências sociais. Essas "febres" na década de 1980 são o tema de um próximo artigo deste autor, provisoriamente intitulado "Febre de Amor: Sartre, Toffler e Kornai em Pequim".

13. János Kornai 雅诺什 · 科尔奈, 短缺经济学 [*Economics of Shortage*] (Pequim: Jingji kexue chubanshe, 1986).

14. Lu Zhongyuan 卢中原, "改革呼唤出来的经济理论家: 科尔奈及其经济学著作述评" [O Teórico da Economia que a Reforma Pediu: Uma Discussão sobre János Kornai e seus Escritos Econômicos], 读书 [*Dushu*], nº. 6 (1985): A transliteração de seu nome em chinês é Yanuoshe Ke'ernai. Seu sobrenome também é algumas vezes traduzido como Ke'ernei (科尔内). Para outros artigos nesse sentido, veja também: Li Zhenning 李振宁, "科尔奈经济思想的精华" [A Essência do Pensamento Econômico de Kornai], JJYJ, nº. 9 (1986): 25–29; e Lu Jianren 陆建人, "短缺经济学评介" [Crítica de *Economics of Shortage*], 世界经济与政治 [*Economia e Política Mundiais*], nº. 7 (1987): 55–57.

15. János Kornai, *By Force of Thought: Irregular Memoirs of an Intellectual Journey* (Cambridge: MIT Press, 2006), 325; János Kornai, entrevista com o autor, Budapest, Hungary, Maio 30, 2012.

16. Esta informação provém da base de dados da Infraestrutura Nacional de Conhecimento da China, baseada em buscas pelas palavras-chave "科尔奈" [Kornai], e "短缺经济学" [*Economics of Shortage*], em 18 de dezembro de 2012.

17. Liu Xiaodong 刘晓东, "短缺经济学讨论会简述" [Resumo do Fórum de Discussão sobre a *Economics of Shortagez*], 北京大学学报 (哲学社会科学版) [*Jornal da Universidade de Pequim: Filosofia e Estudos Sociais*], nº. 1 (1987): 71.

18. Para dois exemplos, veja também: Jiang Shan 江山, "科尔内的 '短缺经济学' 和社会主义经济体制改革" [*Economics of Shortage* de Kornai e a Reforma Estrutural Econômica], 经济社会体制比较 [*Sistemas Econômicos e Sociais Comparativos*], nº. 1 (1985): 30–37; e Jiang Yiguo 蒋一国 e Li Junze 李钧泽, "企业预 算约束软化及其治理: 短缺经济学的启" [Lições da *Economics of Shortage*: A Suavização e o Regulamento de Restrições Orçamentárias Empresariais], 中央财政金融学院学报 [*Jornal da Faculdade Central de Finanças e Economia*], nº. 5 (1987): 74–76.

19. Lu, "The Economic Theorist That the Reform Cried Out for", 31–33.

20. Li, "The Essence of Kornai's Economic Thought", 25–29.

21. Lu, "Review of *Economics of Shortage*", 55–56. Como lembrete, a "restrição orçamentária suave" refere-se às expectativas das empresas de que elas não sofrerão se incorrerem em perdas porque o Estado as resgatará; "paternalismo" refere-se a essa atitude do Estado em relação às empresas.

22. Zhao Renwei 赵仁伟, "我国经济改革过程中的双重体制问题" [Problemas do sistema de pista dupla no processo de reforma da China], JJYJ, nº. 9 (1986): 18.

23. Xue Muqiao 薛暮桥, "薛暮桥同志在全国宏观经济管理问题讨论会开幕式上 的讲话" [Discurso do camarada Xue Muqiao na sessão de abertura da Conferência Nacional sobre Questões em Gestão Macroeconômica], 计划经济研究 [*Pesquisa de Economia Planejada*], nº. 9 (1986): 3.

24. Ibid.

25. Ibid., 5.

26. Outro participante de Bashan, Guo Shuqing, elaborou essa ideia em um artigo de janeiro de 1987. Frequentemente usando o termo *hongguan tiaokong*, Guo escreveu: "Desde 1985, o fortalecimento do controle macro tornou-se a tarefa central da reforma", e ele definiu essa "tarefa central" em termos das necessidades relacionadas à experiência da autonomia empresarial "plena" e ampliar o escopo do mercado. Guo Shuqing 郭树清, "我国经济体制现状与继续改革的方向" [A Atual Situação do Sistema Econômico da China e a Direção da Reforma Continuada], 管理世界 [*Management World*], nº. 1 (1987): 39, 46–48.

27. Liu Guoguang 刘国光, "中国经济大变动中的双重模式转换" [A transição de modelo de pista dupla na transformação econômica da China], 中国经济问题 [*Problemas Econômicos da China*], nº. 1 (1987): 2. Apesar de títulos extremamente semelhantes, este ensaio é substancialmente diferente do artigo do início de 1986 apresentado na conferência da CAAS sobre o modelo de metas da reforma — incorporando recentemente, por exemplo, às referências diretas a Kornai.

28. Liu, "The Selection and Transformation of an Economic System Model", 2–4.

29. Ibid., 5.

30. Ibid., 6. Elsewhere, Liu usa Kornai para ilustrar a dupla dependência de empresas sob o sistema de pista dupla, ecoando a análise de Zhao Renwei. Veja também: Liu Guoguang 刘国光, "中国经济体制改革的若干问题" [Alguns problemas na reforma do sistema econômico da China], 财贸经济 [*Economia de Finanças e Comércio*], nº. 9 (1987): 1–8.

31. Liu Guoguang 刘国光, "关于发展社会主义商品经济问题" [Em relação aos problemas no desenvolvimento da economia socialista de commodities], 经济工作者学习资料 [*Materiais de Estudo para Profissionais da Economia*], nº. 28 (1986): 8.

32. Ibid., 6. De acordo com Liu, "queremos aprender todo o conhecimento que é favorável ao desenvolvimento da economia socialista de commodities, e isso inclui a experiência e o conhecimento dos países ocidentais desenvolvidos em administrar a economia.

33. Liu Guoguang 刘国光, "在改革的实践中发展马克思主义经济理论" [Desenvolvendo a Teoria Econômica Marxista na Colocação da Reforma na Prática], 中国社 会科学 [*Ciências Sociais na China*], nº. 5 (1987): 52–58. Para uma interessante discussão contemporânea sobre os pontos de vista de Liu, veja também: Du Hui 杜辉, "经济体制改革理论的冷静思考: 刘国光经济改革思想述评 [A Tranquilidade do Pensamento sobre a Teoria da Reforma do Sistema Econômico: uma avaliação das ideias de Liu Guogang sobre a reforma econômica], JJYJ, nº. 7 (1988): 52–58, 33.

34. Lin Daojun 林道君, "四单位在南京联合举办 "经济体制改革理论和实践" 研 讨会" [Quatro Unidades de Trabalho Organizam em Conjunto em Nanjing um "Fórum de Discussão sobre a Teoria e Prática da Reforma Econômica Estrutural"], 经济管理 [*Gestão Econômica*], nº. 12 (1986): 73.

35. Liu Guoguang 刘国光, "中国经济大变动中的双重模式转换问题" [Problemas do sistema de pista dupla no processo de reforma da China], em 经济体制改革的理论与实践 "研讨会[*Artigos Selecionados do Fórum de Discussão sobre a Teoria e Prática da Reforma do Sistema Econômico"*], ed. Wang Haibo 汪海波, Lu Cheng 吕政, e Zhou Shaopeng 周绍鹏 (Pequim: Zhongguo jingji chubanshe, 1987), 9.

36. Zhou Shulian 周叔莲, "论我国经济体制改革的目标模式" [Sobre as Metas do modelo de reforma do sistema econômico da China], em ibid., 11. Zhou Shulian foi um dos autores do relatório de Bashan.

37. Ibid., 15–16, 32.

38. Xue Jiaji 薛家骥, "计划与市场相结合若干问题的思考" [Pensamentos sobre alguns problemas na integração do planejamento e do mercado], em ibid., 58, 60.

39. Susan Shirk argumenta que a disposição dos gerentes de empresas chinesas de promulgar reformas para aumentar seu poder e recursos era crucial para o sucesso das reformas de mercado. Ela também observa que esta situação na China difere do que os especialistas em transição socialista geralmente esperavam (*The Political Logic of Economic Reform in China* [Berkeley: University of California Press, 1993], 286–289).

40. O economista Zhou Qiren caracterizou a Conferência de Bashan nestes termos e descreveu a reação entusiasmada de seu colega Luo Xiaopeng após a conferência (Zhou Qiren, entrevista com o autor, Pequim, China, 4 de setembro de 2013).

41. Zhao Renwei 赵人伟, "一个经济学家的学术探索之旅: 读科尔奈的自传 '思 想的力量' 有感 " [A aventura acadêmica de um economista: sentimentos sobre a autobiografia de Kornai *By Force of Thought*], 经济社会体制比较 [*Sistemas Sociais e Economia Comparativos*], nº. 6 (2009): 185–186.

42. Zhang Jun 张军, "于光远与科尔奈的不同际遇" [Os diferentes destinos de Yu Guangyuan e János Kornai], 东方早报 [*Eastern Daily*], 12 de novembro de 2013.

43. János Kornai e Zsuzsa Dániel, "The Chinese Economic Reform—As Seen by Hungarian Economists (Marginal Notes to Our Travel Diary)", *Acta Oeconomica* 36, nº. 3/4 (1986): 302.

44. Quando entrevistei Kornai no verão de 2012, ele respondeu de maneira ainda mais simples: "É muito estranho que no meu pequeno país [eu fui ignorado] a maior parte do tempo, e neste gigante país eu pude falar, em um certo momento histórico, em que um bilhão de pessoas queriam ouvir exatamente o que eu queria dizer. Esse foi um momento muito raro, e boa sorte" (János Kornai, entrevista com o autor, Budapest, Hungary, 30 de maio de 2012).

45. John F. Burns, "In China, a New 'Hundred Flowers' Drive", *New York Times*, 16 de junho de 1986, disponível em: http://www.nytimes.com/1986/06/16/world/in-china-a-new--100-flowers-drive.html; Alexander Pantsov e Steven Levine, *Deng Xiaoping: A Revolutionary Life* (Oxford: Oxford University Press, 2015), 329.

46. ZFLZQ J, 1986, 31–33; esse relatório também está incluído em 吴敬琏选集 [*Obras Selecionadas de Wu Jinglian*] (Taiyuan: Shanxi renmin chubanshe, 1989), 446–449.

47. Veja também: Wu Ji 吴季, et al., "论经济增长的有效约束" [Sobre Restrições Efetivas ao Crescimento Econômico], JJYJ, nº. 6 (1986): 19–24 (Wu Ji é apelido de Wu Jinglian); Wu Jinglian 吴敬琏, "关于改革战略选择的若干思考" [Alguns Pensamentos sobre a Escolha da Estratégia de Reforma], JJYJ, nº. 2 (1987): 3–14. Estou em débito com Joseph Fewsmith, *Dilemmas of Reform in China: Political Conflict and Economic Debate* (Armonk, NY: M. E. Sharpe, 1994), por sua visão excepcionalmente lúcida da cisma entre o grupo "reforma coordenada" e o "grupo reforma corporativa".

48. Hua Sheng 华生, et al., "微观经济基础的重新构造" [Reestruturando a Base Microeconômica], JJYJ, nº. 3 (1986): 21, 28.

49. Ibid., 21.

50. Ibid., 23–24. Esse grupo reconheceu que essa ideia também era de origem internacional. Eles escreveram: "A experiência internacional que merece emulação também mostra que em uma moderna economia de commodities o método de coletar retornos da propriedade é a forma mais comum na qual os interesses dos proprietários (ou proprietários legais) podem ser garantidos, deixando muito espaço para os gerentes (ou proprietários de empresas) operarem após a separação da administração da propriedade." (22–23).

51. Ma Ding 马丁 [Song Longxiang 宋龙祥], "当代我国经济学研究的十大转变" [As Dez Principais Mudanças no Estudo da Economia Contemporânea na China], 工人日报 [*Workers' Daily*], 2 de novembro de 1985; o artigo foi publicado em 世界经济导报 [*World Economic Herald*], 7 de abril de 1986. Para uma excelente análise do episódio, veja também: Merle Goldman, *Sowing the Seeds of Democracy in China: Political Reform in the Deng Xiaoping Era* (Cambridge: Harvard University Press, 1994), 160–163.

52. ZZYWJ, 3:229; Committee on Historical Manuscripts of the People's Republic of China 中国人民共和国史稿委员会, ed., 邓力群国史讲谈录 [*Um Registro das Falas de Deng Liqun sobre a História do País*], manuscrito interno (7 volumes, 2000–2002), 4:200.

53. Ma. "Ten Major Changes".

54. ZFLZQ J, 1986, 36–37; ZZYWJ, 3:304–305.

NOTAS 353

55. Li Yining 厉以宁, "改革的基本思路" [A Ideia Fundamental da Reforma], 北京日报 [*Pequim Daily*], 19 de maio de 1986, 3; Fewsmith, *Dilemmas of Reform*, Conforme notado nos Capítulos 3 e 5, a familiaridade de Li Yining com a economia ocidental foi profunda; além de escrever livros sobre economia thatcheriana e outros assuntos, a partir de 1979, Yining liderou a série de palestras semanais do Foreign Economics Research Group. Veja também: Foreign Economics Research Group 外国经济学说研究会, ed., 外国经济学讲座 [*Palestras sobre Economia Estrangeira*] (Pequim: Zhongguo shehui kexue chubanshe, 1980–1981).

56. Li Yining, entrevista com o autor, Pequim, China, 31 de agosto de 2013.

57. Xiao Meng, entrevista com o autor, Pequim, China, 26 de junho de 2012; ZZYWJ, 3:460.

58. Wang Zhihua 王志华, "论具有中国特色的 '模块集成式' 体制" [Sobre um Sistema de "Unidades Integradas" com Características Chinesas], 复旦学报 [*Fudan University Journal*], n°. 2 (1986): 41–43.

59. Hu Ruyin 胡汝银, "供给、所有制关系与短缺原因分析" [Analisando o Abastecimento, as Relações de Propriedade e a Causa da Escassez], 世界经济文汇 [*Escritos sobre a Economia Mundial*], n°. 2 (1987): 16, 18, 20, 22. Para outra crítica das ideias de Kornai e sua relevância para a China pelo mesmo autor, veja também: Hu Ruyin 胡汝银, "短缺归 因论" [Sobre a escassez], 外国经济理论评述 [*Comentários sobre a Teoria de Economia Estrangeira*], n°. 5 (1987): 28–33.

60. Um jovem economista do Instituto para a Reforma Estrutural Econômica da China, chamado Zhang Weiying — um dos primeiros a propor o sistema de pista dupla — também rebaixou a influência de Kornai na China. Ele reclamou: "Economistas chineses deram grande importância à *Economics of Shortage*, de Kornai. Isso trouxe algum progresso para a pesquisa econômica da China, mas também trouxe alguns problemas." (Zhang Weiying 张维迎, "总量分析、结构分析和预算软硬" [Análise Agregada, Estrutura de Análise e Orçamentos Rígidos e Flexíveis], JJYJ, n°. 8 [1987]: 11). Zhang também fez parte de uma equipe de coautores que expressaram preocupação com a influência de Kornai; veja também: Song Guoqing 宋国青, Zhang Weiying 张维迎, e Cheng Xiaonong 程晓农, "宏观经济讨论中的若干理论分歧" [Algumas diferenças Teóricas nas Discussões Macroeconômicas], JJYJ, 4 (1987): 3–14. Song, et al., apresentam uma distinção entre o valor intrínseco das ideias de Kornai e o valor dessas ideias como "alguns autores as têm usado para analisar a economia da China" (10), descartando muito do trabalho de Kornai como "sem muito valor prático" (12).

61. Wu Jinglian 吴敬琏, "关于国家调节市场、市场引导企业的提法" [Sobre a Ideia do Estado Gerir o Mercado e o Mercado Orientar as Empresas], preparado para Jiang Zemin e enviado em 10 de junho de 1991. Cedido ao autor por Wu Jinglian. "Manage" seria vencedor no ano seguinte.

62. Yang Jianming 杨建民, Liu He 刘鹤 e Cai Quan 蔡泉, "我国产业政策 研究的回顾和深化" [Revisando e Aprofundando a Pesquisa sobre Políticas Industriais da China], 宏观经济研究 [*Macropesquisa Econômica*], n°. 2 (1988): 15.

63. Hua Sheng 华生, Zhang Xuejun 张雪君 e Luo Xiaopeng 罗小朋, "中 国改革十年: 回顾 、反思和前景" [Dez Anos de Reforma Chinesa: revisão, reflexões e perspectivas], JJYJ, n°. 9 (1988): 31.

354 PARCEIROS IMPROVÁVEIS

Capítulo 8 *Tempos Intempestivos*

1. Chen Yizi 陈一谘, 陈一谘回忆录 [*Memórias de Chen Yizi*] (Hong Kong: Xin shiji chuban ji chuanmei youxian gongsi, 2013), 347–348; Gao Shangquan 高尚全, Chen Yizi 陈一谘, e Wang Xiaoqiang 王晓强, "匈牙利、南斯拉夫改革报告" [Relatório sobre a Reforma na Hungria e na Iugoslavia], em 艰难的探索: 匈牙利、南 斯拉夫改革考察 [*Uma Exploração Difícil: Uma Investigação da Reforma na Hungria e na Iugoslávia*] (Pequim: Zhongguo jingji guanli chubanshe, 1987), 15.

2. Chen, *Memórias de Chen Yizi*, 347–350.

3. Gao, Chen e Wang, "Report on the Reform in Hungary and Yugoslavia", 15–30. Outros membros da delegação continuaram a discutir o que haviam aprendido. Em outubro de 1986, Ma Kai publicou um relatório sobre a "reforma de preço sob a condição econômica de escassez", analisando o sistema de preços de pista dupla e questões relacionadas à reforma de preços baseada no conceito de "fome de investimento", de Kornai, e nas experiências húngara e iugoslava. Veja também: Ma Kai 马凯, 马凯集[*Obras Coletadas de Ma Kai*] (Harbin: Heilongjiang jiaoyu chubanshe, 1991), 195–212.

4. Fang Weizhong 房维中, ed., 在风浪中前进: 中国发展与改革编年记事 [Adiante na Tormenta: Cronologia da Reforma e do Desenvolvimento da China, 1977–1989], não publicado 2004. Disponível em the Fairbank Collection, Fung Library, Harvard University (citado daqui em diante como ZFLZQ J), 1986, 72–82; 赵紫阳文集 *1980–1989* [*Obras Coletadas de Zhao Ziyang, 1980–1989*] (Hong Kong: Chinese University Press, 2016) (citado daqui em diante como ZZY-WJ), 3:401–406. Em julho de 1986, Zhao elogiaria a inspiração que a reforma da Iugoslávia dera à China (ZZYWJ, 3:424). Veja também: "体改所兄弟姐妹唁文" [Mensagem de Condolências dos Amigos de Chen do Institute for Chinese Economic Structural Reform], 19 de abril de 2014, 陈一谘先生纪念网站 [Site em memória de Chen Yizi], disponível em: http://chenyizi. com/2014/04/19/tgs/.

5. *Journal of Comparative Economics* 11, n°. 3 (Setembro, 1987): 291, e 515–516, que inclui uma lista completa dos participantes e suas afiliações.

6. Bruce Reynolds e Susan K. Sell, "China's Participation in Global Governance: Exchange Rates and Intellectual Property" (2012, esboço não publicado e apagado na versão final). Para a versão final, veja também: Bruce Reynolds e Susan K. Sell, "China's Role in Global Governance — Foreign Exchange and Intellectual Property: A Comparison", Indiana University, Research Center for Chinese Politics and Business, Working Paper N°. 31 (Novembro, 2012), disponível em: https://www.indiana.edurccpb/wordpress/wp-content/uploads/2015/11/ Reynolds_Sell_RCCPB_31_Nov_2012.pdf.

7. Zhou Xiaochuan e Zhu Li, "China's Banking System: Current Status, Perspective on Reform", *Journal of Comparative Economics* 11, n°. 3 (Setembro, 1987): 406–407.

8. Reynolds e Sell, "China's Participation in Global Governance" (unpublished draft), 22.

9. Veja também: Henry C. Wallich, *MainPrimavera des of the German Revival* (New Haven: Yale University Press, 1955).

10. ZFLZQ J, 1986, 138.

11. Ibid., 1986, 137; ZZYWJ, 3:460–462.

12. ZFLZQ J, 1986, 140–141; sobre suas visões de junho, veja também: ZZYWJ, 3:401. Em meados de agosto, voltando à questão dos preços das commodities em uma discussão com o Grupo Central de Finanças e Economia, Zhao explicitamente contrasta a situação da China com a da Hungria e da Iugoslávia: "A China não tem uma situação como a da Hungria ou da Iugoslávia. Podemos controlar os preços mais facilmente do que eles podem." (ZFLZQ J, 1986, 197).

NOTAS 355

13. Nicholas Lardy, *China's Unfinished Economic Revolution* (Washington, DC: Brookings Institution Press, 1998), 63–64.

14. Henry Harding, *China's Second Revolution: Reform after Mao* (Washington, DC: Brookings Institution Press, 1987), 73; Lardy, *China's Unfinished Economic Revolution,* 131–132. Sobre a lei de falências, Lardy observa que, apesar de suas intenções, a lei era "raramente aplicada" e as reformas mais dolorosas e efetivas para as empresas estatais só começaram depois de 1993 (ibid., 23).

15. Wu Jinglian, *Understeing and Interpreting Chinese Economic Reform* (Mason, OH: Thomson South-Western, 2005), 294.

16. ZZYWJ, 3:254; Harold K. Jacobson e Michel Oksenberg, *China's Participation in the IMF, the World Bank, and GATT* (Ann Arbor: University of Michigan Press, 1990), 83, 87–88, 91–92.

17. Para um exemplo perspicaz que conecte os relatórios do Banco Mundial às ideias de Kornai, veja também: Zou Gang 邹刚 e Wang Zhigang 王志钢, "经营者利益与企业 行为" [Interesses de Gerentes e Comportamento de Empreendimentos], 经济体制改革 [*Reforma do Sistema Econômico*], n°. 1 (1987): 24–27.

18. Xinhua News Agency, "赵紫阳会见林重庚首席代表" [Zhao Ziyang se encontra com o Chefe da Delegação Edwin Lim], 人民日报 (*People's Daily*) (citado daqui em diante como RMRB), 22 de junho de 1986; ZZYWJ, 3:415–420.

19. Huo En 霍恩 (fotógrafo), "赵紫阳会见林重庚首席代表" [Zhao Ziyang se encontra com o Chefe da Delegação Edwin Lim], RMRB, 22 de junho de 1986; Edwin Lim, entrevista com o autor, Barnstable, Massachusetts, 14 de setembro de 2012.

20. A estatura de Lim permaneceu alta pelo resto de seu mandato. Seus discursos foram relatados no *People's Daily* e em outros pontos de venda. Veja também: Xinhua News Agency, "林重庚谈: 企业效率主要取决于竞争" [Edwin Lim diz que a eficiência comercial depende principalmente da concorrência], RMRB, 29 de maio de 1989.

21. "World Bank Aids Modernization", *Beijing Review* 29, n°. 12 (24 de março de 1986): 36. O Banco Mundial desembolsa dois tipos de empréstimos: os empréstimos do Banco Internacional de Reconstrução e Desenvolvimento (IBRD), que cobram juros, e os empréstimos da Associação Internacional de Desenvolvimento (IDA), que são empréstimos a juros baixos. A China era elegível para ambos.

22. International Bank for Reconstruction and Development (IBRD), *Annual Report, 1981* (Washington, DC: IBRD, 1981), 120–121, 188; IBRD, *Annual Report, 1982* (Washington, DC: IBRD, 1982), 118–119, 184; IBRD, *Annual Report, 1983* (Washington, DC: IBRD, 1983), 126–127, 218; IBRD, *Annual Report, 1984* (Washington, DC: IBRD, 1984), 139, 142, 210; IBRD, *Annual Report, 1985* (Washington, DC: IBRD, 1985), 145–146, 166; IBRD, *Annual Report, 1986* (Washington, DC: IBRD, 1986), 137–138, 158; IBRD, *Annual Report, 1987* (Washington, DC: IBRD, 1987), 139–140, 160; IBRD, *Annual Report, 1988* (Washington, DC: IBRD, 1988), 131–132, 152; IBRD, *Annual Report, 1989* (Washington, DC: IBRD, 1989), 158–159, 178.

23. Liqun Jin e Chi-kuo Wu, eds., 回顾与展望: 纪念中国与世界银行合作 十五周年 [*Passado e Futuro: Quinze Anos de Cooperação entre China e o Banco Mundial* (Pequim: Ministry of Finance and Xinhua News Agency, 1995), 27.

24. John Williamson, "What Washington Means by Policy Reform", em *Latin American Readjustment: How Much Has Happened,* ed. John Williamson (Washington, DC: Institute for International Economics, 1989); Veja também: Joseph Stiglitz, *Globalization and Its Discontents* (Nova York: W. W. Norton, 2002).

25. Edwin Lim, entrevista com o autor, Barnstable, Massachusetts, 14 de setembro de 2012.

26. Orville Schell, "Fang Lizhi: China's Erei Sakharov", *Atlantic Monthly* (Maio, 1988): 35–52.

27. Fang Lizhi 方励之, "民主、改革、现代化" [Democracia, Reforma e Modernização], (18 de novembro de 1986), em Fang Lizhi, 危机感下的责任 [*Responsabilidade Durante a Crise*] (Singapore: Shijie keji chubanshe, 1989), 231.

28. Julie Kwong, "The 1986 Student Demonstrations in China: A Democratic Movement?" *Asian Survey* 28, n°. 9 (Setembro, 1988): 970–971.

29. Jeffrey Wasserstrom, *Student Protests in Twentieth-Century China: The View from Shanghai* (Stanford: Stanford University Press, 1991), 299 (seu relato, em primeira mão, sobre como era viver em Xangai durante esse período).

30. "Obituary: Fang Lizhi", *Economist,* 14 de abril de 2012.

31. Wasserstrom, *Student Protests in Twentieth-Century China,* 299.

32. Zhu Jiamu 朱佳木, ed., 陈云年谱: 一九〇五——一九九五 [*Cronologia de Chen Yun: 1905–1995*], 3 vols. (Pequim: Zhongyang wenxian chubanshe, 2000) (citado daqui em diante como CYNP), 3:390, 392, 395.

33. "Hu Qiaomu, Deng Liqun on Nihilism, Liberalism", Xinhua News Agency, 28 de dezembro de 1986, trad. Foreign Broadcast Information Service, FBIS-CHI-86-250, 30 de dezembro de 1986, K7.

34. Joseph Fewsmith, *Dilemmas of Reform in China: Political Conflict and Economic Debate* (Armonk, NY: M. E. Sharpe, 1994), 196.

35. Kwong, "The 1986 Student Demonstrations in China", 987.

36. Deng Liqun 邓力群, 十二个春秋: 邓力群自述 [*Doze Primaveras e Outonos: uma Autobiografia de Deng Liqun*] (Hong Kong: Bozhi chubanshe, 2006), 401–407. Deng Liqun lembrou que, como no começo de 1983, ele e Chen Yun haviam criticado Hu Yaobang, mas Deng Xiaoping havia defendido seu então protegido. Veja também: Committee on Historical Manuscripts of the People's Republic of China 中国人民共和国史稿委员会, ed., 邓力群国史讲谈录 [*Um Registro das Falas de Deng Liqun sobre a História do País*], manuscrito interno (7 volumes, 2000–2002) (citado daqui em diante como GSJTL), 7:190.

37. Leng Rong 冷溶, ed., 邓小平年谱 *1975–1997* [*Cronologia de Deng Xiaoping, 1975–1997*], 2 vols. (Pequim: Zhongyang wenxian chubanshe, 2004) (citado daqui em diante como DXPNP), 1160–1162; CYNP, 3:400; Zhao Ziyang, *Prisoner of the State* (Nova York: Simon & Schuster, 2009), 172.

38. ZFLZQ J, 1987, 56; Richard Baum, *Burying Mao: Chinese Politics in the Age of Deng Xiaoping* (Princeton: Princeton University Press, 1994), 206–207; CYNP, 3:401–402; Edward A. Gargan, "Deng's Crushing of Protest Is Described", *New York Times,* 14 de janeiro de 1987, disponível em: http://www.nytimes.com/1987/01/14/world/deng-s-crushing-of-protest-is--described.html; James H. Williams, "Fang Lizhi's Expeing Universe", *China Quarterly,* n°. 123 (Setembro, 1990): 479.

39. Sou grato a um revisor anônimo por chamar minha atenção para esse ponto. Veja também: Joseph Fewsmith, "What Zhao Ziyang Tells Us about Elite Politics in the 1980s", *China Leadership Monitor,* n°. 30 (Outono de 2009): 1–20.

40. Zhao, *Prisoner of the State,* 176–179.

41. Ibid., 169–170.

NOTAS 357

42. Ibid., 173; ZZYWJ, 4:17 e 4:21–23. Em 5 de janeiro de 1987, Yang Shangkun viajou para Xangai para informar Li Xiannian sobre a reunião e as decisões relativas a Hu e Zhao; veja também: *n;âi=l* [*Cronologia de Li Xiannian*], 6 vols. (Pequim: Zhongyang wenxian chubanshe, 2011) (citado daqui em diante como LXNNP), 6:372. De acordo com Zhao, este é o lugar onde Li emitiu este aviso.

43. *Obras Selecionadas de Deng Xiaoping, Vol. III* (Pequim: Foreign Languages Press, 1994) (citado daqui em diante como SWDXP-3), 203. Veja também: ZFLZQ J, 1987, 76–77.

44. Ibid.

45. ZFLZQ J, 1987, 82–86.

46. DXPNP, 1173–1174; ZFLZQ J, 1987, 112–114; ZZYWJ, 4:47–48.

47. ZFLZQ J, 1987, 115–122.

48. Ibid., 1987, 123; ZZYWJ, 4:75.

49. Zhao, *Prisoner of the State*, 188. Seu primeiro esboço de uma lista de liberais a serem punidos incluía o economista e líder da CASS, Yu Guangyuan, que foi acrescentado por Deng Liqun. Zhao, que por muito tempo procurou Yu para apoiar intercâmbios intelectuais internacionais, anulou Deng Liqun e decidiu que Yu poderia realizar uma autocrítica sem punição adicional (ibid., 191). As contínuas dificuldades de Zhao em administrar os ataques à "liberalização burguesa" na primavera e no verão de 1987 foram ressaltadas em um discurso de maio de 1987 sobre propaganda e teoria (ZZYWJ, 4:96–98).

50. Ibid., 187.

51. Ibid., 199. A cronologia de Deng Xiaoping registra uma reunião com Zhao, Yang Shangkun, Wan Li, Bo Yibo e Hu Qili na casa de Deng naquele dia, mas apenas afirma que a reunião foi para discutir questões pessoais relacionadas ao Décimo Terceiro Congresso (DXPNP, 1200).

52. Li Xiannian também escreveu uma carta apoiando Deng Liqun e elogiando seu trabalho, mas sem sucesso (LXNNP, 6: 404). Para a descrição de Deng Liqun, veja também: Zhao, *Prisoner of the State*, 9.

53. Stanley Rosen, "China in 1987", *Asian Survey* 28, n°. 1 (1988): 36–40; ZZYWJ, 4:123. Para uma perspectiva diferente, veja também: Susan L. Shirk, *The Political Logic of Economic Reform in China* (Berkeley: University of California Press, 1993), 308–312.

54. Zhao, *Prisoner of the State*, 205.

55. Ibid. Veja também: ZZYWJ, 4:48.

56. SWDXP-3, 247–248.

57. Barry Naughton, *Growing out of the Plan: Chinese Economic Reform, 1978–1993* (Nova York: Cambridge University Press, 1995), 223.

58. Zhao Minshan 赵岷山, "二十个城市推行承包责任制的调查" [Uma Investigação sobre a Implementação de Contratos de Longo Prazo em 20 Cidades], em 优秀统计分析报告选编 [*Relatórios Selecionados de Análises Estatísticas*], ed. State Statistical Bureau 国家统计局办公室 (Pequim: Zhongguo tongji chubanshe, 1989), 442–448.

59. Peter Geithner, carta de 15 de maio de 1986, e "Memoreum: Opening the Pequim Office", 18 de junho de 1987, Developing Countries Program, Office Files of William Carmichael, Box 1, Folder 22, Ford Foundation Papers.

60. Edwin Lim 林重庚, "中国改革开放过程中的对外思想开放" [A abertura do Pensamento para o Mundo Exterior no Processo de Reforma e Abertura da China], em 中国经济: 50

人看三十年: 回顾与分析 [*Economia da China: Cinquenta Pessoas em Trinta Anos: Reflexões e Análises*], ed. Wu Jinglian ** ii*, et al. (Pequim: Zhongguo jingji chubanshe, 2008), 40.

61. Wu Jinglian 吴敬琏, "经济学家、经济学与中国改革" [Economistas, Economias e Reforma da China], 财经杂志 [*Caijing Magazine*], 3 de março de 2008, disponível em: http://www.caijing.com.cn/2008-03-03/100050778.html.

62. Peter F. Drucker, "No Jobs for the Millions Is China's Nemesis", *Wall Street Journal*, 19 de novembro de 1987. Drucker foi atacado por seu colega no Claremont Graduate Institute, o sinólogo Steven W. Mosher, em uma carta subsequente ao editor, por deixar o Partido Comunista Chinês "totalitário" com tanta facilidade (Steven W. Mosher, "Letters to the Editor: China's Economic Puzzle", *Wall Street Journal*, 8 de janeiro de 1988).

63. "Zhao Ziyang's Visit to Hungary, Evaluation by Delegation Members", Julho, 1987, History and Public Policy Program Digital Archive, Historical Archives of the Hungarian State Security (ABTL), trad. Katalin Varga, disponível em: http://digitalarchive.wilsoncenter.org/document/119354; ZZYWJ, 2:134. O detalhe sobre a participação de An Zhiwen é observado em Wolfgang Bartke, *Who Was Who in the People's Republic of China* (Munich: K.G. Saur, 1997), 1:7.

64. Xiaoyuan Liu e Vojtech Mastny, eds., *China and Eastern Europe, 1960s-1980s: Proceedings of the International Symposium: Reviewing the History of Chinese–East European Relations from the 1960s to the 1980s, Pequim, 24–26 Março, 2004* (Zürich: ETH Zürich, 2004), 168. Esses comentários foram feitos por Zhu Ankang.

65. Ibid., 165. Veja também: ZZYWJ, 4:126–129.

66. Fewsmith, *Dilemmas of Reform*, 210–214; Qimiao Fan, "State-Owned Enterprise Reform in China: Incentives and Environment", em *China's Economic Reforms: The Costs and Benefits of Incrementalism*, ed. Qimiao Fan e Peter Nolan (Basingstoke, UK: Macmillan, 1994), 149–150. Para comentário de Zhao Ziyang sobre o sistema de responsabilidade contratual e políticas relacionadas, veja também: ZZYWJ, 4:61–62, 4:87–89, 4:95, 4:283–288, 4:382, e 4:391–394.

67. Zhang Xuejun 张学军, "对我国宏观经济研究中若干基本观点的评价" [Uma avaliação de alguns pontos de vista básicos na pesquisa macroeconômica da China], 经济研究 [*Pesquisa Econômica*] (citado daqui em diante como JJYJ), n°. 8 (1987): 5–7. No mesmo artigo, Zhang dá uma revisão morna a um artigo de outro economista, Deng Yingtao, que ele caracteriza como derivado de Kornai. Ele escreve: "O artigo de Deng não pode igualar Kornai na força de sua análise e na maturidade de seu sistema teórico." (5).

68. Ibid., 6–7.

69. Wu Jinglian 吴敬琏, "关于宏观经济问题的分歧" [Diferenças Relativas em Questões Macroeconômicas], JJYJ, n°. 11 (1987): 52. Nunca perdendo uma oportunidade de aludir ao apoio internacional às suas ideias, Wu também descreveu o seu apoio à reforma de preços nos seguintes termos: "Tal como muitos outros economistas chineses e estrangeiros, acredito que, atualmente, a reforma dos preços (...) está muito atrás de toda a reforma, especialmente a que visa expandir o poder de decisão das empresas, e quais medidas determinadas devem ser tomadas para que ela possa alcançar." (47)

70. As deliberações realizadas até o XIII Congresso do Partido aconteceram, em parte, durante os debates sobre a agenda apropriada para 1988. Em julho de 1987, Zhao delineou suas prioridades para 1988, encabeçadas pelo "aprofundamento da reforma do sistema de gestão

NOTAS 359

empresarial" (abarcando desde o aumento da "competitividade" até o "aperfeiçoamento da autocontenção") e incluir uma ampla gama de outras reformas nos níveis micro e macroeconômico (ZFLZQ J, 1987, 226). Contudo, as grandes ambições ideológicas (em oposição às ambições políticas mais estreitas) do congresso de 1987 foram seu significado principal.

71. Veja também: Reuters photographs in Michel Oksenberg, "China's 13th Party Congress", *Problems of Communism* 36, n°. 6 (Novembro–Dezembro, 1987), 2 e 7.

72. LXNNP, 6:416; Baum, *Burying Mao*, 215–216. Tony Saich, "The Thirteenth Congress of the Chinese Communist Party: An Agenda for Reform?" *Journal of Communist Studies* 4, n°. 2: 203–204; Oksenberg, "China's 13th Party Congress", 5–7.

73. Outras análises, principalmente as oriundas de cientistas políticos, destacaram as propostas reconhecidamente "esqueléticas e sugestivas" da reforma política no modelo "neoautoritário" então em voga na China (Baum, *Burying Mao*, 220–222).

74. Zhao Ziyang 赵紫阳, 沿着有中国特色的社会主义道路前进 [*Avanço ao longo da Estrada do Socialismo com Características Chinesas*] (Pequim: Renmin chubanshe, 1987), 26–27; Veja também: ZZYWJ, 4:217–254.

75. Zhao, *Prisoner of the State*, 123. É claro que também é possível que Chen simplesmente não estivesse se sentindo bem. Mas este retrato baseia-se na interpretação de Zhao sobre a saída antecipada de Chen.

Capítulo 9   *As Margens do Rio*

1. Adi Ignatius, "Introduction" para Zhao Ziyang, *Prisoner of the State* (Nova York: Simon & Schuster, 2009), ix–x. Para a troca de Zhao Ziyang com a imprensa, veja também: 赵紫阳文集 *1980–1989* [*Obras Coletadas de Zhao Ziyang, 1980–1989*] (Hong Kong: Chinese University Press, 2016) (citado daqui em diante como ZZYWJ), 4:257–264.

2. Robert Weatherley, *Politics in China since 1949: Legitimizing Authoritarian Rule* (London: Routledge, 2006), 136. Zhao Ziyang se manteve na direção do Pequeno Grupo Líder para Assuntos Financeiros e Econômicos depois que ele foi promovido a secretário-geral. Atualmente, o presidente Xi Jinping o dirige. (Veja também: Wu Peng, "Closer Look: Xi's Leadership of Top Economic Group Follows Pattern", *Caixin,* 20 de junho de 2014, disponível em: http://english. caixin.com/2014-06-20/100693367.html.)

3. Fang Weizhong 房维中, ed., 在风浪中前进: 中国发展与改革编年记事 [Adiante na Tormenta: Cronologia da Reforma e do Desenvolvimento da China, 1977–1989], não publicado, 2004. Disponível em the Fairbank Collection, Fung Library, Harvard University (citado daqui em diante como ZFLZQ J), 1987, 335–342; ZZYWJ, 4:283–288.

4. Wu Jinglian, "Economics and China's Economic Rise" (artigo apresentado no Sixteenth World Congress of the International Economic Association, Pequim, China, 4 de julho de 2011), em *The Chinese Economy: A New Transition,* ed. Masahiko Aoki e Jinglian Wu (Nova York: Palgrave Macmillan, 2012), 14.

5. Joseph Fewsmith, *Dilemmas of Reform in China: Political Conflict and Economic Debate* (Armonk, NY: M. E. Sharpe, 1994), 214–217.

6. ZZYWJ, 2:577–587; Fuh-Wen Tzeng, "The Political Economy of China's Coastal Development Strategy: A Preliminary Analysis", *Asian Survey* 31, n°. 3 (Março, 1991): 273.

7. ZFLZQJ, 1987, 334; ZZYWJ, 4:271; Zhao, *Prisoner of the State*, 145–146.

8. Zhao, *Prisoner of the State*, 145–146.

9. Zhao Ziyang reconheceu essa influência. Veja também: ibid., 145–146. Para uma análise mais completa do modelo de crescimento nesses países, veja também: Ezra F. Vogel, *The Four Little Dragons: The Spread of Industrialization in East Asia* (Cambridge: Harvard University Press, 1991).

10. Wei-Wei Zhang, *Ideology and Economic Reform under Deng Xiaoping, 1978–1993* (London: Kegan Paul International, 1996), 194.

11. Deng Xiaoping, "We Should Draw on the Experiences of Other Countries" (3 de junho de 1988), em *Obras Selecionadas de Deng Xiaoping, Vol. III* (Pequim: Foreign Languages Press, 1994) (citado daqui em diante como SWDXP-3), 261–262; ZZYWJ, 4:372. Em 1992, as autoridades chinesas começariam a caracterizar os quatro tigres asiáticos como modelos para o futuro de uma nova maneira. Em sua Viagem pelo Sul, em 1992, por exemplo, Deng elogiou Cingapura em termos gerais: "Graças a uma administração rigorosa, Cingapura tem boa ordem pública. Devemos aprender com sua experiência e superá-la a esse respeito." Enquanto a China negociava relações diplomáticas com a Coreia do Sul, em agosto de 1992, Deng acrescentou: "A experiência de outros países mostra que alguns deles — Japão, Coreia do Sul e partes do Sudeste Asiático, por exemplo — passaram por um ou mais períodos de rápido desenvolvimento (...) Devemos ter essa ambição" (SWDXP-3, 365). O *New York Times* informou que Wu Bangguo, secretário do Partido de Xangai, "teria dito a um visitante que a China pretendia aprender com as políticas da Coreia do Sul e Cingapura no desenvolvimento de suas economias". (Nicholas D. Kristof, "China Sees Singapore as a Model for Progress", *New York Times,* 9 de agosto de 1992, disponível em: http://www.nytimes.com/1992/08/09/weekinreview/the-world-china-Veja também:s-singapore-as-a-model-for-progress.html).

12. Zhu Jiamu 朱佳木, ed.,陈云年谱: 一九〇五——一九九五 [*Cronologia de Chen Yun: 1905–1995*], 3 vols. (Pequim: Zhongyang wenxian chubanshe, 2000) (citado daqui em diante como CYNP), 407–408, 420.

13. Committee on Historical Manuscripts of the People's Republic of China 中国人民共和国史稿委员会, ed.,邓力群国史讲谈录 [*Um Registro das Falas de Deng Liqun sobre a História do País*], manuscrito interno (7 volumes, 2000–2002) (citado daqui em diante como GSJTL), 1:410.

14. Zhao, *Prisoner of the State*, 146.

15. Tzeng, "The Political Economy of China's Coastal Development Strategy", 273.

16. ZFLZQJ, 1988, 7. Zhao se reuniu com Chen Yun no dia 29 de janeiro de 1988, mas CYNP não registra o conteúdo de seus encontros. Em 15 de fevereiro de 1988, conversando com Li Peng e Hu Qili, Chen disse que apoiava os "dois extremos que se estendem no exterior", mas advertiu seus colegas a não subestimar a dificuldade do que eles estavam empreendendo (CYNP, 3:409–410).

17. ZZYWJ, 4:366–367; "Chao on Coastal Area's Development Strategy", *Beijing Review* 31, no. 6 (8–14 de fevereiro de 1988): 15–19.

18. Tzeng, "The Political Economy of China's Coastal Development Strategy", 271.

19. 薛暮橋年谱 [*Cronologia de Xue Muqiao*], não publicado, sem paginação.

20. Ibid.

21. ZFLZQJ, 1988, 23–27, 28–32.

NOTAS 361

22. Ibid., 1988, 3, 47.

23. Ibid., 1988, 48. Veja também: Tian Yuan 田源, "价格改革与产权制度转换" [A Reforma do Preço e a Mudança no Sistema de Direitos de Propriedade], 经济研究 [*Pesquisa Econômica*] (citado daqui em diante como JJYJ), n°. 2 (1988): 11–18.

24. ZFLZQJ, 1988, 60.

25. Ibid., 1988, 90; Zhao, *Prisoner of the State*, 146; ZZYWJ, 4:375.

26. ZFLZQJ, 1988, 102–107.

27. Ibid., 1988, 107–115.

28. Pareceu que os especialistas estrangeiros acreditavam que a China estava sofrendo com a inflação puxada pela demanda durante esse período, com o economista japonês Ryutaro Komiya — que visitou Pequim em abril de 1988 — afirmando que o fenômeno "não tinha chegado ao fim em meados de 1987" (Wu Jinglian, *Understanding and Interpreting the Chinese Economy* [Mason, OH: Thomson/South-Western, 2005], 367).

29. ZZYWJ, 3:157; ZFLZQJ, 1988, 119; ZZYWJ, 4:420–423.

30. Leng Rong 冷溶, ed., 邓小平年谱 *1975–1997* [*Cronologia de Deng Xiaoping, 1975–1997*], 2 vols. (Pequim: Zhongyang wenxian chubanshe, 2004) (citado daqui em diante como DXPNP), 978–979; "We Must Safeguard World Peace and Ensure Economic Development" (29 de maio de 1984), em SWDXP-3, 66–67.

31. Veja também: Herbert S. Yee, "The Three World Theory and Post-Mao China's Global Strategy", *International Affairs* 59, no. 2 (Primavera de 1983): 239–249.

32. Chen Yizi 陈一咨, 陈一咨回忆录 [*Memórias de Chen Yizi*] (Hong Kong: Xin shiji chuban ji chuanmei youxian gongsi, 2013), 505–509.

33. Zhu Jiaming 朱嘉明, Chen Yizhong 陈宜中, Qian Yongxiang 钱永祥, e Wang Chaohua 王超华, "中国改革的道路" [O Caminho da Reforma Chinesa], 3 de novembro de 2012, disponível em: http://www.21ccom.net/Artigos/zgyj/ggcx/Artigo_20121 10370279_2.html.

34. Chen, *Memórias de Chen Yizi*, 505–509.

35. Ibid., 509–512.

36. Zhu Jiaming 朱嘉明, "智慧: 在于避免偏见" [A sabedoria reside em se abster de viés], 读书 [*Dushu*], n°. 6 (1988): 120. Zhu também usou a experiência brasileira no desenvolvimento de suas regiões interiores para defender políticas de desenvolvimento para o oeste da China. Veja também: Zhu Jiaming 朱嘉明, "关于中国西部地区开发的若干问题" [Várias Questões Relacionadas ao Desenvolvimento das Regiões Ocidentais da China], 改革 [*Reform*], n°. 1 [1989]: 98–101.

37. Guo Shuqing 郭树清, "经济改革中的政策配合问题" [Quais políticas melhor se adequam às reformas?], 管理世界 [*Management World*], n°. 1 (1989): 75–76. Guo cita uma tradução da obra Ludwig Wilhelm Erhard's *Prosperity through Competition* (London: Thames e Hudson, 1958), 来自竞争的繁荣 (Pequim: Shangwu yinshuguan, 1983), bem como de Alexander Cairncross's *Years of Recovery: British Economic Policy, 1945–1951* (Nova York: Methuen, 1985) e, de maneira mais interessante, os comentários de János Kornai na Conferência de Bashan, em 1985 (Guo, "The Question of Coordinating Policy", 75). Ele também cita seu próprio artigo sobre a Conferência de Bashan: Guo Shuqing 郭树清, "国际知名学者和专家谈中国经济改革" [Famosos Acadêmicos e Especialistas Internacionais Discutem a Reforma Econômica da China], 经济社会体制比较 [*Sistemas Sociais e Economia Comparativos*], n°. 3 (1985): 6–11.

38. Peng Shuzi, "The Causes of the Victory of the Chinese Communist Party over Chiang Kai-Shek, and the CCP's Perspectives: Report on the Chinese Situation to the Third Congress of the Fourth International", *International Information Bulletin* (Socialist Workers Party) (Fevereiro, 1952), disponível em: https://www.marxists.org/archive/peng/1951/nov/causes.htm.

39. Dong Jianmin 董建民 e Liu Ren 刘仁, "近年来我国通货膨胀问题讨论 综述" [Resumo da discussão sobre o problema recente da inflação em nosso país], 财经科学 [*Finança e Economia*], n°. 2 (1989): 63. Veja também: Chang Qing 常清, "论模式转换时期的通货膨胀" [Discussões sobre inflação durante a mudança de modelo], 财经科学 [*Finança e Economia*], n°. 10 (1988): 1–9.

40. Dong e Liu, "Summary of the Discussion on the Recent Problem of Inflation", 66.

41. A China do século XX havia testemunhado uma inflação séria, incluindo um espetacular episódio de hiperinflação perto do fim do governo continental chinês de Guomindang (Partido Nacionalista, KMT). Lutando contra os japoneses, o governo KMT lutou para compensar o déficit de guerra e recorreu à moeda de impressão. Em maio de 1949, vários meses antes do estabelecimento da República Popular da China, o índice de preços era superior a 350 mil vezes o índice de preços em junho de 1937. Suisheng Zhao escreveu: "A inflação tornou-se a característica dominante da vida econômica urbana durante os últimos anos do governo KMT." (Suisheng Zhao, *A Nation-State by Construction: Dynamics of Modern Chinese Nationalism* [Stanford: Stanford University Press, 2004], 114; Veja também: Lloyd E. Eastman, "Nationalist China during the Sino-Japanese War, 1937–1945", em *The Nationalist Era in China, 1927–1949*, ed. Lloyd E. Eastman, et al. [Cambridge: Cambridge University Press, 1991], 152–160). ed. Lloyd E. Eastman, et al. [Cambridge: Cambridge University Press, 1991], 152–160). Rana Mitter discute o fenômeno relacionado à alta inflação no campo de base de Yan'an do PCCh, mostrando que era uma fonte da ênfase de Mao na autossuficiência (*Forgotten Ally: China's World War II, 1937–1945* [Boston: Houghton Mifflin Harcourt, 2013], 272–273).

42. Wu Guoguang 吴国光, 趙紫陽與政治改革 [*Reforma Política sob Zhao Ziyang*] (Taipei: Yuanjing chuban shiye gongsi, 1997), citado como Ezra F. Vogel, *Deng Xiaoping and the Transformation of China* (Cambridge: Belknap Press of Harvard University Press, 2011), 469.

43. Cheng Xiaonong, "Decision and Miscarriage: Radical Price Reform in the Verão de of 1988", em *Decision-Making in Deng's China: Perspectives from Insiders*, ed. Carol Lee Hamrin e Suisheng Zhao (Armonk, NY: M. E. Sharpe, 1995), 190. Li Peng ainda estava se consultando com Chen Yun com certa regularidade; eles se conheceram em 28 de maio de 1988 (CYNP, 3:413).

44. Vogel, *Deng Xiaoping*, 600.

45. ZFLZQ J, 1988, 138–140. 46.

46. Ibid., 1988, 140–141.

47. Ibid., 1988, 143.

48. Ibid., 1988, 146.

49. Ibid., 1988, 154–155; ZZYWJ, 4:445–446. Ao longo de 1988, Zhao continuou a se referir às experiências do Brasil com a inflação (veja também: ZZYWJ, 4:549).

50. ZZYWJ, 4:445–446; Xue Muqiao, "Afternoon Session, May 30, 1988", em XMQNP.

51. Cheng, "Decision and Miscarriage", 193.

52. Xue, "Afternoon session, May 30, 1988".

53. Veja também:, por exemplo, ZZYWJ, 4:476–483. Uma gama ainda maior de ideias econômicas de ponta começou a aparecer nos círculos econômicos chineses naquele momento. Ronald Coase, ganhador do Prêmio Nobel de Economia Institucional, e que se tornaria po-

NOTAS

pular na China nos anos 90, escreveu a seu aluno chinês de graduação, Sheng Hong, em 1988, que ele tinha um "entendimento concreto" de que uma compreensão do que aconteceu e está acontecendo na China nos ajudará muito a melhorar e enriquecer nossa análise da influência da estrutura institucional no funcionamento do sistema econômico" (Veja também: http://iep.gmu.edu/wp-content/uploads/2012/04/WangNingCoaseInterviewDec2010.pdf, p. 3). Veja também: Sheng Hong 盛洪, "中国的过渡经济学" [*A Economia Transicional da China*], em 中国的过渡经济学 [*A Economia Transicional da China*], ed. Sheng Hong (Shanghai: Shanghai renmin chubanshe, 2009), 6–7.

54. Mi Ling Tsui, ed., *China: Presenting River Elegy*, Deep Dish TV, disponível em: https://archive.org/details/ddtv_40_china_presenting_river_elegy/.

55. Rana Mitter, *A Bitter Revolution: China's Struggle with the Modern World* (Oxford: Oxford University Press, 2004), 264. Mitter oferece uma análise excelente e sucinta do *River Elegy* (ibid., 264–272).

56. Cheng, "Decision and Miscarriage", 193.

57. Muitos desses relatórios foram coletados e traduzidos para o inglês. Ver Joseph Fewsmith, ed. e trad., "China's Midterm Economic Structural Reform, 1988–1995", Chinese Law and Government 22, nº. 4 (Inverno de 1989–1990); Wu Jinglian e Bruce Lloyd Reynolds, "Choosing a Strategy for China's Economic Reform", American Economic Review 78, nº. 2 (1988): 461–466. A hipótese de Fewsmith era de que Liu "tenha se dedicado aos conservadores" porque sua "influência diminuiu", como Wu, Li e outros se tornaram proeminentes nos anos anteriores (*Dilemmas of Reform*, 224).

58. Wu, "Economics and China's Economic Rise", 14.

59. Li Yining 厉以宁, "价格改革为主还是所有制改革为主" [A reforma de preços ou a reforma da propriedade devem ter prioridade?], 金融科学 [*Financial Science*], no. 2 (1988): 86–88.

60. Vogel, *Deng Xiaoping*, 469; Wu Guoguang 吴国光, 赵紫阳与政治改革 [*Zhao Ziyang e a Reforma Política*] (Hong Kong: Taipingyang shiji chubanshe, 1997) (citado daqui em diante como ZZYYZZGG), 526–531.

61. Cheng, "Decision and Miscarriage", 194.

62. Zhao, *Prisoner of the State*, 231, 236. Sou grato a um revisor anônimo por sugerir que eu inclua este ponto.

63. Cheng, "Decision and Miscarriage", 195.

64. Ibid., 194.

65. Fewsmith, *Dilemmas of Reform*, 226.

66. ZFLZQ J, 1988, 191–193.

67. Ibid., 1988, 198–221; CYNP, 3:414.

68. ZZYYZZGG, 526, 530; DXPNP, 1243.

69. ZZYYZZGG, 529; ZFLZQ J, 1988, 224.

70. Xiao Huanhuan 肖欢欢 e Ni Ming 倪明, "1988 年 9 月初武汉市民抢购金 饰" [Moradores de Wuhan correm para comprar joias de ouro no início de setembro de 1988], 广州日报 [*Guangzhou Daily*], 7 de junho de 2008, disponível em: http://news.hexun.com/2008-09-09/108681287.html e http://news.hexun.com/2008-09-09/108682010.html.

71. "激荡三十年: 1978–2008" [*Os Trinta Anos Vibrantes: 1978–2008*], episódio 11: Yicai, directed by Zeng Jie 曾捷, 2008, disponível em: https://www.youtube.com/watch?v=XaFuWne-g30k&feature=youtu.be&t=5m35s/.

72. Liu Binyan, *China's Crisis, China's Hope* (Cambridge: Harvard University Press, 1990), 5; Reuters, "China Presses Curbs on Spending", 15 de junho de 1988, disponível em: http://www.nytimes.com/1988/06/15/world/china-presses-curbs-on-spending.html.

73. Times Wire Services, "Panic Buying Clears Shelves in Chinese City", *Los Angeles Times,* 16 de agosto de 1988, disponível em: http://Artigos.latimes.com/1988-08-16/news/mn-711_1_bank-run.

74. A pesquisa original foi autorizada por An Zhiwen e divulgada em 15 de outubro de 1988; reimpressa em "贯彻三种全会精神增强改革信心" [Atuando no Espírito da Terceira Sessão Plenária do Décimo Terceiro Comitê Central e Fortalecendo a Confiança na Reforma] 中国经济体制改革 [*Reforma do Sistema Econômico da China*] 36, n°. 12 (23 de dezembro de 1988): 6–9.

75. ZFLZQ J, 1988, 227–230; CYNP, 3:414–415.

76. ZFLZQ J, 1988, 231–234. Veja também: ZZYWJ, 4:484–496.

77. Zhao, *Prisoner of the State,* 227.

78. Vogel, *Deng Xiaoping,* 470.

79. Yao Yilin se reuniu com Chen Yun em 7 de setembro (CYNP, 3:415).

80. ZFLZQ J, 1988, 236–242; DXPNP, 1247–1248.

81. Zhao, *Prisoner of the State,* 233–236.

82. Friedman Papers, Box 189, Folder 10, e Box 189, Folder 7.

83. Milton e Rose D. Friedman, *Two Lucky People: Memoirs* (Chicago: University of Chicago Press, 1998), 537; Edward H. Crane, "Foreword: Crisis and Opportunity", em *Economic Reform in China: Problems and Prospects,* ed. James A. Dorn e Wang Xi (Chicago: University of Chicago Press, 1990), ix. A participação de Jiang nas reuniões é registrada em ZFLZQ J, 1988, 234–235.

84. Milton Friedman, "Using the Market for Social Development", *Cato Journal* 8, n°. 3 (Inverno de 1989): 567–579.

85. Friedman Papers, Box 114, Folder 14.

86. Pu Shan, "Planning and the Market", *Cato Journal,* 8, n°. 3 (Inverno de 1989): 581–583.

87. Friedman e Friedman, *Two Lucky People,* 540.

88. Milton Friedman, *Friedman in China* (Hong Kong: Centre for Economic Research, Chinese University Press, 1990), 107–111.

89. Wu Jinglian, "Economics and China's Economic Rise", 24.

90. Friedman e Friedman, *Two Lucky People,* 42.

91. Ibid., 607–609.

92. Zhang Liang 张亮, "赵紫阳会见弗里德曼时说中国已大体具备推行股份制 条件" [Durante o encontro com Friedman, Zhao Ziyang afirma que a China implementou em grande parte as condições para um Sistema de ações conjuntas], 人民日报 [*People's Daily*] (citado daqui em diante como RMRB), 20 de setembro de 1988. Veja também: ZZYWJ, 4:510–518. Essa transcrição em chinês corresponde ao transcrito de Friedman citado abaixo.

93. Friedman e Friedman, *Two Lucky People,* 611–612.

94. Ibid., 610–611.

95. Ibid., 543.

NOTAS 365

96. Ibid., 614–615.

97. Steven N. Cheung, "Deng Xiaoping's Great Transformation", *Contemporary Economic Policy* 16, n°. 2 (Abril, 1998): 125–135. Cheung, um ex-aluno que acompanhou Friedman, durante a viagem de 1988, como seu intérprete.

98. GSJTL, 4:206–207, 221.

99. Friedman Papers, Box 114, Folder 14.

100. Friedman e Friedman, *Two Lucky People*, 543.

101. Zhang Liang 张亮, "未来世界经济发展总趋势令人乐观: 访西方货币学领 袖米尔顿 · 弗里德曼" [Otimismo Futuro sobre Tendências no Desenvolvimento Econômico Global: Entrevista com o líder monetarista ocidental Milton Friedman], RMRB, 24 de setembro de 1988; para uma argumentação diferente, veja também: ZZYWJ, 4:513.

102. Friedman Papers, Box 190, Folder 2.

103. Gregory Chow, 1988. Notas sobre Trocas Econômicas, Kenneth Arrow Papers.

104. Reuters, "Friedman Says Inflation May Cripple China", *Los Angeles Times,* 14 de setembro de 1988, disponível em: http://Artigos.latimes.com/1988-09-14/business/fi-1701_1_milton-friedman; Milton Friedman, "Letter to the Editor", *Stanford Daily,* 27 de outubro de 1988.

105. Anthony Lewis, "For Which We Ste", *New York Times,* 2 de outubro de 1975.

106. Friedman, "Letter to the Editor".

107. Peter Brimelow, "Why Liberalism Is Now Obsolete: An Interview with Nobel Laureate Milton Friedman", *Forbes* 142, n°. 13 (12 de dezembro de 1988): 161.

108. Richard Baum, *Burying Mao: Chinese Politics in the Age of Deng Xiaoping* (Princeton: Princeton University Press, 1994), 234–236; CYNP, 3:416.

109. Vogel, *Deng Xiaoping,* 472.

110. ZFLZQ J, 1988, 243, 246; Veja também: ibid., 1988, 250–252; ZZYWJ, 4:528–538.

111. ZFLZQ J, 1988, 272–275.

112. Fewsmith, *Dilemmas of Reform,* 231.

113. CYNP, 3:416–417; ZFLZQ J, 1988, 278–280; em 24 de outubro de 1988, relatório de preços, veja também: ZFLZQ J, 1988, 281–284.

114. ZZYWJ, 4:553–560.

115. Zhao, *Prisoner of the State,* 222; ZFLZQ J, 1988, 286–296.

116. Baum, *Burying Mao,* 241.

117. Veja também: artigos de Yan Jiaqi 严家其 e Su Shaozhi 苏绍智, em 世界经济导报 [*World Economic Herald*], 9 de janeiro de 1989, 15; e Wen Yuankai 温元凯, "得知识 分子得天下", [Ganhar intelectuais é ganhar tudo e perder intelectuais é perder tudo], 世界经济导报 [*World Economic Herald*], 20 de fevereiro de 1989, 1. Esses exemplos e a maioria dos outros do *World Economic Herald* são extraídos do excelente artigo de Li e White sobre a história da publicação. Veja também: Li Cheng e Lynn T. White, III, "China's Technocratic Movement and the *World Economic Herald*", *Modern China* 17, n°. 3 (Julho, 1991): 342–388.

118. CYNP, 419; DXPNP, 1266–1267.

119. Oleg T. Bogomolov, ed., *Market Forces in Planned Economies: Proceedings of a Conference Held by the International Economic Association in Moscow, USSR* (Basingstoke, UK: Macmillan, em associação com o International Economic Association, 1990), xii–xvi, 245.

120.Wu Jinglian e Zhao Renwei, "The Dual Pricing System in China's Industry", *Journal of Comparative Economics* 11, n°. 3 (1987): 309–318.

121.Dong Fureng 董辅礽, "经济运行机制的改革和所有制的改革" [Reforma do Mecanismo Econômico e Reforma da Propriedade], JJYJ, n°. 7 (1988): 27–33.

122.ZZYWJ, 4:647. O começo de 1989 foi um período movimentado para intercâmbios internacionais, e até mesmo o teórico septuagenário Hu Qiaomu viajou para os Estados Unidos pela primeira vez durante várias semanas de estudos e viagens. Veja também: Ye Yonglie 叶永烈, 胡乔木 [*Hu Qiaomu*] (Pequim: Zhonggong zhongyang dangxiao chubanshe, 1994), 214–215; Zhang Zhanbin 张湛彬, 改革 初期的复杂局势与中央高层决策 [*A Situação Complexa no Período Inicial de Reforma e a Política nos Altos Escalões do Governo Central*] (Pequim: Zhongguo guanli kexue yan-jiuyuan bianji chuban yanjiusuo, 2008), 3.

123.Gregory C. Chow, *Interpreting China's Economy* (Singapore: World Scientific, 2010), 427. Chow desempenhou um papel ativo nos assuntos de Hong Kong, inclusive em seus negócios com o continente. Veja também: ZZYWJ, 4:630–633.

124.Zhiwen 安志文 e Liu Hongru 刘鸿儒, "关于和台湾经济学家座谈的报告" [Relatório sobre o Simpósio com Economistas de Taiwaneses] (25 de março de 1989), em 国家体改委重要文件资料汇编 [*Compilação de Documentos Importantes da Comissão do Estado sobre a Reforma no Sistema*], ed. Important Documentary Materials of the State Commission on System Reform 国家体改委重要文件资料 (Pequim: Gaige chubanshe, 1999); "国家体改委关于国营企业利改税问题座谈会情况的报告" [Relatório da Comissão Estadual de Reformas Estruturais sobre a Emissão de Tributos com Lucros em Empresas Estatais], em ibid., 2:799–804. Documentos cedidos ao autor por uma fonte que deseja permanecer anônima.

125.Friedman Papers, Box 189, Folder 10, e Box 189, Folder 7.

126.Zhao, *Prisoner of the State*, 132–133.

127.Guo Shuqing 郭树清, "经济体制改革近期与长远的统一问题" [A questão da integração na reforma estrutural econômica de curto e longo prazo], JJYJ, n°. 3 (1988): 44.

128.Chen Yizi, "The Decision Process Behind the 1986–1989 Political Reforms", em *Decision-Making in Deng's China*, 149–150, ed. Hamrin e Zhao; Merle Goldman, *Sowing the Seeds of Democracy in China: Political Reform in the Deng Xiaoping Era* (Cambridge: Harvard University Press, 1994), 232–237.

129.Chen, "The Decision Process Behind the 1986–1989 Political Reforms", 142–143.

130.ZZYYZZGG, 73. A publicação de *Obras Coletadas de Zhao Ziyang, 1980–1989* fornece um importante material novo para estudiosos interessados em compreender os esforços de reforma política da China durante os anos 1980, particularmente no período de 1986 a 1989, quando Deng Xiaoping encorajou Zhao a explorar reforma política. Veja também: ZZYWJ, 3:468–477, 3:490–493, e 4:202–216.

131.Veja também: Wu Jinglian 吴敬琏, "'寻租' 理论与我国经济中的某些消极现象" [A Teoria dos Caça-renda e alguns fenômenos negativos na economia da China], 经济社会体制比较 [*Sistemas Sociais e Economia Comparativos*], n°. 5 (Setembro, 1988): 1–2. Por causa das oportunidades criadas pelas reformas de mercado e pela contínua existência do sistema dual, Wu escreveu: "O conceito na economia ocidental de 'rent-seeking' (caçadores de renda) se desenvolveu, embora em nosso contexto social muito diferente." Wu pareceu se basear substancialmente no trabalho do economista norte-americano Nicholas Lardy.

NOTAS 367

132. Erew J. Nathan, "China's Political Trajectory: What Are the Chinese Saying?" em *China's Changing Political Lescape: Prospects for Democracy,* ed. Cheng Li (Washington, DC: Brookings Institution Press, 2008), 37–38.

133. Veja também, He Jiacheng 何家成, "东欧经济改革中的政治问题" [Questões Políticas na Reforma Econômica da Europa Oriental], 政治学研究 [*Pesquisa de Estudos Políticos*], n°. 2 (1989): 66–72. He Jiacheng foi um dos dois economistas juniores designados para preparar um primeiro esboço do Relatório Bashan em 1985.

134. Zhao Renwei 赵人韦, Chen Dongqi 陈东琪, e Wang Zhongmin 王忠民, "市场化改革进程中的实物化倾向" [A tendência de pagar em espécie no curso das reformas orientadas para o mercado], JJYJ, n°. 4 (1989): 9.

135. Ibid., 16.

136. Além das reformas econômicas que são objeto deste livro, analistas como David Shambaugh notaram que os estudos de estados pós-comunistas e não comunistas também influenciaram algumas das reformas políticas e institucionais empreendidas pelo PCCh. Veja também: David Shambaugh, *China's Communist Party: Atrophy and Adaptation* (Washington, DC: Woodrow Wilson Center Press; Berkeley: University of California Press, 2008).

137. Vogel, *Deng Xiaoping,* 595–639; Baum, *Burying Mao,* 248. Veja também: Philip J. Cunningham, *Tiananmen Moon: Inside the Chinese Student Uprising of 1989* (Nova York: Rowman & Littlefield, 2009); Erew J. Nathan, *China's Crisis: Dilemmas of Reform and Prospects for Democracy* (Nova York: Columbia University Press, 1990).

138. Veja também: Capítulo 10. Novas fontes — incluindo entrevistas com participantes, memórias e documentos militares vazados — estão revelando dinâmicas anteriormente mal compreendidas, por exemplo, como a extensão da discordância dentro da liderança militar durante a lei marcial. Além disso, uma série de livros e artigos publicados em torno do vigésimo quinto aniversário de 4 de junho de 1989, inaugurou uma nova onda de interesse acadêmico, que prometem aprofundar substancialmente nossa compreensão desse episódio crucial e trágico. Veja também: Louisa Lim, *The People's Republic of Amnesia: Tiananmen Revisited* (Oxford: Oxford University Press, 2014); Rowena Xiaoqing He, *Tiananmen Exiles: Voices of the Struggle for Democracy in China* (Nova York: Palgrave Macmillan, 2014); Erew Jacobs e Chris Buckley, "Tales of Army Discord Show Tiananmen Square in a New Light", *New York Times,* 2 de junho de 2014, disponível em: http://www.nytimes.com/2014/06/03/world/asia/tiananmen-square-25-years--later-details-emerge-of-armys-chaos.html?_r=0.

139. Fewsmith, *Dilemmas of Reform,* 230–231; ZFLZQ J, 1989, 31–40.

140. DXPNP, 1269–1270; ZFLZQ J, 1989, 50–52.

141. Ian Johnson, "The Ghosts of Tiananmen Square", *Nova York Review of Books* 61, n°. 10 (5 de junho de 2014): 31–33; Veja também: Zhang Liang, *The Tiananmen Papers,* ed. Erew J. Nathan e Perry Link (Nova York: Public Affairs, 2001).

142. Stephen Kotkin, with a contribution by Jan T. Gross, *Uncivil Society: 1989 and the Implosion of the Communist Establishment* (Nova York: Modern Library, 2009), 117–131; Timothy Snyder, "1989: Pole Was First!" *Nova York Review of Books,* 9 de dezembro de 2009, disponível em: http://www.nybooks.com/blogs/nyrblog/2009/dec/09/1989-pole-was-first/. Há evidências de que os líderes do movimento estudantil foram diretamente inspirados pelo que viram na Europa Oriental. Wang Dan, por exemplo, comentou em 4 de março de 1989: "A estrela da esperança nasce na Europa Oriental (…). Isso atesta com vigor o fato de que a democracia não é dada, mas deve ser o resultado da luta das pessoas vindas de baixo." (Wang Dan, "The Star of Hope

Rises in Eastern Europe" em: *China's Search for Democracy: The Student and Mass Movement of 1989*, ed. Suzanne Ogden, et al. [Armonk, NY: M.E. Sharpe, 1992], 46–47). O *World Economic Herald* também forneceu insights sobre essa orientação internacional. Em 3 de abril de 1989, o *Herald* publicou um artigo de Zhang Weiguo, relatando um simpósio sobre empresas estatais e declarando: "Qualquer economista chinês acredita que o sistema econômico do estado está em um beco sem saída." (enfase adicionada). Veja também: Zhang Weiguo, "The Crisis of the State-Ownership System", *World Economic Herald*, 3 de abril de 1989, 10, citado como Li e White, "China's Technocratic Movement".

143. ZZYWJ, 4:645; Baum, *Burying Mao*, 250. Deng estava assistindo a esses eventos de perto e discutiu as "Color Revolutions" em 8 de abril de 1989 (DXPNP, 1271).

144. Mary Sarotte, "China's Fear of Contagion: Tiananmen Square and the Power of the European Example", *International Security* 37, nº. 2 (Outono de 2012): 161, 171.

145. Anônimo, "必须旗帜鲜明地反对动乱" [É necessário tomar uma posição clara contra as perturbações], RMRB, 26 de abril de 1989.

146. "Student Response to the Editorial" e "April 27 Demonstrations" (24–30 de abril), em Zhang, *Tiananmen Papers*, 76–82.

147. Ibid., 57.

148. Li e White, "China's Technocratic Movement", 352, 379; sobre Zhao lendo o *World Economic Herald*, veja também: ZZYWJ, 2:199. O artigo criticando Li Peng foi escrito por Hu Jiwei, que havia sido editor-chefe e diretor do *People's Daily*.

149. Editorial Board, "Statement of Our Views on the Shanghai Party Committee's 'Decision' reorganizar o *World Economic Herald*", em *China's Search for Democracy*, ed. Ogden, et al. 157–158.

150. Li e White, "China's Technocratic Movement", 343.

151. Fang Lizhi, "Prologue: On Patriotism and Global Citizenship", em *The Broken Mirror: China After Tiananmen*, ed. George Hicks (London: Longman, 1990); James H. Williams, "Fang Lizhi's Expeing Universe", *China Quarterly*, nº. 123 (Setembro, 1990): 482.

152. "Politburo Steing Committee Meets" (8 de maio), em Zhang, *Tiananmen Papers*, 126–129. Veja também: CYNP, 3:423; Vogel, *Deng Xiaoping*, 608–609; ZZYWJ, 4:657–662.

153. "The Steing Committee Meets at Deng Xiaoping's Home" (17 de maio), em Zhang, *Tiananmen Papers*, 184–190; Baum, *Burying Mao*, 257.

154. Zhao, *Prisoner of the State*, 48.

155. Zhang, *Tiananmen Papers*, 194.

156. Baum, *Burying Mao*, 260–261.

157. Zhao, *Prisoner of the State*, 25–34.

158. Baum, *Burying Mao*, 271.

159. Citado como ibid., 272, citando Erew G. Walder e Xiaoxia Gong, "Workers in the Tiananmen Protests: The Politics of the Pequim Workers Autonomous Federation", *Australian Journal of Chinese Affairs*, nº. 29 (Janeiro, 1993): 19.

NOTAS

160. "Who Ordered the Arrest of Bao Tong?" (26–28 de maio), em Zhang, *Tiananmen Papers,* 308.

161. Vogel, *Deng Xiaoping,* 624–631.

162. "Western Infiltration, Intervention, and Subversion" (1º de junho), em Zhang, *Tiananmen Papers,* 338–348.

163. "The CCP Elders Decide to Clear the Square" (2 de junho), em Zhang, *Tiananmen Papers,* 354–362. O sentido de uma trama internacional foi sublinhado em um discurso de maio do presidente George H. Bush sobre as mudanças ocorridas no bloco soviético. Bush, que visitou Pequim em fevereiro, declarou: "A superioridade das sociedades livres e dos livres mercados sobre o socialismo estagnado é inegável." (George H. W. Bush, discurso de formatura proferido na Universidade A&M do Texas, em 12 de maio de 1989, disponível em: http://www.presidency. ucsb.edu/ws/?pid=17022). Veja também: CYNP, 3:424.

164. Vogel, *Deng Xiaoping,* 624–631.

165. Zhao, *Prisoner of the State,* 33.

Capítulo 10   *No Delta*

1.   Ezra Vogel, *Deng Xiaoping and the Transformation of China* (Cambridge: Belknap Press of Harvard University Press, 2011), 619, 629–631; Jonathan Mirsky, "Tiananmen: How Wrong We Were", *Nova York Review of Books,* Blog, 20 de maio de 2014, disponível em: www.nybooks.com/blogs/nyrblog/2014/may/20/tiananmen-how-wrong-we-were/.

2.   Essas instruções de segurança lançaram hipóteses sobre as implicações tanto dos protestos estudantis quanto das respostas conservadoras; por exemplo, "Deng certamente considera a si mesmo e suas políticas de reforma como o alvo real dos ataques sobre Zhao" (*National Intelligence Daily,* 11 de maio de 1989, Top Secret, National Security Archive).

3.   4 de junho de 1989, Telegrama 01070 (Confidencial), 1–3, Arquivo de Segurança Nacional.

4.   Chen Yizi 陈一咨, 陈一咨回忆录 [*Memórias de Chen Yizi*] (Hong Kong: Xin shiji chuban ji chuanmei youxian gongsi, 2013), 635–638.

5.   Fang Lizhi, "The Past and the Future" (escrito em novembro de 1989), trad. Perry Link, *Nova York Review of Books* 58, nº. 11 (23 de junho de 2011); George H. W. Bush, "Diary, June 10", em George Bush e Brent Scowcroft, *A World Transformed* (Nova York: Knopf, 1998), 99.

6.   Leng Rong 冷溶, ed., 邓小平年谱 *1975–1997* [*Cronologia de Deng Xiaoping, 1975–1997*], 2 vols. (Pequim: Zhongyang wenxian chubanshe, 2004) (citado daqui em diante como DXPNP), 1279–1280; Fang Weizhong 房维中, ed. 在风浪中前 进: 中国发展与改革编年记事 [*Adiante na Tormenta: Cronologia da Reforma e do Desenvolvimento da China, 1977–1989*], não publicado, 2004. Disponível em Fairbank Collection, Fung Library, Harvard University (citado daqui em diante como ZFLZQ J), 1989, 73. Veja também: Richard Baum, *Burying Mao: Chinese Politics in the Age of Deng Xiaoping* (Princeton: Princeton University Press, 1994), 294–295.

7. DXPNP, 1281–1282; Deng Xiaoping, "Urgent Tasks of China's Third Generation of Collective Leadership" (16 de junho de 1989), em *Obras Selecionadas de Deng Xiaoping, Vol. III* (Pequim: Foreign Languages Press, 1994) (citado daqui em diante como SWDXP-3), 302–303. Veja também: ZFLZQ J, 1989, 76–82.

8. ZFLZQ J, 1989, 76; Barry Naughton, *Growing out of the Plan: Chinese Economic Reform, 1978–1993* (Nova York: Cambridge University Press, 1995), 274–276.

9. Zhu Jiamu 朱佳木, ed., 陈云年谱: 一九〇五—一九九五 [*Cronologia de Chen Yun: 1905–1995*], 3 vols. (Pequim: Zhongyang wenxian chubanshe, 2000) (citado daqui em diante como CYNP), 3:426–427; DXPNP, 1282–1283.

10. Li Peng 李鹏, "关于赵紫阳同志在反党反社会主义的动乱中所犯错误的报告" [Relatório sobre os erros do camarada Zhao Ziyang na agitação antipartidária e antissocialista] (24 de junho de 1989), disponível em: http://news.xinhuanet.com/ziliao/2005-01/17/content_2469759.htm; Editorial, "Only Socialism Can Develop China", 人民日报 (*People's Daily*) (citado daqui em diante como RMRB), 22 de julho de 1989, trad. Foreign Broadcast Information Service, FBIS-CHI-89-140, 24 de julho de 1989, 34; "中国共产党第十三届中央委员会第四次全体会议公报" [Comunicado da Quarta Sessão Plenária do Décimo Terceiro Comitê Central do PCCh], 23 de junho de 1989, disponível em: http://cpc.people.com.cn/GB/64162/64168/64566/65386/44 41846.html; "Li Peng's Report on Zhao's Mistakes Published", 东方日报 (*Eastern Daily*) (Hong Kong), 16 de julho de 1989, trad. Foreign Broadcast Information Service, FBIS-CHI-89-136, 18 de julho de 1989, 21–23.

11. Citado como Joseph Fewsmith, *China since Tiananmen: The Politics of Transition* (Nova York: Cambridge University Press, 2001), 31.

12. "Destacado" por vários oradores, Secretaria do Quarto Plenário do Décimo Terceiro Comitê Central do PCCh, 23-24 de junho de 1989, em Zhang Liang, *Tiananmen Papers,* ed. Erew J. Nathan e Perry Link (Nova York: Public Affairs, 2001). Esse comentário foi supostamente feito por Song Renqiong.

13. Zhao Ziyang, *Prisoner of the State* (Nova York: Simon & Schuster, 2009), 123.

14. Deng, "Urgent Tasks".

15. Chen Xitong 陈希同, 关于制止动乱和平息反革命暴乱的情况报告: 1989 年 6 月 30 日在第七届全国人民代表大会常务委员会第八次会议上 [*Relatório sobre a Supressão da Agitação e Reprimenda da Rebelião Contrarrevolucionária: Discurso no Oitavo Encontro do Comitê de Steing do Sétimo Congresso Nacional do Povo em 20 de junho, 1989*] (Pequim: Renmin chubanshe, 1989), 2–3.

16. NE: Termo utilizado para se referir a um conjunto de conselheiros e especialistas que prestam serviços de orientação e consultoria em matéria de gestão de políticas públicas e econômicas e variados tipos de gestão.

17. Ibid.

18. Friedman Papers, Box 189, Folder 8; for Fan's letter, veja também: Friedman Papers, Box 189, Folder 10.

19. Anônimo, "The Birth of the Institute", *Newsletter: The 1990 Institute*, Dezembro, 1990, 1.

20. Friedman Papers, Box 190, Folder 1.

21. 20. DXPNP, 1284.

22. Bush e Scowcroft, *A World Transformed*, 104–111.

23. John W. Garver, "The Chinese Communist Party and the Collapse of Soviet Communism", *China Quarterly*, nº. 133 (Março, 1993): 1–26.

24. DXPNP, 1286; Vogel, *Deng Xiaoping*, 645. Os veteranos do Partido que Deng a quem contou, em Beidaihe, eram Yang Shangkun e Wang Zhen. Chen Yun também deu seu apoio a Jiang, reunindo-se com ele em 16 de agosto de 1989. Veja também: CYNP, 3:427.

25. Deng Liqun 邓力群, 十二个春秋: 邓力群自述 [*Doze Primaveras e Outonos: Uma Autobiografia de Deng Liqun*] (Hong Kong: Bozhi chubanshe, 2006), 405–407.

26. CYNP, 3:427–429; Fewsmith, *China since Tiananmen*, 36.

27. Barry Naughton, ed., *Wu Jinglian: Voice of Reform in China* (Cambridge: MIT Press, 2013), 171.

28. Todd M. Johnson, carta a Victor Rabinowitch, 21 de junho de 1989, e memorando, 12 de julho de 1989, em "Consulting–National Academy of Sciences–Committee on Economics Education and Research in China–1984–1991, 1993", Herbert A. Simon Papers, Carnegie Mellon.

29. Gregory Chow, "Report" (Maio, 1990), citado como Gregory Chow, carta de Janeiro 2, 1991, Kenneth Arrow Papers, "China Exchange" Box.

30. DXPNP, 1296–1297, 1304–1305; Maureen Dowd, "2 U.S. Officials Went to Pequim Secretly in July", *New York Times*, 19 de dezembro de 1989, disponível em: http://www.nytimes.com/1989/12/19/world/2-us-officials-went-to-Pequim-secretly-in-julho.html; e Fang, "The Past and the Future".

31. Dowd, "2 U.S. Officials Went to Pequim"; Brent Scowcroft, "Toast by the Honorable Brent Scowcroft, Assistant to the President for National Security Affairs, Pequim, December 9, 1989", *Nova York Review of Books*, 23 de junho de 2011, disponível em: http://www.nybooks.com/Artigos/2011/06/23/toast-brent-scowcroft-Pequim/.

32. Shahid Javed Burki, "World Bank Operations: Some Impressions and Lessons", em *At the Frontlines of Development: Reflections from the World Bank*, ed. Indermit S. Gill e Todd Pugatch (Washington, DC: World Bank, 2005), 127–128.

33. Xiaoyuan Liu e Vojtech Mastny, eds., *China and Eastern Europe, 1960s–1980s: Proceedings of the International Symposium: Reviewing the History of Chinese–East European Relations from the 1960s to the 1980s, Pequim, 24–26 Março de 2004* (Zürich: ETH Zürich, 2004). 14. Esse fato foi compartilhado por Vojtech Mastny.

34. "齐奥塞斯库访华获积极成果" [A visita de Ceaucescus à China alcança resultados positivos], RMRB, 19 de novembro de 1988; "我党代表团团长乔石转交: 中共中央 致罗共十四大的贺词" [Chefe da Delegação do PCCh Qiao Shi Envia Mensagem de Felicitações em Nome do Comitê Central do Partido Comunista Chinês para o Décimo Quarto Congresso do Partido Comunista Romeno], RMRB, 23 de novembro de 1989.

35. Bush e Scowcroft, *A World Transformed*, 175–179.

36. Nicholas Kristof, "Upheaval in the East: China; In Reaction to Rumania, A Hardening in Pequim", *New York Times,* 7 de janeiro de 1990, disponível em: http://www.nytimes.com/1990/01/07/world/upheaval-in-the-east-china-in-reaction-to-rumania-a-hardening-in-Pequim.html.

37. Uli Schmetzer, "China Loses Its Favorite Socialist Archetype", *Chicago Tribune,* 25 de dezembro de 1989, disponível em: http://archives.chicagotribune.com/1989/12/25/page/6/Artigo/china-loses-its-favorite-socialist-archetype.

38. Geremie R. Barmé, "To Screw Foreigners Is Patriotic: China's AvantGarde Nationalists", *China Journal,* no. 34 (Julho, 1995): 209–234.

39. Yuan Hongbing 袁红冰, 荒原风 [*Wind on the Plains*] (Pequim: Xieai chubanshe, 1990); Xu Guangqiu, "Anti-Western Nationalism in China, 1989–1999", *World Affairs* 163, nº. 4 (Primavera de 2001): 153.

40. János Kornai, *The Socialist System: The Political Economy of Socialism* (Oxford: Oxford University Press, 1992), 570–574. Presumivelmente, por causa dessas afirmações controversas sobre a China, o livro não seria publicado na República Popular da China até 2007; veja também: 社会主义体制: 共产主义政治经济学, trad. Zhang An I (Pequim: Zhongyang bianyi chubanshe, 2007). Na tradução, várias frases foram removidas, incluindo a perspectiva de "rejeitar o marxismo" (p. 572 em inglês, omitido na p. 533 em Chinês). Mesmo assim, vários proeminentes estudantes de Kornai publicaram ensaios sobre sua duradoura relevância para os debates chineses. Veja também: Eric Maskin e Chenggang Xu, "Soft Budget Constraint Theories: From Centralization to the Market", em *The Economics of Transition: The Fifth Nobel Symposium in Economics,* ed. Erik Berglöf e Gérard Role (London: Palgrave Macmillan, 2007), 12–36; e Yingyi Qian e Chenggang Xu, "Innovation and Bureaucracy under Soft and Hard Budget Constraints", *Review of Economic Studies* 65, nº. 1 (Janeiro, 1998): 151–164.

41. Alec Cairncross e Cyril Z. Lin, "The Private Sector that is Driving China", *Financial Times,* 8 de janeiro de 1993, 13. Por 2010, Kornai falou à revista chinesa *Caijing:* "Eu preferiria não tirar conclusões universalmente válidas da transformação na Europa Oriental (...). Toda a região tem uma população não maior do que uma única província chinesa, mas quão variadas foram as experiências desses países de pequeno e médio porte!" Veja também: Ma Guochuan 马国川, "科尔奈: 中国改革再建言" [Kornai: Comentários adicionais sobre a reforma da China], 财经 [*Caijing*], no. 7 (29 de março de 2010), disponível em: http://magazine.caijing.com.cn/2010-03-28/110404798.html.

42. Rong Jingben 荣敬本, "Foreword" to Rong Jingben 荣敬本 e Liu Jirui 刘吉瑞, 比较经济学 [*Economia Comparativa*] (Shenyang: Liaoning renmin chubanshe, 1990), trad. *Chinese Economic Studies* 25, nº. 2 (Inverno de 1991–1992): 3–7.

43. Xue Muqiao 薛暮桥, "牢记历史经验 坚决执行治理整顿的方针" [Lembrar as Lições da História e Persistir na Implementação dos Princípios de Gestão e Retificação], RMRB, 18 de dezembro de 1989.

44. Fewsmith, *China since Tiananmen,* 247.

45. Central Party Literature Research Center, 中共中央文献研究室, ed., 江泽民思想年编: 一九八九一二〇〇八 [*Cronologia do Pensamento de Jiang Zemin: 1989–2008*] (Pequim: Zhongyang wenxian chubanshe, 2010), 30–32; Jiang Zemin 江泽民, "爱国主义和我国知识分子的使命" [Patriotismo e a missão dos intelectuais do nosso país], 3 de maio de 1990, disponível em: http://news.xinhuanet.com/ziliao/2005-02/18/content_2591767.htm.

46. Xu, "Anti-Western Nationalism in China", 156.

NOTAS 373

47. George H. W. Bush: "Statement by Press Secretary Fitzwater on the Renewal of Most-Favored-Nation Trade Status for China", 24 de maio de 1990, em Gerhard Peters e John T. Woolley, American Presidency Project, disponível em: http://www.presidency.ucsb.edu/ws/?pid=18518/.

48. A frase de Xue (管住货币, 放开价格) tem uma longa história. Ele a estava usando por muitos anos; alguns de seus colegas rastrearam essas reflexões às de Milton Friedman sobre o "milagre de Erhard". (Wu Jinglian, entrevista com o autor, Pequim, China, 18 de agosto de 2012 e 7 de setembro de 2013.) Carta de Xue em 1990 para a Comissão de Planejamento do Estado, Xue Muqiao 薛暮桥, "再论建立在商品经济基础上的计划管理体制" [Mais sobre a Construção do Sistema de Gestão do Planejamento em relação à Economia de Mercado], em 薛暮桥文集 [*Obras Coletadas de Xue Muqiao*] (Pequim: Zhongguo jinrong chubanshe, 2011), 14:20.

49. Lawrence Lau para Lawrence Klein, 15 de março de 1990, Lawrence Klein Papers, Box 27, Correspondence 1990 A–M.

50. Kenneth Arrow para Gregory Chow, 20 de dezembro de 1990, Kenneth Arrow Papers, "China Exchange".

51. 薛暮桥年谱 [*Cronologia de Xue Muqiao*], não publicado, sem paginação; Naughton, ed., *Wu Jinglian*, 172–173. O outro conservador era Xu Yi, um funcionário do planejamento.

52. Naughton, ed., *Wu Jinglian*, 224–229.

53. Veja também: Fewsmith, *China since Tiananmen*, 27.

54. Zhang Yingfang 张映芳 e Shi Zhiqin 史志钦, "'陈云同志论著研讨会' 讨论综述" [Resumo do "Fórum sobre os trabalhos do camarada Chen Yun"], 中共党史研究 [*Pesquisa sobre a História do Partido Comunista Chinês*], nº. 5 (1990): 93–95; Liu Guoguāng 刘国光, "关于治理整顿和深化改革的几个问题" [Diversas questões relacionadas à correção da reforma e aprofundamento da reforma], em 中国社会科学院研究生 院学报 [*Relatório de Pesquisa da Academia de Escola de Graduação Chinesa*], nº. 6 (1990): 1–13.

55. Baum, *Burying Mao*, 320–321.

56. Gao Xin 高新 e He Pin 何频, 朱容基传: 从反党右派到邓小平继承人 [*Uma Biografia de Zhu Rong ji: De Direitista Antipartidário a Sucessor de Deng Xiaoping*] (Taipei: Xinxinwen wenhua shiye gufen youxian gongsi, 1993), 212.

57. XMQNP, citando "著名经济学家薛暮桥说: 我们与资本主义国家既竞争又合作 不采取世界公认的办法不行" [Renomado economista Xue Muqiao: Competindo e cooperando com os países capitalistas, temos que seguir os procedimentos aceitos mundialmente], 经济日报 [*Economic Daily*], 17 de novembro de 1990. Um resumo do discurso de Xue também foi publicado no Diário de Guangming em 1 de dezembro.

58. Citado como Baum, *Burying Mao*, 321.

59. Pieter Bottelier, "China and the World Bank: How a Partnership Was Built", Stanford Center for International Development Working Paper nº. 277, Abril, 2006, 7.

60. Naughton, *Growing out of the Plan*, 298–299; Fewsmith, *China since Tiananmen*, 47.

61. DXPNP, 1322–1324; *SWDXP-3*, 350–352.

62. DXPNP, 1326–1328; *SWDXP-3*, 353–355.

63. Victor C. Shih, *Factions and Finance in China: Elite Conflict and Inflation* (Cambridge: Cambridge University Press, 2008), 144–146.

64. Laurence Brahm, "Zhu Rongji: A Rare Talent", *South China Morning Post*, 10 de março de 2003.

65. DXPNP, 1330–1331; Hu Shuli 胡舒立, Huo Kan 霍侃, e Yang Zheyu 杨哲宇, "改革是怎样重启的: 社会主义市场经济体制的由来" [Como a Reforma foi Reiniciada: origens do sistema econômico de mercado socialista], 中国改革 [*China Reform*], nº. 12 (2012), disponível em: http://magazine.caixin.com/2012-11-29/100466603.html. Minhas considerações aqui se baseiam nesse excelente relatório investigativo publicado pelos repórteres da *Caixin*, na revista *China Reform*, sobre o vigésimo aniversário da codificação de 1993 do conceito de "economia de mercado socialista" na Constituição Chinesa.

66. Naughton, *Growing out of the Plan*, 285–287.

67. Gao e He, *A Biografia de Zhu Rongji*, 218. Veja também: Vogel, *Deng Xiaoping*, 668.

68. He Xiaoming 何晓明, "市场经济下的货币政策与信贷调节" [Política Monetária e Ajustamento de Crédito em uma Economia de Mercado], 经济体制改革内部参考 [*Material de Refer~encia Interna sobre Reformas do Sistema Econômico*], nº. 9 (1993): 7–10.

69. Gao Di 高狄, "社会主义必定代替资本主义 (摘要)" [O Socialismo é obrigado a substituir o capitalismo (Resumo)], RMRB, 17 de dezembro de 1990.

70. Veja também: Shih, *Factions and Finance in China*, 142. Shih aponta para um discurso de Jiang em setembro de 1991, em uma conferência central de trabalho, como outro exemplo do equilíbrio de Jiang durante esse período. Jiang encontrou-se com Chen Yun em 6 de julho de 1990, 16 de agosto de 1991 e 15 de janeiro de 1992 (CYNP, 3:433–434, 438, 440).

71. Central Party Literature Research Center, ed., *Cronologia de Jiang Zemin's Thought*, 63–66; front page editorial, "要进一步改革开放" [A China deveria promover sua reforma e abertura], RMRB, 2 de setembro de 1991.

72. David M. Lampton, "How China Is Ruled", *Foreign Affairs* 93, nº. 1 (Janeiro/Fevereiro, 2014): 74–84.

73. Xinhua News Agency, "China-Hungary Bilateral Relations", 16 de maio de 2007, disponível em: http://news.xinhuanet.com/english/2007-05/16/content_6106973.htm.

74. Ann Scott Tyson, "China Party Protégés Float Plan for Reform", *Christian Science Monitor*, 11 de fevereiro de 1992, disponível em: http://www.csmonitor.com/1992/0211/11011.html.

75. Chen Yuan 陈元, "我国经济的深层问题和选择" [Os profundos problemas e as escolhas da economia de nosso país], 经济研究 (Economic Research) (citado daqui em diante como JJYJ), nº. 4 (1991): 18–26. Veja também: Fewsmith, *China since Tiananmen*, 49, 85–86.

76. Shih, *Factions and Finance in China*, 144–146.

77. *Zhu Rongji on the Record: The Road to Reform, 1991–1997*, trad. Junho Y. Mei (Washington, DC: Brookings Institution Press, 2013), 6.

78. Shih, *Factions and Finance in China*, 146.

79. *Zhu Rong ji on the Record*, 13.

80. Outra ilustração de seu cuidadoso estudo sobre esses conceitos ocorreu em 29 de outubro de 1991, quando Zhu pediu o "controle de construção redundante" através do controle de empréstimos bancários (*Zhu Rong ji on the Record*, 44).

81. Baum, *Burying Mao*, 334.

82. Ibid., 457.

83. Deng Liqun 邓力群, "正确认识社会主义社会的矛盾, 掌握处理矛盾的主动权" [Entenda corretamente os conflitos em uma sociedade socialista e aproveite a iniciativa para lidar com eles], RMRB, 23 de outubro de 1991.

NOTAS   375

84. Chen Jun 陈君 e Hong Nan 洪南, eds., 江泽民与社会主义市场经济体质 的提出: 社会主义市场经济 20 年 [*Jiang Zemin e a Proposta de um Sistema de Mercado Socialista; Reflexões sobre os 20 Anos de uma Economia de Mercado Socialista*] (Pequim: Zhongyang wenxian chubanshe, 2012), 1–8.

85. Hu, Huo, e Yang, "How Reform Was Restarted".

86. Zhou Xiaochuan 周小川, "十四大确立社会主义市场经济为体制改革目标的 历史意义" [O significado histórico do estabelecimento da economia de mercado socialista como objetivo da reforma estrutural durante o XIV Congresso do Partido], e Guo Shuqing 郭树清, "回忆1991 i 年讨论经济体制改革目标 的系列座谈会" [Lembrando a série discussões dos fóruns de 1991 sobre os objetivos das reformas do sistema econômico], em *Jiang Zemin e a Proposta de um Sistema de Mercado Socialista; Reflexões sobre os 20 Anos de uma Economia de Mercado Socialista*, ed. Chen e Hong, 53–70, 71–90.

87. Zhou, "The Historical Significance of the Establishment of the Socialist Market Economy", 55.

88. Naughton, ed., *Wu Jinglian,* 240.

89. Ibid., 233–235.

90. Guo, "Remembering the 1991 Series of Discussion Forums", 76–79; os detalhes sobre a "economia de mercado socialista" são de Zhou, "The Historical Significance of the Establishment of the Socialist Market Economy".

91. Hu, Huo e Yang, "How Reform Was Restarted".

92. DXPNP, 1334–1341; Suisheng Zhao, "Deng Xiaoping's Southern Tour: Elite Politics in Post-Tiananmen China", *Asian Survey* 33, nº. 8 (Agosto, 1993): 739–756.

93. Deng Xiaoping, "Excerpts from Talks Given in Wuchang, Shenzhen, Zhuhai, e Shanghai" (18 de janeiro – 21 de fevereiro de 1992), em *SXDXP-3,* 361–363.

94. Como notado no Capítulo 1, essa certamente não foi a primeira vez que Deng usou essa metáfora, embora sua "Teoria dos Gatos" se tornasse sinônimo das viagens pelo sul. Durante a Fome, em julho de 1962, Deng havia argumentado com o Comitê Central de que os agricultores deveriam usar o "sistema de responsabilidade familiar" para aumentar a produção agrícola, dizendo: "Não importa se um gato é amarelo ou preto, desde que pegue o rato", ganhando o acordo de Chen Yun. Vários dias depois, Deng novamente usou a frase em um cenário público, embora o "amarelo" fosse amplamente citado erroneamente como "branco", ao que Deng evidentemente teria preferido e decidido ao longo das viagens pelo sul. A metáfora foi criticada diretamente durante a Revolução Cultural, com Mao supostamente dizendo a respeito de Deng: "Este é um homem que não entende a luta de classes (...). Esse é seu "gato branco, gato preto", ele não se importa se é imperialismo ou marxismo". Veja também: Li Yanzeng 李彦增, "邓小平同志 "黑猫白猫论" 背后的故事" [A história por trás da teoria dos gatos banco e preto do camarada Deng Xiaoping], disponível em: http://cpc.people.com.cn/GB/85037/8530953.html.

95. Vogel, *Deng Xiaoping,* 670–672.

96. Zhao, *Prisoner of the State,* 751.

97. Alexander Pantsov e Steven I. Levine, *Deng Xiaoping: A Revolutionary Life* (Nova York: Oxford University Press, 2015), 425. Agradeço a um revisor anônimo por trazer este ponto à minha atenção.

98. DXPNP, 1345–1346; Shih, *Factions and Finance in China,* 148.

99. Ann Scott Tyson, "China Economists Break Silence, Condemn Marxist Retrenchment", *Christian Science Monitor,* 23 de março de 1992, disponível em: http://www.csmonitor.com/1992/0323/23013.html.

100. Fang Sheng 方生, "对外开放和利用资本主义" [Expansão para o exterior e uso do capitalismo], RMRB, 23 de fevereiro de 1992.

101. Tyson, "China Economists Break Silence".

102. *Zhu Rong ji on the Record*, 54–59.

103. Ibid., 73.

104. Chen data incorretamente a conferência de 1984.

105. Fewsmith, *China since Tiananmen*, 84.

106. Chen Yuan 陈元, "我国经济运行研究的几个方法和理论问题" [Diversas Questões Metodológicas e Teóricas Sobre Pesquisa na Economia Chinesa], JJYJ, nº. 2 (1992): 29.

107. Ibid., 36–37.

108. Naughton, ed., *Wu Jinglian*, 247.

109. Zhu Rongji, "Some Comments on the Current Economic Situation and Macroeconomic Controls" (20 de outubro de 1992), em *Zhu Rong ji on the Record*, 110–111; Wu Jinglian, *Understeing and Interpreting the Chinese Economy* (Mason, OH: Thomson/South-Western, 2005), 148.

110. Nicholas Lardy, *Integrating China into the Global Economy* (Washington, DC: Brookings Institution Press, 2002), 25.

111. Hu, Huo, e Yang, "How Reform Was Restarted".

112. DXPNP, 1347–1348.

113. CYNP, 3:442–443; Shih, *Factions and Finance in China*, 151; Vogel, *Deng Xiaoping*, 682–683. Hu Qiaomu morreu em 28 de setembro, provavelmente solidificando a sensação de Chen de que uma era havia terminado.

114. DXPNP, 1352–1355; Central Party Literature Research Center, ed., *Cronologia de Jiang Zemin's Thought*, 86–89.

115. Jiang Zemin 江泽民, "加快改革开放和现代化建设步伐, 夺取有中国特色社会主义事业的更大胜利" [Acelerando a Reforma, a Abertura para o Mundo Exterior e a Busca pela Modernização, a fim de obter maiores sucessos na construção do socialismo com características chinesas], 12 de outubro de 1992, disponível em: http://cpc.people.com.cn/GB/64162/64168/64567/65446/4526308.html. Algumas traduções foram adaptadas da *Beijing Review*, disponível em http://www.bjreview.com.cn/document/txt/2011-03/29/content_363504_3.htm.

116. Vogel, *Deng Xiaoping*, 684.

117. Veja também: Tony Saich, "The Fourteenth Party Congress: A Programme for Authoritarian Rule", *China Quarterly*, no. 132 (Dezembro, 1992): 1136–1160.

118. Zhu, "Some Comments on the Current Economic Situation and Macroeconomic Controls", 109–122.

119. Li Jingwen para Lawrence Klein, carta de 8 de março de 1991, Box 28, e Diane L. Galloway-May (Ford Foundation) a Li Jingwen, carta de 25 de janeiro de 1991, Box 29, ambos em Lawrence Klein Papers, Duke University.

120. Franco Modigliani para Chen Yuan, carta de 10 de junho de 1991, Box E10, Modigliani Papers, Duke University.

121. "Att: Pro. Lawrence Klein", telegrama de 9 de outubro de 1992, Box 28, Lawrence Klein Papers, Duke University.

122. "Diary: Pequim", DC106 2/14. Artigos de Sir Alexander Cairncross, University of Glasgow Archives, Glasgow, Scotle, UK.

123. Naughton, *Growing out of the Plan*, 289–290. A empresa era a Anshan Iron and Steel Company, onde Naughton conduziu as entrevistas.

NOTAS 377

124. Baum, *Burying Mao,* 377.

125. *Zhu Rong ji on the Record,* 131–132. O artigo de Zhu foi publicado em 经济日报 [*Economic Daily*] 11 de fevereiro de 1993.

126. Shih, *Factions and Finance in China,* 152.

127. Constituição da República Popular da China (adaptado de 4 de dezembro de 1982 com emenda de 29 de março de 1993), Artigo 7, disponível em http://www.npc.gov.cn/englishnpc/Law/2007-12/05/content_1381974.htm.

128. Zhu Rongji, "Thirteen Measures for Strengthening Macroeconomic Controls" (9 de junho de 1993), em *Zhu Rong ji on the Record,* 133–143.

129. Wu Jinglian e Zhou Xiaochuan, "A Comprehensive Design for the Near and Medium- -Term Reform of the Economic System" (Junho, 1993), em *Wu Jinglian,* ed. Naughton, 251–260.

130. Alguns relatórios da conferência afirmam que Franco Modigliani participou. Com base em minha análise de seus documentos pessoais, Modigliani viajou à China durante esse período para vários intercâmbios, incluindo uma reunião em 1991 com altos funcionários do PBOC, que incluíam Chen Yuan (nota acima) e para uma conferência de 1994, em Beidaihe, sobre inflação, mas parece que ele não participou da Conferência de Dalian. Veja também: Box E12, Modigliani Papers, Duke University.

131. Peter Harrold, E. C. Hwa e Jiwei Lou, eds., *Macroeconomic Management in China: Proceedings of a Conference in Dalian, June 1993* (Washington, DC: World Bank, 1993); Hu, Huo, e Yang, "How Reform Was Restarted"; Wu Jinglian, "Economics and China's Economic Rise" (artigo apresentado no Sixteenth World Congress of the International Economic Association, Pequim, China, July 4, 2011), 12; Ye Sen 叶森, Lou Jiwei 楼继伟 e Zhang Xiaochong 张小冲, 中国宏观经济管理国际研讨会论文集 [*Trabalhos Escolhidos do Simpósio Internacional sobre a Gestão Macroeconômica Chinesa*] (Pequim: Gaige chubanshe, 1993). Outros participantes incluem Wu Xiaoling e Liu Kegu.

132. Shahid Javed Burki, "Foreword", de *Macroeconomic Management in China: Proceedings of a Conference in Dalian,* ed. Harrold, Hwa e Lou, vii.

133. Baum, *Burying Mao,* 382; Shih, *Factions and Finance in China,* 152–153.

134. Wu, *Understeing and Interpreting,* 372.

135. Zhu Rongji, " 'Three Ground Rules' for Financial Work" (7 de julho de 1993), em *Zhu Rong ji on the Record,* 144.

136. Naughton, *Growing out of the Plan,* 292, 304.

137. Milton e Rose D. Friedman, *Two Lucky People: Memoirs* (Chicago: University of Chicago Press, 1998), 553.

138. Friedman Papers, Box 190, Folder 1. Vários economistas (incluindo Justin Yifu Lin, que mais tarde se tornou economista-chefe do Banco Mundial) escreveram para tentar aceitar esse desafio.

139. Friedman e Friedman, *Two Lucky People,* 556.

140. "江泽民会见弗里德曼教授" [Jiang Zemin se Encontra com o Professor Friedman], RMRB, 27 de outubro de 1993.

141. Zhao, *Prisoner of the State,* 149.

142. Hu, Huo, e Yang, "How Reform Was Restarted".

143. "中共中央关于建立社会主义市场经济体制若干问题的决定" [Decisão do Comitê Central do Partido Comunista Chinês sobre algumas questões relativas ao estabelecimento de um sistema econômico de mercado socialista], 14 de novembro de 1993, disponível em: http://cpc.people.com.cn/GB/64162/134902/8092314. Uma tradução em língua inglesa está disponível em *Beijing Review* 36, n°. 47 (22–28 de novembro de 1993): 12–31.

144. Ibid. Veja também: Wu, *Understanding and Interpreting*, 224–225, 269–270.

Conclusão

1. Daniel H. Rosen e Beibei Bao, "China's Fiscal and Tax Reforms: A Critical Move on the Chessboard", 11 de julho de 2014, disponível em: http://rhg.com/notes/chinas-fiscal-e--tax-reforms-a-critical-move-on-the-chessboard/. Sob essas reformas, a proporção da receita fiscal da China em relação ao Produto Interno Bruto (PIB) havia caído de 28,2% em 1979 para 12,3% em 1993, e a proporção da receita central total do governo declinou de 40,5% em 1984 para 22% em 1993.

2. Wu Jinglian, *Understanding and Interpreting Chinese Economic Reform* (Mason, OH: Thomson/South-Western, 2005), 269–270; Barry Naughton, *The Chinese Economy: Transitions and Growth* (Cambridge: MIT Press, 2007), 431.

3. Richard Baum, *Burying Mao: Chinese Politics in the Age of Deng Xiaoping* (Princeton: Princeton University Press, 1994), 382; Wu, *Understeing and Interpreting*, 228.

4. Naughton, *The Chinese Economy*, 431.

5. Rosen e Bao, "China's Fiscal and Tax Reforms". Eles continuam: "As reformas de Zhu resolveram os problemas da década de 1990, mas plantaram as sementes de hoje, incluindo a confiança do governo local no financiamento da terra e a perigosa prática de usar veículos de financiamento do governo local (LGFV), impulsionada pelo programa de estímulo de Pequim, em 2008. (...). [O] Gabinete Nacional de Auditoria identificou a criação maciça e insustentável de dívidas por parte de governos locais e LGFVs, juntamente com um emaranhamento perigoso com bancos de fachada. Esses riscos sistêmicos, levaram a liderança de Xi aceitar a necessidade de uma nova rodada de reformas fundamentais."

6. Zhang Yugui 章玉贵, "比较经济学对中国经济理论发展的影响" [A influência da economia comparada no desenvolvimento das teorias econômicas da China (1978–2005)], 财经研究 [*Jornal de Finanças e Economia*] 33, n°. 2 (2007): 70–79; Wu Jinglian 吴敬琏, Zhou Xiaochuan 周小川, et al., 公司治理结构、债务重组和破产程序: 重温 1994 年京伦会议 [*Estrutura de Gerência de Empresa, Reestruturação de Débito e Procedimentos de Falência: Revisitando a Conferência de Pequim-Jinglun de 1994*] (Pequim: Zhongyang bianyi chubanshe, 1999). Outros participantes chineses incluíram autoridades como Chen Qingtai e importantes economistas incluindo Qian Yingyi, Rong Jingben, Li Jiange e Wu Xiaoling.

7. Wu, *Understeing and Interpreting*, 155, 174.

8. Ibid., 226.

9. Informações de ChinaVitae, disponível em: www.chinavitae.com.

10. Patrick E. Tyler, "Yao Yilin, A Hard-Liner, Is Dead at 77", *New York Times*, 13 de dezembro de 1994, disponível em: http://www.nytimes.com/1994/12/13/obituaries/yao-yilin-a--hard-liner-is-dead-at-77.html; idem, "Chen Yun, Who Slowed China's Shift to Market, Dies at 89", *New York Times*, 12 de abril de 1995, disponível em: http://www.nytimes.com/1995/04/12/obituaries/chen-yun-who-slowed-china-s-shift-to-market-dies-at-89.html?pagewanted=all.

11. Baum, *Burying Mao*, 383; Orville Schell e David Shambaugh, eds., *The China Reader: The Reform Era* (Nova York: Vintage Books, 1999); Seth Faison, "Deng Xiaoping Is Dead at 92: Architect of Modern China", *New York Times*, 20 de fevereiro de 1997, disponível em: http://www.nytimes.com/1997/02/20/world/deng-xiaoping-is-dead-at-92-architect-of-modern-china.html?pagewanted=all; Patrick E. Tyler, "As Deng Joins the Immortals, Jiang Vows to Keep the Faith", *New York Times*, 26 de fevereiro de 1997, disponível em: http://www.nytimes.com/1997/02/26/world/as-deng-joins-the-immortals-jiang-vows-to-keep-the-faith.html?pagewanted=all; BBC News, "On This Day 1997: China's Reformist Deng Xiaoping Dies", disponível em: http://news.bbc.co.uk/onthisday/hi/dates/stories/fevereiro/19/newsid_2565000/2565613.stm.

12. CNBC Asia, "Death of Deng Xiaoping", disponível em: www.youtube.com/watch?v=rpE8eRsPOZQ/.

13. Wu, *Understanding and Interpreting*, 86–88.

14. Nicholas R. Lardy, *Integrating China into the Global Economy* (Washington, DC: Brookings Institution Press, 2002), 16; Naughton, *The Chinese Economy*, 288–289, 307; Wu, *Understeing and Interpreting*, 375.

15. WTO Press Release, "WTO Successfully Concludes Negotiations on China's Entry", 17 de setembro de 2001, disponível em: http://www.wto.org/english/news_e/pres01_e/pr243_e.htm; Wu, *Understanding and Interpreting*, 295, 229.

16. Lardy, *Integrating China into the World Economy*, 3.

17. Yang Jiang, *China's Policymaking for Regional Economic Cooperation* (Basingstoke, UK: Palgrave Macmillan, 2013), 88. Para um ponto de vista um pouco diferente, veja também: Joseph Fewsmith, "The Political and Social Implications of China's Accession to the WTO", *China Quarterly*, no. 167 (Setembro, 2001): 587–588.

18. Wu, *Understanding and Interpreting*, 300.

19. Pete Engardio, "Online Extra: "China is a Private Sector Economy", *Bloomberg BusinessWeek*, 22 de agosto de 2005, disponível em: http://www.bloomberg.com/news/Artigos/2005-08-21/online-extra-china-is-a-private-sector-economy.

20. Xinhua News Agency, "China FDI Inflow Rises 6.4 Percent in 2015", 14 de janeiro de 2016, disponível em: http://news.xinhuanet.com/english/2016-01/14/c_135009494.htm; Xinhua News Agency, "China's Total Export, Import Values Down 7 Percent in 2015", 13 de janeiro de 2016, disponível em: http://news.xinhuanet.com/english/photo/2016-01/13/c_135005612.htm.

21. Joseph Kahn, "China Gives Zhao"s Death Scant Notice", *New York Times*, 18 de janeiro de 2005, disponível em: http://www.nytimes.com/2005/01/18/world/asia/china-gives-zhaos-death-scant-notice.html.

22. Philip P. Pan, "China Plans to Honor a Reformer", *Washington Post*, 9 de setembro de 2005, disponível em: http://www.washingtonpost.com/wp-dyn/content/Artigo/2005/09/08/AR2005090802120.html.

23. Julian Gewirtz, "Bury Zhao Ziyang, and Praise Him", *Foreign Policy*, 8 de abril de 2014, disponível em: http://foreignpolicy.com/2015/04/08/zhao-ziyang-china-ccp-deng-xiaoping-tiananmen/.

24. Bob Davis, "Who Is Chinese Central Banker Zhou Xiaochuan?" *Wall Street Journal*, 24 de setembro de 2014, disponível em: http://blogs.wsj.com/economics/2014/09/24/who-is-chinese-central-banker-zhou-xiaochuan/; Carl Walter, "The Nine Lives of China's Central Bank Chief Zhou Xiaochuan", *Forbes Asia*, 26 de setembro de 2014, disponível em: www.forbes.com/sites/carlwalter/2014/09/26/the-nine-lives-of-zhou-xiaochuan/.

25. Liyan Qi, "China Finance Minister: Government to Keep Policy Steady: Policy Makers to Focus on Combination of Growth Objectives, Lou Jiwei Says", *Wall Street Journal*, 22 de setembro de 2014.

26. Fu Jianli, "Guo Shuqing Gives Sheong 'New Deal'", 30 de agosto de 2013, Caixin Online, disponível em: http://english.caixin.com/2013-08-30/100575793.html.

27. Ele também é coautor de um livro publicado em 1991, veja também: Li Yining 厉以宁, Li Keqiang 李克强, Li Yuanchao 李源潮, e Meng Xiaosu 孟晓苏, 走向繁荣的战略选择 [*A Decisão Estratégica em Direção à Prosperidade*] (Pequim: Jingji ribao chubanshe, 1991). Para mais escritos de graduação de Li Keqiang, veja também: Li Keqiang 李克强, "论我国经济的三元结构" [Sobre a estrutura tripartite da economia da China], 中国社 会科学 [*Ciências Sociais na China*], n°. 3 (1991): 65–82.

28. Bob Davis e Lingling Wei, "Meet Liu He, Xi Jinping's Choice to Fix a Faltering Chinese Economy", *Wall Street Journal*, 6 de outubro de 2013, disponível em: http://www.wsj.com/Artigos/SB10001424052702304906704579111442566524958.

29. "China and the World Bank: 2030 Vision", 28 de fevereiro de 2012, *Economist*, disponível em: www.economist.com/blogs/analects/2012/02/china-e-world-bank; Liyan Qi e Tom Orlik, "Economist: World Bank Suggestions for China Reform Garbage", *Wall Street Journal*, 27 de março de 2012, disponível em: http://blogs.wsj.com/chinarealtime/2012/03/27/economist--world-bank-suggestions-for-china-reform-garbage/.

30. Veja também: "Edwin Lim", Institute for New Economic Thinking, disponível em: http://ineteconomics.org/conference/hongkong/edwin-lim/.

31. "Justin Yifu Lin", World Bank, disponível em: http://econ.worldbank.org/WBSITE/EXTERNAL/EXTDEC/0,contentMDK:23211510~pagePK:64165401~piPK:64165026~-theSitePK:469372,00.html; Yingyi Qian, curriculum vitae, Tsinghua University School of Economics and Management, disponível em: http://crm.sem.tsinghua.edu.cn/UploadFiles/File/201210/20121009165911564.pdf. Mesmo com o aprimoramento dos programas de graduação da China, dados recentes apontam para essa tendência: em 2014, o *China Daily* informou que 33% do total de matrículas de estudantes internacionais de graduação nos Estados Unidos vieram da China, *China Daily*, 14 de novembro de 2014, disponível em: http://usa.chinadaily.com.cn/china/2014-11/14/content_18912187.htm).

32. "Communiqué of the Third Plenary Session of the 18th Central Committee of the Communist Party of China", disponível em: http://www.china.org.cn/china/third_plenary_session/2014-01/15/content_31203056.htm; Xi Jinping 习近平, "关于中共中央关于全面深化改革若干重大问题的决定的说明" [Explicação sobre a resolução do Comitê Central do PCCh em relação a algumas questões importantes no aprofundamento da reforma], trad. China Copyright e Media, disponível em: https://chinacopyrightemedia.wordpress.com/2013/11/19/explanation-concerning-the-ccp-central-committee-resolution-concerning-some-major-issues-in-comprehensively-deepening-reform/.

33. Xi, "Explanation".

34. Ibid.

35. "Top Chinese Economists Debate Role of Government in Economy", Caixin Online, 11 de julho de 2014, disponível em: http://m.english.caixin.com/pad/2014-07-11/100702690.html. Como mostra este debate, uma facção pró-mercado ainda mais extrema que qualquer outra que existiu nos anos 80 também emergiu, com francos economistas como Zhang Weiying e seu mentor Mao Yushi, que participaram do workshop de verão em econometria, oferecido por

NOTAS 381

Lawrence Klein em 1980, afirmando sua linhagem intelectual em Hayek e Milton Friedman, pedindo a remoção radical do papel do Estado na economia. No entanto, devemos também lembrar que a evolução recente na China começou com um sistema socialista, no qual todo movimento em direção ao mercado precisava ser justificado — enquanto no Ocidente, onde os mercados são geralmente o ponto de partida, os defensores de uma maior intervenção do governo, durante o período de Keynes, assim como a nossa própria ascensão à fama, tem escrito precisamente contra o pano de fundo de um forte sistema de mercado e defendem novos e elevados papéis para o governo.

36. Ma Guochuan 马国川, "科尔奈: 中国改革再建言" [Kornai: Comentários adicionais sobre a reforma da China], 财经 [*Caijing*], nº. 7 (2010), disponível em: http://magazine.caijing.com.cn/2010-03-28/110404798.html.

37. Veja também: Evan Osnos, "Born Red: How Xi Jinping, an Unremarkable Provincial Administrator, Became China's Most Authoritarian Leader Since Mao", *Nova Yorker,* 6 de abril de 2015, disponível em: http://www.newyorker.com/magazine/2015/04/06/born-red; Erew Jacobs e Chris Buckley, "Move Over Mao: Beloved 'Papa Xi' Awes China", *New York Times,* 7 de março de 2015, disponível em: http://www.nytimes.com/2015/03/08/world/move-over-mao--beloved-papa-xi-awes-china.html.

38. International Monetary Fund, *World Economic Outlook,* Outubro, 2014, disponível em: http://www.imf.org/external/pubs/ft/weo/2014/02/weodata/index.aspx.

39. "China", World Trade Organization Trade Profiles, disponível em: http://stat.wto.org/CountryProfile/WSDBCountryPFView.aspx?Country=CN&/; "China Eclipses U.S. as Biggest Trading Nation", *Bloomberg News,* 10 de fevereiro de 2013, disponível em: http://www.bloomberg.com/news/Artigos/2013-02-09/china-passes-u-s-to-become-the-world-s-biggest--trading-nation.

40. "China's Foreign-Exchange Reserves Decline to $3.23 Trillion", *Bloomberg News,* 6 de fevereiro de 2016, disponível em: www.bloomberg.com/news/Artigos/2016-02-07/china-s-foreign-exchange-reserves-decline-to-3-23-trillion.

41. Agência de Notícias de Xinhua, "Xi Eyes More Enabling International Environment for China's Peaceful Development", 30 de novembro de 2014, disponível em: http://news.xinhuanet.com/english/china/2014-11/30/c_133822694.htm. O ministro das Relações Exteriores Wang Yi, fez um discurso em outubro de 2014 que levantou muitos desses mesmos temas, referenciando explicitamente o direito internacional e as regras dos caminhos que a RPC "defenderia" — mas deixando claro que, "à medida que a China for crescendo mais forte", buscará "construir uma ordem política e econômica internacional mais justa e mais razoável". Veja também: "to build a fairer and more reasonable international political and economic order". Veja também: Wang Yi, "China, a Staunch Defender and Builder of International Rule of Law", Agência de Notícias de Xinhua, disponível em: http://en.people.cn/n/2014/1024/c90883-8799769.html.

42. Veja também: Chris Buckley, "China Takes Aim at Western Ideas", *New York Times,* 19 de agosto de 2013, disponível em: http://www.nytimes.com/2013/08/20/world/asia/chinas-new-leadership-takes-hard-line-in-secret-memo.html.

43. Chris Buckley, "China Warns Against 'Western Values' in Imported Textbooks", *New York Times*, Sinosphere Blog, 30 de janeiro de 2015, disponível em: http://sinosphere.blogs.nytimes.com/2015/01/30/china-warns-against-western-values-in-imported-textbooks/.

44. Veja também: David Shambaugh, *China Goes Global: The Partial Power* (Oxford: Oxford University Press, 2013).

45. "Quotation of the Day", *New York Times*, 20 de dezembro de 2014; Al Kamen, "Hungary's Viktor Orban Has No Appetite for Democracy", *Washington Post*, 13 de outubro de 2011, disponível em: https://www.washingtonpost.com/politics/hungarys-viktor-orban-has-no--appetite-for-democracy/2011/10/11/gIQAfIJaiL_story.html; Geoffrey York, "South African President Heaps Lavish Praise on Authoritarian China", *Globe and Mail*, 25 de agosto de 2010, disponível em: http://www.theglobeemail.com/news/world/south-african-president-heaps-lavish-praise-on-authoritarian-china/Artigo4389110/. Veja também: Ian Bremmer, *The End of the Free Market: Who Wins the War Between States and Corporations?* (Nova York: Portfolio, 2010) e uma edição especial da *Economist* sobre "The Rise of State Capitalism", 21 de janeiro de 2012, disponível em: http://www.economist.com/node/21543160.

46. Xi Jinping 习近平, "在纪念邓小平同志诞辰 110 周年座谈会上的讲话" [Discurso no Fórum em Comemoração do 110° Aniversário do Nascimento de Deng Xiaoping], Agência de Notícias de Xinhua, 20 de agosto de 2014, disponível em: http://news.xinhuanet.com/politics/2014-08/20/c_1112160001.htm.

47. Zhang Pinghui, "Party Mouthpiece Compares Xi with Deng as the 'New Architect of Reform'", *South China Morning Post*, 14 de novembro de 2014.

48. Kenneth Lieberthal e Wang Jisi, *Addressing U.S.-China Strategic Distrust* (Washington, DC: John L. Thornton Center at the Brookings Institution, 2012).

49. Erew Browne, "Can China Be Contained?" *Wall Street Journal*, 12 de junho de 2015, disponível em: http://www.wsj.com/Artigos/can-china-be-contained-1434118534.

50. Declaração do Representante Christopher Smith: "A liberdade acadêmica é ameaçada pela influência da China nas Universidades dos EUA?" (Audiência do Congresso sobre Liberdade Acadêmica e Influência da China nas Universidades dos EUA, Subcomitê da África, Saúde Global, Direitos Humanos Globais e Organizações Internacionais, Washington, DC, 4 de dezembro de 2014), disponível em: http://foreignaffairs.house.gov/hearing/subcommittee--hearing-academic-freedom-threatened-chinas-influence-us-universities.

51. Wu Jinglian, "Economics and China's Economic Rise", em *The Chinese Economy: A New Transition*, ed. Masahiko Aoki e Jinglian Wu (Nova York: Palgrave Macmillan, 2012), 33.

52. Outras numerosas categorizações são possíveis, é claro, e o desenvolvimento mais completo dessas estruturas faz parte do importante trabalho teórico que está à frente dos historiadores. A estrutura aqui sugerida é simplesmente uma taxonomia ilustrativa que produziu profundas reflexões para esse projeto.

53. Veja também: Rebecca Blumstein, Helen Gao, Julian Gewirtz e Evan Osnos, "Can the Next Generation in China and America Share the Future?" (painel de discussões no Festival de Ideias em Aspen, 3 de julho de 2015, gravação em vídeo disponível em: www.aspenideas.org/session/can-next-generation-china-e-america-share-future/).

54. János Kornai, "Birthday Greetings" (5 de janeiro de 2010), disponível em: http://www.kornai-janos.hu/news.html. Veja também: János Kornai, *By Force of Thought: Irregular Memoirs of an Intellectual Journey* (Cambridge: MIT Press, 2006), 179.

Personalidades Chinesas Cruciais

Chen Yun
陈云

1905–1995. Um dos "Oito Imortais" do Partido Comunista Chinês (PCCh) que participaram da fundação da República Popular da China (RPC); defensor ferrenho do plano como prioridade "primária" e do mercado como "secundária" (a chamada "gaiola" econômica). Apesar dos períodos de retrocesso, acabou perdendo sua influência sobre a política econômica para Zhao Ziyang, o secretário-geral reformador.

Deng Liqun
邓力群

1915–2015. Líder teórico marxista e propagandista oficial do PCCh. Aliado conservador de Chen Yun; foi rotulado por Deng Xiaoping como "teimoso como uma mula humana". Chefe do Escritório de Pesquisas Políticas da Secretaria do PCCh. Liderou a Campanha para Combater a Poluição Espiritual em 1983.

Dong Fureng
董辅礽

1927–2004. Doutor pelo Instituto de Moscou de Economia Nacional. Subdiretor, então diretor do Instituto de Economia da Academia Chinesa de Ciências Sociais (CASS). Convidou Włodzimierz Brus para visitar a China. Advogado precoce da reforma da propriedade empresarial. Participou da conferência da Associação Internacional de Economia, em Moscou.

Gao Shangquan 高尚全	1929–. Oficial da Comissão de Reforma do Sistema e líder do Instituto para Reforma Estrutural Econômica Chinesa. Participou da Conferência de Bashan. Viajou para a Hungria e Iugoslávia para integrar uma viagem de estudos em 1986.
Guo Shuqing 郭树清	1956–. Pós-graduado pela CASS. Trabalhou na Comissão de Reforma do Sistema. Associado a Wu Jinglian e ao grupo de "reforma coordenada". Participou da Conferência de Bashan e do Seminário Internacional sobre Reforma Empresarial Estatal de 1987. Atual governador da Província de Sheong.
Hu Qiaomu 胡乔木	1912–1992. Principal teórico marxista e proeminente porta-voz do PCCh. Autor de muitos documentos e discursos importantes. Proferiu um discurso sobre "leis econômicas objetivas" em 1978. Prestigiou Ernest Mandel. Tornou-se cada vez mais conservador nos anos 1980. Também Associado a Chen Yun e Deng Liqun.
Hua Guofeng 华国锋	1921–2008. Sucessor designado por Mao em 1976. Restaurou a ênfase do Partido em modernização econômica e promoveu o "salto estrangeiro adiante". Foi atacado por defender o maoista "qualquer que seja". Superado por Deng Xiaoping antes do terceiro plenário de 1978.
Li Yining 历以宁	1930–. Organizou a série de palestras do Grupo de Pesquisa sobre Economia Estrangeira de 1979 a 1980. Liderou os trabalhos de tradução no início dos anos 1980. Criticou o grupo de "reforma coordenada" de Wu Jinglian e defendeu o de "reforma empresarial".
Liu Guoguang 刘国光	1923–. Economista notável e último vice-presidente do CASS. Ajudou a organizar as visitas de Włodzimierz Brus e Ota Šik à China e a Conferência de Moganshan de 1982. Mentor de Zhao Renwei. Participou da Conferência de Bashan de 1985 e foi o autor principal do Relatório de Bashan.

PERSONALIDADES CHINESAS CRUCIAIS

Ma Hong
马洪

1920–2007. Vice-presidente e depois presidente da CASS. Liderou o grupo de pesquisa do Conselho Estadual de Zhao Ziyang sobre a reforma estrutural. Reuniu-se com Ota Šik em 1981. Com Xue Muqiao, liderou o Centro de Pesquisa de Preço. Mentor de Wu Jinglian. Participou da Conferência de Bashan de 1985 e proferiu o discurso final.

Rong Jingben
荣敬本

1933–. Diretor substituto da Compilação Central e do Departamento de Tradução do Comitê Central. Integrante da série de palestras do Grupo de Pesquisa sobre Economia Estrangeira de 1979 a 1980. Com Wu Jinglian, preparou o relatório sobre a visita de Ota Šik, que foi posteriormente considerado "inválido".

Sun Yefang
孙冶方

1908–1983. Economista líder de Mao Tsé-Tung. Preso por propor o socialismo de mercado durante a Revolução Cultural. Depois de sua reabilitação, em 1977, atuou como assessor sênior do Instituto de Economia da CASS. Reuniu-se com Włodzimierz Brus em 1980.

Wu Jinglian
吴敬琏

1930–. Pesquisador do Instituto de Economia da CASS. Estudante de Sun Yefang. Em 1981, acompanhou Ota Šik na China, e reuniu-se com János Kornai em uma conferência em Atenas. Participou da Conferência de Moganshan de 1983. Estudou em Yale de 1983 a 1984. Foi nomeado secretário executivo do Centro de Pesquisa de Desenvolvimento do Conselho de Estado em 1984. Liderou o grupo "reforma coordenada". Participou da Conferência de Bashan de 1985 e do Seminário Internacional de 1987 sobre Reforma Empresarial Estatal. Conselheiro de Jiang Zemin e Zhu Rongji.

Xue Muqiao
薛暮桥

1904–2005. Antigo criador de políticas econômicas de Mao Tsé-Tung e Deng Xiaoping. Liderou o grupo de pesquisa do Conselho de Estado de Zhao Ziyang sobre reforma institucional. Reuniu-se com Ota Šik em 1981. Com Ma Hong, liderou o Centro de Pesquisa de Preço. Frequentou a Conferência de Moganshan de 1982 e a Conferência de Bashan de 1985, em que proferiu o discurso de abertura.

Yu Guangyuan 于光远	1915–2013. Vice-presidente da CASS. Participou de uma viagem de estudos na Iugoslávia em 1978. Liderou o grupo de pesquisa do Conselho de Estado de Zhao Ziyang em teoria e método. Em face do retrocesso conservador, defendia pesquisas sobre economia internacional.
Zhao Renwei 赵人伟	1933–. Pesquisador e, posteriormente, diretor do Instituto de Economia da CASS. Integrante da série de palestras do Grupo de Pesquisa sobre Economia Estrangeira de 1979 a 1980. Acompanhou Włodzimierz Brus de 1979 a 1980. Estudou em Oxford de 1982 a 1984. Participou da Conferência de Bashan de 1985.
Zhao Ziyang 赵紫阳	1919–2005. Primeiro-ministro de 1980 a 1987. Secretário-geral do PCCh de 1987 a 1989. Durante grande parte desse período, coordenou reforma econômica e envolvimento profissional. Chefe da Comissão de Reforma do Sistema. Mantido em prisão domiciliar durante a crise de Tiananmen, em 1989.
Zhou Xiaochuan 周小川	1948–. Pós-graduado pela Universidade de Tsinghua. Participou da Conferência de Bashan e do Seminário Internacional de 1987 sobre Reforma Empresarial Estatal. Trabalhou sob o mandato de Wu Jinglian na proposta de "Reforma Estrutural Econômica de Médio Prazo". Ex-presidente do Banco Central da China.

Agradecimentos

Tenho uma dívida de gratidão com meus professores de Harvard e Oxford: Erez Manela, que me orientou a cada momento e me inspirou com sua dedicação e perspicácia; Rana Mitter, por seu apoio e sabedoria, agora e sempre; Emma Rothschild, que me encorajou a buscar a história do pensamento econômico — e este projeto em particular — com sua generosidade peculiar de ideias e tempo; e David Armitage, Niall Ferguson, Henrietta Harrison, William Kirby, Micah Muscolino e Serhii Plokhii.

Durante a pesquisa para este livro, tive a sorte de entrevistar uma grande variedade de participantes desses eventos e seus familiares. Na China, incluem He Jiacheng, Hu Deping, Fred Hu, Hu Shuli, Li Yining, Yifu Justin Lin, Lu Mai, Qian Yingyi, Rong Jingben, Susan Su, Wang Haijun, Wu Jinglian, Xiao Meng, Zhang Weiying, Zhao Renwei e Zhou Qiren; em Hong Kong, Lawrence Lau; na Europa e nos Estados Unidos, Frances Cairncross, Gregory Chow, János Kornai, Edwin Lim e Cyril Lin. Sou profundamente grato a eles por terem compartilhado suas memórias e perspectivas.

Muitos especialistas ofereceram seu tempo e conselhos. Estendo meus agradecimentos a James Fallows, Joseph Fewsmith, Karl Gerth, Adi Ignatius, Susan Jakes, Elisabeth Köll, Nicholas Kristof, Li Danhui, Roderick MacFarquhar, Evan Osnos, Dwight Perkins, Jeffrey Prescott, Michael Puett, Kevin Rudd, Shen Zhihua, Susan Shirk, Terry Sicular, Edward Steinfeld, Michael Szonyi, John Thornton, Ezra Vogel, Wang Jisi, Ngaire Woods, Wen Yu, Philip Zelikow e Zuo Jun. Sou grato aos dois revisores anônimos da Universidade de Harvard, cujas intervenções e revisões meticulosas aprimoraram este livro.

Sinto uma tremenda gratidão pelos professores que me ajudaram a desenvolver habilidades e paixões que me permitiram escrever este livro: Eugenia Pan, Liu Mengjun, Victoria Zhu e Wang Miaomiao, que me ensinaram chinês; e Gerard Casanova, da Hopkins School, que acreditou em mim como historiador antes de mim mesmo. Nos últimos 26 anos, tive a sorte de conhecer muitos pensadores, escritores e reformadores chineses corajosos, cujo trabalho motivou meu compromisso com a China e cujas amizades eu valorizo. Hu Shuli desafiou-me como escritor e pesquisador da China, acolheu-me em sua casa e serve de inspiração para aqueles que apoiam a reforma na China. Li Xin, Wang Xixin, Xiao Meng, Xu Zhiyong e Yang Zheyu me inspiram com sua dedicação e entusiasmo. Tenho uma dívida especial de gratidão com Fan Shitao, cujo entusiasmo por este projeto me ajudou a enxergar além — e cuja carreira acadêmica promete ser brilhante.

Meus objetivos e crenças foram moldados pelas pessoas notáveis que têm me apoiado e orientado. Além dos já mencionados, também agradeço a Naomi Baird, Stacy Baird, Bill Budinger, Sewell Chan, Emily Chertoff, Molly Dektar, Noah Feldman, Yiqin Fu, Adam Goodheart, Jorie Graham, Sofia Groopman, Woo Lee, Marne Levine, Charlotte Lieberman, James McAuley, Melissa Obegi, Matt Perault, Peter Sacks, Mubeen Shakir, Elizabeth Sherwood-Randall, Timothy Steinert, Strobe Talbott, Jacob Taylor, Zoe Weinberg, Ben Wilcox e Mark Wu.

Pelo apoio financeiro, agradeço as concessões de Rhodes Trust, Weatherhead Center for International Affairs, em Harvard, e Thomas H. Hoopes Prize Committee. Na Universidade de Harvard, eu me beneficiei do conselho sábio e da mão firme de Kathleen McDermott e sua equipe, incluindo Margaux Leonard, Mary Ribesky e Timothy Jones.

Os historiadores dependem de fontes, mas também da bondade e entusiasmo de pessoas raras, como Nancy Hearst, a bibliotecária da Fairbank Collection da Biblioteca HC Fung, em Harvard. Nancy foi uma fonte contínua de novos documentos e pistas enquanto eu pesquisava e escrevia o livro, e ela revisou meticulosamente cada palavra. Muitas gerações de estudiosos da China têm se beneficiado de seu notável conhecimento e dedicação. Eu me sinto sortudo de agora estar entre eles.

Por fim, dedico este livro ao meu irmão, Alec Gewirtz; minha mãe, Zoë Baird; e meu pai, Paul Gewirtz, que me mostraram o significado de parceria. Obrigado por toda uma vida de apoio e amor.

Índice

XIII Congresso do Partido 205, 242
XIII Congresso Nacional do Partido 198
XIV Congresso do Partido 266

Abba Lerner 88
Academia Chinesa de Ciências Sociais 7, 25, 81, 135, 164, 186, 252
Academia de Ciências da Tchecoslováquia 88
Academia Húngara de Ciências 97
Academia Nacional de Ciências 247
Acordo Geral sobre Pautas Aduaneiras e Comércio 190
Acordo Geral sobre Tarifas e Comércio 281
Adam Smith 259
Agência Central de Inteligência 238
Alec Cairncross 250
Aleksandr Bajt 138, 185, 215
Alemanha 191
    Ocidental 139
Alexander Dubek 88
Alexander Pantsov 19
América
    do Norte 136, 138, 151
    Latina 192, 208, 211
Anthony Lewis 141
Anticapitalista 247

Antimarxismo 105
Antiocidental 246
Antonio Delfim Netto 212
An Zhiwen 106, 140, 156, 186, 215, 230
Apparatchik 21, 91
Arden House 188
Argentina 213
Armin Gutowski 72, 93
Arthur Dunkel 190
Assembleia do Povo 96
Assembleia Popular Nacional 31, 68
Associação dos Jovens Economistas de Pequim 244
Associação Econômica Internacional 97
Associação Internacional de Economia 65
Atenas 133
A Terceira Via 90
Atraso econômico 39
Atravessar o rio passando pelas pedras 4
Augusto Pinochet 212

Bai Meiqing 93
Bajt 149
Banco Central 148
Banco de Construção da China 283
Banco Estatístico de Bureau 25

Banco Estatístico Nacional 25
Banco Popular da China 25, 83, 219, 268
Barry Goldwater 82
Barry Naughton 100, 269, 278
Beidaihe 220, 246
Béla Balassa 187
Belgrado 185
Bertil Ohlin 58
Bill Clinton 281
Bloco comunista 80
Bolsa
    de Valores 255
    de Xangai 278
Bo Yibo 45, 47, 67, 106, 193, 196, 258
BPC 83
Brain Trust 244
Brasil 129, 211, 212, 213, 216, 362
Brasília 212
Brent Scowcroft 246, 248
Bruce Reynolds 187
Brus, Włodzimierz 8, 63–64, 88, 101, 136, 148, 159, 215, 229–232, 321–322, 383–386
Budapeste 148
Burguesa 86

Caijing 285
Cairncross 136, 268
Caixin 285
Camarada 69, 282
Cambridge 65, 138
Campanha
    de cem flores 166
    de combate à poluição espiritual 115, 124, 138, 195, 246, 337
    de Combate à Poluição Espiritual 246
    de Educação Patriótica 249
Capitalismo 52, 90
    e Liberdade 82, 84, 222, 245
Capitalista 86, 262
Casa Branca 55

CASS 7, 25, 60, 65, 81, 84, 91, 100, 118, 129, 135, 136, 140– 141, 144, 147, 150, 164, 167, 186, 199, 229, 252, 263, 383
CCTV 103, 216
Cem Escolas de Pensamento 26
Central Chinesa de Televisão 103
Centro de Pesquisa de Preços 94
Centro de Pesquisa para o Desenvolvimento do Conselho de Estado 284
Chen 87, 152
Chen Daisun 79, 85
Chen Jiyuan 157
Chen Xitong 243
Chen Yao Yilin 207
Chen Yizi 185, 211, 212, 242
Chen Yun 11, 29, 86, 103, 105, 114–115, 140, 175–176, 193, 196, 205, 218, 247, 253, 256, 264, 266, 279, 383, 384
Chicago 83
Chile 212, 226
China 2030 284
Chongqing 142
Chow 118
CIA 238
Ciclo de Palestras sobre Economia Internacional 79, 83
Cinco-Anti 56
Cingapura 207
Comintern 5. Consulte Internacional Comunista
Comissão
    de Planejamento do Estado 21, 71, 103, 206
    de Reforma do Sistema 6, 107, 121, 140, 238, 268, 271
    Militar Central para Jiang Zemin 246
Comitê Central 68, 77, 105, 195
Comitê Central do Partido 274
Comitê Central do PCCh 24
Comitê de Comunicação Acadêmica 83

ÍNDICE

Comitê de Pesquisa e Educação Econômica 247

Comitê de Política Monetária 279

Comitê Permanente do Politburo 243, 279

Comitê Permanente do Sétimo Congresso Nacional do Povo 243

Comunicação da Federação de Sociedades Econômicas da China 59

Comunismo 90, 98

Conferência de Bashan 140–141, 152, 159, 161, 163, 165, 170, 172, 177–179, 185–186, 190, 197, 199, 200, 213, 231, 265, 279, 384

    Conferência do Barco Bashan 140

Conferência de Bretton Woods 73

Conferência de Moganshan 111, 384

Conferência de Wuxi 49, 64

Congresso do Partido 254

Congresso Nacional do Povo 111, 175, 210

Conselho de Estado 45, 67, 94, 107, 117, 135, 152, 167, 189, 218, 221, 264

Consenso de Washington 9, 192

Conservadores 105

Constituição chinesa de 1993, 4

Coreia do Sul 191, 207

Crítica ao programa de Gotha 23

Cúpula de Liderança Central para Economia e Finanças 73

Cyrus Vance 43

Das Kapital 89

David Bell 78

Décimo Primeiro Congresso do Partido 28, 41

Décimo Terceiro Comitê Central 243

Décimo Terceiro Congresso do Partido 11

Decisão 190, 275, 277

Decisão sobre Várias Questões Importantes Relativas à Reforma e ao Desenvolvimento de Empresas Públicas 278

Democracia do Muro 49

Deng 2, 3, 86, 96, 118, 229, 238, 242, 254, 280

Dengista 35, 53

Deng Liqun 11, 21, 25, 54, 104, 115, 193, 202, 247, 253, 384

Deng Xiaoping 1, 8, 26, 28, 92, 114, 117, 123, 136, 138, 166, 173, 175, 193, 196, 202, 205, 211, 218, 231, 248, 256, 383

Departamento do Tesouro dos EUA 192

Desplanificado 99

Desvio para a direita 36

Dezesseis Artigos 270

Diaoyutai 199, 246

Diário

    de Guangming 53

    de Pequim 169

    de Stanford 226

Dinastia Qing 5, 279

Direitismo 52

Ditadura do proletariado 17

Doença Inglesa, A 112, 336

Dong 65

Dong Fureng 72, 97

Dushu 159

Dwight Perkins , 78, 187, 57

Econometria 78, 141

Economia 79

    da Penúria 98, 99

    de commodities 104, 137

    de mercado ocidental 151

    de mercado socialista 1, 2, 4, 8, 10, 11, 13, 104, 215–216, 260, 264–266, 269–270, 272, 274–275, 277, 279–280, 285–286, 288, 374–375

Economia planejada 68, 89

Economia planificada 8

    de commodities 150

    de mercadorias 160

Economia socialista 99

    planificada 98

Economias Ocidentais 61

Economic Research 156, 232

Economics of Shortage 135, 140, 159

Economistas ocidentais 4

Edward Chamberlain 58

Edwin Lim 73, 108, 109, 138, 175, 229, 284

Egon Krenz 235

Elizabeth Fay Ringo 150

Emminger 148

Era Deng 4

Era de ouro 3, 12, 13

Era reformista 46

Ernest Mandel 76, 384

Escola Central do Partido 265

Escritório Central de Compilação e
Tradução 89

Escritório de Pesquisa da Comissão de
Planejamento do Estado 6

Espírito de sacrifício 41

Esquerda 87, 96

Estados Unidos 1, 8, 82, 143, 187, 229, 246, 252,
282, 286

EUA 238, 291

Europa 89, 151

Europa Oriental 109, 147, 191, 213, 219, 238,
246, 257

Exército de Libertação Nacional 16

Exército Popular de Libertação 103

Ezra Vogel 20

Fan Di 244

Fang Lizhi 192, 193, 236

Febre de Kornai 161

Federação de Sociedades Econômicas de Toda
a China 60

Federação dos Economistas Chineses 100

Festival da Primavera 103

Festival de Qingming 20

Fewsmith 117

fome de investimento 151, 155

For a Humane Economic Democracy 100

Força-tarefa para a Reforma das Finanças
Públicas da China e Sistema Tributário 278

França 191

Franco Modigliani 268

Frank B. Gibney 60

Frank Lloyd Wright 78

Frank Press 36

Frederick C. Teiwes 19, 45

Friedman 83, 224, 244, 273

Friedrich Hayek 84, 88, 285

Fundação Ford 51, 58, 77, 78, 113, 118, 129,
199, 252, 268, 336

Fundamentalismo de livre mercado 83

Fundamentalista de livre mercado 7

Fundo Monetário Internacional 192, 270

Fuxing 288

Fuzhou 116

Gabinete para a Reforma do Sistema 73

Gaige 49

Gaiola econômica 383

Gangue dos Quatro 16–20, 23, 25–27, 32, 39,
60, 96, 300–301, 304

Gao Shangquan 121, 140, 185, 271

GATT 190

Gene Tidrick 230

George H. W. Bush 229, 241, 251

Geremie Barmé 250

Gorbachev 241, 257

Grã-Bretanha 148

Grande Marcha 17, 29

Grande Muralha 136

Grande Salão do Povo 28, 69, 202, 237, 251, 280

Grande Salto Adiante 2, 21, 32, 46–47, 54,
56–57, 68, 96, 307

Grande salto ao exterior 32

Gregory Chow 8, 78, 141, 180, 187, 226, 230,
247, 252, 284

Grigori Voitinsky 5

Gromyko, Andrei (ministro soviético) 39, 309

ÍNDICE

Grupo Central Principal de Assuntos
Financeiros e Econômicos 283
Grupo de Pesquisa em Métodos e Teorias 78
Grupo de Pesquisa em Teoria Econômica
Internacional 88
Grupo de Petróleo 31
Grupo de Reforma Estrutural 50
Grupo de Reforma Institucional 50
Grupo de Teoria e Método 50
Grupos Pequenos 50
Guangdong 43
Guardian 269
Guerra Civil Chinesa 73
Guerra do Ópio 5, 251
Guerra Fria 9, 291
Gu Mu 8, 34, 43, 45
Guofeng, Hua 2, 15, 20, 22, 24–26, 31, 34–35,
39, 42, 45, 49, 58, 71, 95–96, 175, 300–303,
305–309, 311–312, 314, 384
Guojia jingji tizhi gaige weiyuanhui 6
Guo Shuqing 132, 140, 199, 213, 231, 259, 268,
271

Harold K. Jacobson 190
Harvard 59, 73, 98, 135, 283
Helena Wolinska 64
Henk Sneevliet 5
Henry Kissinger 248
Herald 235
História monetária 82
Homem do Ano 43
Hongguan kongzhi 145
Hongguan tiaokong (gestão macroeconômica)
145
Hongguan tiaozheng 144
Hong Hu 138
Hong Kong 207, 280
Hua Guofeng 2, 15, 96, 175
Hu Jintao 282
Hungria 232

Hu Qiaomu 25, 29, 48, 105, 196
Hu Yaobang 3, 54, 81, 86, 114, 115, 125, 175,
193, 194, 242, 282

IDE 282
Incidente de Tiananmen 41
Incidente em Tiananmen 232, 242
Incidente na Praça Tiananmen 20
Independent 269
Instituição Hoover 245
Instituto Chen Yizi para a Reforma Estrutural
Econômica Chinesa 241
Instituto de Economia 67
Instituto de Economia Quantitativa e
Técnica 78
Instituto de Tecnologia de Massachusetts 59
Internacional Comunista (Comintern) 5
Investimentos estrangeiros 43
Irma Adelman 58
Iugoslávia 149
Ivy League 8

James Tobin 8, 11, 136, 139, 178, 258
János Kádár 200
János Kornai 8, 11, 97, 133, 135–136, 155, 175,
177, 179, 183, 185, 187, 215, 229, 250, 285, 385
Japão 8
Jiang Qing 16
Jiang Yiwei 72
Jiang Zemin 202, 235, 243
Jimmy Carter 36
Joan Robinson 101
John Kenneth Galbraith 142
John Keynes 285
John Maynard Keynes 56, 138, 263
John Wiliamson 191
Joseph Fewsmith 46, 116
Joseph Stalin 28
Josip Broz Tito 28

Journal of Comparative Economics 230
József Marjai 121
Justin Yifu Lin 259, 284, 285

Kantorovich 99
Karl Marx 23, 89, 217
Kenneth Arrow 58, 252
Keynesianas 56
Keynesianismo 129
Keynesiano 83, 112, 139, 144
Khrushchev 95
Kong 145
Kornai 98, 99, 136, 145, 147, 149, 233, 263
    paternalismo 98
Kwoh-Ting Li 271

Laissez-faire 145, 163
Lao ma 110
Lawrence Eagleburger 246
Lawrence Klein 8, 57, 77, 252, 268, 284
Lawrence Lau 78, 247, 271, 278
Lenin 36, 48
Leninismo 48
Leonid Kantoroevich 97
Leroy Jones 139
Leste Europeu 66, 161, 200, 216
Liangge fanshi 22
Liao Jili 59, 108
Liberal 159
Liberalização 93
Liberalização burguesa 52
Li Kemu 178
Li Keqiang 283, 284
Li Lanqing 10
Lim 192, 199
Li Peng 121, 207, 211, 221, 242, 253, 269
Li Tieying 216
Liu Guoguang 64, 91, 118, 143, 157, 159, 163,
    164, 218, 253, 259
Liu He 170, 283
Liu Hongru 230

Liu Zhoufu 108
Livre para Escolher 222
Li Xiannian 87, 175, 195, 238
Li Yining 11, 79, 83, 169, 186, 217, 218, 244
Li Yuanchao 283
Lou Jiwei 140, 265, 283
Ludwig Erhard 188
Ludwig von Mises 88
Luta de classes 16, 17, 29, 70, 95, 375

Ma 110, 151
Ma Hong 11, 21, 50, 63, 73, 93, 107, 123, 140,
    150, 152, 156, 174, 178, 215, 263
Ma Kai 185
Maoísta 54
Mão negra 50
Mao Tsé-Tung 15, 26, 48, 69, 95, 267
Marco Monetário 223
Marechal Ye 17
Margaret Thatcher 58, 112, 139, 229
Martha Avery 84
Marx 56, 110, 165
Marxiano 119, 160
Marxismo 48, 106
Marxismo-leninismo 48
Marxista 3
Marxista-leninista 95
Mary Cairncross 150
Mary Sarotte 235
Masahiko Aoki 278
Mauthausen 88
Ma Zhiyuan 150
Mecanismos de mercado 82
Mercado 52
Michael Schoenhals 33
Michael Spence 284
Michel Albert 139
Michel Oksenberg 190
Mikhail Gorbachev 236
Milagre econômico de Deng Xiaoping 9

ÍNDICE 395

Milton Friedman 82, 101, 137, 180, 181, 222, 244, 250

Ministério das Finanças 74, 271

Ministério das Relações Exteriores 74

Ministério do Comércio 117

Moganshan 110

Monetaristas 58

Monitor de Ciência Cristã 262

Monumento aos Heróis do Povo 20

Movimento antidireitista 79

Muro da democracia 44, 45, 70

Muro de Berlim 250

Neokeynesiano 7, 188

New Haven 113

New York Times 141, 151, 166, 226, 288

Nicholas Lardy 189, 271, 278

Nicholas Stern 271

Nicolae Ceaucescu 248

Nobel 8, 136

Novo Negócio de Guo 283

NPC 31, 68, 111, 244, 262

Obras Selecionadas 18

Ocidentalização 13

Ocidente 217, 246, 286

Oito Imortais 23, 67, 383

OMC 190, 281, 286

Organização Mundial do Comércio 190, 281

Oriana Fallaci 95

Orville Schell 192

Oskar Lange 88

Ota Šik 8, 88, 101, 104, 137, 384

Otmar Emminger 139, 188

O Vento nas Planícies 250

Oxford 65, 135

Pacto de Varsóvia 88

Palácio de Verão 78

Papa Xi 286

Parcerias improváveis 4

Partido 87, 91, 96, 115, 194, 196, 202, 206, 212, 217, 221, 236, 243, 278, 282

Partido Comunista Chinês 1, 41, 46, 67, 104, 115, 193, 241, 245, 272, 275, 383

Paternalismo 161

Paul Samuelson 79, 150

PBOC 84, 189, 219, 222, 272

PCCh 7, 44, 67, 71, 89, 95–96, 104, 123, 193, 202, 214–215, 218–219, 232, 238, 243, 250, 289, 383

Peking 7

Peng 103

Peng Liyuan 103

Peng Zhen 243

People's Daily 116, 127, 156, 191, 220, 226, 235, 251, 256

Pequim 28, 84, 91, 103, 135, 140, 145, 147, 175, 192, 212, 229, 239, 249, 252, 291

Per capita 2

Período maoista 95

Perkins 247

Peter Drucker 199

Peter Geithner 199

Phil Donahue 82

PIB xiii, 1, 2, 51, 91, 255, 279, 286

Pieter Bottelier 191

PLA 103

Plan and Market under Socialism 100

Planejamento central 3

Platão 191

Pobreza 48

Politburo 17, 20, 27, 29, 35, 42, 50, 71, 123, 129, 168, 194, 202, 205, 208, 215–216, 219–222, 233, 237–238, 255–256, 261, 264, 267, 279, 301, 309, 368

Política de Oito personagens 49

Polônia 232

Portão de Tianammen 95

Praça da Paz Celestial 241

Praça Tiananmen 63, 96

PRC 221

Prêmio Nobel 56, 82, 97, 118, 139, 268, 284
Primavera de Praga 88
Princeton 73, 141, 230
Problemas da Economia Socialista Chinesa 66
Problemas Econômicos do Socialismo na
URSS 75
Processo reformista 4
Produto interno bruto 1, 51, 255
China maior do que EUA 1
Programa das Nações Unidas para o Desenvol-
vimento 252
Programa de Consultoria e Pesquisa Econômi-
ca da China 284
Próximas Etapas na Reforma do Sistema Eco-
nômico da China 278
Pu Shan 180

Qian Qichen 257
Qian Yingyi 187, 284
Qiao Shi 248
Qualquer que seja 22, 52
Quatro Modernizações 19, 36, 267
Quatro Princípios Cardeais 48
Quinta modernização 44, 234

Raymond Barre 139
Reforma 2, 270
Reforma da Estrutura Econômica 190
Reforma das Finanças Públicas da China e
Sistema Tributário 278
Reformadores 4
Reforma dos preços 92, 93, 120, 169, 186, 189,
215, 218, 219, 358
Reforma e abertura 43, 96, 253, 280
Regulamentos sobre a Transformação dos
Mecanismos Operacionais das Empresas
Industriais de Capital Aberto 264
Reino do Meio 132
Reino Unido 191, 211
Relatório de Bashan 156, 160, 163, 164, 167,
186, 203, 263, 384

Renminbi 278
Repressão 252
República Popular da China 2, 47, 83, 155, 221,
279, 280, 282, 291, 383
Resolução 97
Resolução da História do Partido 95
Revisionismo 28
Revolução Cultural 2–3, 15–16, 18–22, 25–28,
37, 40, 44–45, 47, 50, 52, 56–57, 63, 66, 68–
70, 73, 79, 95–96, 114, 116, 121, 279, 302, 311,
317–318, 375, 385
Revolução de Veludo 248
Revolução socialista 5
Richard Nixon 142
Rio Amarelo 1, 216, 217
Rio (analogia) 1
Rio de Janeiro 212
Rio Elegia 250
Rio Yangtze 150
Rio Yangtzé 1
River Elegy 216, 217
Robert McNamara 74
Ronald McKinnon 278
Ronald Reagan 55, 82
Rong Jingben 67, 89, 97, 105
Rose Friedman 84
RPC 47, 64, 83, 119, 131, 155, 226, 230, 383

Salto adiante na política externa 42, 66
Salto estrangeiro adiante 32
Salto ocidental adiante 32
Santiago 226
São Paulo 212
Século de humilhação 5, 251
Segunda Guerra Mundial 28, 64, 88, 148, 213
Shahid Husain 74
Shahid Javed Burki 248
Shandong 103, 283, 384
Shenzhen 8, 217
Šik 89, 121, 232
Sir Alec Cairncross 268

ÍNDICE

Sir Alexander Cairncross 136
Sir John Hicks 97
Sistema socialista 70
Socialismo 2, 98, 236
Socialismo de mercado 66
Socialismo subdesenvolvido 66
Socialista 262
Sociedade de Jovens Economistas de
   Pequim 241
Solidariedade 80
Song Longxiang 168
SPCo (Comissão de Planejamento do Estado)
   xiii, 6, 21, 23, 25, 27–30, 35–36, 51, 71, 103,
   117, 126–127, 206, 210, 218–219, 252, 268,
   270, 308, 337
S.S. Bashan 139, 140, 141, 142, 165, 268
Stalin 76, 95
Stanford 59, 181, 278
Stanford Lawrence Lau 57
Steven Levine 19
Struminsky 109
Sun Yefang 25, 33, 50, 63, 68, 73
Susan Shirk 125
Suzhou 91

Taiwan 207
Tâtonnements 89
Tchecoslováquia 232
Teoria da modernização 9
Teoria dos Preços 244
Terceira geração 27
Theodore Schultz 118
Theodore W. Anderson 78
Tiananmen 9, 232, 241
Tiao 145
Tiaokong (gerenciar) 145, 170
Tiaozheng 45, 49
Tigaiban 73
Tigaisuo (Instituto de Reforma Estrutural
   Econômica Chinesa) 121
Tigaiwei 6, 106

Tigao 49
Time 82
Times, revista 43
Tobin 150
Tornado Mandel 76
Tratado de Economia Marxista 76
Treblinka 64
Três-Anti 56
Três Gargantas de Lesser 150
Tribuna de Chicago 249
Tsinghua 7, 187, 284

União Europeia 287
União Soviética 5, 97, 109, 212, 238, 246, 257
Universidade da Califórnia 245
Universidade da Pensilvânia 59, 77
Universidade da Virgínia 187
Universidade de Chicago 284
Universidade de Glasgow 138
Universidade de Leningrado 64
Universidade de Nanjing 164
Universidade de Oxford 63, 68, 138
Universidade de Pequim 83, 169, 283
Universidade de Renmin 262
Universidade de São Galo 88
Universidade de Stanford 245
Universidade de Tongji 192
Universidade de Tsinghua 17
Universidade de Yale 113
Universidade do Estado de Indiana 59
Universidade Tsinghua 85
URSS 257

V. I. Lenin 23
V. R. Khachaturov 97

Wall Street Journal 200, 291
Wang Daohan 50
Wang Hongwen 16
Wang Shiwei 21

Wang Yi 10
Wang Zhen 45
Warren Sun 19, 45
Wassily Leontief 142
Wei Jingsheng 234
Wen Jiabao 282
Wingspread House 78
Wisconsin 78
Włodzimierz Brus 8, 63, 101, 136, 215, 383
Wolfson College 65
World Economic Herald 229, 235
Wuhan 150
Wu Jinglian 11, 50, 67, 85, 89, 105, 113, 118, 121, 133, 135, 140, 148, 159, 165, 178, 181, 183, 187, 199, 213, 217, 230, 259, 278, 291, 384

Xangai 91, 170, 180, 192, 202, 220, 255
Xiannian 238
Xiao Donglian 45
Xi Jinping 12, 33, 103, 220, 284
Xi Zhongxun 220
Xu Dixin 85
Xue Muqiao 11, 20, 66, 73, 84, 118, 140, 142, 173, 174, 178, 179, 182, 185, 208, 216, 252
Xue Xiaohe 178

Yale 151, 165
Yan Fu 5
Yang Jiang 281
Yang Peixin 83, 188
Yang Shangkun 195
Yangtze 136, 139
Yao Wenyuan 16
Yao Yilin 36, 45, 47, 54, 87, 103, 121, 205, 214, 218, 219, 279
Years of Recovery 139
Ye Jianying 17, 23

Ye Xuanping 254
Yuan Baohua 71
Yuan Hongbing 250
Yu Guangyuan 25, 60, 63, 81, 100, 165
Yu Qiuli 45

ZEE 8, 35, 49, 117, 206, 217
Zeng Peiyan 10
Zhang Chunqiao 16
Zhang Weiying 285
Zhangwo (controlar) 170
Zhang Xuejun 201
Zhang Zhidong 5
Zhang Zhouyuan 157
Zhao 117, 224, 226, 239, 282
Zhao Renwei 67, 88–89, 121, 135, 143, 157, 165, 187, 232, 384
Zhao Ziyang 2, 9, 86, 87, 93, 104, 114–115, 121, 136, 142, 155, 169–170, 175, 180–181, 186, 190, 193–194, 199, 205, 224, 230, 236, 241, 244, 265, 383
Zhengdun 49
Zheng Guanying 5
Zhiwen 216
Zhongnanhai 85, 174
Zhongxue wei ti, xixue wei yong 5
Zhou Enlai 19, 75
Zhou Shulian 164
Zhou Xiaochuan 187, 188, 199, 217, 259, 271, 278
Zhu 262
Zhuhai 8
Zhu Jiaming 131, 144, 211, 212, 229
Zhu Rongji 182, 262, 266, 278, 281
Zona de Desenvolvimento de Pudong 265
Zonas econômicas especiais 8, 35, 49, 117, 206
Zsuzsa Dániel 135, 150, 177, 179

Sobre o Autor

JULIAN GEWIRTZ, GRADUADO EM **2013** pela Universidade de Harvard, completou em 2018 seu doutorado em história pela Universidade de Oxford como bolsista Rhodes. É atualmente membro do Harvard Academy for International and Area Studies.